J'INTÈGRE LA FONCTION PUBLIQUE

2023
2024

Catégorie B

Concours

GENDARME

Sous-officier de gendarmerie interne

Tout-en-un

Jean-Marc Groga
Benoît Priet
Corinne Pelletier
Thibault Couarc'h

DUNOD

Le contenu proposé dans cet ouvrage n'engage que les auteurs et l'éditeur et ne peut être considéré comme des informations officielles provenant de la gendarmerie

Maquette de couverture : Élisabeth Hébert © Dunod

Maquette intérieure : Caroline Joubert (Atelier du Livre)

Mise en page : Belle Page

11 rue Paul Bert, 92240 Malakoff

www.dunod.com

ISBN : 978-2-10-084875-1

Sommaire

2. Améliorer son niveau rédactionnel

3. Améliorer son orthographe

Admission
Évaluation d'aptitude professionnelle

Épreuve d'admission n°1

Entretien avec le jury s'appuyant sur un dossier professionnel

Connaissances

Culture générale

Épreuve d'admission n°2

Épreuve physique gendarmerie

Épreuve d'admission n°3

Évaluation numérique

Sujets corrigés

Des auteurs spécialistes

Benoît Priet
Professeur de français et de tests psychotechniques à Poitiers, spécialiste de la préparation aux concours.

Corinne Pelletier
Formatrice en centre de formation aux concours à Poitiers.

Jean-Marc Groga
Gendarme mobile, instructeur à l'école de gendarmerie de Chaumont.

Thibault Couarc'h
Enseignant en éducation physique et sportive (EPS) et en activité physique adaptée (APA).

Présentation du concours

L'arrêté du 20 février 2018 modifie le concours d'entrée à la gendarmerie au grade de sous-officier dont les modalités générales datent du 1er janvier 2012.

Deux types de recrutement sont ouverts :

- le concours externe (ou concours 1) ouvert aux titulaires du baccalauréat (pour préparer ce concours, procurez-vous l'ouvrage : *Concours Gendarme Sous-officier de gendarmerie externe*, Dunod) ;
- le concours interne (ou concours 2) ouvert aux gendarmes adjoints volontaires, adjoints de sécurité, militaires sous contrat et réservistes de la gendarmerie (c'est le concours préparé dans cet ouvrage).

1 Les conditions d'accès et l'inscription

Vous pourrez passer le concours sous-officier en interne sans condition de diplôme si :

- vous êtes déjà gendarme-adjoint, vous devrez cependant justifier au 1er janvier de l'année des épreuves d'au moins un an de service ;
- vous êtes déjà adjoint de sécurité de la Police nationale, vous devrez cependant justifier au 1er janvier de l'année des épreuves d'au moins un an de service ;
- vous êtes réserviste de la gendarmerie nationale ;
- vous êtes militaire d'une autre force armée, à condition de pouvoir justifier au 1er janvier de l'année des épreuves d'au moins quatre ans de service et être encore sous contrat le jour de l'épreuve ;
- vous êtes âgé de 18 ans au moins et de 35 ans au plus au 1er janvier de l'année du concours.

Attention, vous ne pourrez pas vous présenter plus de trois fois au concours sous-officier interne.

Les gendarmes adjoint peuvent se présenter au concours interne et externe.

Vous devez procéder à votre inscription sur le site internet du recrutement de la gendarmerie www.lagendarmerierecrute.fr. La liste des autorisés à concourir sera également consultable sur ce site. Vous serez ensuite convoqué aux épreuves d'admissibilité.

De la même manière, après la publication de la liste des admissibles sur www.lagendarmerierecrute.fr, vous serez de nouveau convoqué pour les épreuves d'admission.

2 Extrait de l'arrête du 27 avril 2011 relatif au concours interne de sous-officier de gendarmerie

Les épreuves écrites des concours notées de 0 à 20, font l'objet d'une correction anonyme. L'épreuve écrite d'admissibilité comprend :

- une épreuve de connaissances professionnelles (durée : 3 heures, coefficient 7, note inférieure à 6/20 éliminatoire).

Seuls les candidats déclarés admissibles à l'issue de la phase d'admissibilité sont autorisés à se présenter aux épreuves d'admission. Le directeur des personnels militaires de la gendarmerie nationale, par délégation du ministre de l'intérieur, fixe par décision la liste nominative des candidats déclarés admissibles, par ordre alphabétique. Elle est consultable sur le site internet de la gendarmerie nationale.

Les épreuves d'admission comprennent :

- une évaluation d'aptitude professionnelle (durée : 35 minutes) ;
- une épreuve orale d'entretien avec le jury (durée : 25 minutes, coefficient 7, note inférieure à 6/20 éliminatoire) ;
- l'épreuve physique gendarmerie (coefficient 3, note inférieure à 6/20 éliminatoire) ;
- une épreuve d'évaluation numérique (durée : 30 minutes, coefficient 1, non éliminatoire).

3 Présentation des épreuves

a. Épreuve de connaissances professionnelles

Cette épreuve consiste pour le candidat à répondre à plusieurs questions, avec ou sans documentation, sur des problématiques relatives à la sécurité intérieure et à la défense.

Cette épreuve a également pour objectif d'évaluer l'expression écrite du candidat. Les réponses aux questions devront être organisées (introduction-argumentation-conclusion). Une attention particulière sera portée à la maîtrise de la langue française.

b. Évaluation d'aptitude professionnelle

Cette épreuve consiste en un questionnaire à choix multiples portant sur des suites ou des ensembles logiques à résoudre.

Elle vise à évaluer le potentiel intellectuel général des candidats, et notamment leur capacité à comprendre et s'adapter à une situation avec rapidité et justesse par le développement d'un système de raisonnement logique.

c. Inventaires de personnalité

En même temps que les épreuves d'admissibilité, les candidats sont soumis à deux inventaires de personnalité destinés à préparer, pour les candidats admissibles, leur entretien individuel avec un psychologue. Les inventaires de personnalité sont corrigés uniquement pour les candidats admissibles.

Bien que ces inventaires ne soient pas une épreuve du concours comme les autres, ils nécessitent pour autant d'être préparés.

d. Épreuve orale d'entretien avec le jury

Cette épreuve consiste en un entretien avec le jury s'appuyant sur un dossier professionnel préalablement déposé ou transmis par voie postale (en lettre recommandée avec accusé de réception) par le candidat auprès du service organisateur du concours à une date fixée par l'arrêté d'ouverture du concours. Aucune pièce complémentaire transmise hors délai ne sera prise en compte.

Elle vise à mettre en valeur l'aptitude du candidat à l'état de sous-officier de gendarmerie au regard de ses acquis.

e. Épreuve physique gendarmerie

Il s'agit d'un parcours d'obstacles destiné à tester le potentiel physique du candidat dans des situations qu'il est susceptible de rencontrer dans un contexte opérationnel. Il est réalisé en tenue de sport.

Elle se compose de trois ateliers :

- un parcours d'obstacles (chronométré) ;
- une simulation d'un combat (chronométrée) ;
- un transport de poids (évalué : échec ou réussite).

Le schéma du parcours de l'EPG est consultable sur le site internet de la gendarmerie nationale. Les candidats doivent présenter le jour de l'épreuve sportive un certificat médical mentionnant leur aptitude à subir cette épreuve. Ce certificat doit dater de moins d'un an.

f. Épreuve d'évaluation numérique

Cette épreuve consiste en un questionnaire à choix multiples visant à évaluer les connaissances et à mesurer les compétences numériques du candidat. Il est attendu des candidats qu'ils détiennent les fondamentaux de la culture WEB, de l'environnement numérique, de la protection et de la sécurité informatique.

LES ÉPREUVES DU CONCOURS

Épreuve d'admissibilité

Épreuve de connaissances professionnelles (3 heures, coef. 7)

Répondre à plusieurs questions, avec ou sans documentation, sur des problématiques relatives à la sécurité intérieure et à la défense.

Vous êtes admissible
Épreuves d'admission

Évaluation d'aptitude professionnelle (35 min)

QCM portant sur des suites ou des ensembles logiques à résoudre.

Inventaires de personnalité

Deux inventaires de personnalité destinés à préparer, pour les candidats admissibles, leur entretien individuel avec un psychologue.

Entretien avec un ou plusieurs psychologues

Avec l'évaluation de l'aptitude professionnelle et les inventaires de personnalité, cet entretien constitue une aide à la décision des groupes d'examinateurs.

Épreuve d'entretien avec le jury (25 min, coef. 7)

Entretien avec le jury s'appuyant sur un dossier professionnel. Le jury a toute latitude pour élargir la discussion.

Épreuve physique gendarmerie (coef. 3)

Parcours d'obstacles destiné à tester le potentiel physique du candidat dans des situations qu'il est susceptible de rencontrer dans un contexte opérationnel.

Épreuve d'évaluation numérique (30 min, coef. 1)

QCM visant à évaluer les connaissances et à mesurer les compétences numériques du candidat.

Vous êtes admis

La liste des candidats admis, et, s'il y a lieu, la liste complémentaire seront publiés sur le site internet www.lagendarmerierecrute.fr.

Épreuve d'admissibilité

Connaissances professionnelles

- L'épreuve de connaissances professionnelles
- Préparation militaire opérationnelle
- Entraînements corrigés
- Contact de proximité et numérique
- Entraînements corrigés
- Sécurité du gendarme en intervention
- Entraînements corrigés
- Sécurité des territoires et des mobilités
- Entraînements corrigés

3 heures • Coef 7

1 Présentation
L'épreuve de connaissances professionnelles

L'épreuve de connaissances professionnelles repose sur une double compétence que cet ouvrage vous aidera à acquérir : disposer de solides connaissances professionnelles et savoir les expliciter en proposant des réponses claires et adaptées aux questions posées.

Cette épreuve consiste, en effet, en une série de questions consacrées à l'engagement, aux missions et à l'environnement du militaire de la gendarmerie agent de police judiciaire adjoint.

Elle vise à évaluer les connaissances acquises par le candidat mais aussi la capacité de celui-ci à fournir des réponses bien structurées et bien rédigées.

Les fiches de connaissances professionnelles répondent au programme des épreuves d'admissibilité fixé par l'arrêté du 20 février 2018 relatif aux différentes épreuves des concours prévus à l'article 13-1 du décret n° 2008-952 du 12 septembre 2008 portant statut particulier du corps des sous-officiers de gendarmerie.

Elles proposent des synthèses rédigées sur la base de lois, textes réglementaires, guides et documentations.

Chacune d'elle présente une idée maîtresse reprenant l'esprit de la fiche, les notions clés à connaître mais aussi les références des textes à approfondir.

La maîtrise de l'expression écrite constitue, à elle seule, un critère d'appréciation déterminant. Elle doit permettre de valoriser et de mettre en perspective les connaissances acquises.

Les rappels méthodologiques sur l'orthographe et la rédaction représentent, au même titre que les fiches consacrées au contenu du programme, des guides essentiels pour réussir cette épreuve spécifique.

Il appartient également au candidat de se documenter en interne (mémorial, circulaires, arrêtés, sites intranet CPMGN, BRCE, etc.)

La durée de l'épreuve est de 3 heures.

Le coefficient de l'épreuve est 7.

Toute note inférieure à 6/20 sera éliminatoire.

L'ensemble des questions doit être traité par les candidats.

Il est attendu des candidats un développement de 20 à 30 lignes par question.

Programme d'admissibilité et d'admission de l'épreuve de connaissances professionnelles

a. Préparation militaire opérationnelle

1. Le gendarme, militaire de la gendarmerie et connaissance du milieu militaire

Le gendarme, militaire de la gendarmerie
La militarité et la gendarmerie
Les récompenses et les sanctions

2. Sécurité et service de garnison

Sécurité de la caserne et service de garnison
Sécurité des systèmes d'information

b. Contact de proximité et numérique

1. Formation à la proximité, au contact et à la victimologie

La France administrative
Les institutions françaises et européennes
Les autres acteurs de la sécurité publique
Éducation civique et libertés fondamentales
Les libertés publiques
Principes de proximité et contact avec la population
L'accueil téléphonique
La charte et la logique d'accueil
L'accueil physique par le chargé d'accueil
Le renseignement d'ordre public

2. Connaissances de la gendarmerie

Organisation de la gendarmerie
Les missions de service public
La gendarmerie et le service public

3. Déontologie et éthique militaire

Le serment, la charte du gendarme et le Code de déontologie
Sensibilisation aux réseaux sociaux
La lutte contre les discriminations
Le devoir d'agir et de réagir du gendarme
Le respect de la personne humaine

c. Sécurité du gendarme en intervention

1. Formation générale à l'intervention professionnelle

Les fondements légaux de l'intervention-généralités
La coercition
L'usage des armes par les militaires de la gendarmerie

2. Formation aux techniques d'intervention

Les fondamentaux de la progression tactique
Les conduites sous escorte

3. Maîtrise sans arme de l'adversaire

Les fondamentaux de la maîtrise sans arme de l'adversaire
Réglementation du menottage et des fouilles

d. Sécurité des territoires et des mobilités

1. L'agent de police judiciaire adjoint

Infraction, classification des infractions et circonstances aggravantes

Acteurs de la police judiciaire, les compétences juridictionnelles, la police judiciaire, les différents types d'enquête et les missions de l'APJA

Le droit d'arrestation et les mandats de justice

L'enquête de voisinage

L'alerte, le transport et le gel des lieux-le rôle de l'APJA lors du gel des lieux, de la garde-à-vue et de la perquisition

La pré-plainte en ligne

Le rapport d'infraction et la main-courante gendarmerie

2. Agent de la sécurité des mobilités

Les missions et principes d'action de la police route, les postes de contrôle
Les conduites addictives
L'accident

3. Formation aux systèmes d'information et de communication

La procédure radio et le réseau rubis

Cours & Méthode
Préparation militaire opérationnelle

1 Le gendarme, militaire de la gendarmerie et connaissance du milieu militaire

a. La gendarmerie nationale fait partie intégrante de la communauté militaire

« La gendarmerie nationale est une force armée instituée pour veiller à l'exécution des lois.

Sans préjudice des dispositions de l'article L. 421-1 du Code de la sécurité intérieure, elle participe à la défense de la patrie et des intérêts supérieurs de la Nation, notamment au contrôle et à la sécurité des armements nucléaires. » (Art. L. 3211-3 du Code de la défense)

La gendarmerie est une force militaire dont les missions portent sur toute l'étendue du territoire ainsi qu'à l'étranger. Elle est à même de travailler sur le *continuum* « paix-crise-guerre ».

« La gendarmerie nationale est placée sous l'autorité du ministre de l'Intérieur, responsable de son organisation, de sa gestion, de sa mise en condition d'emploi et de l'infrastructure militaire qui lui est nécessaire. » (Art. L. 421-2 du Code de la sécurité intérieure)

b. Le gendarme est militaire pas simplement par son statut juridique

Le gendarme adopte un comportement empreint de discipline, d'abnégation, de loyauté, de sens du service public et d'esprit de corps.

Le gendarme, militaire de la gendarmerie, comme tous militaires, peut se voir récompenser ou sanctionner en fonction de son comportement.

Les récompenses sont un moyen de reconnaître les services exceptionnels rendus par les militaires de la gendarmerie ou la valeur particulière de leur service courant. Ces récompenses revêtent plusieurs formes. Il s'agit des décorations, des citations sans croix, des témoignages de satisfaction, des lettres de félicitations et de la prime de résultats exceptionnels.

Les sanctions disciplinaires sont inscrites au dossier individuel du militaire. Elles relèvent les fautes ou manquements du militaire. Il ne peut y avoir de sanction collective. Les sanctions sont classées en trois groupes :

- **1er groupe :** l'avertissement, la consigne, la réprimande, le blâme, les arrêts, le blâme du ministre ;
- **2e groupe :** l'exclusion temporaire de fonctions, l'abaissement d'échelon, la radiation du tableau d'avancement ;
- **3e groupe :** le retrait d'emploi, la radiation des cadres, la résiliation de contrat.

2 Sécurité des casernes et notion de garnison

Les casernes de gendarmerie concentrent en leur sein les locaux professionnels, les véhicules, les armements, les documents et les cachets officiels ainsi que les logements des familles d'où l'intérêt d'y porter une attention particulière et permanente. Les menaces sont :

- l'intrusion de personnes ;
- la détérioration de matériels et de bâtiments ;
- les tirs d'objets ;
- les actions de neutralisation ;
- la pose ou l'envoi de colis piégés.

Pour lutter contre ces menaces, il faut trouver des parades qui ont pour objectif de :

- se prémunir de l'effet de surprise ;
- déclencher la riposte ;
- limiter les effets des actions de l'adversaire.

a. Sécurité active, sécurité passive

Active : Ce sont l'ensemble des mesures de sécurité permanentes concernant les personnes, les matériels et les bâtiments ainsi que les mesures de sécurité renforcées prises lorsque la situation laisse prévoir des menaces graves et imminentes. Toutes ces mesures (connaissance des consignes générales et particulières, de la chaîne hiérarchique de sécurité, le plan d'accès, comment activer les renforts en personnels et en matériels) doivent être connues par l'ensemble des personnels de la caserne.

Passive : Chaque casernement doit évaluer les menaces le concernant et en définir les procédures adaptées à sa situation (agencement des locaux, dispositif d'alarme…).

b. Le service de garnison

Les formations militaires stationnées dans une même zone géographique sont regroupées : on parle de garnison. C'est le ministre des Armées qui fixe les limites spatiales d'une garnison qui reçoit le nom du centre urbain le plus important compris à l'intérieur de ses limites.

Le service de garnison est sous le commandement du « commandant d'armes » qui est l'officier ou à défaut le sous-officier ou officier marinier de la garnison le plus ancien dans le grade le plus élevé. Il est nommé par le chef d'état-major des armées.

Dans chaque garnison est désigné un officier de garnison qui est l'agent d'exécution et de contrôle du commandant d'armes pour tout ce qui concerne le service de garnison. Ce dernier est en charge de la gestion du bureau de garnison qui a pour objet de :

- faire appliquer les règles de la discipline générale dans les armées que doivent observer les militaires portant l'uniforme et circulant isolément dans la garnison à l'extérieur des enceintes militaires ;
- répartir entre les formations et établissements l'utilisation des biens d'intérêt commun, sous réserve des attributions dévolues aux commandants de base de défense ;
- faire la participation aux charges, obligations et servitudes incombant à l'ensemble des formations et établissements de la garnison ;
- organiser le cérémonial militaire. Le cérémonial militaire donne toute la solennité à un événement de la vie nationale (commémorations, hommages nationaux…) ou de la vie militaire (prises d'armes, revue de garde…).

c. La sécurité des systèmes d'information

Un système d'information est un ensemble organisé de ressources qui permet d'élaborer, de traiter, de stocker, d'acheminer, de présenter ou de détruire l'information.

La sécurité des systèmes d'information ou SSI, c'est l'ensemble des moyens techniques, organisationnels, juridiques et humains nécessaires et mis en place pour conserver, rétablir, et garantir la sécurité du système d'information.

L'**ANSSI**, Agence Nationale de la Sécurité des Systèmes d'Information, est l'autorité nationale en matière de sécurité des systèmes d'information.

Tous les principaux systèmes d'exploitation existants (Windows, Mac OS, Unix, Linux…) contiennent des vulnérabilités. Afin de s'en prémunir, il est nécessaire d'appliquer **les dix règles d'or** de la sécurité des systèmes d'information.

Les règles d'or de la SSI

Le mot de passe est confidentiel et personnel.

Les données professionnelles sont stockées sur le serveur et sauvegardées dans les répertoires adéquats.

Le poste de travail est verrouillé lorsque je m'absente.

Éviter de connecter des clés USB de personnes tierces et être vigilant face aux pièces jointes.

Respecter le niveau de confidentialité des informations et le secret des correspondances.

Limiter l'utilisation d'Internet à un usage strictement professionnel.

S'assurer que les données sensibles (personnelles et professionnelles) sont protégées.

Ne pas modifier les réglages de sécurité de mon ordinateur.

Ne pas faire suivre automatiquement les messages sur une boîte externe.

Ne pas hésiter à s'adresser à son correspondant SSI.

Entraînements

1. Les personnels de la gendarmerie sont :
   - ❐ a. des civils.
   - ❐ b. des militaires.
2. La gendarmerie nationale est placée sous l'autorité du :
   - ❐ a. ministère de la Justice.
   - ❐ b. ministère des Armées.
   - ❐ c. ministère de l'Intérieur.
   - ❐ d. ministère des Finances.
3. Combien y a t-il de groupe de sanctions disciplinaires ?
   - ❐ a. 2
   - ❐ c. 1
   - ❐ b. 3
   - ❐ d. 4
4. Le commandant d'armes de la garnison est nommé par :
   - ❐ a. le Premier ministre.
   - ❐ b. le ministre de l'Intérieur.
   - ❐ c. le chef d'État-major des armées.
   - ❐ d. le préfet.
5. Que signifie ANSSI ?
   - ❐ a. Agence Nationale de la Sécurité des Systèmes d'Informations
   - ❐ b. Autorité Nationale de la Sécurité des Systèmes d'Informations
   - ❐ c. Agence Nationale de la Sûreté des Systèmes d'Informations
   - ❐ d. Agence Nationale de la Sécurité des Synthèses de l'Information
6. Dans les casernes de gendarmerie se concentrent :
   - ❐ a. des locaux professionnels et les logements des familles
   - ❐ b. les véhicules de la mairie
   - ❐ c. les services de la collectivité
   - ❐ d. les véhicules de service
7. Les limites spatiales d'une garnison sont fixées par :
   - ❐ a. le Premier ministre
   - ❐ b. le ministre de l'Intérieur
   - ❐ c. le ministre des Armées
   - ❐ d. le préfet de région
8. Pour se prémunir des vulnérabilités des systèmes d'exploitation (Windows, Linux, etc), il faut appliquer :
   - ❐ a. 5 règles d'or
   - ❐ b. 7 règles d'or
   - ❐ c. 10 règles d'or
   - ❐ d. 3 règles d'or

Corrigés

1. **b.** des militaires
2. **c.** ministère de l'Intérieur
3. **b.** 3
4. **c.** le chef d'État-major des armées
5. **a.** Agence Nationale de la Sécurité des Systèmes d'Informations
6. **a.** des locaux professionnels et les logements des familles et D. les véhicules de service
7. **c.** le ministre des Armées
8. **c.** 10 règles d'or

Cours & Méthode

3 Contact de proximité et numérique

1 Formation à la proximité, au contact et à la victimologie

a. La France administrative

Le territoire français comprend un découpage pyramidal qui introduit une hiérarchie entre les circonscriptions. Plusieurs redécoupages découlent de la loi NOTRe (Nouvelle organisation territoriale de la République) promulguée le 7 août 2015.

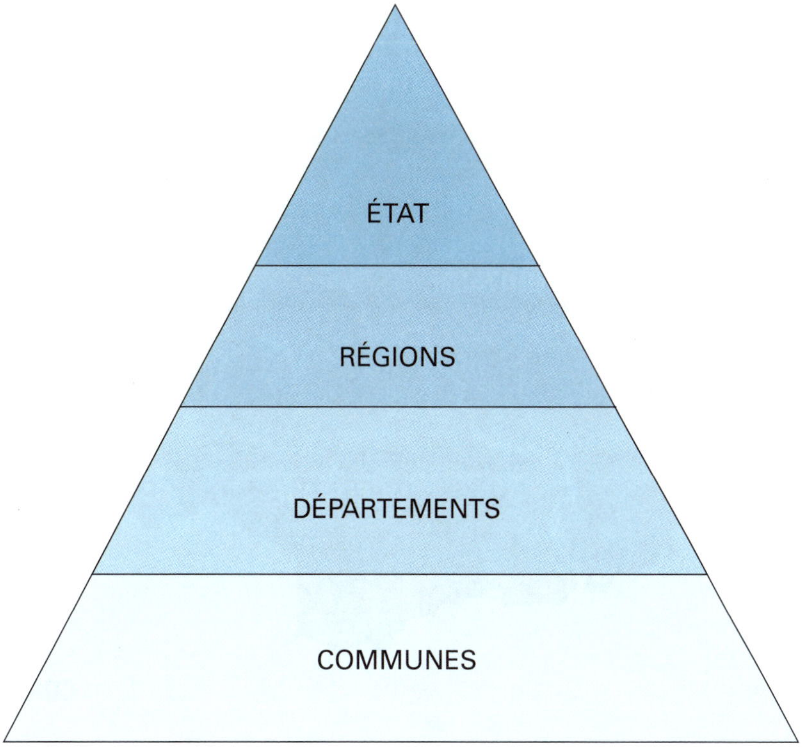

La région

Les régions ont été modifiées par la loi du 16 janvier 2015 qui ramène leur nombre de vingt-deux à treize en métropole, et cinq régions en outre-mer. Elles constituent des collectivités territoriales de premier degré incarnées par le conseil régional.

Les régions métropolitaines et ultramarines françaises

Les régions gèrent entre autres les lycées, les parcs régionaux ou les transports ferroviaires régionaux. Le représentant du pouvoir central est le préfet de région. Les niveaux hiérarchiques de la gendarmerie nationale suivant le découpage administratif, au niveau de la région se trouve le **commandant de région** qui est responsable de l'exécution de l'ensemble des missions accomplies par les formations placées sous son autorité. Le commandant de région est l'interlocuteur privilégié des autorités administratives, judiciaires et militaires pour tout ce qui concerne l'emploi de la gendarmerie.

Le département

Au deuxième niveau, se trouve le département. Au nombre de 101 (96 en métropole et 5 en outre-mer), il est dirigé par le conseil départemental. Ses compétences s'étendent sur les collèges, les transports routiers et scolaires, les voies départementales, le plan de prévention de la délinquance ou les services d'incendie et de secours. Le représentant de l'état est le préfet de département.

Les départements français

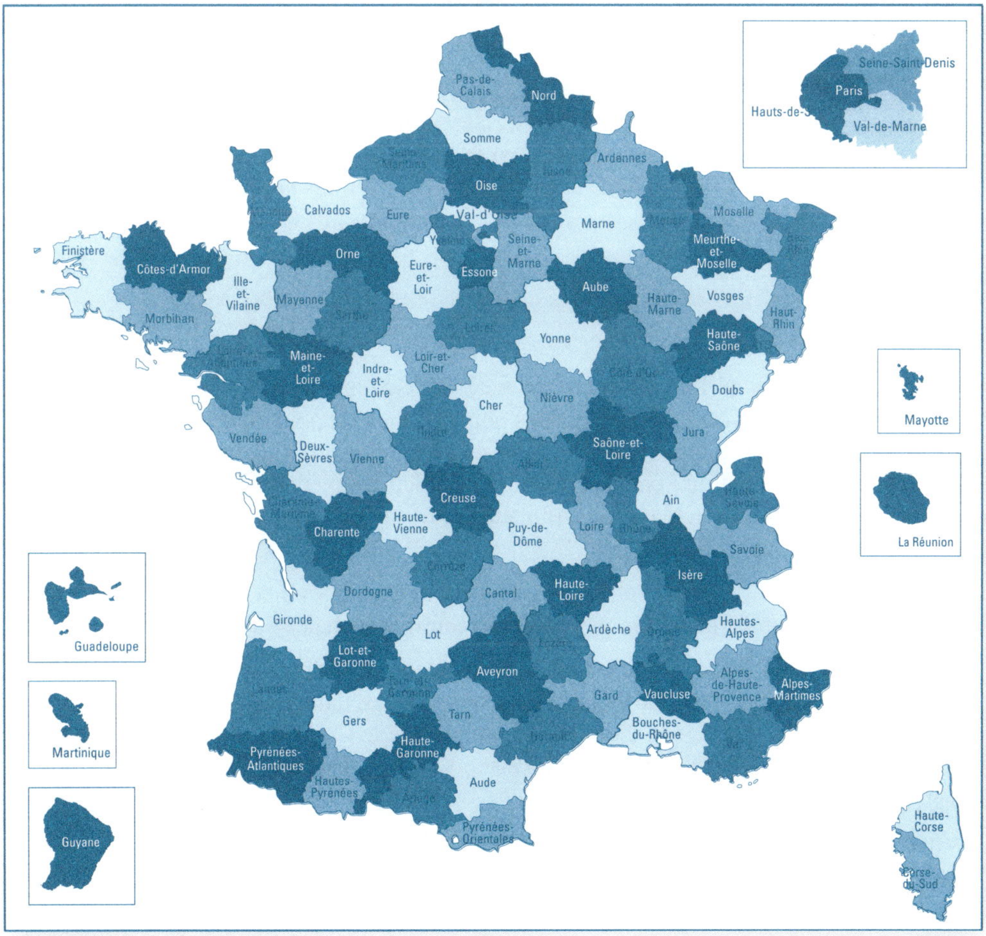

Concernant la gendarmerie nationale, le **groupement**, échelon de commandement est au niveau du département.

Le groupement est subdivisé en **compagnies** (niveau de l'arrondissement). Celles-ci sont composées de brigades territoriales qui peuvent fonctionner de manière autonome ou en communautés de brigades (niveau canton).

Tableau récapitulatif

Découpage adminsitratif	Découpage gendarmerie
L'État	Direction générale
7 Zones de Défense et de Sécurité	7 ZDS (ou « régions zonales »)
18 régions	18 régions de gendarmerie
101 départements	1 groupement par département
336 arrondissements	1 compagnie par arrondissement
2 054 cantons	1 brigade par canton
36 658 communes	

La zone de défense et de sécurité

De création récente, elles ont été modernisées et uniformisées. Elles ont notamment pour intérêt majeur la mise à disposition rapide par le préfet de zone de tous les moyens d'intervention (matériels, personnels) pour la gestion des crises. Elles **correspondent aux zones militaires**.

b. Les institutions françaises et européennes[1]

La République française

La Constitution de la Ve République du 4 octobre 1958 ancre la France dans un régime semi-présidentiel. Elle fixe la séparation des pouvoirs entre le pouvoir exécutif (le président, le Premier ministre et le Gouvernement), le pouvoir législatif (le Parlement composé de l'Assemblée nationale et du Sénat) et le pouvoir judiciaire exercé par les Magistrats (Siège et parquet). La Constitution s'appuie enfin sur le suffrage universel.

Le pouvoir exécutif

Le pouvoir exécutif est assuré par le président de la République et le Gouvernement sous l'autorité du Premier ministre. On parle d'un exécutif bicéphale.

- **Le président de la République** est élu pour cinq ans au suffrage universel direct (mandat renouvelable une fois). Chef de l'État et Chef des Armées, il nomme et met fin aux fonctions du Premier ministre et de son Gouvernement, préside le Conseil des ministres, représente la France au niveau international. Enfin il a le pouvoir de dissoudre l'Assemblée Nationale.
- **Le Premier ministre** est nommé par le président de la République. Il propose au président et dirige les membres du Gouvernement. Il est le seul responsable de l'action du Gouvernement devant le Parlement. Sous son impulsion, le Gouvernement conduit la politique de la nation.

Le pouvoir législatif

Le pouvoir législatif est entre les mains du Parlement. Le Parlement est composé de deux Chambres. On parle de Parlement bicaméral.

- **L'Assemblée nationale,** composée de 577 députés, délibère et vote les lois ainsi que le budget, contrôle l'action du Gouvernement avec la possibilité de le renverser par une

1. Voir également la partie Culture générale en complément.

motion de censure. Les députés sont élus au suffrage universel direct pour un mandat de cinq ans renouvelable.

- **Le Sénat**, composé de 348 sénateurs élus au suffrage universel indirect pour six ans, assure la représentation des collectivités locales de la République et vote les lois après l'Assemblée Nationale. Le président du Sénat assure l'intérim du président de la République en cas d'empêchement de ce dernier.

Les institutions européennes

L'Union européenne est un partenariat économique et politique entre vingt-sept États. Son « ancêtre », la Communauté Économique Européenne (CEE), fut créé en 1957 par six États européens dont l'Italie, l'Allemagne de l'Ouest et la France. Elle deviendra l'Union européenne en 1992 avec la signature du Traité de Maastricht.

Sa structure est composée d'organes législatifs et d'organes exécutifs. La Cour de justice, quant à elle, est en charge d'appliquer le droit européen.

Le pouvoir législatif

Le pouvoir législatif se partage entre le Parlement Européen et le Conseil de l'UE.

- **Le Parlement européen** comprend 705 députés, élus au suffrage universel direct pour cinq ans (le nombre de députés par pays est fonction de sa taille et de sa population), vote les lois et les règlements. Il contrôle le budget avec la Cour des comptes. Son siège est à Strasbourg.
- **Le Conseil de l'UE (ou Conseil des ministres)** est composé des ministres délégués des États membres qui exerce le pouvoir législatif en collaboration avec le Parlement européen. Le Conseil approuve le budget de l'Union européenne et coordonne les politiques économiques, de défense et étrangères. La présidence du Conseil est exercée à tour de rôle par les États.

Le pouvoir exécutif

Le pouvoir exécutif est exercé par la Commission européenne sous l'autorité du Conseil européen.

- **Le Conseil européen** est le sommet des chefs d'État et de Gouvernement des vingt-huit États membres de l'Union européenne. Il donne l'impulsion à la politique de l'UE (orientations et priorités). La mise en œuvre de cette politique est du ressort de la Commission européenne.
- **La Commission européenne** est composée d'un président élu pour cinq ans par les membres du Conseil européen. Ce président nomme 27 commissaires européens pour le seconder.
- La politique économique et monétaire est contrôlée par deux institutions spécifiques : la **Cour des comptes** concernant l'exécution du budget et la **Banque Centrale Européenne** (BCE) concernant les questions monétaires.

La Cour de Justice de l'Union européenne

La Cour de Justice de l'Union européenne (CJUE) est basée au Luxembourg. Elle a été créée en 1952. Son rôle est d'interpréter la législation européenne afin d'en garantir l'application uniforme dans tous les pays de l'UE et statuer sur les différends juridiques opposant les gouvernements des États membres et les institutions de l'UE.

Elle peut également, dans certaines circonstances, être saisie par des particuliers, des entreprises ou des organisations souhaitant intenter une action contre une institution de l'UE lorsqu'ils estiment qu'elle a porté atteinte à leurs droits ou intenter une action contre un État membre lorsqu'ils estiment qu'une décision de celui-ci porte atteint au droit européen.

La CJUE comprend deux juridictions :

- la **Cour de Justice**, (1 juge par État membre et 11 avocats généraux) qui traite les demandes de décision adressées par les juridictions nationales, ainsi que certains recours en annulation et pourvois ;
- le **Tribunal**, (47 juges) qui statue sur les recours en annulation introduits par des particuliers, des entreprises et, dans certains cas, les États membres. Les affaires traitées concernent principalement le droit de la concurrence, les aides d'État, le commerce, l'agriculture et les marques commerciales.

Les juges et les avocats généraux sont désignés d'un commun accord par les États membres, pour un mandat renouvelable de six ans. Dans chaque juridiction, les juges désignent parmi eux un président pour un mandat renouvelable de trois ans.

c. Les autres acteurs de la sécurité publique

Pour mener à bien toutes les missions qui peuvent lui être dévolues, le gendarme se doit de connaître les autres acteurs de la sécurité publique et d'entretenir des liens étroits avec eux.

La police nationale dépend du ministère de l'Intérieur, placée sous l'autorité du Préfet de département (sauf à Paris et Marseille où elle est placée sous l'autorité du Préfet de Police). Elle est commandée par un directeur général de la police nationale (depuis février 2020, M. Frédéric Veaux).

La police nationale dispose de 143 000 personnels, sous le statut de fonctionnaires de l'État. Ses missions sont similaires à celles de la gendarmerie nationale (garantie des libertés publiques et individuelles, maintien de la paix et de l'ordre public, protection des personnes et des biens, défense des institutions).

La police nationale partage avec la gendarmerie nationale ses renseignements. Elle exploite les mêmes fichiers judiciaires et participe à des organismes communs (directions et offices centraux).

Les Services de Secours et d'Incendie, structure territoriale sous l'autorité du ministre de l'Intérieur, sont à la disposition du Préfet de département. 250 000 sapeurs-pompiers concourent aux secours d'urgences, à la prévention, la protection et la lutte contre les incendies, à la protection et la lutte contre les autres accidents et sinistres et à l'évaluation et de la prévention des risques technologiques et naturels.

En termes de coopération avec les forces de l'ordre, les Services de Secours et d'Incendie participent aux commissions de sécurité, aux formations (recyclage/secourisme), aux enquêtes après incendies ou accidents, aux dépositions après interventions, accidents voie publique, incendies, secours aux personnes et opérations diverses (nautique, spéléologie, montagne).

La police municipale constituée de fonctionnaires et d'agents publics, placés sous l'autorité directe d'un maire, contribue à la sécurité publique au niveau local. Ce sont des unités bien implantées qui connaissent parfaitement leurs secteurs et qui, par leurs actions, participent efficacement à la protection des populations. Leurs moyens sont de plus en plus importants (véhicules, armement, accès au réseau de caméras de surveillance des communes…).

Les effectifs totaux avoisinent les 21 000 agents. Ses renseignements facilitent le travail de la police nationale et de la gendarmerie nationale.

La Direction Générale des Douanes et des Droits Indirects, sous l'égide du ministère de l'Économie et des Finances, dispose de 18 000 personnels. Ses missions principales sont, entre autres, la perception des taxes sur les marchandises importées, les produits pétroliers, les tabacs et alcools, le soutien et le conseil aux entreprises pour simplifier les formalités douanières. Concernant ses missions de sécurité publique, il s'agit de la protection des intérêts européens par des contrôles sur le territoire et aux frontières, la lutte contre l'importation, l'exportation ou la détention irrégulière de produits prohibés ou fortement taxés.

Les douanes coopèrent avec **la gendarmerie** tant sur le plan des renseignements que des moyens (légaux, matériels et humains).

L'entretien, l'exploitation et la gestion du domaine routier de l'État sont répartis entre plusieurs structures. Les **sociétés d'autoroute** pour celles concédées par l'État, les **Directions Interdépartementales des Routes (DIR)** pour les autoroutes non concédées et les routes nationales, les **conseils départementaux** pour les routes départementales, et enfin les **conseils municipaux** pour les voies communales.

La gendarmerie nationale sollicite ces différents services pour la mise en place de panneaux temporaires (déviation suite accident, inondation, chute d'arbres…), les informe lors de dommages constatés aux infrastructures routières (accidents, dégradations volontaires, zones dangereuses, nettoyage de la chaussée), ou encore auditionne éventuellement un responsable (en cas de préjudice).

La sécurité civile, qui dépend du ministère de l'Intérieur, est une structure centrale avec un centre de gestion interministérielle des crises dont la mission principale est la gestion des risques en France (accidents de la vie courante ou catastrophes majeures). Elle dispose de 2 500 personnels civils et militaires. Elle a également en son sein 300 démineurs.

La sécurité civile peut être projetée à l'étranger pour venir en aide aux partenaires de la France.

L'Office National des Fôrets (ONF) gère 120 000 km^2 de forêts publiques (en métropole comme dans les départements d'outre-mer). L'ONF est usufruitier des forêts domaniales, c'est l'État qui en est le propriétaire. Il dispose de près de 9 100 salariés dont la plupart est rattachée au ministère de l'Agriculture, de l'Agro-alimentaire et de la Forêt ainsi qu'au ministère de l'Environnement, de l'Énergie et de la Mer. L'essentiel de ses relations avec la Gendarmerie Nationale se fait par la transmission de renseignements.

L'Office National de la Chasse et de la Faune Sauvage (ONCFS) est en charge de la connaissance de la faune sauvage et de ses habitats, et plus particulièrement de la police de la chasse et de l'environnement. Cette institution apporte un appui technique auprès des gestionnaires de l'espace rural. L'ONCFS dépend conjointement du ministère de l'Environnement, de l'Énergie et de la Mer et du ministère de l'Agriculture, de l'Agroalimentaire et de la Forêt.

Avec la Gendarmerie Nationale, l'office organise des opérations communes dans le cadre de la police de la chasse et de l'environnement (contrôle, relevés d'infractions…) et joue le rôle d'expert lors d'enquêtes relatives à la chasse (accidents par exemple).

L'Office National des Eaux et des Milieux Aquatiques (ONEMA) dépend de l'Agence Française de la Biodiversité, placée sous la tutelle du ministère de l'Environnement, de l'Énergie et de la Mer. Sa mission essentielle est d'informer et de contrôler les ressources en eau ainsi que les milieux aquatiques. L'office joue le rôle d'expert, en cas de pollution par exemple, lors d'enquêtes sur les atteintes aux milieux aquatiques.

d. Éducation civique et libertés fondamentales

Les finalités de l'enseignement moral et civique (extraits du bulletin officiel de l'Éducation nationale)

L'enseignement moral et civique poursuit trois finalités :

- **Le respect d'autrui :**

Respecter autrui, c'est respecter sa liberté. L'adjectif « moral » de l'enseignement moral et civique renvoie au projet d'une appropriation par le jeune de principes garantissant le respect d'autrui.

- **Connaître et partager les valeurs de la République :**

Le Code de l'éducation affirme « *qu'outre la transmission des connaissances, la nation fixe comme mission première à l'école de faire partager aux élèves les valeurs de la République* » (article L. 111-1).

Dans une démarche de coéducation, elle ne se substitue pas aux familles, mais elle a pour tâche de transmettre aux jeunes les valeurs fondamentales et les principes inscrits dans la Constitution de notre pays. Les valeurs et principes de la République fondent le pacte républicain garant de la cohésion nationale, en même temps qu'ils protègent la liberté de chaque citoyen.

Les quatre valeurs et principes majeurs de la République française sont la liberté, l'égalité, la fraternité et la laïcité. S'en déduisent la solidarité, l'égalité entre les hommes et les femmes, ainsi que le refus de toutes les formes de discriminations.

- **Construire une culture civique :**

La conception républicaine de la citoyenneté insiste sur l'importance de la loi et du droit, tout en étant ouverte à la discussion qui caractérise l'espace démocratique. La culture civique portée par l'enseignement moral et civique articule quatre domaines : la sensibilité, la règle et le droit, le jugement, l'engagement.

- **La culture de la sensibilité** permet d'identifier et d'exprimer ce que l'on ressent, comme de comprendre ce que ressentent les autres. Elle permet de se mettre à la place de l'autre.
- **La culture de la règle et du droit** unit le respect des règles de la vie commune et la compréhension du sens de ces règles. Elle suppose la connaissance de la loi.
- **La culture du jugement** est basée sur le discernement. Sur le plan intellectuel, il s'agit de développer l'esprit critique des jeunes, et en particulier de leur apprendre à s'informer de manière éclairée.
- **La culture de l'engagement** favorise l'action collective, la prise de responsabilités et l'initiative. Elle développe chez le jeune le sens de la responsabilité par rapport à lui-même et par rapport aux autres et à la nation.

Les libertés fondamentales

Les sources des libertés fondamentales sont :

- **la Déclaration des droits de l'homme et du citoyen** adoptée le 26 août 1789 par l'Assemblée Nationale Constituante dont l'objectif était d'exposer solennellement les « droits inaliénables et sacrés du citoyen » ;
- **la Déclaration universelle des droits de l'homme** qui n'a qu'une valeur morale pour les États membres signataires adoptée par l'ONU le 10 décembre 1948 dont l'objectif principal était de réaffirmer les droits de l'omme et éviter de voir se reproduire les atrocités de la seconde guerre mondiale ;

- **la convention européenne de sauvegarde des droits de l'homme** adoptée par le Conseil de l'Europe le 4 novembre 1950 qui a une valeur juridique contraignante pour les États signataires ;
- **la Convention contre la torture et autres peines ou traitements cruels** adoptée le 10 décembre 1984 par les États membres de l'ONU qui oblige les États signataires à prendre des mesures pour empêcher tout acte de torture par les agents de l'État.

Les principales libertés fondamentales sont :

- l'égalité (devant la loi, devant l'impôt) ;
- les libertés individuelles ;
- le droit de propriété ;
- la sûreté ;
- la résistance à l'oppression ;
- l'interdiction de la torture.

Ces libertés sont garanties et protégées par la Constitution de la Ve République, le juge interne (le Conseil constitutionnel, juge judiciaire et juge administratif) et, au niveau européen, par la protection juridictionnelle assurée par le juge de la Cour Européenne des Droits de l'Homme.

e. Les libertés publiques

Définition

Les libertés publiques sont des libertés et garanties individuelles que le Gouvernement ne peut supprimer, que ce soit par la loi ou une décision juridique, sans en assurer d'abord la sécurité juridique.

Elles sont classées en deux catégories :

- **les libertés publiques individuelles :** le droit à la sécurité, la liberté de circulation, la liberté d'opinion, le droit de vote, le droit de propriété, le droit de disposer de son corps, la liberté de travail, le droit de mariage…
- **les libertés publiques collectives :** la liberté de manifester, d'association, de réunion, de se syndiquer, d'enseignement, de la presse…

L'État, par la loi, accorde des libertés. Son devoir est de les protéger. L'État confie la mission de garantir ces libertés aux forces de l'ordre. C'est une mission fondamentale et permanente de la gendarmerie nationale.

Dans un cadre rigoureusement défini par la loi, la gendarmerie est amenée à réguler ces libertés : interpellation, contrôle d'identité, perquisition, entre autres.

f. Principes de proximité et contact avec la population

Les principes de la proximité

La proximité n'est pas une fonction dédiée à une catégorie de personnels de la gendarmerie nationale. Ce n'est pas une mission mais une posture, un état d'esprit qui guide le gendarme, au quotidien, dans son rapport à la population.

Le militaire de la gendarmerie, quel que soit son rang, s'engage dans les actions de proximité pour servir la population. Cette proximité concourt à la priorité absolue de la gendarmerie nationale à savoir le bien-être et la sécurité de la population. Pour cet objectif suprême, le gendarme met dans la balance sa disponibilité et son professionnalisme.

Le gendarme a vocation à exercer ses fonctions sur l'ensemble du territoire national et en particulier sur le secteur qui lui est confié. Il adapte ses actions de proximité aux spécificités socio-culturelles de ce territoire.

Par sa formation, son attitude exemplaire et bienveillante, le gendarme acquiert une connaissance parfaite de sa circonscription qui lui permet d'être efficace et de s'intégrer dans le tissu social local (y compris en dehors du service, on est gendarme 24 h/24).

En ce qui concerne l'appréhension des personnes mises en cause, le gendarme se doit d'user de la force strictement nécessaire et doit, en tous les cas, **préserver la dignité humaine**.

Les modes d'actions de la proximité

Au quotidien, le gendarme développe une **proximité ciblée** en favorisant l'accueil personnalisé, le déplacement au domicile des requérants, une ouverture des locaux de service en phase avec les besoins et contraintes des populations.

Le gendarme adapte sa présence sur le terrain aux événements de la vie locale en privilégiant les **modes de déplacements** (à pied, à vélo…) qui facilitent les opportunités de contact avec la population, avec la volonté de construire une relation de confiance mutuelle pérenne.

Dans sa mission d'assistance et d'accueil, le gendarme porte une attention particulière aux **victimes** et aux **personnes les plus vulnérables**.

Dans le domaine numérique, la gendarmerie nationale développe des moyens de contacts via les réseaux sociaux et déploie des outils informatiques (tablettes Néogend, pré-plainte) permettant d'apporter les réponses adaptées aux citoyens.

9. L'accueil téléphonique

L'accueil téléphonique représente une part importante de l'activité du gendarme. Autant que l'accueil physique, il doit être de qualité et répondre aux attentes des citoyens.

Bien mené, l'accueil téléphonique contribue à l'efficacité opérationnelle au quotidien, d'où son importance. Il permet à l'unité de développer avec la population des relations mutuelles de confiance et de respect.

Types de demandes

Il existe différentes demandes téléphoniques : informations, renseignements, interventions urgentes ou non, rendez-vous, suivi dossiers, demande de contact avec la hiérarchie ou un personnel.

La démarche de qualité de l'accueil au téléphone

Ne pas faire attendre plus de cinq sonneries. Recueillir les coordonnées de l'appelant(e). Ne pas hésiter à donner son nom pour que l'interlocuteur ait un référent. Être courtois en toutes circonstances. Prendre les messages en cas d'absence de l'interlocuteur.

Les qualités du gendarme au téléphone

Savoir écouter son correspondant (laisser parler puis poser les questions utiles ensuite). Être simple et précis, faire preuve de respect et de courtoisie.

Organisation

Elle conditionnera la bonne exploitation des renseignements. Prendre des notes précises permettant un compte-rendu détaillé, facilitant la prise de décision, permettant de bien orienter et renseigner les secours, les patrouilles, les renforts, en cas de déclenchement d'une intervention urgente.

h. La charte et la logique d'accueil

Le contact avec la population est le quotidien du gendarme

L'accueil est une mission essentielle du gendarme qui nécessite un apprentissage. Les carences, dans ce domaine, portent atteinte à la qualité du service et à l'image de marque de la gendarmerie nationale.

Le gendarme est amené à entrer en contact avec toute sorte de population que ce soit en unité, aux domiciles ou sur les lieux d'intervention. Il doit savoir être à l'écoute, prendre en compte les attentes des concitoyens et y apporter une solution rapide et cohérente.

Pour ce faire, la Charte de l'accueil du public et de l'assistance aux victimes fixe pour les forces de sécurité intérieure les modalités de réception du public, et tout particulièrement d'accueil, d'information, d'aide et de conseil aux victimes d'infractions pénales auxquelles ces forces doivent apporter une réponse homogène, rapide et adaptée.

La règle des 3V

Le chargé d'accueil doit suivre la règle des 3V.

Visuel : les locaux doivent être propres et rangés, la tenue du personnel doit être impeccable, l'attitude générale et plus particulièrement gestuelle emprunte d'humanité.

Verbal : la neutralité (pas de parti pris), la courtoisie de mise, le vouvoiement est de rigueur.

Vocal : le ton et le débit adaptés à la situation.

Les cinq phases de la logique d'accueil

Présentation : Identification « Gendarmerie Nationale », formule de politesse « Bonjour Madame, Monsieur… »

Écoute et analyse : Écoute attentive, compréhension, questionnement, précisions (Qui, Quoi, Où, Quand, Comment, Combien, Pourquoi).

Reformulation : Permet de montrer à l'interlocuteur que son problème a été compris et pris en compte. Il pourrait tout à fait se résumer par : « si je vous ai bien compris… ».

Solution : Argumenter, apporter une réponse au problème posé : « je vous envoie les secours », « je vous invite à venir déposer une plainte », « une patrouille arrive tout de suite », « vous devez prendre telle direction », « prenez contact avec tel organisme ».

Le cas échéant :

Prise de congé : Salutations, formule de politesse « je vous remercie de votre visite, bonne journée, n'hésitez pas à rappeler si le problème se présente à nouveau. »

L'accueil physique par le chargé d'accueil

Durant les horaires d'ouvertures des locaux de services, est mis en place un gendarme avec la fonction de chargé d'accueil. Comme son nom l'indique, ce dernier est chargé d'accueillir le public. Il est amené à recevoir quatre types de personnes :
- les victimes et leurs familles ;
- les contrevenants ou les personnes mise en cause ;
- les témoins ;
- les visiteurs.

En tous les cas, le gendarme se doit d'être courtois et à l'écoute. Dès le début, il se lève, salue, s'enquiert de l'objet de la visite, oriente le cas échéant vers la personne adaptée (officier de police judiciaire de permanence, commandant d'unité…). À la fin de la visite, il salue, raccompagne éventuellement.

Concernant l'accueil des victimes, la charte d'accueil impose une attention toute particulière à ces personnes.

En effet, elles ont subi un traumatisme physique et/ou psychique. Il faut par conséquent, pour protéger et mettre en confiance, prendre des dispositions matérielles spécifiques en proposant voire en imposant un isolement, en faisant en sorte que la victime n'ait qu'un seul interlocuteur. Sur le plan psychologique, il faut faire preuve d'une écoute attentive afin de rassurer et d'orienter au mieux la victime dans ses différentes démarches.

Les contrevenants ou les auteurs d'infractions bénéficient de la présomption d'innocence. Le gendarme n'a pas pour mission de juger les actes, sa mission est de relever les infractions, traces et indices permettant d'établir les responsabilités. Aux juges de trancher.

i. Le renseignement d'ordre public

Le renseignement est l'ensemble des constatations et informations de toute nature, permettant d'informer en temps réel les autorités sur l'état des menaces et d'anticiper les événements en apportant une réponse opérationnelle adaptée à chaque situation.

Dans le renseignement d'ordre public, il y a trois grands domaines d'application :
- **la paix publique** au travers de la connaissance des situations pré-conflictuelles comme les mouvements sociaux, les grèves, blocages ou séquestrations, les fermetures d'usines, les phénomènes de bandes, les rassemblements de grande ampleur (sportifs, culturels, religieux), les violences scolaires ou encore les dérives sectaires.
- **la salubrité publique** qui est vue au travers du risque sanitaire. Le risque sanitaire est un risque, immédiat ou à long terme, représentant une menace directe pour la santé des populations nécessitant une réponse adaptée du système de santé (épidémies, pollutions).
- **la sécurité publique** par la mise en place de mesures liées aux crimes, à l'immigration clandestine, aux accidents graves et événements calamiteux, à la lutte contre le terrorisme et à la sécurité économique (connaissance des entreprises).

Grâce au maillage territorial de la gendarmerie nationale (recouvrant 95 % du territoire national ainsi que les axes routiers) et à la confiance que lui porte la population, le gendarme est le maillon essentiel de la chaîne du renseignement.

Il est donc nécessaire pour chaque gendarme, sur son secteur, de connaître sa population, les flux migratoires, le tissu associatif, les coutumes, les entreprises, les axes de circulation et les institutions (civiles, militaires, judiciaires et religieuses). Cette connaissance doit être permanente, systématique et régulière.

2 Connaissances de la gendarmerie

Quelques repères chronologiques

1373	Ordonnance fixant à Paris le siège de la justice de la connétablie et maréchaussée de France.
1536	Édit de Paris du 25 janvier. La compétence judiciaire de la Maréchaussée est étendue aux auteurs de crimes de grand chemin, civils ou militaires, vagabonds ou domiciliés.
1720	Création des brigades « nouvelles maréchaussées ».
1791	La Maréchaussée prend l'appellation de « Gendarmerie nationale ».
1798	Loi du 28 germinal an VI codifiant les principes d'action et les missions de la gendarmerie et précisant, notamment, ses attributions en matière de police administrative et de police judiciaire.
1903	Décret du 20 mai 1903 portant règlement sur l'organisation et le service de la gendarmerie.
1981	Le 10 novembre 1981, la « Direction de la gendarmerie et de la justice militaire » prend le nom de « Direction générale de la Gendarmerie nationale ».
2002	Décret du 15 mai 2002 précisant que pour l'exercice de ses missions de sécurité intérieure, le ministre de l'Intérieur est responsable de l'emploi des services de Gendarmerie nationale.
2009	Une force armée juste et contenue (loi du 3 août 2009 réaffirmant et actualisant les principes fondateurs de la gendarmerie).

a. Organisation de la gendarmerie

Depuis la loi du 3 août 2009, qui réaffirme le caractère militaire de l'institution, la gendarmerie nationale est placée sous l'autorité du ministre de l'Intérieur en ce qui concerne son organisation, sa gestion, sa mise en condition d'emploi et ses infrastructures.

Pour les formations spécialisées et les missions purement militaires, elle relève du ministère de la Défense en termes de ressources humaines et de discipline.

La gendarmerie compte environ 100 000 personnels civils et militaires (officier, sous-officier, gendarme adjoint volontaire, personnels du corps de soutien) ainsi que 28 500 réservistes.

Ces effectifs sont répartis entre la Direction Générale de la Gendarmerie Nationale et les trois grandes subdivisions d'arme qui constituent l'institution : la gendarmerie départementale, la gendarmerie mobile et les gendarmeries spécialisées.

La Direction Générale de la Gendarmerie Nationale (DGGN)

Placée sous l'autorité d'un directeur général, la Direction Générale de la Gendarmerie Nationale est en charge de l'administration générale, de l'organisation et du fonctionnement de la gendarmerie ainsi que de la gestion des personnels militaires.

Elle comprend trois grandes directions :

- la **direction des opérations et de l'emploi** ;
- la **direction des personnels militaires de la gendarmerie nationale** ;
- et **la direction des soutiens et des finances**.

Outre ces directions, sont directement rattachés au Directeur Général plusieurs services, offices et unités comme l'inspecteur général de la gendarmerie nationale (IGGN) ou le groupe d'intervention de la gendarmerie nationale (GIGN).

La DGGN est implantée depuis 2012 à Issy-les-Moulineaux (92).

Le directeur général de la gendarmerie nationale, depuis le 30 octobre 2019, le Général d'armée Christian Rodriguez, rend compte directement au ministre de l'Intérieur. Il est assisté du major général de la gendarmerie qui est susceptible de le remplacer en cas de besoin.

La gendarmerie départementale

C'est la composante principale de l'institution, forte d'environ 62 000 personnels. Elle comprend 13 régions qui correspondent aux 13 régions administratives.

Les commandants de région sont responsables de l'exécution des missions de l'ensemble des formations au niveau régional. Ils représentent le directeur général.

Le groupement est l'échelon de commandement au niveau du département.

Au niveau de l'arrondissement, c'est **la compagnie**. Celle-ci est composée de brigades en autonomie ou regroupées en communauté de brigades au niveau du canton.

L'unité de base est **la brigade** dont les missions sont, au quotidien, d'apporter secours et assistance aux victimes, de limiter les drames de la route, de lutter contre la délinquance, de rechercher le renseignement sur un secteur donné.

Outre la brigade, la gendarmerie départementale est constituée d'**unités, composées de personnels spécialisés** dans les missions de sécurité routière, de police judiciaire, de surveillance des biens et des personnes, et du renseignement.

La gendarmerie mobile

C'est une réserve gouvernementale dont les missions sont le maintien de l'ordre public, la sécurité publique ainsi que les missions militaires et de défense. Dans l'exécution de ses missions habituelles, elle vient en renfort du dispositif territorial et dispose d'environ 13 000 personnels.

La gendarmerie mobile comprend des groupements (19 dont un groupement blindé) et des escadrons (3 à 9 par groupement).

L'escadron est l'unité élémentaire de la gendarmerie mobile. Il y a actuellement 108 escadrons de 120 personnels en moyenne.

À cette subdivision est rattachée la **Garde républicaine**. Celle-ci a pour mission d'assurer la sécurité des palais nationaux et de rendre les honneurs aux hautes autorités de l'État. Implantée en Île-de-France, et composée d'environ 2 500 personnels, la Garde Républicaine comprend principalement deux régiments d'infanterie et un régiment de cavalerie.

Les gendarmeries spécialisées

La gendarmerie maritime assure, au profit de la Marine nationale, l'ordre et la sécurité dans les ports militaires, les arsenaux, les établissements et les bases. Elle concourt à l'action de l'État en mer.

La gendarmerie de l'air assure, au profit de l'Armée de l'air, des missions de sûreté et de protection, de conseil aux autorités et de police militaire, administrative et judiciaire, notamment lors d'accidents d'aéronefs militaires.

La gendarmerie des transports aériens assure, au profit du ministère des Transports, de l'Équipement, du Tourisme et de la Mer, la protection des aérodromes et des installations aéronautiques civiles et le respect de la législation aéronautique. Elle est placée pour emploi auprès de la Direction générale de l'aviation civile.

La gendarmerie de l'armement assure la sécurité et la protection des établissements relevant de la direction générale pour l'armement.

La gendarmerie de la sécurité des armements nucléaires.

b. Les missions de service public

La gendarmerie nationale est une institution à vocation interministérielle qui exécute des missions d'ordre administratif, judiciaire et militaire.

Les missions de la gendarmerie nationale

Les missions d'ordre administratif : prévention routière, maintien de l'ordre public, surveillance générale et particulière, recherche de personnes, secours.

Les missions d'ordre judiciaire : enquête judiciaire, accident de la route, lutte contre le terrorisme, lutte contre les malfaiteurs, transfèrement.

Les missions d'ordre militaire : prévenir le désordre, maintenir la discipline en dehors des établissements militaires, constater les infractions des personnels militaires et exécuter les mandats de justice à l'encontre.

Pour mener à bien toutes ses missions, la gendarmerie nationale agit selon quatre principes :

- **La prévention :** dissuader et éduquer par une présence dans le temps et l'espace, une participation aux différentes campagnes de sensibilisation à destination des populations, une information complète des autorités leur permettant de prendre des dispositions adéquates pour assurer la sécurité publique.
- **La protection :** garantir l'intégrité physique du citoyen et garantir la moralité publique en intervenant chaque fois que nécessaire, en appliquant la loi.
- **Le secours :** porter assistance à toute personne en danger ou qui le réclame par son action ou en alertant les personnels ou autorités qualifiés. Ce principe est une obligation du gendarme même au prix du sacrifice ultime.
- **La répression :** faire cesser au plus vite l'infraction et interpeller son auteur en dressant les procès verbaux, en présentant les auteurs devant les autorités judiciaires.

3 Déontologie et éthique militaire

Tous les militaires se doivent de respecter un certain nombre de principes moraux et de conduite, c'est la notion d'éthique. L'exercice de son métier comporte également le respect de règles et de devoirs, c'est la notion de déontologie.

L'éthique est un code de comportement moral individuel. Le gendarme adhère librement à une somme de valeurs qui doivent guider ses actes :

- dans la vie publique, le gendarme doit faire preuve de respect et de loyauté, de réserve et de discrétion, de savoir-vivre, d'esprit d'équipe et de camaraderie ;
- dans sa vie privée, le gendarme garde des devoirs liés à sa qualité. Son comportement, sa conduite ne doivent pas varier, les valeurs qui guident son action au travail sont les mêmes dans sa vie privée.

La déontologie est l'ensemble des règles et des devoirs qui régissent une profession et la conduite de ceux qui l'exercent. Elle régit, pour ce qui concerne la gendarmerie nationale, les rapports entre les personnels de gendarmerie, les victimes et le public.

Le gendarme doit, en tant que citoyen, **empêcher** par son action immédiate un crime ou un délit, porter **assistance** à une personne en péril, **témoigner** en faveur d'une personne détenue provisoirement ou jugée pour crime ou délit alors qu'il connaît la preuve de son innocence, **appréhender**, en cas de flagrant délit, l'auteur d'un crime ou d'un délit grave. En tant que militaire, il doit **exécuter** loyalement les ordres et rendre compte.

> *« Soumis aux obligations du secret professionnel et au devoir de discrétion, le policier ou le gendarme s'abstient de divulguer à quiconque n'a ni le droit, ni le besoin d'en connaître, sous quelque forme que ce soit, les informations dont il a connaissance dans l'exercice ou au titre de ses fonctions. »*
>
> *(Article R. 434-8 du Code de la sécurité intérieure)*

Les militaires sont soumis au **devoir de réserve** notamment dans l'expression de leurs opinions ou croyances, philosophiques, religieuses ou politiques qui sont libres, mais ne peuvent être exprimées qu'en dehors du service et avec la réserve exigée par l'état militaire.

Concernant les libertés individuelles, le militaire de la gendarmerie se doit de **garantir les droits** reconnus à chaque citoyen. Pour ce faire, il doit connaître les dispositions pratiques de la loi, veiller à ce qu'elles soient respectées et parvenir à maintenir le juste équilibre entre la liberté individuelle et la sauvegarde de l'ordre public. Pour veiller à la garantie de la dignité humaine, le militaire de la gendarmerie doit être équitable et juste. Son langage et son attitude sont toujours corrects. Il doit lutter contre les traitements inhumains et dégradants ainsi que toutes les formes de discrimination (Charte du gendarme, article 6).

De par la nature des missions confiées, le gendarme s'expose parfois à des situations engendrant des dommages corporels imputables au service. Les conséquences de ces missions peuvent également déboucher parfois sur la mise en cause de leur **responsabilité** civile et/ou pénale.

Entraînements

1. Combien de régions compte la France ?
   - ❒ a. 18
   - ❒ c. 22
   - ❒ b. 15
   - ❒ d. 27
2. Il y a 101 départements en France ?
   - ❒ a. Vrai
   - ❒ b. Faux
3. L'année de « naissance » de la constitution de la Vè République ?
   - ❒ a. 1947
   - ❒ c. 1968
   - ❒ b. 1880
   - ❒ d. 1958
4. Le pouvoir exécutif est détenu par :
   - ❒ a. Le président de l'Assemblée nationale
   - ❒ b. Les présidents du Sénat et de la République
   - ❒ c. Le président de la République et le gouvernement
   - ❒ d. Le président du Sénat et le président de la Cour d'appel
5. La Cour de Justice de l'Union européenne est en charge d'appliquer le droit européen ?
   - ❒ a. Vrai
   - ❒ b. Faux
6. La Déclaration universelle des droits de l'homme a été adoptée ?
   - ❒ a. le 10 décembre 1984
   - ❒ b. le 26 août 1789
   - ❒ c. le 4 novembre 1950
   - ❒ d. le 10 décembre 1948
7. Les phases de la logique d'accueil sont :
   - ❒ a. présentation, écoute et analyse, reformulation, solution, prise de congé
   - ❒ b. salutation, solidarité, analyse, courtoisie, prise en compte
   - ❒ c. présentation, écoute, compte rendu, solution
   - ❒ d. approche, découverte, audition, réponse, prise de congé
8. La gendarmerie départementale est la composante principale de la gendarmerie nationale ?
   - ❒ a. Oui
   - ❒ b. Non
9. Le nombre d'escadron de gendarmerie mobile en France ?
   - ❒ a. 101
   - ❒ b. 120
   - ❒ c. 108
   - ❒ d. 19
10. La Garde Républicaine est rattachée à :
    - ❒ a. la gendarmerie de l'armement
    - ❒ b. la gendarmerie départementale
    - ❒ c. la gendarmerie mobile
    - ❒ d. elle est indépendante

Corrigés

1. **a.** 18
2. **a.** Vrai
3. **d.** 1958
4. **c.** Le Président de la République et le gouvernement
5. **a.** Vrai
6. **b.** le 26 août 1789
7. **a.** présentation, écoute et analyse, reformulation, solution, prise de congé
8. **a.** Oui
9. **c.** 108
10. **c.** la gendarmerie mobile

4 Cours & Méthode
Sécurité du gendarme en intervention

1 Formation générale à l'intervention professionnelle

a. Les fondements légaux de l'intervention : généralités

L'intervention est basée sur la contrainte. Cette contrainte, sous peine d'être arbitraire, est strictement encadrée par la loi. En effet, sans l'existence, au préalable, d'un titre de contrainte (art. 122 à 136, 695-22 à 695-46 du Code de procédure pénale), il ne peut y avoir contrainte. Outre le commandement de la loi, l'intervention doit faire cesser l'acte et être proportionnée à celui-ci.

La contrainte s'appuie sur trois principes fondamentaux :

- **le discernement** : la contrainte ne peut s'exercer que sur un auteur présumé ;
- **la nécessité** : dès qu'elle en a connaissance, la gendarmerie doit faire cesser l'infraction au plus vite. Concernant l'auteur, le strict niveau de force nécessaire doit être exercé. Dès qu'il n'est plus « dangereux », il tombe sous la protection de la loi ;
- **la proportionnalité** : cette contrainte exercée doit être proportionnelle à l'acte.

Afin de garantir la sécurité du gendarme en intervention, ce dernier s'appuie sur **l'intervention graduée**.

En fonction de l'urgence, de l'environnement, des moyens, des facteurs gendarme/adversaire, l'objectif est la maîtrise de l'adversaire par le dialogue, la dissuasion, puis **l'emploi du strict niveau de force nécessaire**, en acquérant un avantage mental et tactique tout en conservant la capacité de rompre le contact ou de renforcer la riposte.

Il y a quatre phases :

1. coercition sans contact physique ;
2. emploi de la force avec contact physique par moyen corporel (techniques mains nues) ;
3. usage des armes de force intermédiaire (emploi du bâton de défense, du diffuseur lacrymogène ou du pistolet à impulsion électrique) ;
4. usage des armes à feu à projectiles perforants.

Pour hiérarchiser le degré de menace et par conséquent la réponse à y apporter, le gendarme utilise la **codification internationale d'alerte**. Par ordre croissant, le code d'alerte est établit comme suit :

Jaune	Aucune menace apparente	État psychique conscient, attentif, détendu	Stress imperceptible
Orange	Menace présumée non identifiée	État psychique conscient, tendu	Stress croissant
Rouge	Menace actuelle identifiée	État psychique focalisée sur la menace	Stress intense
Rouge feu	Menace vitale Agression actuelle	État psychique focalisé sur la menace	Stress intense installé

b. La coercition

Dans le cadre des missions qui lui sont confiées, le gendarme est amené à exercer de la coercition (contraindre quelqu'un à agir ou à s'abstenir de le faire).

La coercition ici s'entend par la restriction de droits et de libertés individuelles dans l'intérêt de la justice. Elle est donc strictement encadrée par la loi.

Le contrôle d'identité est une opération par laquelle un officier de police judiciaire, ou sous sa responsabilité un agent de police judiciaire ou un agent de police judiciaire adjoint, invite une personne à justifier sur le champ de son identité, soit en présentant un document officiel revêtu d'une photographie, soit par le témoignage d'un tiers (art. 78-2 du Code de procédure pénale).

Ce contrôle d'identité recouvre plusieurs domaines : judiciaire (78-2 alinéa 2 à 6), administratif (78-2 alinéa 8), frontalier et ultra-marins (78-2 alinéa 9 à 16), sur les lieux de travail (78-2-1) et des étrangers (L. 611-1 du Code d'entrée et séjour des étrangers et du droit d'asile).

Le refus ou l'impossibilité de justifier de son identité entraîne une procédure de vérification d'identité avec une rétention inférieure à quatre heures.

La palpation de sécurité est une mesure de sûreté pour les policiers et gendarmes dont la finalité consiste à détecter sur une personne tout objet susceptible de constituer un danger pour elle-même ou pour autrui. Elle n'est pas systématique. Elle est encadrée par l'article R. 434-16 du Code de la sécurité intérieure. La palpation de sécurité est effectuée par une personne de même sexe chaque fois que possible, sauf en cas de garde à vue où elle est réalisée obligatoirement par une personne de même sexe.

c. L'usage des armes par les militaires de la gendarmerie

Définition

Une **arme** est « *tout objet ou animal destiné à blesser ou à tuer ; tout autre objet susceptible de présenter un danger pour les personnes est assimilé à une arme dès lors qu'il est utilisé pour tuer, blesser ou menacer ou qu'il est destiné, par celui qui en est porteur, à tuer, blesser, ou menacer. Est assimilé à une arme tout objet qui, présentant avec l'arme définie au premier alinéa une ressemblance de nature à créer une confusion, est utilisé pour menacer de tuer ou de blesser ou est destiné, par celui qui en est porteur, à menacer de tuer ou de blesser ; L'utilisation d'un animal pour tuer, blesser ou menacer est assimilée à l'usage d'une arme* » (article 132-75 du Code pénal).

L'usage des armes DOIT être l'**ultime recours**.

Outre la **légitime défense** de soi-même ou d'autrui définit à l'article 122-5 du Code pénal et l'**état de nécessité** définit à l'article 122-7 du Code pénal, les militaires de la gendarmerie dispose, à l'article L. 435-1 du Code de la sécurité intérieure, de cinq cas d'usages des armes spécifiques.

1. Lorsqu'il y a des violences et voies de fait contre eux ou contre autrui ou lorsque des personnes armées menacent leur vie ou leur intégrité physique ou celles d'autrui.
2. Lorsqu'ils ne peuvent défendre autrement des postes ou des personnes qui leur sont confiés.
3. Lorsqu'ils ne peuvent contraindre à s'arrêter, autrement que par l'usage des armes, des personnes qui cherchent à échapper à leur garde ou à leurs investigations et qui sont susceptibles de perpétrer, dans leur fuite, des atteintes à leur vie ou à leur intégrité physique ou à celles d'autrui.
4. Lorsqu'ils ne peuvent immobiliser, autrement que par l'usage des armes, des véhicules, embarcations ou autres moyens de transport, dont les conducteurs n'obtempèrent pas à l'ordre d'arrêt et dont les occupants sont susceptibles de perpétrer, dans leur fuite, des atteintes à leur vie ou à leur intégrité physique ou à celles d'autrui.
5. Dans le but exclusif d'empêcher la réitération, dans un temps rapproché, d'un ou de plusieurs meurtres ou tentatives de meurtre venant d'être commis, lorsqu'ils ont des raisons réelles et objectives d'estimer que cette réitération est probable au regard des informations dont ils disposent au moment où ils font usage de leurs armes.

À cela s'ajoute, par leur statut de militaire, l'article L. 4123-12 du Code de la défense qui stipule qu'en cas d'intrusion dans une **zone de défense hautement sensible** et après sommations, les militaires de la gendarmerie sont autorisés à faire usage de leurs armes.

Définition

On entend par **zone de défense** hautement sensible une « zone définie […] à l'intérieur de laquelle sont implantés […] des biens militaires dont la perte ou la destruction serait susceptible de causer de très graves dommages à la population, ou mettrait en cause les intérêts vitaux de la défense nationale ».

2 Formations aux techniques d'intervention

a. Les fondamentaux de la progression tactique

Les fondamentaux sont quatre éléments essentiels qui garantissent l'efficacité de leurs actions et avant tout la sécurité des gendarmes. Ces éléments sont indissociables et permanents pendant la durée de l'intervention, quelle que soit la mission.

Les attitudes

Il s'agit d'adopter une position du corps et une tenue de l'arme en adéquation avec le danger existant ou légitimement supposé en lien avec les codes d'alerte internationaux. Les principales sont :

- position d'abordage (code jaune) ;
- position d'abordage arme derrière la cuisse (code orange) ;
- position de contact (code rouge) ;
- position de contact feu (code rouge feu).

Les appuis

C'est la position adoptée par un gendarme, dans le dispositif (à deux ou à trois gendarmes) qui consiste à protéger celui qui se déplace. Pour garantir l'efficacité du tir s'il devait avoir lieu, l'appui doit être au maximum fixe.

Les protections

Elles peuvent être individuelles (gilet pare-balles à port discret) et/ou collectives (gilet pare-balles lourd apparent, boucliers balistiques ou casques pare-balles par exemple).

Le terrain comporte également des protections naturelles (arbres par exemple) et/ou artificielles (mur par exemple), verticales et/ou horizontales.

La communication

La communication est primordiale, tant envers les adversaires que vers les équipiers et les chefs. Elle doit être permanente, concise et utile. La communication peut être verbale (voix, radio, téléphone), visuelle ou tactile.

b. Les conduites sous escorte

Dans le cadre de l'exécution des missions de police administrative, judiciaire et militaire, la gendarmerie procède à de nombreuses conduites sous escorte :

- de personnes soupçonnées, mises en examen ou condamnées, et de témoins défaillants devant être présentés à un magistrat ou acheminés en un lieu désigné par celui-ci ;
- de militaires en absence irrégulière ou déserteurs, qu'il faut conduire devant l'autorité militaire ;
- d'étrangers en situation irrégulière devant être reconduits à la frontière, ou au sein d'une représentation diplomatique.

Les conduites sous escorte sont communément appelées transfèrements.

Ces transfèrements peuvent se faire via quatre modes de locomotion :

- **voie routière** (en principe pour les transfèrements de moins de 200 km ou par exemple pour les individus dangereux) ;
- **voie ferroviaire** (plus économique) ;
- **voie maritime** (par exemple en direction de la Corse) ;
- **voie aérienne** (par exemple pour les reconduite à la frontière d'étrangers en situation irrégulière).

3 Maîtrise sans arme de l'adversaire (MSAA)

a. Les fondamentaux de la maîtrise sans arme de l'adversaire

Le rôle de la gendarmerie nationale est de protéger les populations et de garantir leurs libertés. Dans l'exercice de leur fonction, les militaires de la gendarmerie sont amenés, parfois, à faire face à des individus plus ou moins violents.

La maîtrise sans arme de l'adversaire est pour le gendarme un ensemble de techniques qui lui permettent, en toutes circonstances, de maîtriser son adversaire en prenant en compte son niveau de violence ainsi que les moyens qu'il utilise afin d'employer le strict niveau de force nécessaire. Elle permet à tout gendarme d'avoir une base de connaissance en techniques rapprochées quel que soit son niveau concernant les arts martiaux ou autres techniques de combat à mains nues.

À partir des notions de base, les moyens de force intermédiaire (le bâton de protection par exemple) sont intégrés dans les techniques.

Afin de garantir l'efficacité des interventions ainsi que la sécurité des gendarmes, l'entraînement régulier revêt un caractère essentiel, chaque geste devant devenir naturel. L'objectif est qu'après une analyse réflexe de la menace, l'usage d'un moyen adapté soit un choix conscient. Lors d'une agression, il faut privilégier la protection et ensuite la riposte.

Une position unique a été développée pour utiliser les techniques à mains nues, avec armes de force intermédiaires (AFI) ou avec les armes à feu. Cette position est appelée **Attitude Universelle de Riposte**.

Le concept d'intervention graduée

L'intervention graduée représente une continuité de la coercition et de la défense, depuis la simple présence jusqu'à l'usage des armes en passant par l'emploi de la force. Il existe quatre niveaux :

1. La coercition sans contact physique (présence, coercition verbale).
2. L'emploi de la force avec contact physique par des moyens corporels (techniques à mains nues).
3. L'usage des armes de force intermédiaire (utilisation de bâton de protection ou de gaz lacrymogène par exemple).
4. L'usage des armes à feu à projectiles perforants.

La MSAA trouve son action dans les trois premières étapes.

Définitions des distances de sécurité

Les distances de sécurité se voient au travers de trois zones à partir desquelles les militaires de la gendarmerie peuvent agir sur l'adversaire.

Zone d'observation (ZO) : zone à partir de laquelle le gendarme peut prendre en compte l'adversaire et son environnement à travers un contact verbal, visuel, auditif et olfactif, sans prise de risque.

Zone de contact physique (ZCP) : zone à partir de laquelle un coup d'arrêt peut être porté à l'adversaire avec les pieds ou une arme de force intermédiaire.

Zone intime (ZI) : zone à partir de laquelle l'adversaire peut être saisi à bras le corps, et où il est possible de lui porter un coup d'arrêt avec le coude ou le genou.

Les zones de percussion

Ces zones sont des parties du corps humain où la puissance des coups portés doit être plus ou moins modérée dans le but d'éviter des traumatismes à l'adversaire. En effet, il ne faut pas oublier deux principes fondamentaux : l'adversaire, une fois maîtrisé, est sous la protection de la loi et toute action doit être entreprise avec le niveau de force strictement nécessaire. Ces zones de percussion sont :

- la **zone rouge**, constituée de la tête, du visage et du cou. Il est formellement interdit de porter des coups d'arrêt dans cette zone sauf dans le cas de la légitime défense (article 122-5 du Code pénal) ;
- la **zone orange**, constituée du tronc, du dos et des parties génitales. Les coups d'arrêt doivent être modérés du fait des risques traumatiques sérieux ;
- la **zone verte** constituée des bras et des jambes. Possibilité de coups d'arrêt puissants dans le but d'arrêter la mobilité.

b. Réglementation du menottage et des fouilles

L'utilisation des menottes

Les articles 803 et D294 (pour les transfèrements) du Code de procédure pénale définissent l'utilisation du **menottage**.

> *« Nul ne peut être soumis au port des menottes ou entraves que s'il est considéré comme dangereux pour autrui ou pour lui même, ou susceptible de prendre la fuite. »*

Aux militaires de la gendarmerie d'apprécier les circonstances et la réalité des risques qui justifient le port des menottes ou entraves (circonstances de l'arrestation ou de la condamnation, mineurs, présence de médias).

Les fouilles

La fouille de sécurité a pour objectif de retirer tous objets dangereux ou interdits accessibles lors du placement en garde à vue. Elle est forcément effectuée par une personne de même sexe. Cette fouille est encadrée par l'article 63-6 du Code de procédure pénale.

Les fouilles judiciaires (fouille perquisition et fouille *in corpore*) sont destinées à découvrir sur la personne placée en garde à vue des objets pouvant participer à la manifestation de la vérité dans une enquête. Elles sont décidées par un officier de police judiciaire et actées par procès verbal (art. 63-7 C.P.P.).

La fouille perquisition doit être effectuée par une personne de même sexe. Quant à la fouille *in corpore*, elle doit être effectuée par un médecin dûment mandaté par un officier de police judiciaire.

La fouille de sécurité des personnes en transfèrement vise à retirer tous objets dangereux ou susceptibles de faciliter son évasion. Elle est effectuée par une personne de même sexe et doit être méthodique.

Entraînements

1. L'article 122-5 du Code pénal définit la légitime défense pour les militaires de la gendarmerie :
   - ❒ **a.** Vrai
   - ❒ **b.** Faux
2. L'article L. 435-1 du Code de sécurité intérieure prévoit :
   - ❒ **a.** 5 cas d'usages des armes.
   - ❒ **b.** 4 cas d'usages des armes.
   - ❒ **c.** 6 cas d'usages des armes.
   - ❒ **d.** 3 cas d'usages des armes.
3. De manière générale, l'usage des armes doit être l'ultime recours :
   - ❒ **a.** Oui
   - ❒ **b.** Non
4. Les principales attitudes dans les fondamentaux de la progression tactique sont :
   - ❒ **a.** position d'observation, position de contact, position d'abordage, position de contact physique.
   - ❒ **b.** position d'abordage, position d'abordage arme derrière la cuisse, position de contact, position de contact feu.
   - ❒ **c.** position d'observation, position de contact physique, position de contact arme derrière la cuisse, position de contact feu.
5. Les trois principes fondamentaux de la contrainte sont :
   - ❒ **a.** le besoin, l'obligation, la loi.
   - ❒ **b.** le discernement, la nécessité, la proportionnalité.
   - ❒ **c.** l'anticipation, la ruse, la coercition.
   - ❒ **d.** la surprise, le commandement, la nécessité.
6. En MSAA, à quoi correspond la zone orange ?
   - ❒ **a.** Zone à partir de laquelle, on peut saisir à bras-le-corps son adversaire.
   - ❒ **b.** La tête, le cou, le visage.
   - ❒ **c.** Les bras, les jambes.
   - ❒ **d.** Le tronc, le dos, les parties génitales.
7. Combien y a-t-il de phases dans l'intervention graduée ?
   - ❒ **a.** 8
   - ❒ **b.** 3
   - ❒ **c.** 4
   - ❒ **d.** 6
8. Dans la codification d'alerte internationale, le code JAUNE correspond à une menace :
   - ❒ **a.** vitale.
   - ❒ **b.** actuelle et identifiée.
   - ❒ **c.** présumée, non identifiée.
   - ❒ **d.** aucune menace.
9. Il existe :
   - ❒ **a.** 2 fouilles.
   - ❒ **b.** 3 fouilles.
   - ❒ **c.** 5 fouilles.
   - ❒ **d.** 1 fouille.
10. Quel est le mode de locomotion le plus utilisé pour les trajets de 200 km et moins lors de transfèrements ?
    - ❒ **a.** Voie ferroviaire.
    - ❒ **b.** Voie aérienne.
    - ❒ **c.** Voie routière.
    - ❒ **d.** Voie maritime.

Corrigés

1. **a.** Vrai
2. **a.** 5 cas d'usages des armes
3. **a.** OUI
4. **b.** position d'abordage, position d'abordage arme derrière la cuisse, position de contact, position de contact feu
5. **b.** le discernement, la nécessité, la proportionnalité
6. **d.** le tronc, le dos, les parties génitales
7. **c.** 4
8. **d.** aucune menace
9. **b.** 3 fouilles
10. **c.** voie routière

1 L'agent de police judiciaire adjoint

a. Infraction, classification des infractions et circonstances aggravantes

Définition

La définition de l'**infraction** communément utilisée est celle édictée par Francesco Carrara, pénaliste et homme politique italien (1805-1888). Ce dernier définit l'infraction comme une « *violation d'une loi de l'État, résultant d'un acte externe de l'homme, positif ou négatif, socialement imputable, ne se justifiant pas par l'accomplissement d'un devoir ou l'exercice d'un droit et qui est frappée d'une peine par la loi.* »

Explications

Violation d'une loi de l'État : la loi pénale prévoit l'infraction (par exemple, le vol, article 311-1 du Code pénal).

Acte externe de l'homme : action de l'homme (actes de commission ou d'omission).

Acte positif (par exemple, il vole le bien d'autrui) ou négatif (par exemple, il ne porte pas secours à quelqu'un qui se noie).

Socialement imputable : l'auteur d'une infraction doit rendre des comptes à la société car il trouble l'ordre public. Mais il ne devra rendre des comptes que s'il est reconnu responsable de ses actes (présomption d'innocence).

Accomplissement d'un devoir : par exemple, le pompier qui défonce la porte d'entrée d'une maison en flammes pour secourir les occupants ne sera pas poursuivi pour dégradation volontaire de la porte.

Exercice d'un droit : par exemple, le gendarme qui procède à l'arrestation de l'auteur d'un vol ne sera pas poursuivi pour arrestation arbitraire.

Frappé d'une peine par la loi : la loi pénale réprime par une peine (par exemple, pour le vol, article 311-3 du Code pénal).

Les éléments constitutifs de l'infraction

Il s'agit la de ce qui caractérise une infraction. Ces éléments recoupent en partie la définition de l'infraction. Ils sont au nombre de trois : l'élément légal, l'élément matériel et l'élément moral. S'il manque un des éléments, il n'y a pas d'infraction. En résumé :

Élément légal	+ élément matériel	+ élément moral	= INFRACTION
(violation loi pénale)	+ (fait matériel positif ou négatif)	+ (faute intentionnelle ou non)	= INFRACTION

La classification des infractions

Cette classification dépend de la gravité de l'infraction et par conséquent de la peine prévue par la loi. On parle de classification tripartite. L'article 111-1 du Code pénal distingue :

- les contraventions jugées par le tribunal de police qui prononce des peines contraventionnelles ;
- les délits jugés par le tribunal correctionnel qui prononce des peines correctionnelles ;
- les crimes jugés par la cour d'assises qui prononce des peines criminelles.

Les circonstances aggravantes

Ce sont des faits limitativement déterminés par la loi qui, s'ils accompagnent l'acte principal, entraînent l'élévation de la peine au dessus du maximum prévu pour l'infraction à l'état simple. Elles sont dites légales et s'appliquent obligatoirement.

> Dans le cas d'un vol, aux trois éléments constitutifs, peuvent s'ajouter une ou plusieurs circonstances aggravantes, par exemple : vol en réunion, avec arme, avec effraction, etc.

b. Acteurs de la police judiciaire, les compétences juridictionnelles, la police judiciaire

Les acteurs de la police judiciaire

Les acteurs principaux sont la magistrature du siège qui regroupe l'ensemble des magistrats chargés de rendre la justice et le ministère public (ou le parquet) qui défend les intérêts de la société devant le juge.

La magistrature du siège peut être le juge d'instruction, le juge des libertés et de la détention, le juge des enfants, le Président de la cour d'assise.

Le ministère public peut être représenté par : l'officier du ministère public, le procureur de la République ou ses substituts ou le procureur général. Le parquet est chargé de **l'application de la loi.** Il est directeur de la police judiciaire donc l'autorité de référence, dans ce domaine, pour les gendarmes.

Les compétences juridictionnelles

Juridiction	Tribunal de police		Tribunal correctionnel	Cour d'assises
Infractions	Contravention de première à quatrième classe	Contravention de cinquième classe	Délit	Certains délits aggravés et tous les crimes
Ministère public	Officier du ministère public	procureur de la République ou substituts	procureur de la République ou substituts	procureur général ou substituts
Magistrature du siège	un juge unique un greffier	un juge unique un greffier	un président, deux assesseurs un greffier	un président, deux assesseurs un greffier en chef un jury de six jurés (neuf en appel)
Typede décision	Jugements	Jugements	Jugements	Arrêts

La police judiciaire

La police judiciaire a pour objet de constater les infractions, d'en rassembler les preuves et de rechercher les auteurs. C'est l'ensemble des missions répressives confiées aux forces de l'ordre.

La police judiciaire est placée sous la direction du procureur de la République. Elle désigne également l'ensemble des personnels chargés de ces missions : l'officier de police judiciaire (OPJ), l'agent de police judiciaire (APJ) ou l'agent de police judiciaire adjoint (APJA).

Le gendarme adjoint volontaire exerce toujours la police judiciaire sous le contrôle de l'OPJ ou de l'APJ, à son propre niveau, durant les services commandés.

Les enquêtes judiciaires

Une enquête judiciaire, c'est l'ensemble des opérations qui permettent de confondre et d'appréhender le ou les auteurs d'une infraction pénale. Son but est d'établir les faits, de déterminer si une infraction existe, de rassembler les preuves et d'identifier les auteurs.

Plusieurs types d'enquêtes existent. Les principales sont l'enquête préliminaire et l'enquête de flagrance.

L'enquête préliminaire (articles 75 à 78 du Code de procédure pénale)
Fréquemment utilisée, cette procédure donne des moyens limités à l'enquêteur qui doit demander des autorisations au procureur de la République pour effectuer certains procès-verbaux (réquisitions). Elle ne confère à l'enquêteur aucun pouvoir de coercition. L'enquête préliminaire est diligentée pour tous types d'infractions à la loi pénale par un officier de police judiciaire ou sous le contrôle de ce dernier par un agent de police judiciaire.

L'enquête de flagrance (articles 53 à 67 du Code de procédure pénale)
Flagrant, signifie que les faits sont en train de se commettre, ou qu'ils sont portés à la connaissance des enquêteurs dans un temps très proche du temps de la commission de l'infraction.

L'enquête de flagrance est utilisée pour les crimes ou délits flagrants (punis d'une peine d'emprisonnement) et dure habituellement huit jours. Elle procure aux enquêteurs (officiers de police judiciaire) une certaine « liberté » dans les actes qu'ils effectuent, sans avoir à demander d'autorisation. Elle confère à l'enquêteur d'importants pouvoirs coercitifs.

Les missions de l'Agent de police judiciaire adjoint (APJA)

« Il seconde l'OPJ et l'APJ dans l'exercice de ses fonctions. »

- Transport sur les lieux (préparation du véhicule, conduite)
- Gel des lieux (balisage)
- Recueil de l'identité des contrevenants (article 78-6 du CPP)
- Assiste l'OPJ (ou sur l'ordre de celui-ci) dans la visite d'un véhicule
- Droit d'interpellation (pendant le temps de la flagrance)
- Notification des mandats, mise à exécution d'un extrait de jugement
- Transfèrement et extraction

c. Le droit d'arrestation et les mandats de justice

Définition

Le **droit d'arrestation** est la possibilité donnée par la loi d'appréhender une personne soupçonnée d'infraction en ayant, si besoin, recours à la force, en vue de sa comparution devant une autorité judiciaire ou administrative, ou à des fins d'incarcération.

Les différents cas de figure

Le temps de la flagrance	Mise à exécution d'un mandat de justice	Mise à exécution des décisions de justice	Ordre d'arrestation	Lois spéciales	Mesures de police
Art. 53 du CPP	Art. D13 du CPP	Art. D13 du CPP			
Crimes et délits flagrants punis de peines de prison (art. 73 du CPP droit d'arrestation pour tout citoyen)	Mandats • d'amener • d'arrêt • de recherches • d'arrêt européen	Extraits • de jugement • d'arrêt porte sur la condamnation d'une personne	Lors d'audience au tribunal ex : outrage à magistrat	• Déserteurs • État de siège • État d'urgence • État de guerre • Mobilisation • Immigration illégale	• Ivresse publique et manifeste • Aliénation mentale

Hors ces cas prévus par la loi, toute arrestation est **arbitraire** (art. 432-4 du Code pénal).

Les mandats de justice

Le mandat est un acte judiciaire écrit et individuel, par lequel le magistrat compétent donne des ordres relatifs aux personnes qu'il désire voir comparaître, arrêter ou détenir provisoirement. (art. 122 à 136 du CPP). Il est valable sur tout le territoire national (ou européen en ce qui concerne le mandat d'arrêt européen).

Les mandats de justice peuvent être notifiés à la personne concernée par tous les agents de la force publique (officier de police judiciaire, agent de police judiciaire, agent de police judiciaire adjoint, agent de la force publique).

Il y a six types de mandats.

- **Le mandat de comparution**

C'est une citation à une personne de se présenter devant le magistrat mandant à la date et l'heure indiquées par ce mandat (pas de mesure coercitive).

- **Le mandat d'amener**

C'est l'ordre donné à la force publique de conduire immédiatement une personne devant le magistrat mandant.

- **Le mandat d'arrêt**

C'est l'ordre donné à la force publique de rechercher une personne et de la conduire à la maison d'arrêt indiquée sur le mandat où elle sera reçue et détenue.

- **Le mandat de dépôt**

C'est l'ordre donné par le magistrat mandant au chef d'établissement pénitentiaire de recevoir et de détenir la personne à l'encontre de laquelle il est décerné.

- **Le mandat de recherches**

C'est l'ordre donné à la force publique de rechercher une personne et de la placer en garde à vue, afin d'être interrogée par les enquêteurs.

- **Le mandat d'arrêt européen**

C'est une décision judiciaire émise par un État membre de l'Union européenne, appelé « État membre d'émission », en vue de l'arrestation et de la remise par un autre État membre, appelé « État membre d'exécution », d'une personne recherchée pour l'exercice de poursuites pénales ou pour l'exécution d'une peine ou d'une mesure privative de liberté.

d. L'enquête de voisinage

L'enquête de voisinage est une technique de recherche systématique du renseignement à visée opérationnelle ou judiciaire. Elle est effectuée dans une zone géographique déterminée par le directeur d'enquête ; elle dure le temps nécessaire à ce que toutes les personnes qui se trouvent dans cette zone géographique aient été contactées et questionnées sur l'événement à l'origine de l'enquête.

En pratique, il s'agit d'un porte-à-porte où il convient idéalement à l'enquêteur de se faire inviter à entrer au domicile pour parler à l'abri des regards du voisinage pour se renseigner sur les faits. Outre les renseignements sur ceux-ci, il faut rechercher des informations sur tout événement inhabituel survenu dans les jours proches des événements. L'enquête de voisinage se fait sur une zone définie par le directeur d'enquête et fait l'objet d'un compte-rendu à celui-ci sous forme de tableau. Les renseignements obtenus feront l'objet, après exploitation, de convocation pour auditions si nécessaire.

e. L'alerte, le transport et le gel des lieux, le rôle de l'APJA

L'alerte

Il s'agit de la prise de renseignements et de la mise en route de l'élément d'intervention qui devra se rendre sur les lieux.

Le transport

À partir du moment où un agent des forces de l'ordre, accompagné d'un officier de police judiciaire ou d'un agent de police judiciaire, a connaissance d'un crime ou d'un délit, il doit se rendre immédiatement sur place pour le constater : c'est ce que l'on appelle le transport sur les lieux. Le but étant de vérifier la réalité des faits, éventuellement de porter secours, de geler les lieux, de rendre compte et de prendre les premières déclarations de témoins.

Le gel des lieux

C'est l'isolement d'un lieu en vue de le protéger de toute « pollution » et de permettre la préservation des indices. Il doit être établi afin de permettre aux enquêteurs spécialistes de mener leurs investigations et d'assurer la préservation du secret de l'enquête.

Le rôle de l'APJA

Pendant un gel des lieux

L'agent de police judiciaire adjoint pourra :

- faciliter l'accès des secours ;
- assurer le service d'ordre en protégeant les lieux et les personnes, en éloignant les curieux et en interdisant l'accès à toutes les personnes étrangères à toutes les investigations.

Pendant une garde à vue

L'agent de police judiciaire adjoint pourra, sous le contrôle et avec l'autorisation de l'officier de police judiciaire en charge de l'enquête, assurer la surveillance de la personne afin d'éviter :

- toute évasion ;
- tout geste d'auto-agression ;
- toute communication avec toute autre personne gardée à vue dans le cadre de la même affaire.

Pendant la perquisition

Une perquisition est une opération de police judiciaire préparée et menée dans les formes légales pour rechercher des indices permettant d'établir l'existence d'une infraction ou d'en déterminer l'auteur.

Durant cette phase, l'agent de police judiciaire adjoint :

- exerce la surveillance permanente de la personne chez qui la perquisition a lieu ;
- exerce la surveillance des lieux ;
- assure la sécurité des abords du domicile perquisitionné.

f. La pré-plainte en ligne

La pré-plainte en ligne (PPEL) permet à l'usager de remplir en ligne sur le site www.pre-plainte-en-ligne.gouv.fr, un formulaire de déclaration qui contient l'essentiel des informations nécessaires au recueil de sa plainte, et de choisir l'unité de gendarmerie ou le service de police dans lequel il désire le signer.

La pré-plainte en ligne s'adresse uniquement aux victimes d'atteintes aux biens dont l'auteur est inconnu. Ces deux conditions cumulatives conditionnent la recevabilité de la pré-plainte.

Exemples

- Vol dans une résidence principale ou secondaire (papiers, objets ou matériels divers…)
- Vol dans un véhicule automobile (auto-radio, sac à main…)
- Vol de deux roues (scooter, bicyclette…)
- Vol de téléphone portable
- Dégradation ou destruction de biens privés (véhicule, clôture…)
- Escroquerie ou abus de confiance

L'objectif de ce télé-service est d'améliorer les conditions d'accueil du public en diminuant voire supprimant les délais d'attente des victimes, tout en contribuant à réduire le temps nécessaire à l'enregistrement de la plainte par les personnels de gendarmerie ou de police.

Lorsqu'une PPEL est rédigée, elle est transmise conjointement à la brigade sélectionnée et au Centre Opérationnel de Renseignement de la Gendarmerie (CORG).

En cas d'une nécessité urgente, le CORG peut déclencher immédiatement une intervention de la brigade concernée.

9. Le rapport d'infraction et la main-courante gendarmerie

Le rapport d'infraction

L'article 21 du Code de procédure pénale indique que « les volontaires servant en qualité de militaire dans la gendarmerie ont pour mission de rendre compte à leurs chefs hiérarchiques de tous crimes, délits ou contraventions dont ils ont connaissance, de constater, en se conformant aux ordres de leurs chefs, les infractions à la loi pénale et de recueillir tous les renseignements en vue de découvrir les auteurs de ces infractions, le tout dans le cadre et dans les formes prévus par les lois organiques ou spéciales qui leurs sont propres ».

Le **rapport** établi par l'agent de police judiciaire adjoint est transmis à un officier de police judiciaire. L'APJA y reporte ce qu'il a vu, fait et entendu. Il s'agit de relater un événement simple, qui constitue un crime ou un délit, dont il a été témoin. Le rapport doit être très précis et concis. Le rapport doit répondre au questionnement suivant :

- **QUI** : auteur, victime, témoin(s) ;
- **QUOI** : nature précise des faits ;
- **OÙ** : lieu des faits ;
- **COMMENT** : déroulement des faits ;
- **QUAND** : jour et heure des faits ;
- **MESURES PRISES** : secours prévenus…

La Main Courante Gendarmerie

À l'occasion de l'accueil du public, il est désormais possible de recueillir des événements ou des informations rapportés par un citoyen, sur une main courante gendarmerie (MCG) à condition qu'il y ait absence d'infraction.

Cette main courante gendarmerie répond à quatre objectifs :

- répondre aux attentes de la population ;
- simplifier l'action du « gendarme » ;
- mieux valoriser les informations recueillies ;
- alléger la transmission systématique des procédures.

La MCG fait l'objet d'un contrôle hiérarchique avant clôture ou réorientation.

2 Agent de la sécurité des mobilités

a. Les missions et principes d'action de la police route, les postes de contrôle

Les missions de la police route

Les missions de police route ont pour but essentiel de faciliter la circulation en assurant la sécurité par des actions de prévention, d'intervenir en cas d'accident et de réprimer les infractions au Code de la route.

Les six principes d'action de la police route

- **Prévenir** en signalant les améliorations possibles du réseau routier aux administrations, en contrôlant la présence et le bon fonctionnement des équipements des véhicules, en protégeant les lieux d'un accident de la circulation.
- **Éduquer** en faisant de la pédagogie de la réglementation auprès des usagers de la route.
- **Renseigner** sur l'état des routes, de la circulation.
- **Aider** les automobilistes en difficulté (panne, crevaison par exemple).
- **Secourir** en diffusant les alertes auprès des usagers et des services compétents, en mettant en pratique les gestes de premiers secours.
- **Réprimer** les infractions graves et génératrices d'accidents.

Les différents postes fixes de contrôle routier

- **Le poste de surveillance** est un stationnement temporaire d'une patrouille de gendarmerie à un endroit difficile ou dangereux afin d'inciter au respect des règles de sécurité routière.
- **Le poste de régulation** est un service réalisé en un point du réseau routier où il s'avère nécessaire de réaliser l'alternance des passages et assurer l'écoulement du trafic.
- **Le poste de contrôle** est un service de police ayant pour but d'arrêter certains véhicules, en infraction ou non, en vue de procéder à leur contrôle. Ce service doit être fait dans une tenue soignée, être courtois, faire preuve de discernement.

b. Les conduites addictives

La conduite sous l'empire d'un état alcoolique

Les seuils légaux

- Cas général : positif à partir de 0,25 mg/l d'air expiré ou 0,50 g/l de sang.
- Cas particulier : positif à partir de 0,10 mg/l d'air expiré ou 0,20 g/l de sang. Ceci regroupe les conducteurs en permis probatoire (jeunes conducteurs et conducteurs repassant le permis suite à un solde de points nuls ou un permis annulé) et les conducteurs de véhicule de transport en commun.

Pour l'ensemble des conducteurs, un délit est constitué à partir de 0,40 mg/l d'air expiré (0,80 g/l de sang).

Les dépistages

Les dépistages sont obligatoires en cas d'accident mortel ou corporel (accident ayant entraîné des blessures). Ils sont possibles lorsqu'ils sont prévus par la loi pour les auteurs d'infractions au Code de la route ou pour toute personne impliquée dans un accident quelconque de la circulation routière.

La conduite après usage de stupéfiants

Les seuils légaux

Il n'y a pas de seuil comme pour l'alcoolémie. Pour toutes les catégories, l'infraction est qualifiée de « délit » dès que l'usage est confirmé par les résultats sanguins.

Les dépistages

Les dépistages sont obligatoires pour les accidents mortels ou corporels. Ils sont possibles en cas d'accident matériel, sur réquisition du procureur de la République ou en cas de suspicion d'usage de stupéfiants.

Les moyens de dépistages

Le dépistage est effectué sur le conducteur ou l'accompagnateur de l'élève-conducteur sur lequel cela est possible, selon deux moyens possibles :

- le kit urinaire obligatoirement utilisé lors des accidents mortels ou corporels par un officier de police judiciaire ou un agent de police judiciaire ;
- le dépistage salivaire dans tous les autres cas indifféremment par un officier de police judiciaire, un agent de police judiciaire ou un agent de police judiciaire adjoint.

c. L'accident

Un accident corporel (mortel ou non mortel) de la circulation routière provoque au moins une victime, c'est-à-dire un usager ayant nécessité des soins médicaux, survient sur une voie ouverte à la circulation publique, implique au moins un véhicule, en excluant les actes volontaires (homicides volontaires, suicides…) et les catastrophes naturelles.

Parmi les victimes, on peut distinguer :

- les tués à trente jours : victimes décédées sur le coup ou dans les trente jours qui suivent l'accident ;
- les blessés hospitalisés : victimes admises comme patients dans un hôpital plus de vingt-quatre heures ;
- les blessés légers : victimes ayant fait l'objet de soins médicaux, non hospitalisées ou admises comme patients à l'hôpital moins de vingt-quatre heures.

L'alerte

Il s'agit des informations relatives à un incident ou à un accident permettant une intervention rapide et adaptée des secours.

Pour les personnels, il s'agit de préparer le(s) véhicule(s), les matériels et documentations nécessaires à une intervention en toute sérénité.

Le transport sur les lieux

C'est le fait de devoir se transporter en toute sécurité sur les lieux d'un événement où une intervention doit avoir lieu. Le transport se fait en usant des avertisseurs sonores et lumineux tout en respectant strictement les règles de prudence et de sécurité.

L'arrivée sur les lieux

Le port du gilet réfléchissant est obligatoire de jour comme de nuit.

Les premières mesures en arrivant sur les lieux

Protection des personnels	Photographies et marquage des véhicules impliqués sur chaussée
Sécurisation des lieux	Dépistages alcoolémie et stupéfiants
Porter secours	Identifications fichiers divers des personnes, des documents (permis de conduire, assurance) et des véhicules
Rendre compte	Début des constatations après accord des secours
Préserver les biens, traces et indices	

3 Formation aux systèmes d'information et de communication

a. La procédure radio

La procédure radio est un ensemble de règles permettant de rendre compréhensibles, rapides et sûres les communications.

L'alphabet phonétique

A – Alpha
B – Bravo
C – Charlie
D- Delta
E – Echo
F – Foxtrot
G – Golf
H – Hotel
I – India
J – Juliet
K – Kilo
L – Lima
M – Mike
N – November
O – Oscar
P – Papa
Q – Quebec
R – Romeo
S – Sierra
T – Tango
U – Uniform
V – Victor
W – Whiskey
X – X-ray
Y – Yankee
Z – Zulu

Pour épeler un nom, on annonce le nom, puis on l'épelle et enfin on termine en rappelant le nom complet.

Exemple

Monsieur Legros :

« monsieur Legros, j'épelle Lima, Echo, Golf, Roméo, Oscar, Sierra : Legros »

Les chiffres

0 – Zéro comme rien	4 – Deux fois deux	8 – Deux fois quatre
1 – Un tout seul	5 – Trois et deux	9 – Cinq et quatre
2 – Un et un	6 – Deux fois trois	
3 – Deux et un	7 – Quatre et trois	

Pour énoncer un nombre, en général, on lit les nombres tels quels. Néanmoins, si la compréhension est mauvaise, on annonce le nombre, puis on énonce les chiffres un par un et enfin on termine en rappelant le nombre.

Exemple

1 420 :

« Mille quatre cent vingt, **j'énonce**, un, un tout seul ; quatre, deux fois deux ; deux, un et un ; zéro : Mille quatre cent vingt »

L'appel radio

Les communications de phonie (transmission de la voix) fonctionnent en ALTERNAT. Tout appel doit prendre la forme suivante :

« Indicatif de l'appelé » ici « **Indicatif** de l'appelant » **Parlez**

Exemple

Charlie appelle Bravo :

Appel : « Bravo **ICI** Charlie, **PARLEZ** »

Réponse : « Charlie **ICI** Bravo, **PARLEZ** »

Remarque

- **Alternat :** chaque correspondant doit parler alternativement car le poste ne peut pas recevoir lorsqu'il émet.
- **Indicatif :** c'est un groupe de lettres et de chiffres servant à l'identification d'une station radio.
- **Termes de procédure :** ce sont des mots clés ayant une signification particulière.

Connaissances professionnelles

Les termes de procédure

- ICI : Je donne mon indicatif juste après.
- PARLEZ : Ceci est la fin de ma transmission, j'attends votre réponse.
- TERMINÉ : Je n'attends et ne demande aucune réponse de votre part. Ce terme indique la fin de la communication.
- ATTENDEZ : Attendez je vais vous répondre dans quelques secondes.
- RÉPÉTEZ : Je n'ai pas compris, je vous demande de répéter votre dernière transmission.
- COLLATIONNEZ : Je veux m'assurer de votre bonne compréhension. Je vous demande de répéter ma transmission en entier.

b. Le réseau RUBIS

C'est un réseau de communication radio **sécurisé** de la gendarmerie. Il couvre la France métropolitaine et certains départements et collectivités d'outre-mer. Il comporte deux modes d'utilisation.

- **Le mode relayé**, pour lequel il faut être inscrit sur l'infrastructure réseau. Le terminal doit être inscrit par les équipements d'infrastructure RUBIS (au même titre qu'un téléphone s'inscrit sur le réseau d'un opérateur).
- **Le mode non relayé** est utilisé pour des équipes qui travaillent à proximité ou pour palier à des difficultés sur le réseau. Il se subdivise lui-même en deux modes :
  - le mode direct met en relation plusieurs terminaux radio RUBIS en mode talkie-walkie ayant sélectionné un même canal direct, sans transiter par un relais. Ce mode est intéressant pour établir des communications lors d'opérations localisées ;
  - les appels hors zone sont une fonctionnalité utilisable pour remédier à des défauts de liaisons ou pour appeler sur un terminal proche.

Entraînements

1. L'alcool est un délit à partir de :
   - ❒ **a.** 0,10 mg/l d'air expiré.
   - ❒ **b.** 0,25 mg/l d'air expiré.
   - ❒ **c.** 0,50 mg/l d'air expiré.
   - ❒ **d.** 0,40 mg/l d'air expiré.
2. Les postes fixes de contrôle sont au nombre de :
   - ❒ **a.** 4 (contrôle, recherche, intervention et arrestation).
   - ❒ **b.** 3 (surveillance, régulation et contrôle).
   - ❒ **c.** 2 (interception et contrôle).
3. La définition de l'infraction est celle édictée par :
   - ❒ **a.** Michel Debré.
   - ❒ **b.** Guy Carcassonne.
   - ❒ **c.** Christian Walter Behrendt.
   - ❒ **d.** Francesco Carrara.
4. Il y a trois éléments constitutifs de l'infraction. Il s'agit de :
   - ❒ **a.** élément légiste + élément positif + élément factuel = infraction.
   - ❒ **b.** élément légaliste + élément négatif + élément égalitaire = infraction.
   - ❒ **c.** élément légal + élément matériel + élément moral = infraction.
   - ❒ **d.** élément légiste + élément matériel + élément intellectuel = infraction.
5. Dans les éléments constitutifs d'une infraction, l'élément légal constitue une violation de la loi pénale :
   - ❒ **a.** Vrai ❒ **b.** Faux
6. Les mandats de justice sont au nombre de :
   - ❒ **a.** 6 ❒ **c.** 4
   - ❒ **b.** 5 ❒ **d.** 3
7. Le ministère public peut être représenté par :
   - ❒ **a.** le juge de la détention et des libertés.
   - ❒ **b.** le procureur de la République.
   - ❒ **c.** le président de la Cour d'Assises.
   - ❒ **d.** le directeur de la police nationale.
8. La pré-plainte en ligne s'adresse uniquement aux victimes d'atteintes aux biens dont l'auteur est connu :
   - ❒ **a.** Vrai
   - ❒ **b.** Faux
9. La main courante gendarmerie répond à :
   - ❒ **a.** 6 objectifs.
   - ❒ **b.** 3 objectifs.
   - ❒ **c.** 4 objectifs.
   - ❒ **d.** 2 objectifs.
10. Le réseau RUBIS fonctionne sur :
    - ❒ **a.** 3 modes. ❒ **c.** 2 modes.
    - ❒ **b.** 4 modes. ❒ **d.** 1 mode.

Connaissances professionnelles

Corrigés

1. **d.** 0,40 mg/l d'air expiré
2. **b.** 3 (surveillance, régulation et contrôle)
3. **d.** Francesco Carrara
4. **c.** élément légal + élément matériel + élément moral = infraction
5. **a.** vrai
6. **a.** 6
7. **b.** le procureur de la République
8. **b.** faux
9. **c.** 4 objectifs
10. **c.** 2 modes

SOUS-PARTIE 1

Documents de référence

- Charte du gendarme
- Charte d'accueil du public/Assistance aux victimes
- Code de déontologie de la police nationale et de la gendarmerie nationale

1 Document de référence
Charte du gendarme

1 Préambule

En complément de la loi relative à la Gendarmerie nationale du 3 août 2009, qui réaffirme le statut de force armée de la gendarmerie tout en la plaçant dans les attributions du ministre de l'Intérieur, cette charte traduit le socle commun de valeurs qui s'impose à chaque gendarme.

Au moment où il revêt l'uniforme pour la première fois, le gendarme ne souscrit pas seulement un engagement juridique : il adhère librement à une somme de valeurs et de représentations qu'ont fait vivre avant lui les hommes et les femmes qui l'ont précédé dans la gendarmerie au service de la France.

Ce sont ces valeurs qui doivent guider son action en tous lieux et en tous temps, des missions de sécurité aux missions de souveraineté, du temps de paix au temps de guerre.

Dessinant une culture et une éthique professionnelles modernes, cette charte doit permettre à chaque gendarme de bien appréhender le sens de son action au profit de la population.

2 Chapitre 1er - Une force armée juste et contenue

Art. 1. La gendarmerie est une force armée. Le gendarme est membre à part entière de la communauté militaire.

Art. 2. Le gendarme adhère sans réserve au statut général des militaires.

Art. 3. Le statut militaire ne se résume pas à un état juridique. Être militaire, c'est surtout adopter un comportement marqué de la manière la plus intense par le sens de l'honneur, la discipline, la disponibilité, le courage et l'abnégation.

Art. 4. Au titre de la défense et de la sécurité nationale, le gendarme contribue à la liberté et à la continuité de l'action du gouvernement et des institutions. Il peut être engagé individuellement ou avec son unité, en tout temps, en tout lieu et en toute circonstance, notamment en période de crise ou de conflit armé, pour maintenir ou rétablir la paix ou l'ordre publics. Cette adaptation à un environnement précaire, voire hostile, exige des qualités d'endurance physique et de résistance morale, qui peuvent aller jusqu'au sacrifice ultime.

Art. 5. Le gendarme défend l'État de droit qui fonde la République et il agit dans le respect des conventions internationales, des lois et des règlements. Il refuse d'exécuter un ordre manifestement illégal et de nature à compromettre gravement un intérêt public. Il n'use jamais de sa qualité pour en tirer un avantage personnel. Le serment qu'il prête solennellement devant l'autorité judiciaire, gardienne des libertés individuelles, est le symbole fort de son engagement.

Art. 6. Le gendarme préserve la dignité humaine en luttant contre les traitements inhumains et dégradants et toutes les formes de discrimination. Les exigences d'éthique et de déontologie guident son action, notamment lorsqu'il prend des mesures coercitives ou intrusives. Par respect d'autrui, le gendarme s'interdit toute attitude, parole ou geste déplacés, quelles que soient les situations et les personnes auxquelles il se trouve confronté.

Art. 7. Sous la direction, la surveillance et le contrôle de l'autorité judiciaire, le gendarme accomplit les actes d'enquête, selon les conditions et modalités prévues par la loi dans le respect de la dignité des personnes. Il applique en particulier les prescriptions légales relatives aux fichiers de données à caractère personnel.

Art. 8. Le gendarme fait preuve de discernement dans l'exercice de ses fonctions par un usage mesuré et juste des pouvoirs que lui confère la loi. Il privilégie la dissuasion et la négociation à la force. Il se montre impartial lorsqu'il s'interpose entre groupes ou individus qui s'opposent ou s'affrontent. Il ne recourt à la force nécessaire que de manière graduée, proportionnée et adaptée, et à l'usage des armes qu'en cas d'absolue nécessité.

Art. 9. Le gendarme contribue à la recherche d'informations et de renseignements à destination des autorités ayant à en connaître. Hormis les cas où la loi le prévoit, il s'abstient de toute enquête sur les personnes relative à leur origine, leurs orientations sexuelles, leur état de santé, leur appartenance à une organisation syndicale, leurs opinions politiques, religieuses ou philosophiques.

Art. 10. Le gendarme, en raison de ses attributions et de ses missions, est détenteur d'informations confidentielles. Il fait preuve de discrétion professionnelle à l'égard de toutes les informations dont il prend connaissance à l'occasion de l'exercice de ses fonctions. Il respecte le secret de la défense nationale et le secret professionnel, notamment le secret des enquêtes et de l'instruction.

3 Chapitre 2 - Une force humaine

Art. 11. Dans la zone dont elle a la responsabilité, la gendarmerie a une vocation de service public dont la finalité est d'offrir aux citoyens des conditions de protection et de sécurité égales pour tous, quel que soit leur lieu de résidence ou de travail. Son maillage territorial, la disponibilité, la mobilité et la réactivité du gendarme, notamment en cas d'urgence, se conjuguent pour garantir la continuité de l'action de l'État et la permanence du service public de sécurité.

Art. 12. Dans l'exercice quotidien de ses missions, le gendarme s'inscrit dans une démarche de qualité qui le conduit à tout mettre en œuvre, quelles que soient les difficultés rencontrées, pour répondre aux demandes légitimes des autorités et de la population.

Art. 13. Le militaire de la gendarmerie en charge d'une mission de soutien est solidaire des unités de terrain, en temps normal comme en temps de crise. Par sa disponibilité et sa compétence technique, il contribue directement à leur efficacité opérationnelle.

Art. 14. Le gendarme, en service et en dehors du service, porte assistance et secours aux personnes en difficulté, tout spécialement lorsqu'elles sont en péril.

Art. 15. Le gendarme applique avec conviction les principes énoncés par la Charte d'accueil du public et d'assistance aux victimes. Il répond sans réserve aux sollicitations fondées.

Art. 16. Le gendarme est respectueux des autres. Conscient du sens accordé par la population à son uniforme et à ses fonctions, il a une tenue, une attitude et un maintien exemplaires, manifestant ainsi de la considération à l'égard du citoyen et contribuant par là-même à la crédibilité de l'Institution.

Art. 17. Le gendarme s'approprie son territoire. Par son esprit d'initiative, il développe une action de proximité au sein de sa circonscription en déclinant les instructions des échelons supérieurs, selon les spécificités locales. Il met en œuvre les directives du préfet et soutient action des maires dans les domaines relevant de leurs attributions en matière de sécurité publique et de prévention de la délinquance.

Art. 18. Le gendarme assume son rôle d'acteur de la vie locale et de la cohésion sociale. En préservant son indépendance, il saisit toute occasion pour rechercher le contact avec la population. S'adaptant à son environnement, il s'intègre dans les réseaux humains qui irriguent son territoire. Il développe des partenariats avec les acteurs publics ou privés et coopère avec ses partenaires de la Police nationale, des douanes, de l'administration pénitentiaire, de la sécurité civile et des polices municipales ou rurales. En cela, il amplifie son action au service de la sécurité des personnes et des biens.

Art. 19. Intervenant au cœur d'une société qui revendique un droit à l'information, le gendarme communique, dans les limites fixées par les autorités d'emploi et en cohérence avec les orientations de la direction générale et de ses échelons hiérarchiques. Il explique son action et sensibilise le citoyen aux politiques de sécurité. Il rassure ainsi les personnes les plus vulnérables en luttant contre le sentiment d'insécurité. Comme tous les agents publics, il respecte un devoir de réserve dans son comportement et son expression.

Art. 20. La richesse de la gendarmerie repose sur les femmes et les hommes d'active et de réserve qui la composent. S'ils contribuent à l'efficacité du service, le matériel et les équipements ne remplaceront jamais le professionnalisme et le sens de l'humain du gendarme. Celui-ci a l'obligation de porter sa compétence professionnelle au plus haut niveau en approfondissant et en élargissant sa formation tout au long de sa carrière.

Art. 21. Le militaire de la gendarmerie qui exerce un commandement a des responsabilités et des devoirs proportionnels à son rang, à son grade et à ses fonctions. Les rapports qu'il entretient avec ses subordonnés sont fondés sur une loyauté et un respect mutuels.

Art. 22. Le militaire de la gendarmerie participe au dialogue interne indispensable à la cohésion de l'institution, à son progrès et à l'adhésion de chacun au projet collectif. Ce dialogue se manifeste quotidiennement dans une écoute confiante et réciproque, et dans une circulation transparente de l'information. Il s'exprime de manière plus institutionnelle au travers des instances de concertation, au sein desquelles chacun s'investit.

Art. 23. L'esprit de corps de la gendarmerie est fondé sur le partage d'une histoire, de valeurs et de traditions communes. Membre d'une communauté humaine qui transcende la diversité des statuts, le gendarme est solidaire de ses camarades d'active ou de réserve, des personnels civils et de leurs familles, notamment lorsqu'ils sont dans l'épreuve.

Art. 24. L'efficacité de la gendarmerie est subordonnée à la coïncidence géographique des lieux de vie et de travail. L'harmonie de la vie au sein de la caserne exige l'acceptation par le militaire et sa famille de règles de vie en collectivité empreintes de respect, de convivialité et de simplicité. Elle s'enrichit des actions d'entraide et de soutien mutuel qui marquent un rejet de l'indifférence.

Art. 25. Les manifestations de cohésion interne participent de la vie de la communauté en même temps qu'elles conditionnent l'efficacité opérationnelle. La hiérarchie les soutient et promeut l'action de celles et de ceux qui se dévouent pour la communauté militaire dans un cadre mutualiste, associatif, ou au sein des instances dédiées à l'amélioration du cadre de vie.

Art 26. Le gendarme contribue à la solidarité entre les générations en maintenant le lien avec les retraités, les veuves et les orphelins de l'Armée. Il accomplit son devoir de mémoire en participant aux cérémonies en souvenir des anciens ou des camarades ayant fait le sacrifice de leur vie.

2 Document de référence
Charte d'accueil du public / Assistance aux victimes

Article 1. L'accueil du public constitue une priorité majeure pour la Police nationale et la Gendarmerie nationale.

Article 2. L'assurance d'être écouté à tout moment par une unité de la Gendarmerie nationale ou un service de la Police nationale, d'être assisté et secouru constitue un droit ouvert à chaque citoyen.

Article 3. La qualité de l'accueil s'appuie sur un comportement empreint de politesse, de retenue et de correction. Elle se traduit par une prise en compte immédiate des demandes du public.

Article 4. Les victimes d'infractions pénales bénéficient d'un accueil privilégié.

Article 5. Les servies de la Police nationale et de la Gendarmerie nationale sont tenus de recevoir les plaintes déposées par les victimes d'infractions pénales, quel que soit le lieu de commission.

Article 6. Tout signalement d'une disparition de personne fait l'objet d'une attention particuluère et d'un traitement immédiat.

Article 7. Les services de la Police nationale et les unités de la Gendarmerie nationale veillent à informer le plaignant des actes entrepris à la suite de sa déposition et de leurs résultats.

Article 8. Dans le seul but d'identifier les auteurs d'infractions, des informations relatives aux victimes peuvent être enregistrées dans certains fichiers de policie judiciaire.

Toute victime peut :

- obtenir commnication de ces données,

- demander, en cas d'erreur, leur rectificaton ou leur suppression.

Ces droits s'exercent indirectement auprès de la Commission Nationale de l'Informatique et des Libertés (CNIL) 8, rue Vivienne 75083 Paris Cedex 02.

Le procureur de la République territorialement compétent peut aussi être saisi.

Sur simple demande orale ou écrite, une notice détaillant les modalités pratiques de ces droits est remise aux victimes.

En cas de condamnation définitive de l'auteur, la victime peut aussi s'opposer à la conservation dans le fichier des informations la concernant en s'adressant au service de Police ou de Gendarmerie compétent mentionné dans la notice susvisée.

3 Document de référence
Code de déontologie de la police nationale et de la gendarmerie nationale

Le Code de déontologie de la police et de la gendarmerie nationales est codifié au livre IV, titre 3, chapitre 4 de la partie réglementaire du Code de la sécurité intérieure. Il entre en vigueur le 1er janvier 2014.

Article R. 434-2 – Cadre général de l'action de la police nationale et de la gendarmerie nationale

Placées sous l'autorité du ministre de l'Intérieur pour l'accomplissement des missions de sécurité intérieure et agissant dans le respect des règles du Code de procédure pénale en matière judiciaire, la police nationale et la gendarmerie nationale ont pour mission d'assurer la défense des institutions et des intérêts nationaux, le respect des lois, le maintien de la paix et de l'ordre publics, la protection des personnes et des biens.

Au service des institutions républicaines et de la population, policiers et gendarmes exercent leurs fonctions avec loyauté, sens de l'honneur et dévouement. Dans l'accomplissement de leurs missions de sécurité intérieure, la police nationale, force à statut civil, et la gendarmerie nationale, force armée, sont soumises à des règles déontologiques communes et à des règles propres à chacune d'elles. Ces dernières sont précisées au titre III du présent décret.

Article R. 434-3 – Nature du Code de déontologie et champ d'application

I. - Les règles déontologiques énoncées par le présent Code procèdent de la Constitution, des traités internationaux, notamment de la convention européenne de sauvegarde des droits de l'homme et des libertés fondamentales, des principes généraux du droit, et des lois et règlements de la République.

Elles définissent les devoirs qui incombent aux policiers et aux gendarmes dans l'exercice de leurs missions de sécurité intérieure pendant ou en dehors du service et s'appliquent sans préjudice des règles statutaires et autres obligations auxquelles ils sont respectivement soumis. Elles font l'objet d'une formation, initiale et continue, dispensée aux policiers et aux gendarmes pour leur permettre d'exercer leurs fonctions de manière irréprochable.

II. - Pour l'application du présent Code, le terme « policier » désigne tous les personnels actifs de la police nationale, ainsi que les personnels exerçant dans un service de la police nationale ou dans un établissement public concourant à ses missions et le terme « gendarme » désigne les officiers et sous-officiers de la gendarmerie, ainsi que les gendarmes adjoints volontaires.

1 Titre Ier – Principes généraux

a. Chapitre Ier. Autorité et protection

Article R. 434-4 – Principe hiérarchique

I. - L'autorité investie du pouvoir hiérarchique prend des décisions, donne des ordres et les fait appliquer. Elle veille à ce que ses instructions soient précises et apporte à ceux qui sont chargés de les exécuter toutes informations pertinentes nécessaires à leur compréhension. L'autorité hiérarchique assume la responsabilité des ordres donnés. Ordres et instructions parviennent à leurs destinataires par la voie hiérarchique. Si l'urgence impose une transmission directe, la hiérarchie intermédiaire en est informée sans délai.

II. - Le policier ou le gendarme porte sans délai à la connaissance de l'autorité hiérarchique tout fait survenu à l'occasion ou en dehors du service, ayant entraîné ou susceptible d'entraîner sa convocation par une autorité de police, juridictionnelle, ou de contrôle.

Article R. 434-5 – Obéissance

I. - Le policier ou le gendarme exécute loyalement et fidèlement les instructions et obéit de même aux ordres qu'il reçoit de l'autorité investie du pouvoir hiérarchique, sauf dans le cas où l'ordre donné est manifestement illégal et de nature à compromettre gravement un intérêt public.

S'il pense être confronté à un tel ordre, il fait part de ses objections à l'autorité qui le lui a donné, ou, à défaut, à la première autorité qu'il a la possibilité de joindre, en mentionnant expressément le caractère d'illégalité manifeste qu'il lui attribue. Si, malgré ses objections, l'ordre est maintenu, il peut en demander la confirmation écrite lorsque les circonstances le permettent. Il a droit à ce qu'il soit pris acte de son opposition. Même si le policier ou le gendarme reçoit la confirmation écrite demandée et s'il exécute l'ordre, l'ordre écrit ne l'exonère pas de sa responsabilité.

L'invocation à tort d'un motif d'illégalité manifeste pour ne pas exécuter un ordre régulièrement donné expose le subordonné à ce que sa responsabilité soit engagée. Dans l'exécution d'un ordre, la responsabilité du subordonné n'exonère pas l'auteur de l'ordre de sa propre responsabilité.

II. - Le policier ou le gendarme rend compte à l'autorité investie du pouvoir hiérarchique de l'exécution des ordres reçus ou, le cas échéant, des raisons de leur inexécution. Dans les actes qu'il rédige, les faits ou événements sont relatés avec fidélité et précision.

Article R. 434-6 – Obligations incombant à l'autorité hiérarchique

I. - Le supérieur hiérarchique veille en permanence à la préservation de l'intégrité physique de ses subordonnés. Il veille aussi à leur santé physique et mentale. Il s'assure de la bonne condition de ses subordonnés.

II. - L'autorité investie du pouvoir hiérarchique conçoit et met en oeuvre au profit des personnels une formation adaptée, en particulier dans les domaines touchant au respect de l'intégrité physique et de la dignité des personnes ainsi qu'aux libertés publiques. Cette formation est régulièrement mise à jour pour tenir compte des évolutions affectant l'exercice des missions de police administrative et judiciaire.

Article R. 434-7 – Protect1ion fonctionnelle

L'État défend le policier ou le gendarme, ainsi que, dans les conditions et limites fixées par la loi, ses proches, contre les attaques, menaces, violences, voies de fait, injures, diffamations et outrages dont il peut être victime dans l'exercice ou du fait de ses fonctions. L'État accorde au policier ou au gendarme sa protection juridique en cas de poursuites judiciaires liées à des faits qui n'ont pas le caractère d'une faute personnelle. Il l'assiste et l'accompagne dans les démarches relatives à sa défense.

b. Chapitre II. Devoirs du policier et du gendarme

Article R. 434-8 – Secret et discrétion professionnels

Soumis aux obligations du secret professionnel et au devoir de discrétion, le policier ou le gendarme s'abstient de divulguer à quiconque n'a ni le droit, ni le besoin d'en connaître, sous quelque forme que ce soit, les informations dont il a connaissance dans l'exercice ou au titre de ses fonctions.

Article R. 434-9 – Probité

Le policier ou le gendarme exerce ses fonctions avec probité.

Il ne se prévaut pas de sa qualité pour en tirer un avantage personnel et n'utilise pas à des fins étrangères à sa mission les informations dont il a connaissance dans le cadre de ses fonctions.

Il n'accepte aucun avantage ni aucun présent directement ou indirectement lié à ses fonctions ou qu'il se verrait proposer au motif, réel ou supposé, d'une décision prise ou dans l'espoir d'une décision à prendre.

Il n'accorde aucun avantage pour des raisons d'ordre privé.

Article R. 434-10 – Discernement

Le policier ou le gendarme fait, dans l'exercice de ses fonctions, preuve de discernement.

Il tient compte en toutes circonstances de la nature des risques et menaces de chaque situation à laquelle il est confronté et des délais qu'il a pour agir, pour choisir la meilleure réponse légale à lui apporter.

Article R. 434-11 – Impartialité

Le policier et le gendarme accomplissent leurs missions en toute impartialité.

Ils accordent la même attention et le même respect à toute personne et n'établissent aucune distinction dans leurs actes et leurs propos de nature à constituer l'une des discriminations énoncées à l'article 225-1 du Code pénal.

Article R. 434-12 – Crédit et renom de la police nationale et de la gendarmerie nationale

Le policier ou le gendarme ne se départ de sa dignité en aucune circonstance.

En tout temps, dans ou en dehors du service, y compris lorsqu'il s'exprime à travers les réseaux de communication électronique sociaux, il s'abstient de tout acte, propos ou comportement de nature à nuire à la considération portée à la police nationale et à la gendarmerie nationale. Il veille à ne porter, par la nature de ses relations, aucune atteinte à leur crédit ou à leur réputation.

Article R. 434-13 – Non cumul d'activité

Le policier ou le gendarme se consacre à sa mission.

Il ne peut exercer une activité privée lucrative que dans les cas et les conditions définis pour chacun d'eux par les lois et règlements.

2 Titre II – Dispositions communes à la police nationale et à la gendarmerie nationale

a. Chapitre Ier. Relation avec la population et respect des libertés

Article R. 434-14 – Relation avec la population

Le policier ou le gendarme est au service de la population.

Sa relation avec celle-ci est empreinte de courtoisie et requiert l'usage du vouvoiement.

Respectueux de la dignité des personnes, il veille à se comporter en toute circonstance d'une manière exemplaire, propre à inspirer en retour respect et considération.

Article R. 434-15 – Port de la tenue

Le policier ou le gendarme exerce ses fonctions en uniforme. Il peut être dérogé à ce principe selon les règles propres à chaque force. Sauf exception justifiée par le service auquel il appartient ou la nature des missions qui lui sont confiées, il se conforme aux prescriptions relatives à son identification individuelle.

Article R. 434-16 – Contrôles d'identité

Lorsque la loi l'autorise à procéder à un contrôle d'identité, le policier ou le gendarme ne se fonde sur aucune caractéristique physique ou aucun signe distinctif pour déterminer les personnes à contrôler, sauf s'il dispose d'un signalement précis motivant le contrôle.

Le contrôle d'identité se déroule sans qu'il soit porté atteinte à la dignité de la personne qui en fait l'objet.

La palpation de sécurité est exclusivement une mesure de sûreté. Elle ne revêt pas un caractère systématique. Elle est réservée aux cas dans lesquels elle apparaît nécessaire à la garantie de la sécurité du policier ou du gendarme qui l'accomplit ou de celle d'autrui. Elle a pour finalité de vérifier que la personne contrôlée n'est pas porteuse d'un objet dangereux pour elle-même ou pour autrui.

Chaque fois que les circonstances le permettent, la palpation de sécurité est pratiquée à l'abri du regard du public.

Article R. 434-17 – Protection et respect des personnes privées de liberté

Toute personne appréhendée est placée sous la protection des policiers ou des gendarmes et préservée de toute forme de violence et de tout traitement inhumain ou dégradant.

Nul ne peut être intégralement dévêtu, hors le cas et dans les conditions prévus par l'article 63-7 du Code de procédure pénale visant la recherche des preuves d'un crime ou d'un délit.

Le policier ou le gendarme ayant la garde d'une personne appréhendée est attentif à son état physique et psychologique et prend toutes les mesures possibles pour préserver la vie, la santé et la dignité de cette personne.

L'utilisation du port des menottes ou des entraves n'est justifiée que lorsque la personne appréhendée est considérée soit comme dangereuse pour autrui ou pour elle-même, soit comme susceptible de tenter de s'enfuir.

Article R. 434-18 – Emploi de la force

Le policier ou le gendarme emploie la force dans le cadre fixé par la loi, seulement lorsque c'est nécessaire, et de façon proportionnée au but à atteindre ou à la gravité de la menace, selon le cas.

Il ne fait usage des armes qu'en cas d'absolue nécessité et dans le cadre des dispositions législatives applicables à son propre statut.

Article R. 434-19 – Assistance aux personnes

Lorsque les circonstances le requièrent, le policier ou le gendarme, même lorsqu'il n'est pas en service, intervient de sa propre initiative, avec les moyens dont il dispose, notamment pour porter assistance aux personnes en danger.

Article R. 434-20 – Aide aux victimes

Sans se départir de son impartialité, le policier ou le gendarme accorde une attention particulière aux victimes et veille à la qualité de leur prise en charge tout au long de la procédure les concernant. Il garantit la confidentialité de leurs propos et déclarations.

Article R. 434-21 – Usage des traitements de données à caractère personnel

Sans préjudice des exigences liées à l'accomplissement de sa mission, le policier ou le gendarme respecte et préserve la vie privée des personnes, notamment lors d'enquêtes administratives ou judiciaires.

À ce titre, il se conforme aux dispositions législatives et réglementaires qui régissent la création et l'utilisation des traitements de données à caractère personnel.

Il alimente et consulte les fichiers auxquels il a accès dans le strict respect des finalités et des règles propres à chacun d'entre eux, telles qu'elles sont définies par les textes les régissant, et qu'il est tenu de connaître.

Article R. 434-22 – Traitement des sources humaines

À l'occasion de la recherche des renseignements nécessaires à ses missions, le policier ou le gendarme peut avoir recours à des informateurs. Dans ce cas, il est tenu d'appliquer les règles d'exécution du service définies en la matière pour chacune des deux forces.

b. Chapitre II. Contrôle de l'action de la police et de la gendarmerie

Article R. 434-23 – Principes du contrôle

La police nationale et la gendarmerie nationale sont soumises au contrôle des autorités désignées par la loi et par les conventions internationales. Dans l'exercice de leurs missions judiciaires, la police nationale et la gendarmerie nationale sont soumises au contrôle de l'autorité judiciaire conformément aux dispositions du Code de procédure pénale.

Article R. 434-24 – Défenseur des droits

La police nationale et la gendarmerie nationale sont soumises au contrôle du Défenseur des droits conformément au rôle que lui confère l'article 71-1 de la Constitution.

L'exercice par le Défenseur des droits de ce contrôle peut le conduire à saisir l'autorité chargée d'engager les poursuites disciplinaires des faits portés à sa connaissance qui lui paraissent de nature à justifier une sanction.

Lorsqu'il y est invité par le Défenseur des droits, le policier ou le gendarme lui communique les informations et pièces que celui-ci juge utiles à l'exercice de sa mission. Il défère à ses convocations et peut à cette occasion être assisté de la personne de son choix.

Article R. 434-25 – Contrôle hiérarchique et des inspections

L'autorité investie du pouvoir hiérarchique contrôle l'action de ses subordonnés. Le policier ou le gendarme est également soumis au contrôle d'une ou de plusieurs inspections générales compétentes à l'égard du service auquel il appartient. Sans préjudice des règles propres à la procédure disciplinaire et des droits dont le policier ou le gendarme bénéficie en cas de mise en cause personnelle, il facilite en toute circonstance le déroulement des opérations de contrôle et d'inspection auxquelles il est soumis.

Article R. 434-26 – Contrôle des pairs

Les policiers et gendarmes de tous grades auxquels s'applique le présent Code en sont dépositaires. Ils veillent à titre individuel et collectif à son respect.

Article R. 434-27 – Sanction des manquements déontologiques

Tout manquement du policier ou du gendarme aux règles et principes définis par le présent Code l'expose à une sanction disciplinaire en application des règles propres à son statut, indépendamment des sanctions pénales encourues le cas échéant.

3 Titre III – Dispositions propres à la police nationale et à la gendarmerie nationale

a. Chapitre Ier. Dispositions propres à la police nationale

Article R. 434-28 – Considération, respect et devoir de mémoire

La fonction de policier comporte des devoirs et implique des risques et des sujétions qui méritent le respect et la considération de tous.

Gardien de la paix, éventuellement au péril de sa vie, le policier honore la mémoire de ceux qui ont péri dans l'exercice de missions de sécurité intérieure, victimes de leur devoir.

Article R. 434-29 – Devoir de réserve

Le policier est tenu à l'obligation de neutralité.

Il s'abstient, dans l'exercice de ses fonctions, de toute expression ou manifestation de ses convictions religieuses, politiques ou philosophiques.

Lorsqu'il n'est pas en service, il s'exprime librement dans les limites imposées par le devoir de réserve et par la loyauté à l'égard des institutions de la République.

Dans les mêmes limites, les représentants du personnel bénéficient, dans le cadre de leur mandat, d'une plus grande liberté d'expression.

Article R. 434-30 – Disponibilité

Le policier est disponible à tout moment pour les nécessités du service.

b. Chapitre II. Dispositions propres à la gendarmerie nationale

Article R. 434-31 – L'état de militaire, le service de la Nation et le devoir de mémoire

Le militaire de la gendarmerie obéit aux règles militaires et adhère aux valeurs inhérentes à son statut. L'état militaire exige en toute circonstance esprit de sacrifice, pouvant aller jusqu'au sacrifice suprême, discipline, disponibilité, loyalisme et neutralité.

Les devoirs qu'il comporte et les sujétions qu'il implique méritent le respect des citoyens et la considération de la Nation.

Les honneurs militaires sont rendus aux militaires de la gendarmerie nationale victimes du devoir ou du seul fait de porter l'uniforme. Leur mémoire est honorée.

Article R. 434-32 – Devoir de réserve

Les militaires de la gendarmerie ne peuvent exprimer des opinions ou croyances, notamment philosophiques, religieuses ou politiques qu'en dehors du service et avec la réserve exigée par l'état militaire, conformément aux dispositions du Code de la défense.

Dans le cadre du dialogue interne mis en place au sein de l'institution militaire, ils disposent de différentes instances de représentation et de concertation dans lesquelles les membres s'expriment librement.

Article R. 434-33 – Autres textes afférents à la déontologie des militaires de la gendarmerie nationale

Le gendarme, soldat de la loi, est soumis aux devoirs et sujétions prévus par le statut général des militaires défini par le Code de la défense, ainsi qu'aux sujétions spécifiques liées aux conditions de l'exercice du métier de militaire de la gendarmerie.

SOUS-PARTIE 2

Améliorer son niveau rédactionnel

- Le vocabulaire
- Le registre de langue, les expressions et les effets de style
- Le bon usage des connecteurs et autres mots de liaison
- L'usage des modes et des temps, la correspondance des temps
- Longueur des phrases, phrases équivoques, ponctuation et majuscules
- Entraînements
- Corrigés

Le vocabulaire

1 Le bon usage des synonymes

Le synonyme élargit le vocabulaire du texte ; il peut aussi trahir le sens.

Quand vous rédigez, il faut faire valoir vos connaissances en vocabulaire. Ne pensez pas que vous n'en avez aucune ; simplement reconnaissez que les mots de vocabulaire que vous possédez ne viennent pas spontanément quand vous rédigez.
Un bon exercice pour progresser en vocabulaire est de vous entraîner à trouver des synonymes des mots employés.

Exemple

Soit la phrase : « Ce que tu dis est bizarre ».
Sans être incorrect, le mot *bizarre* est un peu commun et guère précis. On pourra le remplacer par *étrange*, *étonnant*, *surprenant*, *curieux* ou mieux encore *extravagant*, *singulier*, *insolite*, *fantasque*, *baroque*. Or vous connaissez sans doute la plupart de ces mots.

Tous les synonymes ne sont pas interchangeables. Il ne faut pas penser que des synonymes sont des mots ayant exactement la même signification. Les synonymes parfaits n'existent pas. Dans l'exemple précédent, il faudra donc se demander si *bizarre* signifie plutôt la surprise, l'inquiétude, la singularité (c'est unique), l'originalité. Vous vous rendrez alors compte que le synonyme que vous cherchez est l'occasion de préciser le sens de votre phrase et peut-être de votre pensée.

Attention

Ne tombez jamais dans le pédantisme, sous prétexte d'utiliser un mot compliqué qui fait bien. Généralement cela produit l'effet contraire à ce qui est recherché.

2 Le genre des noms

Certains noms ont un genre qui fait hésiter, d'autres ont un genre qui dépend de leur emploi.

a. Noms dont le genre fait hésiter

Masculin

- abîme
- aérolithe
- agrume
- amiante
- anthracite
- antidote
- antre
- apogée/périgée
- arcane
- armistice
- aromate
- asphalte
- astérisque
- augure
- causse
- cerne
- chrysanthème
- décombres
- effluve
- éloge
- élytre
- en-tête
- épiderme
- épilogue
- équinoxe
- esclandre
- exode
- exorde
- fastes
- globule
- haltère
- hémisphère
- hémistiche
- intermède
- interstice
- intervalle
- ivoire
- jade
- obélisque
- opprobre
- ovule
- périgée
- pétale
- planisphère
- pore
- tentacule
- termite
- trille
- viscère
- vivres

Féminin

- absinthe
- acné
- acoustique
- alcôve
- algèbre
- alluvion
- anagramme
- anicroche
- argile
- arrhes
- atmosphère
- câpre
- céréale
- clepsydre
- dartre
- ébène
- échappatoire
- écritoire
- encaustique
- éphéméride
- épithète
- épître
- espèce
- gemme
- icône
- idylle
- oasis
- octave
- omoplate
- once
- opale
- oriflamme
- patère
- réglisse
- scolopendre
- spore
- stalactite/
- stalagmite
- ténèbres
- urticaire
- vis

Exemples

C'est de *bon* augure/Avoir des cernes *brunis*/*Une bonne* acoustique/*Une* espèce d'idiot.

b. Noms dont le genre dépend de leur emploi

- ***Chose*** est féminin sauf dans *quelque chose*, *peu de chose*, *grand-chose* : « C'est quelque chose *d'important* » (et non *d'importante*).
- ***Foudre*** est féminin, sauf dans l'expression *un foudre de guerre*. Il est également masculin quand il désigne un grand tonneau (*un foudre*).

- ***Merci*** est masculin sauf dans l'expression *être à la merci de qqn*.
- ***Orge*** est féminin sauf dans les expressions *orge perlé* (dépouillé de toutes ses enveloppes) et *orge mondé* (dépouillé de sa 1re enveloppe).
- ***Noël*** est masculin sauf quand il est précédé de l'article défini *la* (on ne peut donc pas dire « le Noël »).
- ***Pâques*** (fête chrétienne) est masculin singulier sauf quand il est associé à une épithète (joyeuses Pâques) ; il est alors féminin pluriel. *La **pâque*** (fête juive) est un mot féminin singulier.
- ***Amour, délice*** et ***orgue*** sont masculins au singulier (ex. : <u>Un doux</u> *amour*) et féminins au pluriel (ex. : <u>Des douces</u> *amours*).
- ***Gens*** est masculin pluriel sauf quand il est précédé immédiatement par un adjectif ayant une forme distincte au féminin. On écrira donc *ces gens* <u>bons</u> (l'adjectif suit) mais *ces* <u>bonnes</u> *gens* (l'adjectif précède).

3 La signification des paronymes

Les paronymes sont des mots dont la prononciation est proche, mais qui n'ont pas la même signification.

Quand vous rédigez, vous ne devez pas les confondre, sans quoi votre phrase n'aurait aucun sens.

> **Exemple**
> « Pour *perpétrer* la race, les nazis ont *perpétué* de nombreux crimes. »
> Cette phrase n'a pas de sens car *perpétrer* et *perpétuer* ont été confondus. Il faut dire : « Pour *perpétuer* la race, les nazis ont *perpétré* de nombreux crimes. »

Liste indicative de groupes de paronymes utiles

- abhorrer : détester / arborer : porter avec fierté.
- abjurer : renoncer / adjurer : demander avec instance.
- acception : signification / acceptation : accord
- affiler : aiguiser / effiler : défaire un tissu fil à fil (ou) rendre mince et long
- agonir : insulter / agoniser : mourir
- alternance : succession alternée / alternative : choix
- amnistie : pardon général / armistice : accord qui suspend les combats
- anoblir : donner un titre de noblesse / ennoblir : donner de la dignité
- apurer : vérifier des comptes financiers / épurer : rendre pur
- assentiment : consentement / ressentiment : désir de vengeance
- avanie : affront, offense / avarie : dommage matériel subi lors d'un transport
- capiteux : qui enivre / captieux : qui veut tromper
- collision : choc / collusion : entente secrète
- conjoncture : circonstances / conjecture : supposition
- (de) concert : ensemble / (de) conserve : en suivant la même voie
- découpler : séparer un couple / décupler : multiplier par dix
- dénouement : fin d'une intrigue / dénuement : misère, pauvreté

Connaissances professionnelles

- **dilapider** : dépenser follement / **lapider** : tuer à coups de pierres
- **effraction** : fracture d'une porte pour voler / **infraction** : violation d'une loi
- **élucider** : résoudre / **éluder** : éviter
- **épancher** : répandre (ou) communiquer des sentiments / **étancher** : arrêter
- **errements** : procédés, habitudes / **erreur** : faute, méprise
- **exode** : émigration massive / **exorde** : début d'un discours
- **fétu** : brin de paille / **fœtus** : embryon de huit semaines
- **flagrance** : qualité de ce qui est flagrant / **fragrance** : odeur agréable
- **grabat** : lit inconfortable / **gravats** : débris d'un bâtiment
- **gradation** : progression par degrés / **graduation** : échelle graduée
- **habileté** : qualité de celui qui est habile / **habilité** : autorisé
- **inanité** : inutilité / **inanition** : épuisement par manque de nourriture
- **inclinaison** : état de ce qui est penché / **inclination** : penchant naturel
- **infecter** : contaminer / infester : envahir, ravager
- **ingénieux** : habile, débrouillard / **ingénu** : naïf
- **importun** : qui dérange / **opportun** : qui a lieu au bon moment
- **perpétuer** : faire durer, transmettre / **perpétrer** : commettre
- **pogrom** : massacre, pillage / **prodrome** : signe annonciateur
- **prédiction** : annonce du futur / **prédication** : formation religieuse
- **prescrire** : imposer, recommander / **proscrire** : interdire
- **recouvrer** : récupérer, retrouver / **recouvrir** : couvrir de nouveau
- **somptueux** : magnifique, fastueux / (dépense) **somptuaire** : de luxe
- **suggestion** : conseil, influence / **sujétion** : soumission

4 La signification des homonymes lexicaux

Les homonymes sont des mots qui se prononcent de la même façon, mais s'écrivent bien souvent de façon différente et n'ont pas le même sens.

Quand vous rédigez, vous ne devez pas les confondre, sans quoi votre phrase n'aurait aucun sens et/ou contiendrait des fautes d'orthographe.

Exemple

« Nous l'avons fait par acquit de conscience. »

Cette phrase est correcte parce que l'expression *acquit de conscience* signifie *pour acquitter sa conscience*, d'où le *-t* final (et non *acquis*).

Liste indicative de groupes d'homonymes utiles

- acquis : possession, acquisition / acquit : acquittement, soulagement.
- air : gaz respirable, mélodie / aire : surface / ère : période / haire : chemise de pénitence / hère : misérable
- are : mesure agraire / arrhes : avance financière / art : création esthétique / hart : pendaison
- auspices : présages (favorables) / hospice : maison d'accueil des pauvres
- bailler : donner / bâiller : ouvrir la bouche à cause de la fatigue ou de la faim / bayer : dans l'expression bayer aux corneilles, ne rien faire, rêvasser
- ban : bannissement (être au ban de) / banc : siège
- cahot : saut d'un véhicule provoqué par les ornières d'une route / chaos : désordre
- ceint : verbe ceindre, entourer / sain : en bonne santé / saint : parfait / sein : poitrine / seing : signature
- censé : supposé / sensé : de bon sens
- détoner : émettre un bruit violent en explosant / détonner : changer de ton
- différend : désaccord / différent : non identique
- écho : renvoi d'un son / écot : part de chacun
- envi : dans l'expression à l'envi, enrivalisant, sans limite / envie : désir
- foi : croyance / foie : organe du tube digestif / fois : marque la fréquence
- fond : base d'un objet / fonds : somme d'argent / font : forme du verbe faire
- fore : creuse / fors : sauf, excepté / fort : puissant
- li : mesure chinoise / lie : dépôt du vin (ou) ce qu'il y a de pire / lit : couche
- maire : élu local / mer : étendue d'eau / mère : maman
- marc : reste de fruits pressés / mare : étendue d'eau / marre : assez (en avoir marre)
- pair : en nombre multiple de deux / paire : duo / perd : verbe perdre / père : papa / pers : de couleur bleu-vert
- parti : résolution / partie : portion
- plain : dans plain-pied, au niveau du sol / plein : rempli
- prémices : premiers signes / prémisse : début d'un raisonnement
- résonner : renvoyer un son / raisonner : réfléchir
- saut : bond / sceau : cachet, signature / seau : récipient / sot : idiot
- tache : souillure, saleté / tâche : travail, activité
- tain : métal appliqué derrière une glace pour en faire un miroir / teint : verbe teindre (ou) coloration de la peau / thym : plante vivace / tint : verbe tenir
- tan : écorce de chêne en poussière / tant : autant / taon : grosse mouche / temps : moment, durée
- tribu : groupe d'individus / tribut : ce qu'il faut donner
- voie : chemin / voix : son, émission vocale

Connaissances professionnelles

Cours & méthode

2 Le registre de langue, les expressions et les effets de style

1 Le choix du registre de langue

Il faut écrire dans un registre de langue correct, ni trop familier, ni trop soutenu.

Le registre de langue ou le style est l'utilisation de procédés de langue afin d'adapter son expression à l'auditoire.

Il est attendu du candidat qu'il soit capable de produire un texte dans un registre de langue correct. Il doit éviter tout ce qui est trop familier, voire grossier. Il faut notamment éviter d'écrire comme on parle en général.

« Où tu vas ? »

Dans la langue familière, nous formulons ainsi la question. Même si cela est correct, il est préférable de dire : « Où vas-tu ? » parce qu'une question est mieux posée dans une structure sujet-verbe inversée.

Pour éviter cette familiarité, nous rappelons que les répétitions doivent être évitées, sauf si leur absence nuit à la clarté de la phrase. On évitera particulièrement de rédiger un texte à l'aide des cinq ou six verbes les plus courants (*avoir, être, aller, faire*, etc.) et l'on s'efforcera de diversifier sans trahir.

« J'ai un chien et j'ai deux hamsters. J'ai aussi un petit chat dont je m'occupe et qu'a ma voisine »

Cet extrait contient quatre fois le verbe (ou auxiliaire) *avoir*. C'est beaucoup trop. De plus, la fin est ambiguë et mal formulée. Dites plutôt : « J'ai un chat et deux hamsters. Mais je m'occupe également du petit chat de ma voisine. » Remarquez que nous n'avons pas supprimé tous les emplois du verbe (ou auxiliaire) *avoir* ; il n'est pas interdit de l'utiliser.

Notez que l'emploi des auxiliaires *avoir* et *être* peut justifier une répétition.

« Il a acheté une maison qu'il a vue dans un journal et qu'il a visitée deux fois. »

Sans être exceptionnelle, cette phrase est acceptable malgré trois occurrences de l'auxiliaire *avoir*.

Pensez également que certaines répétitions peuvent permettre plus d'expressivité.

« Je n'écris point d'amour, n'étant point amoureux,
Je n'écris de beauté, n'ayant belle maîtresse… »

Ce début de poème de Du Bellay, dans *Les Regrets*, montre bien une insistance volontaire d'autant mieux exprimée par la répétition.

« Moi, je t'écoute. »

Là encore le *moi je* qui est à éviter ordinairement peut favoriser l'insistance du locuteur.

Il faut également se prémunir contre un autre défaut qui est celui du pédantisme. Employer sans cesse un vocabulaire trop technique ou philosophique peut produire l'effet inverse de celui recherché : vous donnerez le sentiment d'être un candidat sans vocabulaire qui le cache derrière des mots techniques appris récemment. Un bon vocabulaire doit aussi s'intégrer naturellement dans le texte. C'est pourquoi un mot comme *bizarre* n'est pas toujours à éviter.

Vous vous méfierez particulièrement de l'usage excessif des mots en *-isme*, en *-ité*, en *-ude* ou en *-ion*.

« La systématicité de l'individualisme contemporain élude le procès d'une contemporanéité de la fraternité. »

Cette phrase est trop compliquée et permet finalement de dire peu de chose car elle exprime une idée très simple. Le mot *procès* y est employé dans le sens de *processus* (ce qui peut être ambigu). Nous pourrions la reformuler ainsi : « L'égoïsme actuel des hommes fait obstacle à la solidarité ». Cette phrase est correcte, plus claire, plus simple et malgré tout bien rédigée.

L'autre inconvénient d'un tel vocabulaire est le risque de faire des néologismes (la « systémation », la « rationabilité », la « bravitude », etc.) ou d'écrire des phrases qui n'ont aucun sens.

« Dans sa giration autour de la périphérie du Soleil, la Terre rote. »

Cette phrase ne veut rien dire. *Rote* est censé renvoyer à *rotation*, ce qui n'est pas le cas. Plus grave encore, l'idée sous-jacente est très simple : « La Terre tourne autour du Soleil ».

2 L'usage des expressions

Elles sont à utiliser avec prudence en évitant l'usage excessif ou inapproprié.

Vous pouvez souhaiter employer certaines expressions, mais il faut toujours le faire sans excès car elles ont un sens convenu et elles sont la manifestation d'une pensée populaire. Quand vous les employez, demandez-vous toujours si vous savez bien les orthographier.

« Ce n'est qu'un pisaller. »

Cette phrase est incorrecte car « pisaller » (qui signifie *moindre mal*) s'écrit *pis-aller*.

L'excès de leur emploi peut donner un sens trop commun à vos phrases.

« Si tant est que nous puissions nous vanter de cela, nous pouvons dire, bon an, mal an, que tout un chacun aurait fait de même. »

Dans cette phrase, on compte trop d'expressions (*si tant est/bon an, mal an/tout un chacun/faire de même*). Cela se rapproche d'un registre de langue familier alors même que l'orthographe de ces expressions n'est pas facile.

Demandez-vous aussi si vous êtes sûr que cette expression a bien le sens voulu.

« La réforme du C.P.E. n'a pas fait long feu. »

Cette phrase n'a pas de sens dans la mesure où l'expression *faire long feu* signifie *ne pas fonctionner*. Donc cette phrase dit : « La réforme du C.P.E. a réussi » ce qui est presque le contraire du sens que le candidat voulait exprimer.

Enfin demandez-vous si l'expression existe ou si elle est correcte.

Quelques expressions ou tournures incorrectes avec leur correction

Ne dites pas…	Dites plutôt…
à côté de (dans le sens d'*en comparaison*)	en comparaison
aller au (coiffeur)	aller chez (le coiffeur)
à l'avance	d'avance, par avance
alentour de qqch	autour de qqch
à nouveau	de nouveau

Ne dites pas…	Dites plutôt…
s'attendre à ce que	s'attendre que
causer à qqn	parler à qqn ou causer avec qqn
censément	je suppose ou est censé
ce que j'ai été content	comme j'ai été content
c'est là où je vais	c'est là que je vais
chaque (*les payer deux euros chaque*)	chacun (*les payer deux euros chacun*)
consentir à ce que	consentir que
conséquent (*achat conséquent*)	important (ou coûteux, etc.)
dans ce but	à cet effet
de façon/manière à ce que	de façon/manière à ou de façon/manière que
de mal en pire	de mal en pis
demander à ce que	demander que
de suite (*le faire de suite*)	tout de suite ou immédiatement
différencier	distinguer
disputer qqn	se disputer avec qqn
dites-lui-le/dites-vous-le	dites-le-lui/dites-le-vous (toujours le C.O.D. en 1er)
ennuyant	ennuyeux
émotionnant	émouvant
embrouillamini	embrouillement, confusion
en outre de cela	outre cela
entre deux alternatives	dans l'alternative (l'alternative suppose déjà deux possibilités)
malgré que	malgré ou bien que
pallier à qqch	pallier qqch
partir à Paris	partir pour Paris
préférer sortir que de rester	préférer sortir plutôt que rester
ressortant à	ressortissant à (dans le sens *dépendre de*)
sans dessus dessous	sens dessus dessous
se rappeler de qqch	se rappeler qqch
solutionner	résoudre
se le souvenir	s'en souvenir
surtout que	d'autant plus que
tant qu'à vous	quant à vous
tel que (*tout est resté tel que*)	tel quel
trop de bonne humeur	de trop bonne humeur

Ne dites pas…	Dites plutôt…
vis-à-vis de qqn (ne signifiant pas *en face*)	envers qqn, à l'égard de qqn
voir à ce que	voir que
voire même	voire (évite la répétition)

3 L'usage des figures de style

Tout comme les expressions, elles sont à utiliser avec prudence en évitant l'usage excessif ou inapproprié.

Vous devez particulièrement être prudent dans l'emploi des métaphores (sens figuré) et des comparaisons. Leur multiplication actuelle dans les textes est souvent préjudiciable à la clarté du texte, à son efficacité et à sa qualité littéraire.

Deux figures sont plus dangereuses encore : le pléonasme et l'ellipse.

a. Le pléonasme

Un pléonasme est une répétition. Il est fautif dès lors qu'il est involontaire. Ex. : *Il est monté en haut*. (Il est évident qu'il est impossible de monter en bas.)

Liste des principaux pléonasmes

- agonir d'injures
- anéantir à rien
- applaudir des deux mains
- au grand maximum
- au jour d'aujourd'hui
- car en effet
- chimère/rêve imaginaire
- collaborer/comparer ensemble
- descendre en bas/monter en haut
- deux jumeaux
- donc par conséquent
- double alternative
- enfin pour conclure/finir/terminer
- ensemble
- être avéré vrai
- expérience pilote
- exprimant la possibilité
- exulter de joie
- fourmiller de plein de détails
- incessamment sous peu
- logorrhée verbale
- monopole exclusif
- optimiser au maximum
- panacée universelle
- par exemple comme
- petit nain/grand géant
- potentiellement + mot en -ible -able
- prévoir d'avance
- principal protagoniste
- puis après/ensuite
- risque de menace
- se peigner les cheveux
- se réunir ensemble
- sommité la plus importante
- souhaiter des vœux
- verbes en s'entr… + mutuellement
- vivre sa vie
- voir de ses propres yeux

b. L'ellipse

Une ellipse est la suppression de mots qui seraient nécessaires pour la construction régulière de la phrase.

Lorsque vous rédigez, vous pouvez avoir tendance à alléger la phrase en supprimant des mots qui seraient pourtant nécessaires. C'est particulièrement le cas avec le *ne* de la négation.

« Je ne pense comme toi. »

Cette phrase est incorrecte car *ne* doit être renforcé par un auxiliaire de négation (*pas*). Il faut donc écrire : « Je ne pense *pas* comme toi. »

Il est cependant obligatoire de supprimer *pas* dans certains cas.

- Dans les proverbes ou expressions : « Il n'est pire eau que l'eau qui dort. »
- Quand la phrase commence par *que* : « Que ne le disiez-vous plus tôt ? »
- Avec les verbes *savoir* ou *avoir* suivi de *que* : « Je ne sais que faire./ Je n'ai que faire de vos menaces. »

Il est possible de supprimer *pas* dans d'autres cas.

- Dans des propositions au subjonctif qui dépendent d'un verbe négatif : « Il n'est personne si intelligente, qu'elle ne tombe dans ce piège. »
- Avec les verbes cesser, oser, pouvoir : « Il ne cesse de se plaindre. »
- Avec le verbe *savoir* quand il signifie *être incertain* : « Je ne sais s'ils m'écoutent. »
- Dans des phrases interrogatives : « Qui ne le connaît ? »

En dehors de ces cas, mettez un auxiliaire de négation.

c. La syllepse

Une autre figure de style, moins connue, est aussi l'occasion de fautes, c'est la syllepse. Elle consiste à accorder un mot d'après le sens et non d'après les règles de la grammaire. Là encore, une syllepse peut être voulue et correcte chez les grands écrivains, mais pour les autres elle est surtout une faute.

« Ces personnes d'esprit, eux, ont compris votre exposé. »

Personnes est féminin pluriel, il ne faut donc pas remplacer ce mot par le pronom *eux* qui est au masculin pluriel.

« Cette sentinelle était attentif. » (en parlant d'un homme)

Sentinelle est un mot féminin ; même si l'on parle d'un homme, il faut écrire *attentive*.

d. Les amphibologies

Enfin, méfiez-vous des amphibologies. Ce sont des structures qui peuvent être interprétées de deux façons différentes.

« Je vous fais parvenir un paquet par le voisin, que j'ai ficelé auparavant. »

Telle que la phrase est écrite, il est possible de croire que vous avez ficelé le voisin avant qu'il n'envoie (on ne sait comment) le paquet. Il vaudra mieux écrire : « J'ai demandé au voisin de vous faire parvenir un paquet que j'ai ficelé ». Il est également possible de faire une répétition pour la clarté : « Je vous fais parvenir un paquet par le voisin, *paquet* que j'ai ficelé auparavant ».

Cours & méthode

3 Le bon usage des connecteurs et autres mots de liaison

1 L'usage des connecteurs logiques

Lorsque vous écrivez, vous devez guider le lecteur par l'utilisation de connecteurs qui hiérarchisent, organisent les idées du discours.

Le lecteur sera dans de meilleures dispositions si vous le guidez à l'aide des bons connecteurs.

- Suivant la relation logique à exprimer, voici les principaux connecteurs :
- Connecteurs d'expression de la cause : *car, parce que, puisque, en effet*, etc.
- Connecteurs d'expression de la conséquence : *donc, par conséquent, partant*, etc.
- Connecteurs de relation d'opposition : *mais, cependant, néanmoins, pourtant, toutefois, par contre, en revanche, nonobstant*, etc.
- Connecteurs de liaison ou d'addition : *et, de plus, en outre*, etc.
- Connecteurs de simple enchaînement : *aussi, d'ailleurs, par ailleurs, d'autre part, or*, etc.

Connecteur d'explication : *à savoir, savoir, c'est-à-dire*, etc.

Soyez prudent avec les connecteurs d'énumération qui, bien souvent, ne produisent qu'un exposé (et une superposition) d'idées là où l'épreuve réclame plutôt un enchaînement. C'est le cas notamment de *tout d'abord, ensuite, enfin* ou de *premièrement, deuxièmement*, etc. C'est bien souvent une mauvaise idée.

Remarque

Si vous avez tendance à manquer de rigueur dans l'organisation de vos idées, efforcez-vous d'utiliser des connecteurs (à bon escient) pour vous contraindre à mieux agencer vos idées.

2 L'usage de certains adverbes et pronoms

Certains adverbes et pronoms sont plus difficiles d'utilisation parce qu'ils ont un sens particulier.

a. Adverbes

Parmi les adverbes difficiles à utiliser, il faut nous arrêter sur *ci* et *là* et les mots qui en dérivent (*voici, voilà, ceci, cela*, etc.). Dans le langage courant, nous les considérons comme interchangeables. Or, dans les textes qui vous seront proposés, vous pourrez les rencontrer. Vous aurez alors besoin de bien connaître leurs différences pour éviter les contresens.

« Il y a les banquiers et les architectes : ceux-ci sont appréciés pour leur rigueur, ceux-là pour leur sens de l'analyse. »

Il est bien difficile dans cet exemple de savoir qui est rigoureux et qui a le sens de l'analyse si l'on ne fait pas la différence entre *ceux-ci* et *ceux-là*.

L'adverbe *là* renvoie à ce qui est le plus éloigné et/ou à ce qui vient avant.

« Je suis mécontent ; dites-vous bien cela. »

L'adverbe *ci* renvoie à ce qui est le plus proche et/ou à ce qui vient après.

« Dites-vous bien ceci : je suis mécontent. »

Dans le 1er exemple, nous voyons donc que ce sont les banquiers qui ont le sens de l'analyse (plus éloigné) et les architectes qui ont la rigueur.

Il faut également bien employer l'adverbe *pis* et ne pas le confondre avec *pire*. *Pis* s'emploie principalement dans des tournures anciennes ou des expressions. C'est ainsi qu'il faut dire *tant pis, au pis aller, aller de mal en pis, qui pis est* (= ce qui est pire), *dire pis que pendre, faire pis que tout cela, mettre/voir tout au pis*. Dans les autres cas, on emploiera *pire* et on évitera d'employer *pis* pour faire littéraire lorsque l'on est par sûr de son emploi :

« C'est pire que je ne le pensais. » « Il a dit pis que pendre de son voisin. »

b. Pronoms

Parmi les pronoms plus difficiles d'usage, il faut signaler l'emploi du pronom indéfini *on*. *On* est un pronom qui peut s'employer en concurrence de *nous* dans un registre plus familier. Il ne faut toutefois pas s'interdire de l'employer car des phrases toujours construites avec *nous* peuvent être chargées. D'autre part, *on* a une valeur plus neutre et anonyme que *nous* qui peut davantage convenir dans certains cas.

« On est toujours puni par où l'on a péché. »

Dans cet exemple, *nous* est possible, mais cela changera la signification du proverbe, lui donnant un sens moins indéterminé.

Il faut cependant être attentif à ne pas alterner entre *nous* et *on*. Dans un même paragraphe, il faut conserver *nous* ou *on* pour désigner la ou les mêmes personnes.

On notera dans l'exemple précédent que le pronom *on* est précédé de l'article *l'*. C'est un usage propre à ce pronom. La présence de cet article rend la phrase plus littéraire ; cet article est toutefois toujours facultatif. Il est recommandé de ne pas l'employer en deux circonstances :

- En début de phrase : *L'on* vient vous voir.
- Quand il est précédé de *dont* (à cause de la répétition du son *on*) ou suivi d'un mot commençant par un *l-* (Si *l'on le* veut).

L'autre pronom difficile d'usage est le pronom relatif *dont*. Il signifie *de quoi* ou *d'où* et inclut donc une préposition. Il ne peut pas être employé avec des verbes construits sans préposition ou avec un antécédent contenant déjà une préposition.

« C'est ce dont je me rappelle. »

Cette phrase que vous avez sans doute déjà entendue est fautive parce que le verbe *rappelle* s'emploie sans préposition ; on ne dit pas *se rappeler <u>de</u> qqch*, mais *se rappeler qqch*. Il faut dire : « C'est ce que je me rappelle. »

« Une ville dont il ne se souvient plus du nom. »

Cette phrase est également fautive bien que le verbe *se souvenir* s'emploie correctement avec la préposition *de* (on se souvient *de qqch*). L'erreur vient du fait que *nom* est le mot auquel *dont* se rapporte (son antécédent) et qu'il ne devrait pas être précédé d'une préposition. Il faut dire : « Une ville dont il a oublié <u>le</u> nom ».

Cours & méthode

4 L'usage des modes et des temps, la correspondance des temps

1 L'usage des modes

La principale confusion est celle de l'indicatif et du subjonctif, mais aussi l'emploi abusif du conditionnel.

L'indicatif est le mode du fait. On le retrouve dans les phrases déclaratives, interrogatives et exclamatives. Le subjonctif est le mode de l'hypothèse. Celui qui parle ne s'engage pas sur la réalité du fait dont il est question. On le rencontre souvent dans des propositions compléments, mais il peut aussi être employé dans des phrases simples.

« Il ne peut pas venir. » « Je crains qu'il ne puisse pas venir. »

Dans la 1re phrase l'indicatif s'impose parce qu'il s'agit d'une affirmation. Dans la 2de phrase, il s'agit d'une hypothèse.

Une faute courante de l'emploi des modes est celui du conditionnel après *si*. Le conditionnel qui est une sorte de futur dans le passé ne s'emploie jamais dans une proposition introduite par si.

« Si j'aurais su, je ne serais pas venu. »

Il faut écrire : « Si j'avais su, je ne serais pas venu. »

2 L'usage des temps

Il faut savoir distinguer l'indicatif imparfait, temps des faits qui durent et le passé simple, temps plus ponctuel. Connaître aussi les règles de la correspondance des temps.

Dans votre rédaction, vous pourrez être amené à écrire sur des faits passés. Le choix d'écrire entièrement au passé simple n'est jamais très judicieux car cela rend le texte un peu pédant et ce n'est pas non plus toujours assez expressif. Il faut savoir alterner entre passé simple et passé composé, sachant que ces deux temps sont très proches. La différence, c'est que le passé composé est plus en relation avec le présent.

« Tu es allé voir ta sœur. » « Tu allas voir ta sœur. »

Dans les deux cas, l'action est au passé, mais dans le 1er elle semble plus proche du présent que dans le 2nd.

Il faut également utiliser la différence entre ces deux temps et l'imparfait. L'imparfait est un temps du passé qui permet d'exprimer une durée dont on ne connaît pas précisément le début ou la fin. Il s'oppose aux deux temps précédents dans le récit.

« Quand je retournais chez mes parents, je voyais ma sœur. Un jour je constatai qu'elle était partie. »

Dans cet exemple, *retournais* et *voyais* sont à l'imparfait et indiquent une action qui dure, mais *constatai* est du passé simple pour exprimer le caractère ponctuel, précis de ce moment dans le passé.

Lorsque vous employez une phrase dont l'une des propositions commence par *si*, certaines règles d'emploi des temps sont à respecter :

	La proposition principale est au…	… la subordonnée introduite par si est au…
1	futur simple	présent
2	conditionnel présent	imparfait
3	futur simple	passé composé
4	conditionnel passé	plus-que-parfait

Exemples

- **Exemple du 1 :** Tu me préviendras si la fièvre monte.
- **Exemple du 2 :** Tu me préviendrais si la fièvre montait ?
- **Exemple du 3 :** Tu me préviendras si la fièvre a monté.
- **Exemple du 4 :** Tu m'aurais prévenu si la fièvre avait monté ?

Dans les autres cas, le temps choisi dépend du rapport entre propositions.

Principale	Subordonnée à l'indicatif		
	antériorité	simultanéité	postériorité
Verbe au présent ou au futur → je pense/je penserai	*Passé* qu'il mentait qu'il mentit qu'il a menti	*Présent* qu'il ment	*Futur simple* qu'il mentira
Verbe au passé → je pensais, je pensai, j'ai pensé	*Plus-que-parfait* qu'il avait menti	*Imparfait* qu'il mentait	*Conditionnel prés.* qu'il mentirait

Principale	Subordonnée au subjonctif	
	antériorité	simultanéité & postériorité
Verbe au présent ou au futur ou au conditionnel présent → je nie/je nierai	*Passé* qu'il ait mentait	*Présent* qu'il mente
Verbe au passé → je niais, je niai, je nié	*Plus-que-parfait* qu'il eût menti	*Imparfait* qu'il mentît

Cours & méthode

5 La longueur des phrases, les phrases équivoques, la ponctuation et les majuscules

1 La longueur des phrases

Les phrases ne doivent pas être trop longues pour éviter les erreurs et lourdeurs de construction ; elles ne doivent pas non plus être trop courtes pour éviter d'écrire un texte sans contenu.

La longueur de la phrase est importante pour la forme comme pour le fond. Pour la forme, il est recommandé de faire des phrases qui ne contiennent pas trop de subordonnées, sans quoi le texte est assez lourd. Et pour le fond, la phrase doit être d'une longueur moyenne pour permettre l'exposition des idées.

Exemple

« Mais pourtant je n'ai jamais su qui c'était, je ne l'ai jamais rencontré dans la ville et tandis que même le chanteur, le Suisse et les enfants de chœur avaient, comme les dieux de l'Olympe, une existence moins glorieuse où j'avais affaire à eux, comme maréchal-ferrant, crémier et fils de l'épicière, en revanche, comme je n'ai jamais vu que jardinant le petit jardinier en stuc qu'il y avait dans le jardin du notaire, je n'ai jamais vu le pêcheur que pêchant, à la saison où le chemin s'était touffu de feuilles des pruniers, de sa veste d'alpaga et de son chapeau de paille, à l'heure où même les clochers et les nuages flânent avec désœuvrement dans le ciel vide, où les carpes ne peuvent plus soutenir l'ennui de l'heure, et dans un étouffement nerveux sautent passionnément en l'air dans l'inconnu, où les gouvernantes regardent leur montre pour dire qu'il n'est pas encore l'heure de goûter. » Marcel Proust, *Contre Sainte-Beuve*.

Cet exemple est composé d'une seule phrase de 155 mots ! Il est possible de construire de telles phrases dans une recherche littéraire particulière et surtout quand on s'appelle Proust. Mais dans votre cas (et le mien !), il est recommandé de faire plus court. Vous constaterez d'ailleurs que cette phrase peut contenir certaines ambiguïtés.

Cependant, il faut éviter aussi le contraire. Si les phrases trop courtes sont utiles dans un contexte narratif, dans une composition elles ne permettent pas toujours de déployer une pensée.

Exemple

« La délinquance est grave. Surtout chez les mineurs. Elle vient de leur inexpérience. Ils sont aussi parfois peu encadrés. Ils n'ont pas assez de repères. »

Ces petites phrases courtes donnent, certes, du rythme, mais la réflexion manque de continuité. Il valait mieux écrire : « La délinquance est un problème grave, particulièrement chez les mineurs. Elle a notamment pour cause leur inexpérience, ainsi que leur manque de repères et d'encadrement. » Cette 2e rédaction est meilleure parce qu'elle utilise des connecteurs pour structurer des phrases un peu plus longues.

Remarque

N'hésitez pas à adapter nos conseils à votre propre niveau rédactionnel. Si vous jugez votre niveau faible ou fragile, choisissez de préférence des phrases un peu plus courtes. Dans le cas contraire, vous pouvez construire des phrases plus longues.

2 Les phrases équivoques

L'équivocité des phrases dépend souvent d'un problème de longueur ou d'utilisation des pronoms.

Les problèmes de clarté de l'expression nuisent directement à la notation finale. Une idée ne doit pas seulement être intéressante pour vous rapporter des points. Elle doit aussi être claire.

La longueur des phrases est un problème pour cette clarté. Nous l'avons vu précédemment.

L'autre problème est le renvoi ambigu. Voyons cela par un exemple.

« Nous avons écrit une lettre à ta sœur qui n'est pas gentille. »

Dans cette phrase l'ambiguïté vient de la double interprétation possible : est-ce la lettre ou la sœur qui n'est pas gentille ?

Ce type de cas est une amphibologie ; nous en avons déjà parlé précédemment.

Ce problème se retrouve également dans les phrases constituées de plusieurs compléments dont l'un comprend un verbe au participe. Si l'être ou la chose qui est sujet ne désigne pas le même être ou la même chose que celui qui fait l'action exprimée par le verbe au participe, l'ambiguïté est possible et la construction est incorrecte.

« Espérant de vos nouvelles, veuillez agréer mes salutations respectueuses. »

Cette phrase est incorrecte car c'est *moi* qui espère et *vous* qui agréez. Il faut écrire : « Espérant de vos nouvelles, *je* vous prie d'agréer mes salutations respectueuses. »

« Assis sur le banc, les éléphants nous regardent. »

La phrase doit vouloir dire que nous sommes assis sur un banc et que les éléphants nous regardent (les éléphants ne sont évidemment pas assis sur un banc). Il faut écrire : « Les éléphants nous regardent alors que nous sommes assis sur un banc ». Ici, l'ambiguïté est levée.

3 La ponctuation

La ponctuation, c'est l'ensemble des signes conventionnels qui servent à indiquer, à l'écrit, des pauses, des intonations, etc., de la langue orale. Son bon usage permet la clarté de l'expression écrite.

Un exemple montrera la nécessité du bon usage de la ponctuation pour éviter les erreurs d'interprétation.

« J'ai dit que vous étiez un sot : c'est vrai. Je vous fais mes excuses : j'ai tort. »

Cette phrase semble signifier que la personne confirme ce qu'elle a dit et renonce aux excuses faites. Mais si l'on changeait quelque peu cette ponctuation le sens serait très différent : « J'ai dit que vous étiez un sot, c'est vrai. Je vous fais mes excuses, j'ai tort ». Dans cette phrase, le sens est inversé. La personne confirme ce qu'elle a dit mais fait ses excuses.

La différence vient de la valeur explicative des deux points, alors que la virgule marque une simple pose.

Parmi les signes de ponctuation, il y a le point, le point d'interrogation, le point d'exclamation, les points de suspension, les deux points, le point-virgule, la virgule, les parenthèses, les crochets, les guillemets, le tiret, la barre oblique. Nous rappelons l'usage des principaux.

a. Les différents points

- **Le point** marque la fin de la phrase déclarative. Il est présent pour séparer nettement des idées. Il est suivi d'une majuscule. Il s'emploie aussi dans les abréviations : « U.R.S.S. »
- **Le point d'interrogation** marque la fin d'une phrase interrogative.
- **Le point d'exclamation** marque la fin d'une phrase exclamative.

Ils sont suivis d'une majuscule si la phrase est terminée (ils équivalent alors à un point). Ils sont suivis d'une minuscule si la phrase n'est pas terminée (ils équivalent à une virgule), sauf si le premier mot est un nom propre.

Attention

Une phrase interrogative indirecte ou exclamative indirecte ne prend pas de point d'interrogation si elle est elle-même déclarative (ex. : *Je me demande s'il viendra*).

- **Les points de suspension**, au nombre de trois, marquent la fin d'une phrase laissée inachevée. Cet inachèvement signifie que l'action évoquée n'est pas arrivée à son terme, que le locuteur hésite dans ses paroles, qu'il est interrompu. Les points de suspension sont suivis d'une majuscule si la phrase est terminée (ils équivalent alors à un point). Ils sont suivis d'une minuscule si la phrase n'est pas terminée (ils équivalent à une virgule), sauf si le premier mot est un nom propre.
- **Les deux points** servent à introduire un propos, une explication, une citation, une énumération, une justification. Ils sont suivis d'une minuscule, sauf s'ils introduisent une citation. Il ne faut jamais mettre deux fois deux points dans une même phrase.
- **Le point-virgule** sert à marquer une pause dans une phrase entre des propositions longues. Il joue le rôle d'une virgule en séparant davantage. Le point virgule est suivi d'une minuscule.

b. La virgule, les parenthèses et les guillemets

La virgule sert à marquer une pause de peu de durée à l'intérieur d'une phrase. Ce signe est le plus complexe à employer. Il s'emploie :

- **entre des termes coordonnés** :
  - sans conjonction de coordination ;
  - par une conjonction de coordination autre que *et, ou, ni*. La virgule précédant ces trois conjonctions est possible, mais rare et doit être justifiée par la présence d'un réel silence entre les termes qu'elle coordonne : « Il est riche, mais avare. » ; « La terre était belle, et riche, et féconde. » ;
- **entre des termes subordonnés** : la virgule est utilisée pour entourer des termes subordonnés qui ont une valeur explicative. Il faudra donc faire la différence entre « Je n'aime pas les chiens qui sont turbulents. » (= Parmi les chiens, je n'aime pas ceux qui sont turbulents : valeur non explicative) et « Je n'aime pas les chiens, qui sont turbulents. » (= Je n'aime pas les chiens parce qu'ils sont turbulents : valeur explicative.) ;
- **après un complément circonstanciel placé en tête de phrase**, principalement lorsqu'il est assez long.

- **pour encadrer des incises** ou pour séparer des éléments répétés : « Le temps est frais, le soleil rare. » ; « Sois sage, ô ma douleur, et tiens-toi tranquille. »

Les parenthèses servent à isoler une idée que l'on pourrait supprimer sans modifier le sens de la phrase. Il ne faut pas mettre des parenthèses à l'intérieur d'une parenthèse. Le premier terme de la parenthèse commence par une minuscule (sauf si c'est un nom propre).

Les guillemets s'emploient pour encadrer une citation ou des paroles reproduites telles quelles. Si toute une phrase est entre guillemets, le point (ou point d'interrogation, d'exclamation, de suspension) se place avant la fermeture de ceux-ci.

Attention

N'abusez pas des points d'exclamation, de suspension et des parenthèses, c'est un défaut qui fait ressembler votre écriture à celle des SMS téléphoniques.

4 Les majuscules

L'emploi correct de la majuscule permet de guider le lecteur.
Cet emploi dépend de la nature des mots ou de leur rôle dans le contexte.

a. Certains mots prennent une majuscule quel que soit leur rôle

- **Les noms propres** (noms de lieu ou de personne n'étant pas utilisés d'après leur signification mais par convention). Les adjectifs correspondant à ces noms prennent une minuscule : « Les habitants de *Paris* aiment le dynamisme de leur cité. » mais « La mode *parisienne* est réputée dans le monde entier. »
- **Les noms liés aux noms propres** (noms de dynastie, d'habitants) : « les *Capétiens* ont régné en France près de mille ans. »

Remarque

On notera que les noms de langues ou de disciplines ne prennent pas de majuscules (Ex. : Parler l'*allemand*).

- **Les noms employés occasionnellement comme noms propres** (titres d'ouvrages, d'œuvres d'art, nom des monuments, rues, véhicules, institutions, sociétés, points cardinaux, titres, dignités, etc.) : « J'ai lu l'*Énéide*. » ; « La *Bastille* fut prise en 1789. » (mais : « La *bastille* est une tour servant de place forte. ») ; « J'habite dans le *Midi*. » (mais : « Je visite le *midi* de la France. ») ; « Veuillez agréer, *Madame* la *Directrice*, l'expression… » (mais : « J'ai rencontré *madame* Durand. »)

b. Certains mots prennent une majuscule en fonction de leur situation dans la phrase

- Les mots situés en début de phrase.
- Les adjectifs précédant un nom dans le titre d'ouvrage, d'œuvres d'art, etc., quand ils sont joints au nom par un trait d'union, qu'ils servent de surnoms ou désignent les caractéristiques d'un nom commun géographique. « Dans l'*Ancien* Testament, on trouve la Genèse. » (mais : Le Code *civil*./ L'auberge du Mouton *noir*.) ; « Les États-*Unis*. » (mais : « Les Nations *unies*. »).

Entraînements

Exercice 1. Vocabulaire

Trouvez au moins 3 synonymes des mots proposés.

1. complet
2. vrai
3. passager
4. casser
5. analyser
6. résumer
7. introduire
8. approfondir
9. conclure
10. partager

Exercice 2. Vocabulaire

Réécrivez les phrases suivantes en remplaçant les mots ou groupes de mots soulignés par des synonymes. Efforcez-vous de trouver le synonyme de plus précis et d'un registre de langue correct.

1. J'ai fait ma composition et j'ai eu une bonne note.
2. Ca fait mal (psychologiquement) quand il y a des trucs qui ne vont pas dans la tête.
3. Si tu es gentil, je te donne un petit quelque chose.
4. Dans la belle et grande maison, il fait chaud et il y a beaucoup de lumière.
5. La raison est une chose que l'on a raison de rechercher.
6. Il faut faire des lois nouvelles pour changer l'opinion des gens.
7. Un homme qui passait dans la rue m'a dit qu'il me connaissait.
8. J'ai une maison et j'ai du temps pour y travailler de mes mains.

Exercice 3. Genre

Relever les fautes concernant le genre du nom et corrigez-les.

1. Il n'y a pas grand-chose de surprenante.
2. J'ai versé des arrhes très coûteux.
3. L'atmosphère est lourde.
4. Parler à intervalles régulières.
5. Une espèce de bonhomme fait une esclandre.
6. Un exode se fit parce qu'il n'y avait aucune autre échappatoire.
7. La bonne acoustique, d'une salle aux nombreux stalactites.
8. Le Noël fêté avec ces bons gens.
9. Une vis traînait sur cette autoroute.
10. Nous sommes à la merci d'une amiante présente dans certains bâtiments.

Exercice 4. Paronymes

Identifiez quel paronyme entre parenthèses complète correctement les phrases suivantes.

1. Ce n'est pas la bonne (acception/acceptation) de ce mot.
2. Il est essentiel de (perpétrer/perpétuer) certaines traditions.
3. Nous ne pouvons qu'admettre la (fragrance/flagrance) du crime.
4. Un (importun/opportun) gêne les vacanciers.
5. La (gradation/graduation) de ma règle est partiellement effacée.
6. Je vous fais une simple (suggestion/sujétion) pour vous corriger.
7. Lors du procès une (collision/collusion) a été découverte entre plusieurs employés d'une entreprise.
8. Le médecin (proscrit/prescrit) un puissant antalgique.
9. Le cousin du prévenu est (habileté/habilité) à témoigner.
10. Après un étourdissement, il a (recouvré/recouvert) ses esprits.

Exercice 5. Homonymes

Identifiez quel homonyme entre parenthèses complète correctement les phrases suivantes.

1. Mon père s'est constitué (parti/partie) civile.
2. Il faut suivre la (voix/voie) de la sagesse, c'est-à-dire le chemin qui y mène.
3. Leur accord s'est conclu par un contrat sous (sein/sain/seing) privé.
4. Voilà un homme qui se tue à la (tâche/tache).
5. Il a dû payer un lourd (tribut/tribu) pour accéder à cet avantage.
6. Nous habitons une maison de (plain/plein)-pied.
7. Vous semblez malade ; vous avez un (tain/teint/thym) pâle.
8. Vous ne (résonnez/raisonnez) pas assez ; c'est pour cela que vous ne comprenez pas.
9. Ce (fond/fonds/font) de commerce a été racheté à pris d'or.
10. (Tant/Temps/Taon) pis pour ceux qui n'écoutent pas les recommandations.

Exercice 6. Registres de langue

Réécrivez les phrases suivantes dans un registre de langue plus soutenu. L'ordre des mots et des propositions peut être changé, mais l'idée essentielle de la phrase doit être respectée.

1. Qui c'est qui t'a fait ça ?
2. La crise, c'est nul ; ça fait des tas de problèmes.
3. Si t'as pas de sous pour t'acheter des trucs, t'es pas considéré par les autres.
4. Le progrès technique est responsable de plein de problèmes, environnement, chômage, précarité et j'en passe.
5. Le bazar qu'y a eu en Libye, c'est pas fini.

6. L'école, ça aide à apprendre la vie, si on écoute ce que disent les profs.
7. Dans un concours, y en a qui prennent et y en a qui prennent pas ; faut accepter.
8. Si on fait toujours ce qu'on veut, on fait vite n'importe quoi.
9. C'est pas malin de dire toujours ce qu'on pense ; après on vous en veut et c'est tant pis !
10. En ce moment, les gens font plein de bébés ; ça fait progresser le nombre qu'on est en France et ça donne du boulot à plein de monde.

Exercice 7. Registres de langue

Dans cet exercice, les phrases sont plus correctes que précédemment, mais il est possible de les améliorer. Identifiez l'élément perfectible et corrigez-le.

1. L'économie nous dépasse ; elle est parfois incompréhensible.
2. Une somme conséquente a été employée pour l'investissement.
3. Voilà un homme sérieux ! Impossible de rigoler avec.
4. Il faut en penser quoi selon vous qui êtes des spécialistes ?
5. Nous admettons que oui, mentir n'est pas toujours la meilleure idée.
6. Il y a abus et abus ; tout dépend de quoi on abuse.
7. On ne peut pas lutter quand nous sommes faibles.
8. J'ai beaucoup investi dans l'immobilier : j'ai gagné de l'argent et parfois j'ai perdu ce que j'avais gagné.
9. J'ai zappé toute une partie du cours.
10. Nous vous communiquerons a fortiori demain ou le lendemain ces documents.

Exercice 8. Expressions et figures de style

Corrigez les erreurs concernant l'emploi des expressions et des figures de style dans les phrases suivantes.

1. Je demande à ce que vous compreniez que tout va de mal en pire.
2. Au jour d'aujourd'hui, nous ne sommes plus sûrs de quoi que ce soit.
3. C'est là où je t'emmènerai à l'occasion de nos vacances.
4. Nous serons au grand maximum entourés de quelques ennuyants.
5. Partirez-vous demain ? Je ne le crois.
6. Ce n'est pas la panacée universelle ; cela ne permet pas de tout solutionner immédiatement.
7. Entre ces deux alternatives, j'ai, tant qu'à moi, choisi la meilleure.
8. Les personnalités réunies, des ministres et des ambassadeurs, ont tous signé le document tel que.
9. J'ai cuisiné une tarte à ma fille qui n'est pas bonne.
10. Je ne ris malgré que j'en aie envie.

Exercice 9. Connecteurs logiques

Dans les textes suivants, les connecteurs logiques manquent. Ajoutez-les afin de recréer un texte cohérent. Vous pouvez changer la ponctuation ou le découpage des phrases.

1. Notre système social protège les personnes les plus fragiles. Celles-ci sont aujourd'hui très menacées par les difficultés économiques de notre pays. Il est urgent de développer le lien social. Nous réussirons à soutenir chacun et à mieux nous connaître. Il faut réagir et ne pas céder au pessimisme.
2. La liberté est un sentiment naturel et souvent constructif. Elle peut détruire parfois si elle n'est pas maîtrisée. L'adulte est celui qui transforme son indépendance en liberté. Celui qui n'agit plus contre les autres et contre les lois. Il agit par lui-même. Il faut inciter les plus jeunes à construire leur liberté, non leur indépendance.
3. Notre époque est surprenante. Nous changeons d'avis bien souvent ; nous ne sommes pas toujours assez réfléchis. Nous décidons de façon immédiate ; il faudrait étudier davantage la question. Nous possédons toutes les ressources d'information : journaux, internet, livres. Les utilisons-nous à bon escient ? C'est bien là que se situe le problème.

Exercice 10. Adverbes et pronoms

Identifiez puis corrigez les erreurs d'emploi des adverbes et pronoms dans les phrases suivantes. Il est possible que certaines phrases soient correctes.

1. Dites-vous bien cela : vous avez tort.
2. Voilà tout ce dont je me rappelle.
3. On a compris que nous ne sommes pas attendus.
4. Il a dit pire que pendre de son voisin.
5. N'écoutez ni les généreux, ni les avares : ceux-ci donnent tout sans compter, ceux-là ne donnent rien sans compter !

Exercice 11. Concordance des temps

Corrigez les fautes de correspondance des temps. Vous ne mettrez pas les verbes à l'infinitif.

1. Il faut que je peux continuer mon travail.
2. Qui a dit que je ne fais pas bien les tartes ?
3. Si, durant une longue période, j'aurais analysé le problème, je l'aurais résolu.
4. Je pensais qu'il viendra, mais je l'attends toujours.
5. Il voit que rien n'a correspondu à ce qu'il espérait.
6. Je marchais dans la campagne lorsque j'apercevais un chevreuil blessé.
7. Si vous aviez trouvé mon collier, l'aurez-vous rapporté ?
8. Reviendrez-vous avant que vous ayez achevé vos études ou après que vous aurez obtenu votre diplôme ?

9. Jean, si vous partez un peu plus tôt, vous n'auriez pas raté votre train.
10. Il est douteux que vous gagnez la partie.

Exercice 12. Ponctuation

Le texte suivant est constitué d'une seule phrase, récrivez-le en le ponctuant. Vous essayerez de faire le moins de changements possible et de veiller aux modifications orthographiques qui s'imposent.

Il y a de cela bien des années, quand ma feue grand-mère cuisinait, ce qui arrivait particulièrement le samedi, veille du grand repas familial, elle y mettait beaucoup d'approximations, qui d'ailleurs ne la gênaient guère car elle n'avait jamais aimé les mathématiques, et elle ne se trouvait jamais dépourvue par le manque d'un œuf ou d'un peu de farine puisqu'elle considérait que chaque ingrédient en valait bien un autre, mais elle y mettait aussi beaucoup d'amour parce qu'elle appréciait par-dessus tout plaire à ses chers petits-enfants, six beaux petits diables que nous étions, qui le lui rendaient bien en lui adressant les compliments que leur soufflait leur gourmandise, préoccupée d'être satisfaite le dimanche suivant, à moins que la tendresse grand-maternelle ne pût résister durant cette longue semaine.

Exercice 13. Phrases ambiguës

Repérez puis corrigez les ambiguïtés des phrases suivantes.

1. Marchant dans le désert, le serpent le suivait sans bruit.
2. Assis sous mon parasol, le vent balayait mon visage.
3. J'ai donné une pomme à ma sœur qui n'est pas bonne.
4. À peine arrivé, ma voisine a sonné chez moi pour me souhaiter la bienvenue.
5. En espérant avoir bientôt de vos nouvelles, veuillez trouver ces quelques fleurs.
6. Après s'être sauvée des flots, une autre tempête lui fut fatale. (Bossuet)

Exercice 14. Majuscules

Mettez la ponctuation et les majuscules.

1. jean-paul mon voisin habite une maison au mobilier louis xv
2. au royaume-uni la reine élisabeth ii vient de fêter les 60 ans de son règne
3. les lundis des mois de février ne trouves-tu pas qu'il est difficile de se lever
4. le code civil a été rédigé sous napoléon 1er et promulgué le 30 ventôse an xii
5. l'état français est très endetté le président de la république cherche à résoudre ce problème
6. j'ai lu le rouge et le noir de marie-henri beyle plus connu sous le nom de stendhal

Corrigés

Corrigé 1

Nous ne donnons pas une liste exhaustive des synonymes mais les principaux.

1. plein, total, intégral, entier, parfait, profond, exhaustif, accompli, bondé.

2. avéré, confirmé, objectif, fondé, exact, certain, indubitable, incontestable, juste, sincère, franc, authentique.

3. événement passager : éphémère, court, bref, provisoire, temporaire, transitoire, momentané, épisodique, fugace/un passager : voyageur.

4. casser un objet : briser, détériorer, fracasser, fendre, rompre, broyer/casser une décision, une loi : annuler, abroger.

5. décomposer, discerner, séparer, approfondir, évaluer, ausculter, chercher.

6. abréger, récapituler, synthétiser, condenser, réduire, limiter.

7. introduire un objet : insérer, enfoncer, mettre, glisser, ingérer, inoculer, incorporer, inclure, implanter/introduire un discours : présenter, commencer, débuter/introduire qqn dans le monde : présenter, placer, conduire, parrainer.

8. examiner, explorer, creuser, forer, fouiller, percer, comprendre, méditer, rechercher, sonder, perquisitionner, scruter, inspecter.

9. achever, terminer, finir, résoudre, arrêter, régler, déduire, signer.

10. distribuer, attribuer, répartir, diviser, fragmenter, fractionner, disjoindre, couper, scinder, morceler.

Corrigé 2

Les synonymes proposés ne sont pas les seuls possibles, mais les plus évidents.

1. Synonymes de fait : effectué, réalisé, écrit. Synonyme d'eu : obtenu.

2. Synonymes de Ça fait mal : C'est douloureux, pénible, éprouvant.
Synonyme d'il y a : nous ressentons.
Synonymes de des trucs qui ne vont pas : des troubles, des angoisses, de la détresse, du désarroi, de l'agitation, de l'inquiétude.
Synonymes de dans la tête : psychique, mental, moral, de l'esprit.

3. Synonymes de tu es gentil : tu agis/te comportes avec courtoisie, prévenance, politesse, affabilité, bienveillance.
Synonymes de donne : offre, accorde, remets, octroie, alloue.
Synonymes de un petit quelque chose : un cadeau, un présent, une faveur, un subside, une obole. Vous pouviez aussi expliciter le cadeau en guise de synonyme.

4. Synonymes de belle : magnifique, superbe, élégante.
Synonymes de grande : vaste, immense, spacieuse, imposante.
Synonymes de maison : demeure, villa, édifice (avec changement de genre).
Synonymes de il fait chaud : l'air (ou l'atmosphère) est chaleureux(-se), suffoquent(e), étouffant(e), doux(-ce), moite, agréable.

Synonymes d'il y a beaucoup de lumière : tout est lumineux, clair. Vous pouvez remplacer seulement par lumineuse si vous remplacez toute la fin de phrase par « l'atmosphère est chaleureuse et lumineuse » en employant atmosphère dans un sens figuré.

5. Synonymes de chose : faculté, capacité, qualité.
   Synonymes de on a raison : il est juste, il est légitime, il est conseillé, il faut exhorter (à).
6. Synonymes d'il faut faire : il faut/il est nécessaire/la priorité est de voter, adopter, choisir, (voire) ratifier.
   Synonymes de changer l'opinion : modifier/faire évoluer/infléchir l'avis, l'appréciation, la conviction, le jugement, le sentiment, l'idéologie, les préjugés.
   Synonymes de des gens : des citoyens, du peuple, de la nation, du public.
7. Synonymes d'un homme qui passait : un passant, un quidam.
   Synonymes d'a dit : a affirmé, a déclaré, a révélé, a expliqué, a signifié.
8. Synonymes d'ai : possède, suis propriétaire/locataire, détiens.
   Synonymes d'ai : dispose, tire profit, profite.
   Synonymes de travailler de mes mains : bricoler, travailler manuellement.

Corrigé 3

1. **surprenant :** *grand-chose* est masculin.
2. **coûteuses :** *arrhes* est féminin pluriel.
3. phrases correcte.
4. **réguliers :** *intervalle* est masculin.
5. **un** esclandre.
6. **nombreuses :** *stalactite* est féminin.
7. phrases correcte.
8. **La** Noël/ces bon**nes** gens : *Noël* est féminin s'il est précédé d'un article et *gens* est précédé immédiatement d'un mot féminin.
9. phrases correcte.
10. **un présent :** *amiante* est masculin.

Corrigé 4

1. **acception :** définition, signification.
2. **perpétuer :** transmettre.
3. **flagrance :** caractère de ce qui est flagrant, incontestable.
4. **importun :** celui qui importune, qui dérange.
5. **graduation :** division d'un instrument de mesure.
6. **suggestion :** action de suggérer, de conseiller.
7. **collusion :** entente secrète contre quelqu'un, complicité.
8. **prescrit :** ordonne, libère par prescription.
9. **habilité :** autorisé légalement.
10. **recouvré :** récupéré, retrouvé.

Corrigé 5

1. **partie :** portion (on le constate avec le genre de *civile*).
2. **voie :** chemin, route. La fin de la phrase ne laissait aucune ambiguïté possible.
3. **seing :** signature.
4. **tâche :** ouvrage, travail.
5. **tribut :** ce qu'il faut payer.
6. **plain :** au niveau du sol (pensez à *plan*).
7. **teint :** coloration du visage (pensez à *teinte*).
8. **raisonnez :** réfléchissez, utilisez votre raison.
9. **fonds :** sommes d'argent.
10. **Tant :** autant, tellement.

Corrigé 6

La correction proposée est indicative. Vous pouvez trouver d'autres améliorations correctes. Il faut cependant qu'elles portent bien sur les éléments fautifs.

1. Qui t'a (vous a) fait cela ?
2. La crise que nous vivons est la cause de nombreux problèmes ; il faut souhaiter qu'elle finisse rapidement. Dans cette phrase, il était difficile de conserver la structure maladroite. Il fallait interpréter c'est nul.
3. Dans notre société, le respect est trop souvent lié au niveau de revenus.
4. Le progrès technique est responsable de nombreux problèmes. Le dérèglement climatique, le chômage ou encore la précarité en sont les conséquences principales. Dans cette phrase, il n'était pas utile de tout changer.
5. La révolution libyenne n'est pas complètement finie.
6. L'école nous aide à connaître la vie, si nous prenons la peine d'écouter nos enseignants.
7. Un concours est sélectif ; il faut l'accepter.
8. Il ne faut pas toujours suivre nos caprices car ils peuvent être irrationnels.
9. Il est prudent de ne pas toujours dire ce que l'on pense si l'on ne veut pas d'ennemis.
10. La France connaît actuellement un important taux de fécondité. La progression démographique est profitable à l'emploi.

Corrigé 7

1. Le domaine de l'économie est déconcertant ; c'est même parfois incompréhensible. Il faut corriger l'économie nous dépasse qui est imprécis.
2. Une somme importante a été investie. Il faut surtout corriger somme conséquente qui est incorrect pour signifier somme importante.
3. Voilà un homme sérieux ! Impossible de plaisanter avec lui. Il faut donner un synonyme à rigoler et éviter d'employer avec sans le mot qu'il introduit.
4. En tant que spécialistes, pouvez-vous me dire ce qu'il faut en penser ? Il est possible de rédiger une question sans inverser sujet et verbe de la proposition principale, mais il est recommandé de faire cette inversion tout de même.
5. Nous admettons qu'effectivement le mensonge n'est pas toujours la meilleure solution. Changez que oui qui n'est pas très châtié.

6. Tout abus n'est pas condamnable. Tout dépend de ce dont on abuse. Il faut supprimer la répétition d'abus et abuse.
7. Nous ne pouvons pas lutter quand nous sommes faibles. Il ne faut pas changer de personne (on/nous) dans une même phrase.
8. J'ai beaucoup investi dans le domaine de l'immobilier avec un succès inégal. Le raccourci final évite les répétitions.
9. J'ai manqué (fait l'impasse sur) toute une partie du cours.
10. Nous vous communiquerons a priori ces documents demain ou le jour suivant. A priori s'emploie à propos de ce qui n'a pas encore eu lieu, alors qu'a fortiori se rapporte à ce dont on a déjà fait l'expérience. En fin de phrase, il faut prendre garde à la répétition, c'est pourquoi l'on évitera le surlendemain même si c'est plus littéraire.

Corrigé 8

Les éléments modifiés sont soulignés.

1. Je demande que vous compreniez que tout va de mal en pis.
2. Aujourd'hui, nous ne sommes plus sûrs de quoi que ce soit.
3. C'est là que je t'emmènerai à l'occasion de nos vacances.
4. Nous serons au maximum entourés de quelques ennuyeux.
5. Partirez-vous demain ? Je ne le crois pas.
6. Ce n'est pas la panacée ; cela ne permet pas de tout résoudre immédiatement.
7. Entre ces deux possibilités, j'ai, quant à moi, choisi la meilleure/Dans cette alternative, j'ai, quant à moi, choisi la meilleure solution.
8. Les personnalités réunies, des ministres et des ambassadeurs, ont toutes signé le document tel quel.
9. J'ai cuisiné une tarte à ma fille ; cette tarte n'était pas bonne.
10. Cette phrase est une amphibologie : il est possible de comprendre que c'est la fille qui n'est pas bonne.
11. Je ne ris pas bien que j'en aie envie.

Corrigé 9

1. Les connecteurs choisis ne sont pas les seuls possibles.
   Notre système social protège les personnes les plus fragiles. Or, celles-ci sont aujourd'hui très menacées par les difficultés économiques de notre pays. C'est pourquoi il est urgent de développer le lien social. Ainsi nous réussirons à soutenir chacun et à mieux nous connaître. Il faut donc réagir et ne pas céder au pessimisme.
   Or (ou un connecteur d'opposition) sert ici de liaison pour exposer la situation concrète qui nous intéresse. C'est pourquoi permet de mettre en relation cette situation concrète et son remède. Ainsi établit un 1er bilan des conséquences probables, et donc conclut.

2. Dans ce petit texte, deux connecteurs d'opposition sont nécessaires ; n'employez pas le même mot !
   La liberté est un sentiment naturel et souvent constructif. Pourtant elle peut détruire parfois si elle n'est pas maîtrisée. L'adulte est celui qui transforme son indépendance en liberté, c'est-à-dire celui qui n'agit plus contre les autres et contre les lois mais qui

agit par lui-même. Par conséquent il faut inciter les plus jeunes à construire leur liberté, non leur indépendance.
Pourtant marque l'opposition entre la 1re phrase et la suivante. C'est-à-dire permet d'introduire l'explication de la distinction qui précède. Mais marque l'opposition et par conséquent introduit le bilan.

3. Notre époque est surprenante. En effet, nous changeons d'avis bien souvent parce que nous ne sommes pas toujours assez réfléchis. Nous décidons de façon immédiate lorsqu'il faudrait étudier davantage la question. Pourtant, nous possédons toutes les ressources d'information : journaux, internet, livres. Mais les utilisons-nous à bon escient ? C'est bien là que se situe le problème.
En effet permet d'expliquer la raison (la cause) pour laquelle l'époque surprend. Parce que introduit la cause de ce qui précède. Lorsque (ou quand) permet d'exprimer la simultanéité et de proposer une vision alternative. Pourtant et mais marquent une opposition.

Corrigé 10

1. *Dites-vous bien* ***ceci…*** Le pronom se rapporte à ce qui suit.
2. Voilà tout ce **que** je me rappelle. On se rappelle qqch et non de qqch.
3. **Nous** avons compris que nous… Cela évite d'alterner on et nous.
4. Il a dit **pis** que pendre de son voisin. Expression figée avec pis et non pire.
5. N'écoutez ni les généreux, ni les avares : **ceux-là** donnent tout sans compter, **ceux-ci** ne donnent rien sans compter ! Ceux-ci pour les plus proches (les avares), ceux-là pour les plus éloignés dans la phrase (les généreux).

Corrigé 11

1. *Il faut que je* ***puisse…*** Emploi du subjonctif dans une proposition subordonnée.
2. Phrase correcte.
3. Si, (…) **j'avais** analysé le problème… Jamais *si* suivi du conditionnel.
4. *Je pensais qu'il* ***viendrait…*** La principale (*Je pensais*) est à l'imparfait, la subordonnée doit être au conditionnel qui est un futur dans le passé.
5. Phrase correcte.
6. *Je marchais dans la campagne lorsque* ***j'aperçus/j'ai aperçu*** *un chevreuil blessé*. La principale (*Je marchais*) est à l'imparfait pour marquer une action qui dure, la subordonnée doit être au passé simple ou au passé composé pour indiquer une action ponctuelle (qui ne dure pas) dans le passé.
7. *Si vous aviez trouvé mon collier, l'****auriez****-vous rapporté ?* La principale (*l'auriez-vous rapporté*) doit être au conditionnel passé lorsque la subordonnée est à l'indicatif plus-que-parfait.
8. Phrase correcte. On emploie *avant que* + subjonctif et *après que* + indicatif. La raison est logique : dans la subordonnée introduite par *avant que*, le fait est hypothétique car il n'a pas encore eu lieu ; donc le subjonctif, mode de l'hypothèse, s'impose. Mais dans la subordonnée introduite par *après que*, le fait est certain car il est antérieur au fait exprimé dans la principale ; donc il faut employer l'indicatif, mode du fait.
9. Jean, si vous **étiez parti** un peu plus tôt… Même cas que la phrase 7.

10. *Il est douteux que vous* ***gagniez*** *la partie.* La principale (il est douteux) contient un verbe qui introduit une hypothèse ; la subordonnée doit donc contenir un verbe au subjonctif. Dans ces cas, n'hésitez pas à changer de verbe pour vérifier : *Il est douteux que vous puissiez…* et non *que vous pouvez…*

Corrigé 12

Il y a de cela bien des années, quand ma feue grand-mère cuisinait, ce qui arrivait particulièrement le samedi, veille du grand repas familial, elle y mettait beaucoup d'approximations. Cela d'ailleurs ne la gênait guère car elle n'avait jamais aimé les mathématiques. Elle ne se trouvait jamais dépourvue par le manque d'un œuf ou d'un peu de farine puisqu'elle considérait que chaque ingrédient en valait bien un autre. Mais elle y mettait aussi beaucoup d'amour parce qu'elle appréciait par-dessus tout plaire à ses chers petits-enfants, six beaux petits diables que nous étions. Nous le lui rendions bien en lui adressant les compliments que nous soufflait notre gourmandise, préoccupée d'être satisfaite le dimanche suivant. Nous espérions que la tendresse grand-maternelle ne pourrait résister durant cette longue semaine.

Corrigé 13

1. Marchant dans le désert, il était suivi, sans bruit, par le serpent. Ce n'est pas le serpent qui marche, mais un homme.
2. Assis sous mon parasol, j'avais le visage balayé par le vent. Ce n'est pas le vent qui est assis, mais moi.
3. J'ai donné une pomme qui n'est pas bonne à ma sœur. C'est la pomme qui n'est pas bonne et non ma sœur.
4. À peine suis-je arrivé que ma voisine a sonné chez moi pour me souhaiter la bienvenue. C'est moi qui arrive et non ma voisine.
5. En espérant avoir bientôt de vos nouvelles, je vous prie de bien vouloir trouver ces quelques fleurs. Ce n'est pas celui à qui on offre des fleurs qui espère avoir de ses nouvelles, mais celui qui les offre.
6. Après s'être sauvée des flots, elle périt dans une autre tempête. Ce n'est pas la tempête qui s'est sauvée des flots, mais la femme. Vous voyez que même les auteurs font de telles erreurs !

Corrigé 14

1. Jean-Paul, mon voisin, habite une maison au mobilier Louis XV.
2. Au Royaume-Uni, la reine Élisabeth II vient de fêter les 60 ans de son règne.
3. Les lundis des mois de février, ne trouves-tu pas qu'il est difficile de se lever ?
4. Le Code civil a été rédigé sous Napoléon 1er et promulgué le 30 ventôse an XII.
5. L'État français est très endetté ; le président de la République cherche à résoudre ce problème.
6. J'ai lu Le Rouge et le Noir (ou Le rouge et le noir) de Marie-Henri Beyle plus connu sous le nom de Stendhal.

SOUS-PARTIE 3

Améliorer son orthographe

- L'orthographe d'usage
- L'orthographe du verbe
- L'orthographe du nom et de l'adjectif
- L'orthographe des autres mots de la phrase
- Entraînements
- Corrigés

1 Cours & méthode
L'orthographe d'usage

1 L'accent

C'est un signe auxiliaire qui se place au-dessus des voyelles (sauf -y).

Quand vous écrivez, il faut bien orienter vos accents ; l'accent aigu doit monter vers la droite, l'accent grave vers la gauche. On n'insistera jamais assez sur le fait qu'une phrase sans accents ou avec des accents mal formés peut être illisible.

Si vous ne savez pas accentuer, quelques règles vous feront rapidement progresser :

- un *-e* suivi de consonnes redoublées ne prend jamais d'accent : essayer, mouette, errer ; cela signifie, en prenant la règle à l'envers, que si vous êtes sûr qu'un *-e* est accentué, alors il n'y a pas de consonnes redoublées qui suivent ;
- un *-e* suivi d'un *-x* ne prend jamais d'accent : examen, exister ;
- un *-e* suivi d'un *-d*, *-f*, *-h*, *-r*, *-t* ou *-z* final ne prend pas d'accent : une nef, un beignet, un keffieh.

Règles principales d'utilisation des accents

Accents	Emploi	Exemples
é	• en finale d'un mot. • devant un *e* muet final. • devant *s* final du pluriel. • à l'intérieur d'un mot.	*vérité, liberté* *marée, journée* *vérités, prés, dés* (jeu) *ménage, digérer*
è	• devant un *s* final. • devant une syllabe contenant un *e* muet (d'où un changement d'accent souvent constaté dans les mots de même famille).	*procès, près, dès frère, règlement misère/miséreux (misère finit par e muet, pas miséreux)*
à, ù	• pour distinguer les homonymes.	*là/la, à/a, où/ou*
â, ê, î, ô, û (accent circonflexe)	• pour marquer la perte d'une ancienne consonne (cas le plus courant). • pour marquer une voyelle longue. • pour distinguer les homonymes.	'forest' → *forêt* [pensez aux dérivés (*forestier*)] *arôme* *mûr/mur*
ä, ë, ï, ö, ü, ÿ (tréma)	• sépare phonétiquement deux voyelles (toujours placé sur la 2e voyelle).	*maïs, ciguë une douleur aiguë*

Remarque

Concernant les hésitations sur les accents grave et aigu on retiendra ces mots. Avec accent : *élixir, énième, média, ténacité, vidéo.*

Sans accent : *a priori, (re)celer, gangrener, illettré, nécessaire, placebo, repartie (= capacité à répliquer), veto.*

Concernant les hésitations sur l'accent circonflexe, retenez les cas suivants : *bâiller, barème, crème/chrême, drôle/drolatique, fève, une gêne/un gène, grâce/gracieux, jeune/jeûne/à jeun, symptôme/syndrome, trêve.*

2 Les autres signes auxiliaires

Il s'agit de la cédille et du trait d'union notamment.

Même si des erreurs sur ces signes sont moins pénalisantes, il est facile d'en éliminer le plus grand nombre et c'est une précision requise pour une composition.

La cédille se met sous *c* devant *a, o, u* pour conserver le son *-s* : *glace*, *glaçon.*

Cercueil, *écueil*, *cueillir* et dérivés conservent le son *-k* en changeant *euil* en *ueil*

Un phénomène similaire se produit avec le *-g*. Pour conserver le son *-j* on ajoute un *e* devant *a, o, u* (ex. : nager, nous nageons, nageant, une nageoire). Dans *orgueil* et ses dérivés le son *-g* est maintenu en changeant *euil* en *ueil.*

Le trait d'union se met dans :

- les noms et adjectifs composés : *du lave-glace, mi-clos* ;
- les nombres inférieurs à cent : *quatre-vingts* (mais *cent* vingt, et pas de trait d'union quand il y a *et* : *vingt et un)* ;
- les inversions sujet pronominal/verbe : *dit-il, dit-on* ;
- les groupes *au+ adverbe* : *au-dessus, au-delà* (exception : au travers) ;
- les groupes *mot + ci* ou *mot + là* : *cet homme-ci, là-bas.*

Remarque

On notera l'orthographe de quelques mots souvent mal orthographiés.

Avec trait(s) d'union : *avant-hier, après-demain, c'est-à-dire, sur-le-champ (= immédiatement), toute-puissance/tout-puissant.*

Sans trait d'union : *château fort, feu follet, garde champêtre, huis clos, libre arbitre, Moyen Âge, parti pris, tout à coup, tout à l'heure.*

3 Les redoublements de consonnes

On ne redouble jamais une consonne précédée d'une voyelle accentuée et les consonnes -j, -q, -v, -w, -x ne sont jamais redoublées.

En dehors de ces règles, il est recommandé de retenir l'orthographe de certains mots particuliers classés selon les lettres concernées.

B : Lettre rarement redoublée. On notera cependant *abbé*, *rabbin* ou encore *sabbat* et leurs dérivés.

C : Il est toujours redoublé quand le mot commence par *occu-* sauf pour *oculaire* et ses dérivés (*oculiste* notamment).

D : Lettre rarement redoublée. On notera qu'elle est redoublée notamment dans *addition*, *adduction*, *reddition* et leurs dérivés.

F : On notera la différence entre *le soufre* et *il souffre*, mais aussi *affoler, boursouffler/souffler, persifler/siffler.*

G : Peu redoublé, il l'est cependant dans *agglomérer*, *agglutiner*, *aggraver*, *suggérer* et leurs dérivés.

L : Il est souvent redoublé. On notera *accoler/colle, annuler/nullité, imbécile/imbécillité, mamelon/mamelle.*

M : On notera l'orthographe de *dommage* et ses dérivés, mais aussi *nominal/nommer.*

Remarque

Le -n devant -b, -m, -p devient -m (ex. : combinaison, comment, rompre), sauf dans bonbon (et ses dérivés), embonpoint, néanmoins, mainmise, mainmorte.

N : La plupart des verbes en *-aner* (les plus courants) prennent un seul *-n*. Les mots en *-nat* prennent un seul *-n* sauf notamment *championnat, paysannat, quinquennat/septennat, pensionnat*.

P : Lettre souvent redoublée. On notera que les mots qui commencent en *ap-* prennent *-pp* sauf notamment *apaiser, apercevoir, apeurer, apitoyer, aplanir, aplatir, apostropher*.

R : Lettre souvent redoublée. Attention à *courir* et *courrier*.

S : Il se redouble pour conserver le son *-s* quand il est placé entre deux voyelles. Associé à une consonne, il conserve le son *-s*. Toutefois dans certains mots, bien qu'employé seul, il conserve le son *-s* : *aérosol, asymétrie, dysenterie, présupposer, primesautier* (qui agit impulsivement), *resurgir, susurrer, vraisemblable* et leurs dérivés.

T : Lettre souvent redoublée. On notera *cahute/hutte*.

4 Les finales des mots

Elles sont souvent problématiques du fait de la présence de lettres muettes ou de sons qui peuvent être obtenus par différentes graphies.

Voici quelques finales remarquables :

- Certains noms finissent, au singulier, par un *-s* ou un *-x*. Retenez les suivants : *houx, legs* (don par testament), *mets/entremets, pilotis, puits, relais, remords, remous*.
- Certains noms masculins ont une finale féminine tels *athée, génie, hyménée, mausolée* (monument aux morts), *messie, trophée*.
- ***-aindre*** : tous les verbes en *-eindre* prennent un *-e*, sauf *craindre, plaindre, contraindre*.
- ***-andre*** : tous les verbes en *-endre* prennent un *-e*, sauf *épandre, répandre*.
- ***-assion*** : tous les mots en *-ation* prennent un *-t*, sauf *compassion, passion*.
- ***-ussion*** : tous les mots en *-ution* prennent un *-t*, sauf *concussion* (vol d'argent public), *discussion, percussion, répercussion*.
- ***-euille*** : tous les noms masculins en *-euil* terminent par un *-l*, sauf *chèvrefeuille* (arbuste), *millefeuille, portefeuille*.
- ***-é*** : tous les noms féminins en *-é* prennent un *-e* final (*matinée*), sauf *acné, clé* (ou *clef*), *psyché* (miroir).

Remarque

Les noms féminins en *-té* ne prennent pas de marque du féminin (*lâcheté*, *pauvreté*), sauf les dérivés de mots finissant en *-t* (*nuit* ⇒ *nuitée*), en *-ette* (*assiette* ⇒ *assiettée*), et les noms dérivés de verbes finissant en *-ter* (*dicter* ⇒ *dictée*).

- ***-i*** : tous les noms féminins en *-i* (sauf ceux en *-is*) prennent un *-e* final (*vie*), sauf *fourmi*.
- ***-oi*** : tous les noms féminins en *-oi* (sauf ceux en *-oix*) prennent un *-e* final (*soie*), sauf *foi, loi, paroi*.
- ***-tiable*** : tous les mots en *-ciable* prennent un *-c*, sauf *insatiable*.
- ***-tier*** : tous les verbes en *-cier* prennent un *-c*, sauf *balbutier, initier*.
- ***-u*** : tous les noms féminins en *-u* prennent un *-e* final (*vue*), sauf *bru* (belle-fille), *glu, tribu, vertu*.

Connaissances professionnelles

Cours & méthode

2 L'orthographe du verbe

1 L'accord du verbe

Le verbe (ou son auxiliaire) reçoit de son (ses) sujet(s) ses marques de nombre et personne.

« Nous chantons »

Le verbe *chantons* s'accorde selon les nombre et personne de *nous*.

« Vous avez chanté. »

L'auxiliaire *avez* s'accorde selon les nombre et personne de *vous*.

Les fautes d'accord viennent souvent d'un problème d'identification du sujet qui correspond au verbe. Pour identifier le ou les sujets, il faut se demander *qui est-ce qui ?* (pour une personne) ou *qu'est-ce qui ?* (pour un animal ou une chose) *fait l'action exprimée par le verbe.*

« Les enfants chantent fort. »

Qui est-ce qui chante ? *les enfants*. *Chantent* est donc au pluriel.

C'est particulièrement utile en cas d'inversion du sujet et du verbe.

« Dans le bois chantent les coucous. »

Qu'est-ce qui chante ? *les coucous* (et non *le bois*). *Chantent* est donc au pluriel.

Lorsque le sujet est un pronom, il faut donner au verbe le nombre et la personne de l'être ou de la chose que le pronom remplace.

« C'est toi qui joues le premier »

Ici le pronom *qui* remplace *toi*, donc il faut mettre le verbe *jouer* à la 2e personne du singulier.

Attention

Si le verbe a deux sujets au singulier qui sont coordonnés, il faut l'accorder au pluriel.
Exemple : *Pierre et Paul* jouent.
Si ces sujets ne sont pas à la même personne grammaticale, c'est la personne la plus proche de la 1re qui commande le choix de personne. Ainsi :
« moi + toi = nous », « moi + lui = nous », « toi + lui = vous ».
Exemples : « *Ton frère et toi* êtes très sympathiques. » « *Toi et moi* sommes les meilleurs amis du monde. »

Cas particuliers

Cas 1 : Quand le sujet est *la plupart, beaucoup, quantité, peu* ou un équivalent désignant une quantité indéterminée, le verbe se met au pluriel : « *La plupart* **pensent** comme moi. »
Cas 2 : Quand le sujet est *ce* ou *c'* suivi du verbe être, ce verbe s'accorde avec l'attribut qui suit et non avec *ce* ou *c'* : « Ce **sont** *les amis* de nos voisins. »

Attention

Si l'attribut est *nous* ou *vous*, il faut laisser au singulier.
Exemple : Les enfants, c'**est** *vous* qui avez gagnez.
Les locutions *c'est-à-dire* et *si ce n'est* sont invariables.

Cas 3 : Le participe présent ne varie pas.

- Rappelons que le participe présent se construit en *-ant* (ex. : *chantant*) : « *Des individus* **fuyant** leurs responsabilités. »
- Pour le vérifier, essayez de mettre au féminin. Si c'est possible, sans changer le sens global de la phrase, alors ce n'est pas un participe présent, mais un adjectif qui lui ressemble et l'accord est possible : « Des *individus* **fuyant** leurs responsabilités. » (On ne peut pas dire : « Des personnes 'fuyantes' leurs responsabilités ».) ; « Des *regards* **fuyants**. » (On peut dire : « Des attitudes fuyantes ».)

2 L'accord du participe passé

Le participe passé a des règles d'accord qui dépendent de son emploi.

Emploi	Règles	Exemple
Emploi sans auxiliaire ou avec *être*	accord avec le mot auquel il se rapporte	→ *une soirée réussie.* → *La soirée est réussie.*
Emploi avec *avoir*	• pas d'accord, ou • accord avec le COD* s'il est placé avant	→ *Léa a réussi sa soirée.* → *Sa soirée, Léa l'a réussie* (*l'*, féminin est COD).
Emploi avec *avoir + être*	accord avec le sujet	→ *Elles ont été réussies.*

Remarque

Quand il y a deux auxiliaires, celui qui est intercalé est toujours invariable.

Exemple : Elles ont *été* entendues.

Attention

Dans les propositions absolues (groupe de mots isolés dans la phrase) composées d'un sujet et d'un participe, le participe reste invariable lorsqu'il est placé avant le sujet et varie lorsqu'il est placé après.

Exemples : **Vu** *les intempéries*, la prudence s'impose.
Tout le monde sera convié, **y compris** *votre nièce*.
Tout le monde sera convié, *votre nièce* **comprise**.

Lorsque le participe est *étant donné, passé, mis à part*, l'accord reste possible.

Exemple : Étant **données** *les circonstances*, il est préférable de se taire.

Cas particulier : le participe passé des verbes pronominaux

Un verbe pronominal est un verbe qui se conjugue avec le pronom personnel *se* mis à la même personne que le sujet : *se parler, se dire, s'apercevoir, se cacher,* etc.

Les verbes pronominaux se conjuguent aux temps composés avec l'auxiliaire *être*, mais l'accord de leur participe passé se comporte comme si l'auxiliaire était *avoir*. C'est pourquoi, si le pronom personnel peut être considéré comme un COD ou s'il y a un autre COD placé avant on accorde. S'il n'y a pas de COD ou s'il est placé après, on n'accorde pas.

Pour identifier le COD, il suffit de remplacer *être* par *avoir*.

Exemple

Elle s'est ***lavée*** *ce matin.* ⇒ Elle a lavé qui ? *se* (elle). *S'* est COD placé avant, donc on accorde.
Elle s'est ***lavé*** *les cheveux ce matin.* ⇒ Elle a lavé quoi ? *les cheveux*. Cheveux est le COD placé après, donc on n'accorde pas. Dans ce 2e exemple, *s'* n'est plus COD mais COI [elle a lavé les cheveux de qui ? *de se* (d'elle)].

3 La conjugaison

La conjugaison est l'art d'énumérer les flexions d'un verbe selon le mode, le temps, la personne, le nombre et la voix.

En français, la plupart des verbes sont réguliers, c'est-à-dire qu'ils appartiennent aux 1er et 2e groupes. Mais il ne faut pas négliger certains verbes du 3e groupe qui sont très courants (*aller, avoir, rendre*, etc.)

Remarque

Nous n'indiquerons que la conjugaison des temps simples puisque les temps composés ne nécessitent que la connaissance de la conjugaison des auxiliaires *être* et *avoir* aux temps simples + participe passé. Il faut bien sûr maîtriser parfaitement la conjugaison des auxiliaires.

a. Conjugaison aux temps simples des auxiliaires avoir et être

Avoir

Indicatif				Conditionnel	Subjonctif	
présent	imparfait	passé	futur	présent	présent	imparfait
ai	avais	eus	aurai	aurais	aie	eusse
as	avais	eus	auras	aurais	aies	eusses
a	avait	eut	aura	aurait	ait	eût
avons	avions	eûmes	aurons	aurions	ayons	eussions
avez	aviez	eûtes	aurez	auriez	ayez	eussiez
ont	avaient	eurent	auront	auraient	aient	eussent

Impératif présent : aie, ayons, ayez.
Participe présent (et gérondif) : *ayant*/passé : *eu*.

Être

Indicatif				Conditionnel	Subjonctif	
présent	imparfait	passé	futur	présent	présent	imparfait
suis	étais	fus	serai	serais	sois	fusse
es	étais	fus	seras	serais	sois	fusses
est	était	fut	sera	serait	soit	fût
sommes	étions	fûmes	serons	serions	soyons	fussions
êtes	étiez	fûtes	serez	seriez	soyez	fussiez
sont	étaient	furent	seront	seraient	soient	fussent

Impératif présent : *sois, soyons, soyez.*
Participe présent (et gérondif) : *étant*/passé : *été.*

Attention

De nombreuses fautes sont commises au subjonctif présent. Observez bien les formes du singulier et notez aussi qu'il ne faut pas écrire que « nous ayions/soyions », que « vous ayiez/soyiez » mais *que nous ayons/soyons, que vous ayez/soyez.*
Évitez également la confusion entre *nous serons* (verbe *être*) et *nous saurons* (verbe *savoir*).
Exemple : « Nous *saurons* bien comment nous comporter. » (verbe *savoir*) ; « Nous *serons* bien nombreux demain. » (verbe *être*).

b. Verbes réguliers

Les verbes réguliers sont des verbes qui ont les mêmes règles de construction dans toute leur conjugaison. Savoir en conjuguer un, c'est donc savoir tous les conjuguer.
On remarque certains points communs entre ces deux conjugaisons régulières :

- les mêmes terminaisons si on fait abstraction de l'affixe pour l'indicatif imparfait et le subjonctif présent ;
- la construction du futur simple à partir de l'infinitif + *-ai, -as*, etc.
- la construction du conditionnel à partir de l'infinitif + les terminaisons de l'imparfait ;

Attention

Il ne faut pas confondre la terminaison de la 1re personne du futur simple *-erai* avec celle du conditionnel présent *-erais*. Pour les distinguer, retenez que le futur exprime une affirmation, un fait à venir, alors que le conditionnel exprime une hypothèse, un fait dont la réalisation est incertaine parce qu'elle dépend de celle d'un autre fait.
Exemples : Je *serai* là quand vous aurez besoin de moi. (affirmation)
Je *serais* là si vous aviez besoin de moi. (hypothèse)

Pour les distinguer nettement, changez de personne.
Exemples : Tu *seras* là quand… (futur)
Tu *serais* là si… (conditionnel)

- la présence d'un accent circonflexe uniquement dans trois cas de terminaisons : 1re et 2e personne du pluriel de l'indicatif passé simple et 3e personne du subjonctif imparfait ;
- la voyelle qui débute la terminaison du passé simple (*-a* au 1er groupe et *-i* au 2e) est la même que celle du subjonctif plus-que-parfait, et la suite de la terminaison est la même.

Verbes du 1er groupe : infinitif en -er (type : chanter)

Indicatif				Conditionnel	Subjonctif	
présent	imparfait	passé	futur	présent	présent	imparfait
chant-e	-ais	-ai	-erai	-erais	-e	-asse
-es	-ais	-as	-eras	-erais	-es	-asses
-e	-ait	-a	-era	-erait	-e	-ât
-ons	-ions	-âmes	-erons	-erions	-ions	-assions
-ez	-iez	-âtes	-erez	-eriez	-iez	-assiez
-ent	-aient	-èrent	-eront	-eraient	-ent	-assent

Impératif présent : -e, -ons, -ez.
Participe présent (et gérondif) : -ant/passé : -é.

Attention

Ne pas confondre l'indicatif présent, 2e personne du singulier (*tu chantes*) et l'impératif présent singulier (*chante*).
Exemple : Tu *chantes* mal (indicatif), *chante* mieux. (Impératif, c'est un ordre.)

Ne pas confondre non plus le participe passé (*chanté*) avec l'infinitif (*chanter*). Pour cela, il suffit de remplacer le verbe du 1er groupe par un verbe du 3e groupe.
Exemple : Je me suis *press...* (*-é* ou *-er* ?) ⇒ Je me suis *dit* (et non *dire*), donc ce n'est pas un infinitif ; la réponse est *pressé*.

Verbes du 2e groupe : infinitif en -ir avec ajout de l'affixe -iss à certaines formes (type : finir)

Indicatif				Conditionnel	Indicatif	
présent	imparfait	passé	futur	présent	présent	imparfait
fin-is	-issais	-is	-irai	-irais	-isse	-isse
-is	-issais	-is	-iras	-irais	-isses	-isses
-it	-issait	-it	-ira	-irait	-isse	-ît
-issons	-issions	-îmes	-irons	-irions	-issions	-issions
-issez	-issiez	-îtes	-irez	-iriez	-issiez	-issiez
-issent	-issaient	-irent	-iront	-iraient	-issent	-issent

Impératif présent : identique à l'indicatif présent aux mêmes personnes.
Participe présent (et gérondif) : *-issant*/passé : *-i*.

Attention

Le participe passé de ces verbes ne prend pas de consonne finale muette au singulier (*fini*) à la différence de certains verbes du 3e groupe. Pour le vérifier, si vous avez un doute, mettez le participe au féminin (*fini* ⇒ *finie* mais pas « démi » mais *démis* ⇒ *démise*).

Cas particuliers

Cas 1 : Les verbes qui prennent un *-e* muet à l'avant-dernière syllabe dans leur conjugaison, changent ce *-e* en *-è*, sauf les verbes en *-eler* et *-eter* qui redoublent leur consonne finale : semer, semons → je sème/appeler, appelons → j'appelle.

Attention

Certains verbes en *-eler* et *-eter* restent réguliers, prenant un accent grave :
- ciseler, geler, démanteler, écarteler, harceler, marteler, modeler, peler ;
- acheter, crocheter, s'encasteler, fureter, haleter, et leurs dérivés.

Cas 2 : Les verbes en *-guer* et *-quer* conservent les lettres *-gu* ou *-qu* dans toute leur conjugaison. Mais dès lors que l'on forme un nom ou un adjectif à partir de ces verbes, ce groupe de lettres disparaît. : Un élève *conjuguant* des verbes./ La *conjugaison* ; Un patron *communiquant* son énergie./ Les vases *communicants*.

Cas 3 : Les verbes en *-yer* ont diverses conjugaisons suivant la voyelle qui précède *-yer*.
- Les verbes en *-oyer* et *-uyer* changent *-y* en *-i* devant un *-e* muet : *essuyons* (pas de *-e* muet) → *essuient* (*-e* muet).
- Les verbes en *-ayer* admettent l'orthographe en *-y* ou en *-i* : je balaye ou je balaie.
- Les verbes en *-eyer* conservent toujours leur *-y* : *il grasseye*, *vous grasseyez* (= prononcer les *-r* avec la gorge).

Attention

Ne conjuguez pas *croire* ou *voir* sur le modèle de verbe en *-yer* ; « ils croyent » ou « ils voyent » sont des barbarismes. À éviter tout autant, « ils croivent ». Il faut écrire *ils croient, ils voient*.

c. Verbes irréguliers

Ces verbes sont placés dans le 3e groupe, lequel rassemble les verbes en *-ir* qui ne prennent pas l'affixe *-iss*, les verbes en *-re*, et ceux qui ont une conjugaison irrégulière ou incomplète (défectifs).

Il est difficile d'en dresser une liste exhaustive. Notons seulement les règles communes à plusieurs verbes :

- Les verbes en *-ir* ont les mêmes terminaisons que les verbes du 2e groupe, sans l'affixe (ex. : *dormir*).

Exceptions : *assaillir, couvrir, cueillir, défaillir, offrir, ouvrir, souffrir, tressaillir* et leurs dérivés ont au présent de l'indicatif, et au présent de l'impératif les mêmes terminaisons que les verbes du 1er groupe (ex. : *ouvre, il assaille*).

- Les verbes en *-oir* prennent un *-u* à la place du *-i* en terminaison, à l'indicatif passé simple, au subjonctif imparfait et au participe passé, sauf *asseoir, surseoir, voir* et leurs dérivés qui prennent un *-i* : *je voulus, que je voulusse/que j'assisse, que je sursisse*.

Attention

Pouvoir, valoir, vouloir ont un indicatif présent en -x, -x, -t, -ons, -ez, -ent.

- Les verbes en *-re* ont les mêmes terminaisons que les verbes du 2e groupe à tous les autres modes et temps, sauf à l'indicatif présent. Les irrégularités portent plutôt sur le radical.

À l'indicatif présent, leurs terminaisons sont *-s, -s, ø, -ons, -ez, -ent*.

La 3e personne du singulier n'a pas de terminaison spécifique. Le verbe finit généralement par la dernière consonne de son radical : *il prend, il met, il vainc*, etc.

Dans les verbes en *-re*, on rencontre aussi bien des passés simples en *-i* (*coudre, faire, luire* ⇒ *cousis, fis, luisis*) qu'en *-u* (*lire* ⇒ *lus*).

Cas particuliers

Cas 1 : Les verbes en *-indre* et *-soudre* ne conservent leur *-d* dans la conjugaison que s'il précède un *-r* ; de même, les verbes en *-aître* et *-oître* ainsi que *plaire* ont un accent circonflexe sur le *-i* s'il précède un *-t* dans la conjugaison.

geindre, nous geindrons, il geint/connaître, nous connaîtrons, vous connaissez/plaisant, il plaît

Attention

- Le participe passé du verbe *faire* est *faites* et non « faîtes ».
- Les 1re et 2e personnes du pluriel du passé simple prennent toujours un accent circonflexe sur l'avant-dernière syllabe, sauf s'il y a un tréma. C'est le cas de *haïr* qui garde son tréma et a donc pour forme *nous haïmes, vous haïtes*.

Cas 2 : Les participes passés *dû, redû, mû, crû, recrû* prennent un accent circonflexe au masculin singulier uniquement. En revanche les participes *accru, décru, indu* ne prennent jamais d'accent : « Un salaire *dû*/une somme *due*. »

Cas 3 : Quelques erreurs de conjugaison du 3e groupe à éviter :

- Aller : À l'indicatif présent, *ils vont* et non ils « allent ».
- Envoyer : À l'indicatif futur (et au conditionnel), *j'enverrai(s)* et non « j'envoyerai(s) ».
- Acquérir : À l'indicatif passé simple, *j'acquis* et non « j'acquéris », au futur simple (et conditionnel) *j'acquerrai(s)* et non « j'acquérirai(s) » et au participe passé *acquis* et non « acquéris ».
- Tenir : À l'indicatif passé simple, *je tins* et non « je tenis ».
- Mourir : À l'indicatif passé simple, *je mourus* et non « je mouris », et au participe passé, *mort* et non « mouru ».
- Bouillir : À l'indicatif présent, *ils bouillent* et non « ils bouent ».
- Voir : Au subjonctif présent, *que je voie, que tu voies, qu'il voie* et non « que je vois », etc.
- Savoir : Au subjonctif présent, *que je sache* et non « que je save ».
- Asseoir : À l'indicatif futur (et au conditionnel), *j'assiérai(s)* ou *j'assoirai(s)* et non « j'assoyerai(s) » ou « j'asseoirai(s) ».
- Dire : À l'indicatif présent, *vous dites* et non « vous disez » ou « vous dîtes ». De même *vous redites*, mais *vous contredisez, vous dédisez, vous interdisez.*
- Conclure : À l'indicatif futur (et au conditionnel), *je conclurai(s)* et non « je concluerai(s) ».
- Vivre : À l'indicatif passé simple *je vécus* et non « je vis » et au participe passé, *vécu.*
- L'inversion impropre du sujet *je* et du verbe. On peut faire cette inversion à l'indicatif présent pour *ai-je, dis-je, dois-je, fais-je, puis-je, sais-je, suis-je, vais-je, veux-je, vois-je.* En dehors de ces cas, l'inversion est impossible à l'indicatif présent, 1re personne, pour les verbes irréguliers. On évitera donc *mens-je, cours-je*, etc.

3 Cours & méthode
L'orthographe du nom et de l'adjectif

1 La construction du féminin du nom et de l'adjectif

Elle se fait, quand cette forme existe, par ajout d'un -e final à la forme du masculin.

Il n'y a pas de changement quand le mot finit déjà par un *-e* (*un élève*, *une élève*), sauf si le féminin est en *-esse* (*un âne, une ânesse*, une œuvre *maîtresse*). D'autre part, tous les mots n'ont pas les deux genres, notamment les noms de choses n'ont qu'un genre : un *partisan*, une *partisane*/un esprit *partisan*, une attitude *partisane*.

Cas particuliers

Cas 1 : Certains noms et adjectifs redoublent leur consonne finale.

Consonnes redoublées	Exemples
-l : noms et adjectifs en *-el* et *-eil* + *gentil* et *nul*	*cruel ⇒ cruelle, vermeil ⇒ vermeille,* *nul ⇒ nulle*
-n : noms et adjectifs en *-en, -on* + *paysan*	*indien ⇒ indienne, fripon ⇒ friponne,* *paysan ⇒ paysanne* **Exception :** *mormon ⇒ mormone*
-t : noms et adjectifs en *-et* + *chat, boulot, maigriot, pâlot, sot, vieillot*	*muet ⇒ muette* *pâlot ⇒ pâlotte* **Exceptions :** *préfet, (in)complet, concret, désuet, (in)discret, inquiet, replet, secret* ⇒ féminin en *-ète*
-s : noms et adjectifs *bas, épais, gras, gros, las, métis, exprès*	*las ⇒ lasse* *exprès ⇒ expresse*

Cas 2 : D'autres noms et adjectifs sont plus irréguliers.

Types de modifications	Exemples
-c devient *-qu* dans *laïc, ammoniac, caduc, public, turc, franc* (le peuple)	*turc ⇒ turque, franc ⇒ franque* **À noter** : *franc* (qui fait preuve de franchise) ⇒ *franche*
-er devient *-ère*	*cuisinier ⇒ cuisinière*
-eur devient *-euse* si le mot dérive directement d'un verbe *-teur* devient *-trice* si le mot ne dérive pas directement d'un verbe *-eur* devient *-eure* dans meilleur, majeur/mineur, antérieur/postérieur, citérieur/ultérieur, extérieur/intérieur, supérieur/inférieur.	*menteur ⇒ menteuse* (verbe mentir) **Exceptions :** *éditeur, émetteur/récepteur, exécuteur, inspecteur, inventeur, persécuteur* ⇒ fém. en *-trice,* *enchanteur, vengeur* ⇒ fém. en *-eresse* *amateur ⇒ amatrice* ('amater' n'existe pas) *supérieur ⇒ supérieure* un jour *ultérieur* ⇒ une date *ultérieure*

Types de modifications	Exemples
-*gu* devient -*guë*	*aigu* ⇒ *aiguë*
-*x* devient -*s* pour les noms et adjectifs en -*eux* + *époux* et *jaloux*	*sérieux* ⇒ *sérieuse* *jaloux* ⇒ *jalouse* *vieux* → *vieille*
- *n* devient -*gn* dans *bénin*, *malin*	*bénin* ⇒ *bénigne*, *malin* ⇒ *maligne*
féminin en -*lle* pour *beau*, *jumeau*, *nouveau*, *fou*, *mou*, *vieux* **Remarque :** Ces mots (sauf *jumeau*) ont un masculin en -*el*, devant un mot masculin commençant par une voyelle. (ex. : un *vieil* ami)	*mou* ⇒ *molle* *vieux* ⇒ *vieille*
addition d'un : -*d* dans *esquimau* -*s* dans *andalou* -*t* dans *coi**, *favori*, *rigolo*	*esquimau* ⇒ *esquimaude* *andalou* ⇒ *andalouse* *coi* ⇒ *coite*
modifications particulières dans *bref*, *frais*, *grec*, *sec*, *tiers*	*bref* ⇒ *brève*, *frais* ⇒ *fraîche* *grec* ⇒ *grecque*, *sec* ⇒ *sèche* *tiers* ⇒ *tierce*

* « rester coi » = rester sans voix à cause de l'émotion ou de la surprise.

2 La construction du pluriel du nom et de l'adjectif

Le pluriel se forme généralement par ajout d'un -s final à la forme du singulier.
« Un homme, des hommes/des comportements humains »

Il n'est cependant pas toujours possible de passer du singulier au pluriel, soit parce qu'il n'y a pas de pluriel, comme notamment pour les noms collectifs (ex. : du bétail) soit parce qu'il n'y a pas de singulier (ex. : les fiançailles, les annales), soit encore parce que l'ajout d'une marque du pluriel est impossible. Ce dernier concerne les mots qui finissent au singulier par -s, -x, -z : Un puits, des puits/un vieux classeur, des vieux classeurs/un nez, des nez.

Cas particulier

Certains noms et adjectifs prennent un -x au pluriel

Cas du pluriel en -x	Exceptions avec pluriel en -s
Sans modifications :	
• Tous les noms et adjectifs en -*au*. Exemple : *un niveau, des niveaux*	*landau, sarrau*[1]. Exemple : *des sarraus*
• Tous les noms et adjectifs en -*eu*. Exemple : *hébreu, hébreux*	*bleu, émeu*[2], *lieu*[3], *pneu*. Exemple : *des émeus*
• Sept noms en -ou : *bijou, caillou, chou, genou, hibou, joujou, pou*.	Les autres noms en -*ou* ont un pluriel régulier Exemple : *un clou, des clous*

Cas du pluriel en -x	Exceptions avec pluriel en -s
Avec modifications :	
• Tous les noms et adjectifs changent *-al* en *-aux* au pluriel. Exemple : *un rival, des rivaux*	*bal, bancal, cal, carnaval, cérémonial, chacal, fatal, festival, final, glacial, jovial, mistral, natal, naval, récital, régal.* Exemple : *des festivals*
• Dix noms changent *-ail* en *-aux* au pluriel : *aspirail*[4], *bail*[5], *corail, émail, fermail*[6], *soupirail, travail, vantail*[7], *ventail*[8], *vitrail.*	Les autres noms en *-ail* ont un pluriel régulier. Exemple : *un rail, des rails*
• Les noms suivants subissent d'autres modifications : un œil ⇒ des yeux un ciel ⇒ des cieux - un aïeul ⇒ des aïeux	*œils* se rencontre dans les noms composés (ex. : des *œils*-de-bœuf) - *ciels* s'emploie hors des connotations religieuses (ex. : des *ciels* de lit) - *aïeuls* pour désigner les grands-parents et non pas tous les ancêtres

[1] tablier d'écolier
[2] oiseau proche de l'autruche
[3] poisson
[4] ouverture dans un poêle
[5] contrat de location
[6] fermoir
[7] battant d'une porte
[8] partie mobile d'un casque

3 Le nombre du nom et de l'adjectif

Le pluriel s'emploie, à propos de réalités quantifiables, toutes les fois que l'on désigne plusieurs de ces réalités.

Si les règles du nombre du nom et de l'adjectif peuvent être rapprochées, il y a une différence importante : l'adjectif s'accorde avec le mot auquel il se rapporte (un nom, un pronom) alors que le nom ne s'accorde pas. Le choix du nombre du nom dépend du contexte (singulier si l'on désigne un seul être ou une seule chose, pluriel dans le cas contraire).

L'une des difficultés pour le nombre du nom est de bien identifier s'il est question de singulier ou de pluriel. D'une façon générale, celui qui rédige a une grande liberté dans le choix du nombre ; mais il faut respecter quelques règles contraignantes :

- Quand le nom désigne une réalité nécessairement unique, il faut le singulier (ex. : un fruit à *noyau*) et quand il désigne une réalité nécessairement multiple, il faut le pluriel (ex. : un fruit à *pépins*)
- Quand un nom prend une valeur générale, il faut le singulier (ex. : des sacs de *sable*) et quand il désigne une réalité nombreuse mais comptable, il faut le pluriel (ex. : un groupe *d'hommes*).
- Certaines locutions sont toujours au singulier : *agir à court/long terme, agir à l'emporte-pièce, être au banc des accusés, être/faire sur mesure, réclamer/demander à cor et à cri, remettre/être à flot* (mais *couler à flots*), *y aller/le faire en personne*, ainsi que la plupart des expressions avec *tout* adverbe (*tout feu, tout flamme*, etc.)
- Certaines locutions sont toujours au pluriel : *être à bout de forces, être aux pieds de quelqu'un* (mais *être au pied de quelque chose*), *être en bon/mauvais termes, en d'autres termes, faire à grands frais/à peu de frais/à moindres frais, inventer de toutes pièces, juger sur pièces, mettre/tailler en pièces.*

Il est important de noter que la tournure négative n'entraîne pas toujours le singulier. Si la tournure est négative, il faut mettre au positif pour déterminer le nombre : un fruit sans *noyau* ⇒ S'il y en avait, il y aurait *un seul* noyau ; un fruit sans *pépins* ⇒ S'il y en avait, il y aurait *plusieurs* pépins.

Les règles sont les mêmes que précédemment. Toutefois certaines locutions ont leur propre nombre :

- Locutions **toujours au singulier** : *sans arrêt, sans certitude, sans commentaire, sans comparaison, sans contestation, sans conteste, sans contredit, sans délai, sans détour, sans doute, sans effort, sans égard, sans encombre, sans façon, sans fondement, sans histoire, sans interruption, sans prétention, sans raison, sans réserve, sans surprise, sans tambour ni trompette, sans transition.*
- Locutions **toujours au pluriel** : *sans à-coups, sans ambages, sans fleurs ni couronnes, sans limites, sans manières, sans phrases, sans principes, sans scrupules, sans témoins.*

L'accord de l'adjectif est plus simple ; il suffit de trouver son support (mot auquel il se rapporte) : « Cette petite fille, polie et discrète, est bien élevée. »

Dans cet exemple *cette*, *petite*, *polie*, *discrète*, *élevée* renvoient au même nom *fille* d'où l'accord de tous ces éléments au féminin singulier.

Encore faut-il être attentif pour trouver ce support, notamment quand il est éloigné.

« Cette fille, qui avait séjourné chez nous pendant plusieurs mois, était bien élevée. »

Dans cet exemple, *élevée* s'accorde avec *fille*, même si ces deux mots sont très éloignés.

Cas particuliers

Cas 1 : Le nombre des noms et adjectifs composés dépend de la nature des termes qui composent ces mots.

Règles d'accord	Composition des mots	Exemples
Accord des deux termes	nom + nom nom + adjectif adjectif + adjectif nom (+ préposition) + nom complément	des *sourds-muets* des *coffres-forts* des femmes *sourdes-muettes* des *arcs-en-ciel*
Accord du second terme	mot invariable + nom élément incomplet + nom élément incomplet + adj. *nu, mi, demi, semi* + nom *nu, mi, demi, semi* + adj.	des *avant-projets* des *gallo-romains* des hommes *gallo-romains* des *semi-remorques* des paupières *mi-closes*
Accord du second terme ou pas d'accord selon le sens	verbe + nom	*des couvre-lits* *des réveille-matin*
Pas d'accord	verbe + verbe verbe + mot invariable phrase	*des peut-être* *des touche-à-tout* *des qu'en-dira-t-on*

Attention

Demi s'accorde en genre dans *une (deux, trois, etc.) heure(s) et demie*, parce qu'on considère qu'il s'agit d'une heure et de la moitié d'une heure.
En revanche, la locution *à demi* est toujours invariable.

Cas 2 : Les noms propres et les noms occasionnels sont invariables : « Les *Martin* habitent la maison voisine. » ; « Avec des *si* on mettrait Paris en bouteille. »

Cas 3 : Les adjectifs numéraux sont tous invariables sauf *un* qui varie en genre et *vingt* et *cent* qui varient en nombre quand ils sont multipliés et placés en fin d'un nombre : *quatre-vingts* (mais *quatre-vingt-un*, *vingt* ne finit pas le nombre).
On notera que *mille* peut s'écrire *mil* lorsqu'il s'agit d'années et qu'il n'est pas multiplié : l'an *mil* neuf cent douze.

Attention

Zéro, million et *milliard* ne sont pas des adjectifs, mais des noms. Ils varient normalement.
Exemple *:* Ce sont des *zéros.*

Cas 4 : Les adjectifs de couleur sont invariables :
- quand ce sont des adjectifs composés : des pulls *bleu marine* ;
- quand ce sont des noms employés comme adjectifs : des livres *orange.*

Exceptions : *écarlate* (pierre), *mauve* (plante), *pourpre* (colorant) et *rose*, pourtant issus de noms, varient.

Cas 5 : Les mots employés comme adjectifs sont toujours invariables. Il peut s'agir :
- de noms : des airs *bon enfant* ;
- d'adverbes : des gens *bien.*

Cas 6 : Les adjectifs employés comme adverbes sont toujours invariables. Pour les reconnaître on peut faire correspondre aux adjectifs des formes d'adverbe en *-ment* : « Cette personne voit *clair.* » (= *clairement*, donc invariabilité).

Cas 7 : L'adjectif *possible*, construit avec un superlatif (*le plus, le moins*), est invariable : « Dire le plus de bêtises *possible.* » Dans les autres cas, il est variable : « Dire toutes les bêtises *possibles.* »

Cas 8 : Les adjectifs *quelque*, *tout* et *même* sont difficiles à bien accorder car on les confond facilement avec les adverbes qui leur correspondent. Voici un tableau pour distinguer les deux natures :

Nature	Méthode d'identification	Exemples
Adjectif : accord avec le mot auquel ils se rapportent (complète un nom ou un pronom)	*quelque* = plusieurs *ou* un certain *tout* = l'ensemble de *ou* n'importe quel *même* = identique	Ils ont *quelques* **regrets**. Il est venu *quelque* **temps**. *Tous* mes **voisins** sont présents. *Toute* **idée** est recevable. Ils ont les *mêmes* **amis**.
Adverbe : invariabilité (complète un adjectif ou un adverbe)	*quelque* = environ *ou* aussi *tout* = totalement* *même* = aussi	Il y a *quelque* quinze ans. *Quelque* étranges que soient vos justifications, j'y crois. La famille *tout* entière est là. Il y a les parents, les amis *même*.

Attention

Cas exceptionnel, l'adverbe *tout* peut varier pour que l'on entende le second *-t*, lorsqu'il précède un mot féminin commençant par une consonne : « Elle est *toute* contrariée. »

Remarque

Tout peut également être **nom** et **pronom**.

- **Nom**, quand il a un déterminant et qu'il ne complète pas un nom. Il a alors un masculin pluriel particulier, *touts* : « Les *touts* sont nécessairement plus grands que leurs parties. »
- **Pronom**, quand il remplace un nom ou un autre pronom. On entend alors le *-s* final au masculin pluriel : « Ils sont *tous* venus me voir. »

4 Cours & méthode
L'orthographe des autres mots de la phrase

1 La construction des adverbes en -ment

Elle s'obtient généralement par le féminin de l'adjectif + -ment.

Ainsi : grand, grande ⇒ grandement.
Parfois, on ajoute un accent aigu : *profond, profonde ⇒ profondément.*

Cas particuliers

Cas 1 : Quand l'adjectif termine au masculin par une voyelle autre que *-e*, l'adverbe se construit sans *-e* final : vrai ⇒ vraiment.
Certains adjectifs finissant en *-u* au masculin ont un adverbe en *-ûment* : *assidu*, *congru* (= qui convient), *continu, cru, dû, goulu, indu, nu*.

Cas 2 : Quand l'adjectif termine au masculin par :
- *-ant* ⇒ adverbe en *-amment* ;
- *-ent* ⇒ adverbe en *-emment.*

Ces deux finales se prononcent de la même façon.
Trois adverbes en *-ent* se construisent normalement : *lentement, présentement, véhémentement.*

Cas 3 : Des inclassables : gentiment, impunément, brièvement (bref).

2 Les homonymes grammaticaux

Les homonymes sont des mots qui se prononcent de la même façon, mais s'écrivent bien souvent de façon différente.

Il faut savoir les distinguer graphiquement car on rencontre trop souvent des fautes dans ces mots.
Voici les principaux :

Liste d'homonymes	⇒ Moyen d'identification	Exemples
a (verbe) **à** (préposition)	⇒ *possède* ⇒ dans les autres cas	Il *a* une voiture. Une scie *à* bois.
alentour (adverbe) **alentours** (nom)	⇒ *autour* (utilisé sans article) ⇒ dans les autres cas	Il y a la forêt *alentour*. Il y a la forêt aux *alentours*.
aulx (nom) **ô** (interjection) **au, aux** (article)	⇒ pluriel de *ail* ⇒ introduit une apostrophe ⇒ *à le, à les*	Des *aulx* à tunique. Ô temps, suspends ton vol. Aller au bois.
aussi tôt (adverbes) **aussitôt** (adverbe)	⇒ indique une comparaison ⇒ *tout de suite*	Il est parti *aussi tôt* que moi. Il est parti *aussitôt*.

Liste d'homonymes	⇒ Moyen d'identification	Exemples
bien tôt (adverbes) **bientôt** (adverbe)	⇒ *très tôt* ⇒ *prochainement*	Je trouve qu'il arrive *bien tôt*. Je sais qu'il arrive *bientôt*.
ça (pronom) **çà** (adverbe) **sa** (adjectif)	⇒ *cela* ⇒ utilisé avec *là* ⇒ *la sienne*	*Ça* a pris du temps. On voyait, *çà* et là des oies. C'est *sa* chemise.
ceci, cela (pronoms) **ceux-ci, ceux-là** (pronoms)	⇒ remplace un mot singulier ⇒ remplace un mot pluriel	*Cela* est évident. *Ceux-là* sont coupables.
ce (pronom démonstratif) **se** (pronom personnel)	⇒ *cela* ⇒ remplacer par *me*	*Ce* sera très amusant. Il *se* dit que tout finit bien.
ces (adjectif démonstratif) **ses** (adjectif possessif)	⇒ sert à désigner ⇒ marque la possession	*Ces* chaussures sont à moi. Il doute de ses capacités.
davantage (adverbe) **d'avantage**(s) (nom)	⇒ *plus* ⇒ *de bénéfice, de profit*	Ce film me plaît *davantage*. J'y vois plus *d'avantages*.
dès (préposition) **des** (article)	⇒ *à partir de* ⇒ indique une quantité	Nous partirons *dès* l'aube. Ils mangent *des* petits pois.
dû (verbe) **du** (article)	⇒ participe du verbe *devoir* ⇒ *de le*	Il faut payer son *dû*. La couleur *du* ciel.
et (conjonction) **est** (verbe)	⇒ ainsi *que* ⇒ présent du verbe *être*	Paul *et* son père sont revenus. Il *est* temps de dormir.
hors (préposition) **or** (conjonction)	⇒ *à* l'extérieur ⇒ indique la transition d'idées	Il est *hors* de la ville. Il m'attendait ; *or* je l'ignorais.
la (article) **là** (adverbe) **l'a** (pronom + verbe)	⇒ devant un nom féminin ⇒ *ici* ⇒ remplacer *a* par *ont*	*La* poupée de chiffon. Il n'est pas *là*. Il *l'a* vu hier.
leur (adjectif ou pronom) **leurs** (adjectif ou pronom) **Remarque :** leurs ne peut pas être pronom **personnel,** mais seulement pronom **possessif** ou adjectif **possessif.**	⇒ singulier ⇒ pluriel	Ils ont *leur* frère près d'eux. Ils ont *leurs* frères près d'eux. Ils *leur* disent la vérité. (**pers.**) Ce sont les *leurs*. (**poss.**)
ni (conjonction) **n'y** (adverbes)	⇒ souvent répété : *ni… ni* ⇒ utilisé avec *pas*, *point*, *rien*	Il n'est venu *ni* lundi *ni* mardi. Il *n'y* a rien à espérer de cela.
notre/votre (adjectif) **nôtre/vôtre** (pronom ou adjectif)	⇒ précède un nom ⇒ utilisé sans nom	Il a pris *votre* voiture. Cette voiture est *vôtre*.
on (pronom) **ont** (verbe)	⇒ *nous* ⇒ *avoir,* remplacer par a	*On* voit la mer au loin. Ils *ont* du temps à perdre.

Connaissances professionnelles

Liste d'homonymes	⇒ Moyen d'identification	Exemples
ou (conjonction) **où** (pronom)	⇒ *ou bien* ⇒ indique le lieu	Veux-tu de l'eau *ou* du vin ? *Où* irez-vous en août ?
plutôt (adverbe) **plus tôt** (adverbes)	⇒ *de préférence* ⇒ *avant*	Tout *plutôt* que le déshonneur. Il a dîné *plus tôt* que moi.
pourquoi (adverbe ou pronom) **pour quoi** (préposition + pronom)	⇒ *pour quelle raison* ⇒ *dans le but de*	*Pourquoi* vivons-nous ? Venir ! *Pour quoi* faire ?
près (adverbe) + de **prêt** (adjectif) + à	⇒ *à proximité de* ⇒ *disposé à*	Il est *près* de moi. Il est *prêt* à tout.
quand (conjonction) **quant** + à (préposition) **qu'en** (pronoms)	⇒ indique le temps ⇒ *pour ce qui est de* ⇒ *que… de cela*	*Quand* nous reverrons-nous ? *Quant* à moi, je reste le même ! *Qu'en* est-il de votre santé ?
quelle (adjectif) **qu'elle** (conjonction + pronom)	⇒ suivi d'un nom ⇒ suivi d'un verbe	*Quelle* heure est-il ? Il faut *qu'elle* m'écoute.
quelque (adverbe ou adjectif) **quel que** (adjectif + pronom)	⇒ *plusieurs* ou *aussi* ⇒ suivi du verbe être au subjonctif	*Quelques* personnes attendent. *Quel que* soit votre avis, on vous écoute.
quoique (conjonction) **quoi que** (pronoms)	⇒ *bien que* ⇒ *quel que soit ce que*	J'irai *quoique* ce soit risqué. J'irai *quoi que* tu dises.
sans (préposition) **c'en** (pronoms) **s'en** (pronoms)	⇒ *privation (opposé à avec)* ⇒ *cela en* ⇒ avec un verbe pronominal	Une chemise *sans* poche. *C'en* est trop, je suis révolté. Il *s'en* aperçoit bien tard !
si (conjonction/adverbe) **s'y** (adverbes) **ci** (adverbe)	⇒ *en supposant que/tellement* ⇒ *se… à cela ou se… ici* ⇒ *là*	*Si* je viens, serais-je attendu ? Il est *si* facile de se tromper ! Il *s'y* consacre totalement. Ces temps-*ci*, il fait froid.
sitôt (adverbe) **si tôt** (adverbes)	⇒ *dès que* ⇒ *tellement tôt*	*Sitôt* qu'il parla, il m'exaspéra. Il est *si tôt* que tous dorment.
son (adjectif) **sont** (verbe)	⇒ remplacer par *ses* ⇒ remplacer par *est*	C'est *son* manteau. Ils *sont* partis.
voir (verbe) **voire** (adverbe)	⇒ *regarder* ⇒ *et même*	C'est ce que nous allons *voir*. Il est taquin *voire* exaspérant.

3 Orthographe de mots souvent mal écrits

Quelques mots dont l'orthographe est remarquable

- (aux) dépens (de)
- accès, excès
- ambigu (fém. ambiguë)
- b.a.-ba
- business
- c'est-à-dire
- certes
- chaque jour (sans -s)
- cobaye
- controverse
- dégât
- dilemme, indemne
- ébriété
- est-ce que
- existence, existentiel
- fascisme
- guet-apens
- handicap
- hormis, parmi
- le désir/je désire
- le travail/je travaille
- loquace
- malgré
- ouï-dire
- plus-value
- pouls
- selon
- stèle
- superflu
- tabou
- un fait
- vice versa
- vraisemblable
- y a-t-il

Entraînements

Exercice 1. Accentuation

Dans les phrases suivantes, mettez les accents.

1. L'avenement d'un essayiste de renom nous etonnait sans nous effrayer.
2. Il exige des des qui ne soient pas pipes.
3. Le colereux educateur n'a pas apprecie la remarque de mon petit frere.
4. Mes erreurs lors de cet examen ont ete penalisantes.
5. Le poete ne sait pas la verite des choses mais il s'exprime avec grace.
6. Nos a priori nous empechent d'avoir la repartie necessaire.
7. La clef de ce probleme ne sera trouvee qu'avec tenacite.
8. Cet illettre est sans arret affaire a l'amelioration de son niveau de lecture.

Exercice 2. Orthographe

Parmi les mots suivants, lesquels prennent un trait d'union ?

1. un demi dieu
2. l'au delà
3. au travers
4. le Moyen Âge
5. tout de suite
6. un feu follet
7. le lave glace
8. trente cinq
9. un taille crayon
10. une pomme de terre

Exercice 3. Orthographe

Dans les phrases suivantes, relevez les fautes d'orthographe d'usage et corrigez-les.

1. La fillète est allée avant hier chez l'occuliste.
2. Il s'est appercu que deux cent trente huit bombons avaient été partagés.
3. A-t'il une prédilection pour les petits-suisses fruités ?
4. Ma brue n'aime pas faire le pied de grue ; elle se répend alors en reproches.
5. Il est à crindre que cette paroie ne cède ; espérons que ce sera sans domages.
6. La discution politique concernant le quinquenat présidenciel s'est faite sans le moindre remou.
7. Les festivitées n'ont pas appaisé tous les persiflages.
8. Le cliqueti de nos fourchettées avides qui ceuillent le met est asourdissant.

Exercice 4. Conjugaison

Relevez les fautes d'accord du verbe dans les phrases suivantes.

1. Le chat et la souris court.
2. Où travaillent votre père et son frère ?
3. C'est moi qui dit ce qu'il faut faire.
4. Matthieu et moi pensons que vous avez des excuses.
5. Au fond de nos poches, traîne quelques pièces.
6. Marie et vous avons bien des choses à nous dire.
7. Dans cette scène d'hiver passent, vision étrange, des traîneaux multicolores.
8. C'est moi qui es le maître et toi qui es le serviteur.
9. Certains me désapprouvent, mais la plupart fait comme moi.
10. Ce sont eux les coupables ; ce sont nous les victimes !
11. Ce ne sont pas les meilleurs juges de cette affaire.
12. Ces remèdes calmants nos angoisses sont les bienvenus.

Exercice 5. Conjugaison

Corrigez les fautes d'accord du verbe dans le texte suivant.

« Bien peu pense qu'il est facile de progresser en orthographe. C'est bien dommage ! Car l'habitude aidant, nous connaissons mieux les règles de l'usage. Ce sont souvent les jeunes qui renonce à progresser parce que la plupart pensent que c'est dépassé. Les plus âgés comprennent la nécessité d'une orthographe solide. Ils ont fait l'expérience de son utilité. Mais les uns et les autres ne s'accorde pas souvent. Chaque génération possèdent ses priorités. Et toi, mon ami, qui prétends être différent des autres, tu n'agit pas différemment. Tu médites plus sur le temps perdu dans les conjugaisons que sur leurs vertus. Toi et les tiens êtes d'accord pour affirmer que l'informatique et ses programmes corrigeront plus vite et plus sûrement nos erreurs que ne le fit les méthodes de nos vieux professeurs. Mais comment saurons-nous qu'ils nous corrigent encore, tous ces programmes, si personne n'est plus à même de les corriger ? »

Exercice 6. Participe passé

Relevez les fautes d'accord du participe passé dans les phrases suivantes.

1. Elle était émue par nos compliments.
2. Charmé, ils écoutèrent encore une fois cette mélodie.
3. Pierre et Florence étaient gênés par la tournure des événements.
4. Elles ont participées à cette compétition sportive.
5. Les fleurs dont j'ai parlées sont bien plus rares.
6. Ils ont été influencés par le vote de leurs parents.
7. Excepté Marie, tout le monde est venu.

8. Il l'a si bien compris, sa sœur, qu'elle n'a plus besoin de parler.
9. Passée la fête, adieu les saints.
10. Ces ennuis, il les a eu résolu par son acharnement.
11. Il se sont tout dit sur le quai de la gare.
12. Elles se sont amusé de leurs nombreux points communs.

Exercice 7. Participe passé

Corrigez les fautes d'accord du participe passé dans le texte suivant.

« En cette première journée de grandes vacances, les plages se sont vite remplies de vacanciers réjouis. Ils se sont appropriés le soleil et ils ont enduits leurs membres blanchâtres de crème bronzante. Leurs enfants aussi, ils les ont tartiné de pied en cap, puis les ont laissés clapoter dans l'eau pensant avoir acquis une longue tranquillité. Mais ils n'avaient pas quitté leurs bambins, que les petits étaient revenus vers eux, couvert de sable, prêts à partager leurs premières impressions.

Exceptées quelques minutes de calme gagnées grâce aux beignets consentis, cette première journée avait surtout été marqué par l'impossibilité de se reposer vraiment ; mais il restait l'espoir que le jour suivant serait ressourçant.

Ce n'est que quelque quinze jours plus tard, qu'ils avaient enfin compris, au moment de partir, que le repos les avait attendu chez eux, patiemment, durant toutes ces vacances. Car si les vacances sont le repos du travailleur, le travail est aussi le repos des vacanciers ! »

Exercice 8. Conjugaison

Relevez les fautes de conjugaison dans les phrases suivantes (verbes réguliers et auxiliaires).

1. Il souhaitait que nous chantions plus fort.
2. Vous pensîtes du bien de vos camarades.
3. Il veut que je soies arrivée dans deux heures.
4. Ayiez au moins le courage de vos opinions ; ne soyez pas toujours hésitant !
5. Nous ne saurons pas présents ce soir ; nous regrettons ce contretemps.
6. Essai de suivre la conversation ; ne sois pas toujours dans la lune.
7. Il se démène pour que chacun jette les ordures en respectant le tri sélectif.
8. Ils volleyent de dos et ne voyent donc pas leurs coups.
9. Il y a eut un grand crissement qui a fini pas un choc.
10. Tu as préférer quitter ton travail que de travailler bénévolement.
11. Tu n'écoutes pas les conseils de tes supérieurs ; écoutes-les bien !
12. Il souhaitait qu'il finît son travail puis que nous téléphonassions à sa grand-mère pour lui souhaiter un bon anniversaire.

Exercice 9. Conjugaison

Relevez les fautes de conjugaison dans les phrases suivantes (verbes irréguliers).

1. Il faut que nous dormassions rapidement pour être en forme demain.
2. Je veut que l'on me comprenne.
3. Tu vaincs les difficultés par ton travail sérieux ; ne romps pas ton rythme de travail.
4. Connaîs-tu un homme qui résous ce genre de problème ?
5. Ne le dîtes pas, faîtes-le plutôt.
6. Les œufs bouent dans la casserole.
7. Nous concluerons ce contrat et la somme due sera versée.
8. Puis-je vous demander ce que vous avez acquéris lors de cette vente ?
9. Ouvre la porte pour que je voie qui arrive.
10. Il envoyera un faire-part de naissance ; cela plaît à tout le monde.
11. Où cours-je, où vais-je, dans quel état j'erre ?
12. Tu enfreins la loi et tu défailles à tes obligations.

Exercice 10. Conjugaison

Corrigez les fautes de conjugaison dans le texte suivant.

« Il apparaît avec évidence aujourd'hui que rien ne résoud les difficultés économiques de notre pays. Que nous soyions compétents dans ce domaine ou que nous considérerions l'actualité en simples citoyens, nous ne croyons plus aux solutions rapides. Chacun se convainct qu'il est acquis que nous allons devoir faire des efforts. Les sommes dûes sont telles que nous ne résoudront le déséquilibre budgétaire qu'après que nous aurons décru nos dépenses publiques et accru nos recettes.

Mais toute la question est de savoir par où commencer. Car si nous envisagions d'abord de baisser nos dépenses, les plus pauvres connaisseraient des périodes très difficiles, et, que je sache, personne ne le souhaite. Et si nous préférions commencer par accroître les impôts, c'est l'investissement qui s'en ressentiraient. Or la croissance molle revêt un aspect tout aussi inquiétant pour l'économie que l'austérité.

Ce qui est certain, c'est que si nous sursoiions à la prise de décision, nous ne résoudrons rien, et pire encore, nous devrons affronter des difficultés bien supérieures quelque temps plus tard. »

Exercice 11. Conjugaison

Relevez et corrigez les fautes concernant le verbe dans le texte suivant.

« L'imagination des professeurs de français fût toujours intarissable. Que l'on pense seulement combien créèrent des textes truffés de pièges, combien produisèrent des phrases interminables, pour avoir la joie de vous piéger.

Vous vous convainquez cependant que c'est pour votre bien, que les règles qu'ils ont proposé à votre sagacité, ils les ont d'abord patiemment choisies pour vous libérer progressivement de votre ignorance crasse. Vous vous disez qu'il n'est pas possible qu'ils maudisent ainsi leur prochain, et qu'à moins que des événements tragiques aient eut lieu dans leur enfance, ils ne sauraient tant vous martyriser.

Si cette analyse n'est pas tout à fait erronée (il y a du bon en eux), elle doit pourtant être émie avec prudence. Car ces enseignants ont aussi développé un réel plaisir pour le piège. Ils se sont amusés de ces jouets éducatifs, se sont reprochés de n'en avoir pas trouvé davantage. Les trames qu'ils cousirent, telle l'araignée tissant sa toile, eurent l'avantage de leur beauté ; mais leur finalité resta toujours la capture et elles s'en tenirent à cet objectif. Quand vous faites ces exercices, ne soyiez pas trop indulgent avec nous. Vous comme nous suivons un même but : vaincre. Mais nous, nous le fesons pour que vous acquériez des nouveaux savoirs ; nous provoquons les fautes au nom de la pédagogie ! »

Exercice 12. Accords

Complétez les phrases suivantes correctement ; certaines modifications sur les formes proposées seront parfois nécessaires.

1. La paysan… n'est pas sot… ou idiot…
2. La petit… vieil… est discret… et fluet…
3. La berger… regarde le beau… épouvantail d'une œillade bref…
4. La tumeur bénin… provoquait une douleur aigu…
5. Cette ambassadeur… a un air rigolo… avec sa tenue grec…
6. La supérieur… du couvent est une rouspéteur…
7. La traître… est certainement une tiers… personne jaloux…
8. Les femmes qui sont inventeur… restent rares.
9. La détenteur… de cette lettre indiscret… ne devrait pas faire la malin…
10. Ce mou… emportement m'étonne d'une tel… bougre…

Exercice 13. Accords

Complétez les phrases suivantes correctement ; certaines modifications sur les formes proposées seront parfois nécessaires.

1. Les carnaval… où des personnages caricatural… sont représentés.
2. Les nouveau… téléphone… sont bleu…
3. Les gaz… de schiste sont dangereux ; ils devraient être illégal…
4. Les Hébreux… et les Palestinien… sont rival…
5. Les détail… de ces email… n'apparaissent pas aux œil… des passant…
6. Ces bocal… de cachou… et de pruneau… attirent en ces lieu…
7. Les landau… ne sont pas faits pour les baleineau… ou les girafeau…
8. Les genou… abîmé… avaient des bandeau… artisanal…
9. Les rite… ancestral… de nos aïeul… nous semblent aujourd'hui brutal…
10. Dans les chambre… royal… des ciel… de lit de la couleur des corail… servaient pour les cérémonial… biennal…

Exercice 14. Accords

Complétez les phrases suivantes correctement ; certaines modifications sur les formes proposées seront parfois nécessaires.

1. Ce livre d'image… est accompagné d'histoire… inventé… de toute… pièce…
2. Vos grand…–parent… fêtent leurs quarante… an… de mariage.
3. Sur la table, des cahier… rouge… et des livres orange… sont posés à côté de deux Odyssée… d'Homère.
4. Quelque… amis ont accepté à grand… frais de participer à l'achat des pull… bleu… clair…
5. De toutes les histoires possible…, ce sont celles de tout… les jours qui sont les moins probable…
6. Les tout…–petit… dorment agglutiné… sous des couvertures rose…
7. Les milliard… perdus par cette entreprise vont entraîner deux mille… licenciement…
8. Les vêtement… chocolat… ne sont pas parfaitement de la couleur des chocolat… que nous mangeons.
9. Mes grand…–tante… voient net… avec leur… nouvelle… lunette… de vue.
10. Des grand… tout… et des petit… rien… ont parfois les même… effet…

Exercice 15. Orthographe

Dans les phrases suivantes, relevez les fautes et corrigez-les.

1. Les habits vieux verts ne sont pas facile à porter.
2. Il y a quelques temps que nous n'avons plus les mêmes préoccupations.
3. Toutes les situations possibles doivent être envisagées.
4. Ma grande-mère vient de fêter ses quatre-vingt ans.
5. Quand elles sont toutes étonnées, leurs visages deviennent pourpres.
6. Les rendez-vous ont été pris, quelque improbables que soient leurs dates.
7. Les tous petits sont endormis, mêmes les plus turbulents.
8. Après avoir prononcé le plus de mensonges possibles, les détenus ne dirent mot à propos des deux million volés.

Exercice 16. Adverbes

Formez des adverbes en –ment à partir des adjectifs suivants en veillant à les orthographier correctement.

1. sage
2. cruel
3. joli
4. savant
5. continu
6. gentil
7. impuni
8. intense
9. intelligent
10. bref

Exercice 17. Orthographe

Corrigez les fautes présentes dans les phrases suivantes (quand il y en a).

1. J'ai aussitôt vu qu'il n'y a avait rien alentours.

2. Où as-tu trouvé çà ?

3. Il c'en est fallu de peu que je leurs dise.

4. Pourquoi que ce soit on conteste ses décisions.

5. Quoique vous disiez, je suis prêt à en débattre.

6. Quand il parle ainsi, il est surprenant, voir impressionnant.

7. Hors de ce secteur vivent des voyageurs ; ils s'y installent temporairement.

8. Où sont nos ancêtres, la se trouvent nos racines.

9. Il aurait du davantage écouter les conseils des votres.

10. Il n'avait pas sitôt fini son discours, qu'a l'instant la foule se montra près à le suivre.

Corrigés

Corrigé 1

1. **L'avènement d'un essayiste de renom nous étonnait sans nous effrayer.** Dans *avènement*, la syllabe qui suit celle où il y a un accent contient un *e* muet. Dans *essayiste* et *effrayer* le *e-* initial est suivi de consonnes redoublées ce qui n'est pas le cas dans *étonnait*.
2. **Il exige des dés qui ne soient pas pipés.** Il ne faut pas d'accent dans *exige* car le *e-* initial est suivi d'un *-x*. Dans cette phrase l'illustration de la nécessité des accents est évidente.
3. **Le coléreux éducateur n'a pas apprécié la remarque de mon petit frère.** On écrit *colère* (à cause du *-e* muet de la dernière syllabe) mais *coléreux*. Il en est de même pour *frère* qui finit par un *-e* muet.
4. **Mes erreurs lors de cet examen ont été pénalisantes.** Dans *erreurs* le *e-* initial est suivi de deux *-r*, dans *examen* il est suivi d'un *-x*.
5. **Le poète ne sait pas la vérité des choses mais il s'exprime avec grâce.** Le mot *poète* finit par *-e* muet et pas le mot *vérité*. Le mot *grâce* prend un accent circonflexe à la différence de *gracieux* ; on peut y retrouver la règle du *-e* muet car *grâce* finit par un *-e* muet.
6. **Nos a priori nous empêchent d'avoir la repartie nécessaire.** Pas d'accent dans *a priori* et toutes les locutions latines. Dans *nécessaire*, pas d'accent sur le 2e *-e* qui est suivi de *-ss*.
7. **La clef de ce problème ne sera trouvée qu'avec ténacité.** Pas d'accent dans *clef* car le *-e* est suivi d'un *-f*, mais il y en a un dans *clé*. Le participe *trouvée* prend un accent sur le 1er *-e* car il est au féminin et suivi d'un autre *-e*.
8. **Cet illettré est sans arrêt affairé à l'amélioration de son niveau de lecture.** Pour l'accent circonflexe d'*arrêt*, pensez à son dérivé *arrestation* ; la chute du *-s* est marquée par l'accent circonflexe.

Corrigé 2

Il faut mettre un trait d'union aux mots suivants : 1, 2, 7, 8, 9.

1. demi-dieu ; **2.** au-delà ;

7. lave-glace ; **8.** trente-cinq ;

9. taille-crayon.

Corrigé 3

1. **La fillette est allée avant-hier chez l'oculiste.** Lorsque la finale *-ette* signifie *petite*, elle prend *-tt*. Le mot composé *avant-hier* prend un trait d'union. Le mot *oculiste* et ses dérivés prennent un seul *-c* à la différence des autres mots en *-oc*.
2. **Il s'est aperçu que deux cent trente-huit bonbons avaient été partagés.** Le verbe *apercevoir* prend un seul *-p* et on ajoute une cédille sous le *-c* dès qu'il est suivi d'un *-u*.

Le nombre trente-huit est inférieur à cent donc il prend un trait d'union. Enfin *bonbon* est une exception de la règle du *-m* devant *-b*.

3. **A-t-il une prédilection pour les petits-suisses fruités ?** Une seule faute dans cette phrase, le trait d'union entre *t* et *il* et non une apostrophe car *t* n'est qu'une lettre phonétique et non la diminution d'un mot.
4. **Ma bru n'aime pas faire le pied de grue ; elle se répand alors en reproches.** Le nom *bru* est féminin mais il ne prend pas de *-e* final à la différence de *grue.* Le verbe *répandre* est une exception avec *épandre*.
5. **Il est à craindre que cette paroi ne cède ; espérons que ce sera sans dommages.** Le verbe *craindre* est une exception prenant un *-a.* Le mot *paroi* est féminin mais il ne prend pas de *-e* final. Enfin *dommage* prend *-mm.*
6. **La discussion politique concernant le quinquennat présidentiel s'est faite sans le moindre remous.** Le mot *discussion* prend un *-t* en anglais, mais *-ss* en français. *Quinquennat* prend *-nn*, et *présidentiel* conserve le *-t* de *président*. Enfin *remous* prend toujours un *-s.*
7. **Les festivités n'ont pas apaisé tous les persiflages.** Le mot *festivités* est un mot en *-té* qui ne vient pas d'un mot en *-t*, en *-ette* ou d'un verbe. *Apaisé* prend un seul *-p*.
8. **Le cliquetis de nos fourchettées avides qui cueillent le mets est assourdissant.** *Cliquetis* prend toujours un *-s*. *Fourchettée* vient d'un mot en *-ette* d'où le *-ée* final. *Cueille* inverse le *-u* et le *-e* pour des raisons phonétiques et *mets* prend toujours un *-s*. Enfin *assourdissant* prend *-ss* pour entendre le son *-s.*

Corrigé 4

1. **courent**. Accord du verbe *courir* avec les deux sujets coordonnés *chat* et *souris.*
2. **Phrase correcte.** Accord du verbe *travailler* avec les sujets coordonnés *père* et *frère.*
3. **dis**. Accord du verbe *dire* avec *qui*, mis pour *moi*, donc à la 1re personne du singulier.
4. **Phrase correcte.** Accord du verbe *penser* avec les sujets *Matthieu* et *moi*, soit 3e + 1re personne = 1re personne du pluriel.
5. **traînent**. Accord du verbe *traîner* avec le sujet inversé *pièces.*
6. **avez**. Accord du verbe *avoir* avec les sujets *Marie* et *vous* soit 3e +2e personne = 2e personne du pluriel.
7. **Phrase correcte.** Accord du verbe *passer* avec le sujet inversé *traîneaux.*
8. **C'est moi qui suis…** Accord du verbe *être* avec le sujet *qui*, mis pour *moi*, donc à la 1re personne du singulier.
9. **font**. Accord du verbe *faire* avec le sujet *la plupart*, donc au pluriel.
10. **c'est nous…** Accord du verbe *être* avec l'attribut *nous*, donc accord au singulier dans cette construction.
11. **Phrase correcte.** Accord du verbe *être* avec l'attribut *juges* ; il ne fallait pas le confondre avec la locution *si ce n'est* qui est invariable.
12. **calmant**. C'est un participe présent (on ne peut pas dire *calmante* dans la phrase proposée), il est invariable.

Corrigé 5

Le texte comporte 6 fautes d'accord.

§1 pense → pensent : accord avec le sujet peu, donc au pluriel.

renonce → renoncent : accord avec le sujet qui, mis pour jeunes.

s'accorde → s'accordent : accord avec les sujets coordonnés les uns et les autres.

possèdent → possède : accord avec génération, donc au singulier. Notons que chaque est toujours suivi du singulier.

§2 agit → agis : accord avec qui, mis pour toi, donc la 2e personne du singulier.

fit → firent : accord avec le sujet inversé méthodes.

Corrigé 6

1. **Phrase correcte.** Accord du participe *émue* avec le sujet *elle*.
2. **Charmés.** Accord du participe *charmés* employé comme adjectif avec *ils*.
3. **Phrase correcte.** Accord du participe *gênés* avec les sujets coordonnés *Pierre* et *Florence*.
4. **participé.** Emploi du participe *participé* avec l'auxiliaire *avoir*, sans COD placé avant ; c'est invariable.
5. **parlé**. Emploi du participe *parlé* avec l'auxiliaire *avoir*, sans COD placé avant (*dont*, mis pour *fleurs*, est un COI). C'est invariable.
6. **Phrase correcte.** Emploi avec deux auxiliaires ; *été* est toujours invariable et *influencés* s'accorde avec le sujet *ils*.
7. **Phrase correcte.** Emploi du participe *excepté* dans une proposition absolue. *Excepté* précède le mot auquel il se rapporte.
8. **comprise.** Emploi du participe passé *comprise* avec l'auxiliaire *avoir* et le COD *l'* (mis pour *sœur*) placé avant. On accorde.
9. **Phrase correcte.** Emploi du participe *passée* dans une proposition absolue. *Passée* précède le mot auquel il se rapporte, mais il peut tout de même varier.
10. **résolus.** Emploi avec deux auxiliaires ; *eu* est toujours invariable dans ce cas et *résolus* s'accorde avec le COD *les* mis pour *ennuis*.
11. **Phrase correcte.** Emploi du participe passé *dit* dans une construction pronominale. Le COD de *dit* est *tout*, donc l'accord se fait au masculin singulier.
12. **amusées.** Emploi du participe *amusées* dans une construction pronominale. Le COD d'*amusées* est *se*, placé avant, donc l'accord se fait au féminin pluriel.

Corrigé 7

Le texte comporte 7 fautes d'accord.

§1 appropriés → approprié : pas d'accord car dans ce verbe pronominal, le COD soleil est placé après.

enduits → enduit : pas d'accord car ce verbe est employé avec l'auxiliaire avoir et le COD membres est placé après.

tartiné → tartinés : accord avec le COD les, mis pour enfants, placé avant.

couvert → couverts : accord avec le nom petits.

§2 Exceptées → Excepté : pas d'accord car le participe est placé avant le mot auquel il se rapporte (minutes) dans cette proposition absolue.

marqué → marquée : accord avec le sujet journée puisque l'auxiliaire de marquée est être.

§3 attendu → attendus : accord avec le COD les, mis pour ils, placé avant.

Corrigé 8

1. **Phrase correcte.**
2. **pensâtes.** Verbe *penser* à l'indicatif passé simple, 2e personne du pluriel.
3. **que je sois.** Verbe *être* au subjonctif présent, 1re personne du singulier.
4. **Ayez.** Verbe *avoir* à l'impératif présent, singulier.
5. **serons.** Verbe *être* (et non *savoir*) à l'indicatif futur simple, 1re personne du pluriel.
6. **Essaie ou Essaye.** Verbe *essayer* à l'impératif présent, singulier.
7. **Phrase correcte.**
8. **voient.** Verbe *voir* à l'indicatif présent, 3e personne du pluriel. Ne pas conjuguer comme certains verbes en *-yer*.
9. **Il y a eu.** Verbe *avoir* à l'indicatif passé composé, 3e personne du singulier. Le féminin n'est pas « eute » mais *eue*.
10. **Tu as préféré.** Verbe *préférer* à l'indicatif passé composé, 2e personne du singulier. Il ne peut s'agir d'un infinitif car on doit dire « Tu as dit » et non « Tu as dire ».
11. **écoute (second verbe).** Verbe *écouter* à l'impératif présent, singulier.
12. **Phrase correcte.** Les verbes *finir* et *téléphoner* sont au subjonctif imparfait.

Corrigé 9

1. **Que nous dormions.** Verbe *dormir* au subjonctif présent, 1re personne du pluriel. Le subjonctif imparfait (*dormissions* pour cette personne) s'emploie quand le verbe de la proposition principale est au passé ; or ici il est au présent.
2. **Je veux.** Verbe *vouloir* à l'indicatif présent, 1re personne du singulier.
3. Phrase correcte.
4. **Connais.** Verbe *connaître* à l'impératif présent, singulier. *Résoudre* est bien conjugué.
5. **dites/faites.** Verbes *dire* et *faire* à l'impératif présent, singulier, sans accents.
6. **bouillent.** Verbe *bouillir* à l'indicatif présent, 3e personne du pluriel.
7. **conclurons.** Verbe *conclure* (et non « concluer ») à l'indicatif futur simple, 1re personne du pluriel. Le participe passé du verbe *devoir* ne prend un accent circonflexe qu'au masculin singulier.
8. **vous avez acquis.** Verbe *acquérir* à l'indicatif passé composé, 2e personne du pluriel.
9. **Phrase correcte.** On écrit *que je voie* au subjonctif présent, mais *je vois* à l'indicatif présent.
10. **Il enverra.** Verbe *envoyer* à l'indicatif futur simple, 3e personne du singulier. N'oubliez pas l'accent circonflexe dans *il plaît*.
11. **Où est-ce que je cours ?** L'inversion du sujet *je* et du verbe *courir* est impropre.
12. **Phrase correcte.**

Corrigé 10

Le texte comporte 7 fautes de conjugaison.

§1 résoud → résout : verbe résoudre à l'indicatif présent, 3e personne du singulier.

soyions → soyons : verbe être au subjonctif présent, 1re personne du pluriel.

considérerions → considérions : verbe considérer au subjonctif présent ; considérerions est du conditionnel présent.

convainct → convainc : verbe convaincre à l'indicatif présent, 3e personne du singulier.

dûes → dues : verbe devoir au participe passé, féminin pluriel (seul le masculin singulier prend un accent circonflexe).

§2 connaisseraient → connaîtraient : verbe connaître au conditionnel présent, 3e personne du pluriel.

ressentiraient → ressentirait : verbe ressentir au conditionnel présent, 3e personne du singulier car l'accord se fait avec qui (mis pour investissement).

§3 sursoiions → sursoyons : verbe surseoir (différer, ajouter un délai) à l'indicatif présent, 1re personne du pluriel.

Corrigé 11

Le texte comporte 11 fautes concernant le verbe.

§1 fût → fut : verbe faire, indicatif passé simple, 3e personne du singulier (ne pas confondre avec le subjonctif imparfait qui serait précédé de que ou d'un équivalent).

produisèrent → produisirent : verbe produire, indicatif passé simple, 3e personne du pluriel (la finale -èrent concerne uniquement les verbes en -er).

§2 proposé → proposées : participe passé du verbe proposer employer avec l'auxiliaire avoir ; le COD qu', mis pour règles, est placé avant.

disez → dites : verbe dire, indicatif présent, 2e personne du pluriel.

maudisent → maudissent : verbe maudire, subjonctif présent, 3e personne du pluriel (ne se conjugue pas sur le modèle de dire).

eut → eu : participe passé du verbe avoir, masculin singulier (son féminin est eue et non « eute »).

§3 émie → émise : participe passé du verbe émettre, employé avec l'auxiliaire être ; le sujet est elle.

reprochés → reproché : participe passé du verbe se reprocher, dont le COD de n'avoir pas trouvé davantage est placé après (ils ont reproché quoi ?).

tenirent → tinrent : verbe tenir, indicatif passé simple, 3e personne du pluriel.

§4 soyiez → soyez : verbe être, impératif présent, 2e personne du pluriel.

fesons → faisons : verbe faire, indicatif présent, 1re personne du pluriel.

Corrigé 12

1. La paysanne n'est pas sotte ou idiote.
2. La petite vieille est discrète et fluette. On n'oubliera pas l'accent de discrète. Fluette signifie mince.
3. La bergère regarde le bel épouvantail d'une œillade brève.
4. La tumeur bénigne provoquait une douleur aiguë.
5. Cette ambassadrice a un air rigolo avec sa tenue grecque.

6. La supérieure du couvent est une rouspéteuse.
7. La traîtresse est certainement une tierce personne jalouse.
8. Les femmes qui sont inventrices restent rares.
9. La détentrice de cette lettre indiscrète ne devrait pas faire la malignE. Le verbe « détenter » n'existe pas, donc on ne peut pas dire la « détenteuse ».
10. Ce mol emportement m'étonne d'une telle bougresse.

Corrigé 13

1. Les carnavals où des personnages caricaturaux sont représentés.
2. Les nouveaux téléphones sont bleus.
3. Les gaz de schiste sont dangereux ; ils devraient être illégaux.
4. Les Hébreux et les Palestiniens sont rivaux. Hébreux et Palestiniens ne sont pas des noms propres, mais des noms issus de noms propres ; ils peuvent varier.
5. Les détails de ces émaux n'apparaissent pas aux yeux des passants.
6. Ces bocaux de cachous et de pruneaux attirent en ces lieux.
7. Les landaus ne sont pas faits pour les baleineaux ou les girafeaux.
8. Les genoux abîmés avaient des bandeaux artisanaux.
9. Les rites ancestraux de nos aïeux nous semblent aujourd'hui brutaux.
10. Dans les chambres royales des ciels de lit de la couleur des coraux servaient pour les cérémonials biennaux. Biennal : qui a lieu tous les deux ans.

Corrigé 14

1. Ce livre d'images est accompagné d'histoires inventées de toutes pièces. L'expression *de toutes pièces* est toujours au pluriel.
2. Vos grands-parents fêtent leurs quarante ans de mariage. *Grands-parents* est toujours au pluriel.
3. Sur la table, des cahiers rouges et des livres orange sont posés à côté de deux Odyssée d'Homère. Les noms propres d'ouvrages sont invariables.
4. Quelques amis ont accepté à grands frais de participer à l'achat des pulls bleu clair. *Quelques* s'accorde avec *amis* dont il est l'adjectif ; il peut être remplacé par *plusieurs*.
5. De toutes les histoires possibles, ce sont celles de tous les jours qui sont les moins probables. L'adjectif *possibles* s'accorde parce qu'il n'est pas précédé de *les plus* ou *les moins*.
6. Les tout-petits dorment agglutinés sous des couvertures roses. Dans le nom composé *tout-petits*, *tout* est un adverbe (remplacez-le par *totalement*) et *petits* est un adjectif.
7. Les milliards perdus par cette entreprise vont entraîner deux mille licenciements.
8. Les vêtements chocolat ne sont pas parfaitement de la couleur des chocolats que nous mangeons. Dans le 1er usage de chocolat, il s'agit d'un adjectif de couleur issu d'un nom, donc il est invariable. Dans le 2e usage, il s'agit du nom, donc il est variable.
9. Mes grands-tantes voient net avec leurs nouvelles lunettes de vue. Dans le nom composé *grands-tantes*, *grand* ne varie pas en genre comme dans *grand-mère* mais il varie en nombre. *Net* est un adjectif employé comme adverbe ; il est donc invariable. *Lunettes* est au pluriel quand il désigne les lunettes de vue (par opposition à la lunette astronomique).

10. Des grands touts et des petits riens ont parfois les mêmes effets. *Touts* est le pluriel du nom *tout*.

Corrigé 15

1. **2 fautes : vieux vert/faciles**. Les adjectifs composés de couleur sont invariables.
2. **1 faute : quelque temps**. *Quelque* est adjectif et signifie *un certain*.
3. **Aucune faute.**
4. **2 fautes : grand-mère/quatre-vingts**. Dans *grand-mère*, *grand* ne varie pas en genre mais peut varier en nombre. Dans *quatre-vingt*, on met un trait d'union car le nombre est inférieur à *cent* et on met un *-s* final à *vingt* car il est multiplié.
5. **1 faute : tout étonnées**. *Tout* est invariable quand il est adverbe et placé devant un adjectif commençant par une voyelle. *Pourpres* varie ; c'est une exception.
6. **Aucune faute.** *Rendez-vous* est un nom composé invariable. *Quelque* est employé comme adverbe devant un adjectif.
7. **2 fautes : tout-petits/même.** Le nom *tout-petit* est composé d'un adverbe et d'un adjectif ; seul l'adjectif varie.*Même* est un adverbe quand il peut être remplacé par *aussi*.
8. **2 fautes : le plus de mensonges possible/millions**. L'adjectif *possible* construit au superlatif est invariable. Le nom *million* est variable, tout comme *zéro* et *milliard*.

Corrigé 16

1. **sagement.**
2. **cruellement :** formé à partir du féminin *cruelle*.
3. **joliment :** l'adjectif finit par une voyelle donc on n'ajoute pas de *-e*.
4. **savamment :** adjectif en *-ant*, donc adverbe en *-amment*.
5. **continûment :** adjectif en *-u* qui prend un accent circonflexe (exception).
6. **gentiment :** exception.
7. **impunément :** exception.
8. **intensément :** ajout d'un accent aigu sur le *-e* en passant de l'adjectif à l'adverbe.
9. **intelligemment :** adjectif en *-ent*, donc adverbe en *-emment*.
10. **brièvement :** exception.

Corrigé 17

1. **Alentour :** c'est l'adverbe et pas le nom.
2. **ça :** peut être remplacé par *cela*.
3. **s'en/leur :** *s'en* est employé devant un verbe et *leur* également.
4. **pour quoi :** préposition + pronom.
5. **quoi que :** ne peut être remplacé par *bien que*.
6. **voire :** ce n'est pas le verbe et il peut être remplacé par *et même*.
7. **Aucune faute.**
8. **là :** indique le lieu.
9. **dû/vôtres :** *dû* est le participe du verbe *devoir* et *vôtres* est un possessif employé sans nom.
10. **à/prête :** *à* n'est pas une forme du verbe *avoir* et *prête* signifie *disposée à*.

Admission

Évaluation d'aptitude professionnelle

- L'évaluation d'aptitude professionnelle
- Séries graphiques et matrices
- Suites numériques
- Les ensembles
- Les intrus
- Les carrés logiques ou Master Mind
- Syllogismes, ensembles numériques, opérateurs
- Entraînements
- Corrigés

35 minutes

1 Présentation de l'épreuve
L'évaluation d'aptitude professionnelle

Dans l'ancien concours, les candidats devaient affronter des problèmes mathématiques à résoudre en 30 minutes. Dans le nouveau concours, cette épreuve fait peau neuve au profit d'une « épreuve » de tests psychotechniques plus générale de 35 minutes. Présentée sous forme de QCM (Questions à Choix Multiple), elle cherche à évaluer votre capacité de réflexion logique et d'adaptation par des épreuves sur des suites logiques et des ensembles.
Que désigne-t-on par des suites logiques et des ensembles logiques à résoudre.
En vérité beaucoup de choses. Il peut s'agir de tout type de série avec de nombreux supports. L'objectif n'est sûrement pas de vous entraîner en terrain connu. La souplesse intellectuelle est de rigueur.

Concernant **les séries**, il faut être capable de résoudre :
- des séries graphiques diverses et des matrices ;
- des séries numériques, alphabétiques et alphanumériques (lettres et nombres).

Concernant **les ensembles**, il faut être capable de résoudre :
- des ensembles et des intrus graphiques, numériques ou verbaux ;
- des carrés logiques ;
- des syllogismes, des ensembles numériques, des opérateurs.

Pour vous aider dans votre préparation, nous allons commencer par établir des rappels concernant les règles de logique utiles pour affronter ces épreuves, puis nous vous proposerons des applications de ces règles et enfin deux **concours blancs**.

Cours & méthode

2 Séries graphiques et matrices

L'objectif des tests de séries est d'évaluer votre capacité d'analyse et la rigueur de votre raisonnement pour poursuivre la logique observée. Une série (ou séquence ou encore suite) est une succession de symboles qui subissent certains changements de façon régulière. Sous le terme de séries on peut mettre beaucoup de tests psychotechniques. Il peut s'agir :

- de séries graphiques diverses, de matrices ;
- de suites numériques à support numérique, verbal, graphique (comme les dominos ou les cartes à jouer).

Dans ce chapitre, nous allons travailler tous ces aspects des séries. Nous avons choisi d'associer des tests de supports très différents pour bien insister sur les similitudes dans les raisonnements et vous montrer qu'il ne faut pas se sentir gêné par certains de ces tests puisqu'ils relèvent de logiques communes.

Une des règles d'or des tests est de savoir aller du plus simple au plus compliqué. Suivant ce principe, vous vous efforcerez toujours de chercher à résoudre les séries d'abord par la visualisation (recherche de symétrie, de répétition, etc.) avant de vous engager dans des raisonnements plus complexes.

Dans les séries graphiques en général, trois types de logiques peuvent se rencontrer :

1 Le déplacement

Un ou plusieurs objets se déplacent. Ce déplacement concerne l'objet en entier (il tourne sur lui-même, avance ou recule, etc.) ou des parties de cet objet.

Ce déplacement peut être :

- **Horizontal :**

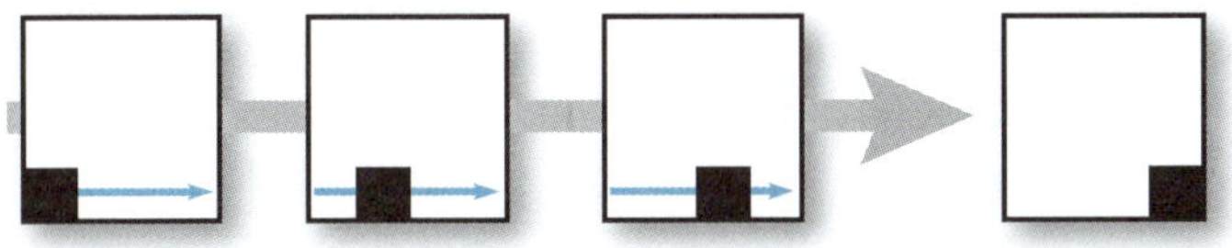

- **Vertical :**

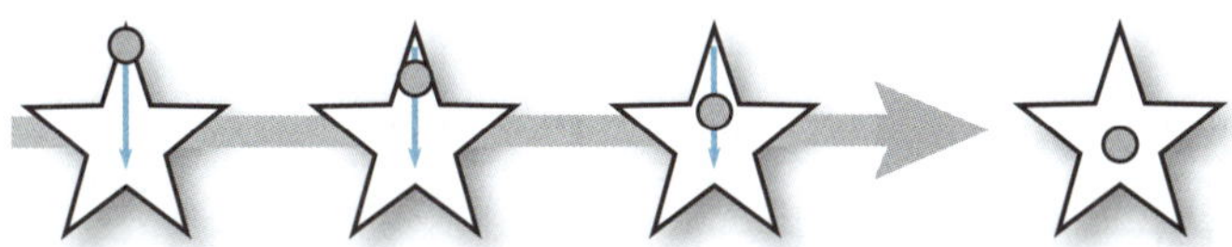

- **Diagonal :**

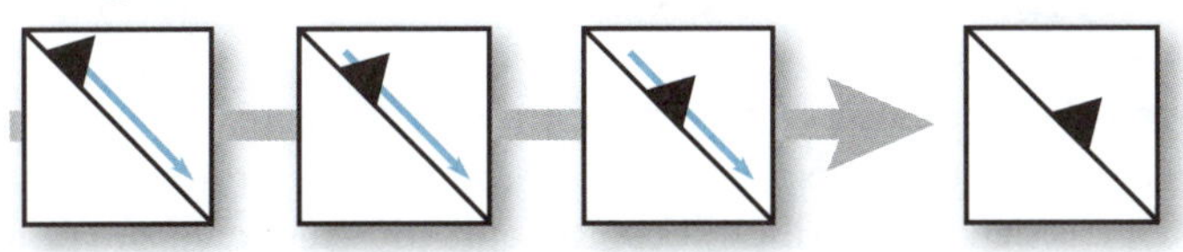

- **Rotatif :**

On notera aussi le cas particulier des déplacements dans un carré. Dans ce cas, lorsque la case noircie ou grisée atteint le bord du carré elle peut :

– soit recommencer au départ une nouvelle fois cette ligne, colonne ou diagonale (cas le plus courant) :

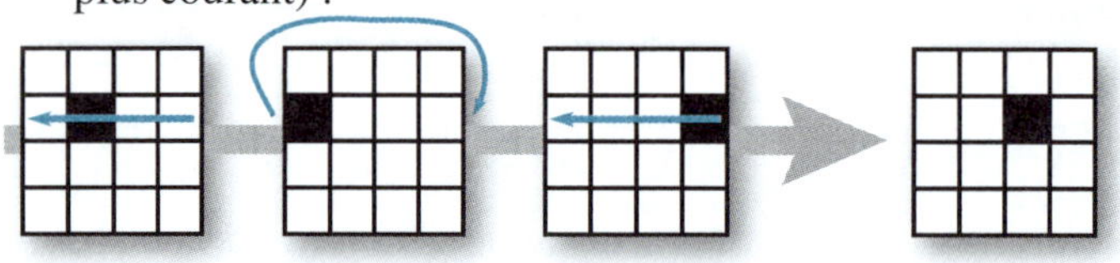

– soit repartir dans le sens inverse :

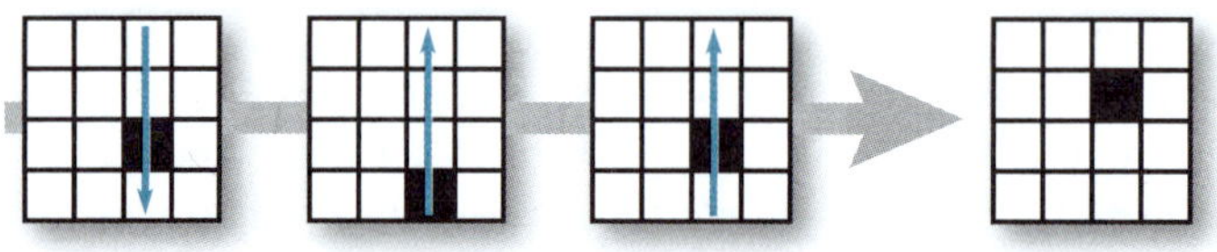

– soit poursuivre sur la ligne ou colonne suivante :

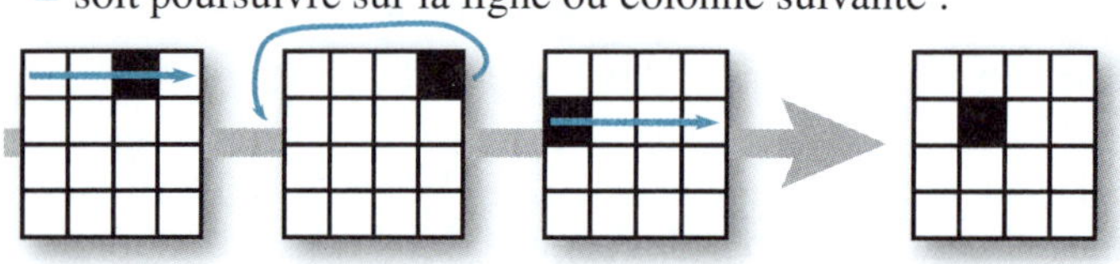

Dans tous les cas, vous ne rencontrerez qu'une seule de ces trois logiques dans une même série.

Deux choses compliquent ces logiques de déplacement :

– la possibilité de déplacements multiples (c'est évidemment très courant) :

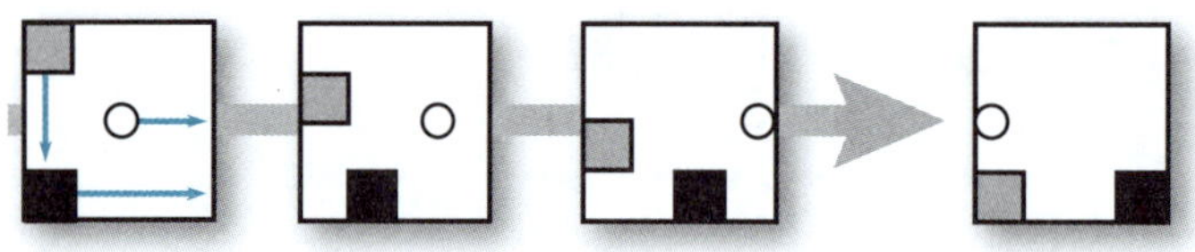

– la possibilité de superpositions qui cachent temporairement certains objets :

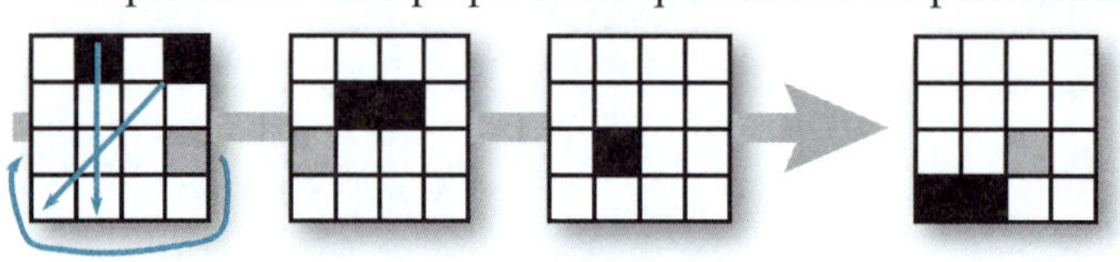

Dans cet exemple, nous voyons la superposition des trois carrés en 3e figure.

Notons qu'il est logique que la case grise disparaisse derrière les cases noires ; il faut en tirer l'enseignement qu'en cas de superposition il est toujours plus facile de suivre le mouvement des figures les plus sombres d'abord.

2 La transformation

Un ou plusieurs éléments sont transformés. Cette transformation concerne l'objet entier quand il y a modification de sa forme ou de sa couleur et elle concerne les parties de cet objet quand on observe un ajout ou une suppression d'éléments.

Cette transformation peut être :

- **Un changement de la figure dans son ensemble** (symbole différent, évolution d'une forme, d'une taille, d'une couleur) :

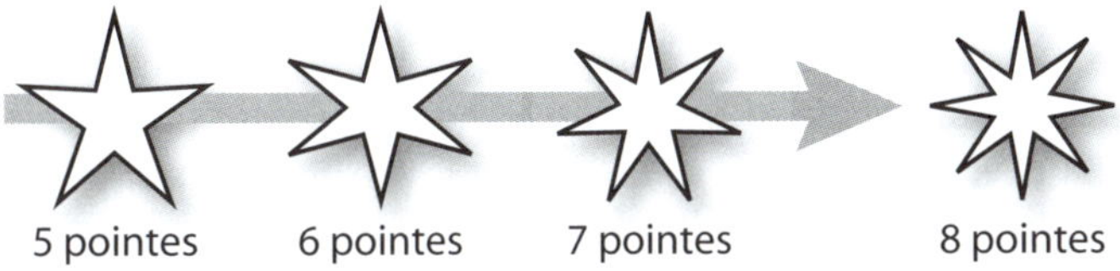

Dans cet exemple, on ajoute toujours une pointe à l'étoile précédente.

- **Un changement des éléments qui composent cette figure** (ajout ou suppression d'éléments, évolution d'une forme, etc.) :

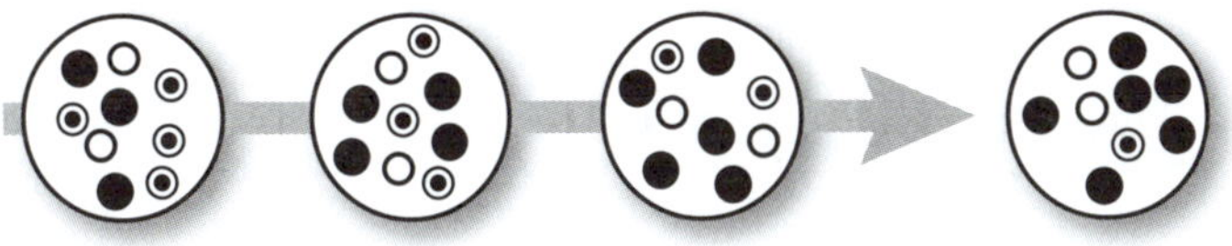

On voit bien dans cet exemple que le nombre de ronds noirs augmente d'un à chaque figure alors que celui des cibles diminue d'un.

3 La logique mixte

Il arrive souvent que les deux logiques précédentes (déplacement et transformation) soient présentes dans une même série. Cela complique l'identification de la bonne proposition, mais le principe reste le même.

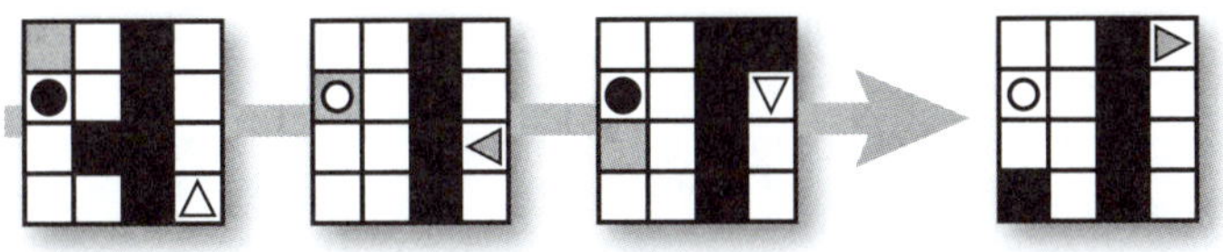

Dans cet exemple, de nombreux éléments sont à observer.

On constate d'abord la présence d'une barre noire fixe qui cache certains déplacements.

Les déplacements simples concernent 2 objets :

- le carré gris qui descend sa colonne (il disparaît derrière le carré noir en dernière figure) ;
- le carré noir en 2e colonne qui monte sa diagonale puis en recommence une nouvelle (il disparaît derrière la barre noire en 2e figure).

Les transformations simples concernent 1 objet :

- le rond qui clignote sans bouger.

Enfin les déplacements et transformations concernent 1 objet :

- le triangle qui monte sa colonne, change de couleur et subit une rotation de 90 dans le sens inverse des aiguilles d'une montre.

4 Les matrices

Les matrices proposent un cas très particulier des séries graphiques.

Une matrice est une série qui sert de modèle pour l'observation d'une logique complexe. Le plus souvent, les matrices se présentent sous la forme d'un carré de 9 cases dans lequel une case est à compléter. L'objectif est similaire à celui des autres séries graphiques : il faut constater la logique présente dans la matrice et la reproduire dans une nouvelle série incomplète.

La difficulté de ce type d'exercice ne vient pas des logiques sollicitées (elles sont les mêmes qu'en séries graphiques) mais de la diversité des possibilités de disposition du fait du plus grand nombre d'éléments. En effet, une matrice peut présenter une série de façon horizontale (vers la droite ou vers la gauche), verticale (vers le bas ou vers le haut), et parfois diagonale (vers le bas ou vers le haut) ou encore en losange.

Il faut toutefois noter que deux logiques spécifiques se rencontrent souvent :

- **les répartitions :** un même objet ou des éléments de cet objet reviennent régulièrement ;

Exemple

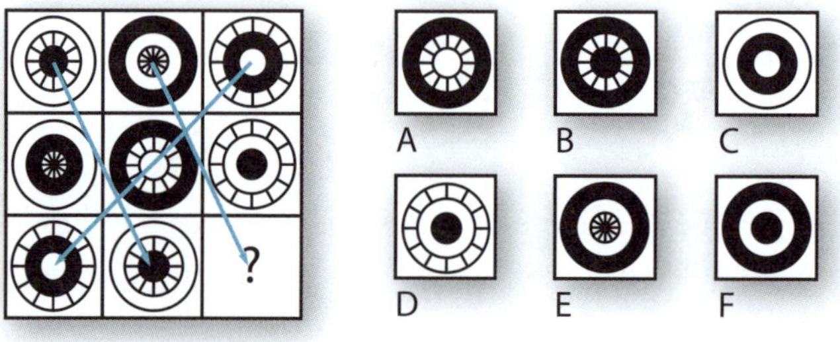

Dans cet exemple, nous voyons que chaque cercle d'une même ligne a un motif différent (noir, blanc ou rayé) et que ce motif change à chaque figure. Sur la 1re ligne, le cercle le plus grand est blanc puis noir puis rayé, le cercle intermédiaire est rayé puis blanc puis noir, enfin le rond central est noir puis rayé puis blanc.

La même logique se retrouve sur les deux autres lignes de la matrice.

On constate aussi que les lignes 1 et 3 sont composées des mêmes figures réparties de façon différente (cf. les flèches).

Notons enfin que la réponse pourrait aussi être trouvée en cherchant en colonne. Quoi qu'il en soit, la solution est **E**.

- **les superpositions avec modification :** les objets superposables sont annulés, modifiés, maintenus.

Exemple

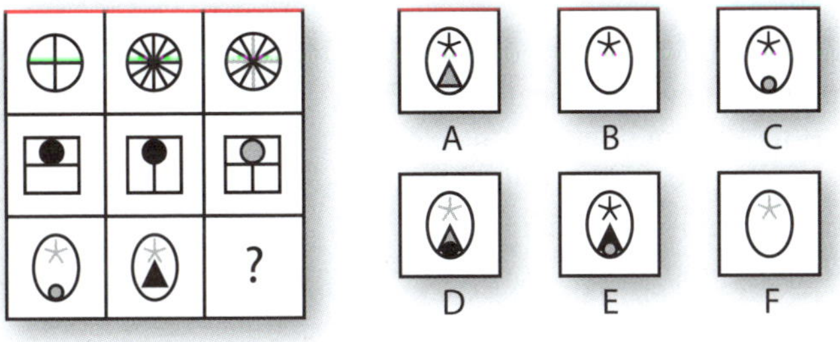

Dans ce cas les séries sont disposées en ligne ; la 3e figure (à droite) est le résultat des deux premières.
Dans chaque série, nous voyons que les éléments communs aux deux premières figures changent de couleur dans la 3e figure. En revanche les éléments qui ne sont pas communs se retrouvent dans la 3e figure. Ainsi dans la dernière série, l'étoile sera noire, et le triangle noir et le rond gris seront conservés. Ce qui donne la réponse **E**.

3 Cours & méthode
Suites numériques

Les séries numériques ou suites numériques ont un avantage double pour les évaluateurs : d'abord elles réclament la même rigueur logique que les séries vues précédemment, ensuite elles reposent sur du calcul et requièrent donc une aisance dans le calcul mental.
Nous allons vous présenter deux types de séries numériques :
- des séries à support numérique et/ou alphabétique ;
- des séries numériques à support graphique divers, des dominos, des cartes à jouer.

1 Les séries à support numérique et/ou alphabétique

a. Séries numériques

Ce sont des séquences de chiffres dont il faut comprendre l'enchaînement. Les logiques sont comparables à celles déjà rencontrées dans les séries graphiques.
Mais dans ce cadre plus numérique, ces suites sont surtout :
- **Arithmétiques** (chaque terme est la somme du précédent + un nombre constant appelé raison) : **17 13 9 – 5** ?
  Les nombres diminuent. La raison est – 4. La solution est **1**.
- **Géométriques** (chaque terme est le produit du précédent par un nombre constant appelé raison) : **2 6 18 – 54** ?
  Dans cet exemple les nombres augmentent. La raison est 3 On constate par ce type d'exemple l'importance d'une certaine aisance dans le calcul. La solution est **162**.

Logiques spécifiques :

Elles sont classées de la plus courante à la moins courante.
- Séries arithmétiques ou géométriques simples (une même raison) ;
- Séries avec une raison qui augmente ou diminue (+ 1, puis + 2, puis + 3, ou + 2, puis + 4, puis + 8, etc.) ;
- Séries avec deux raisons qui alternent (+ 2 puis 1 ou + 2 puis 2 par exemple) ;
- Séries avec symétrie (24 42, 13 31 par exemple) ;
- Suite de Fibonnacci où chaque nombre est la somme des deux précédents (1 – 2 3 5 8 13, etc.) ;
- Suite de nombres premiers (2 3 5 7 11 13, etc.) ;
- Suite des carrés des nombres (1 4 9 16, etc.).

Consacrez toujours plus de temps à chercher des logiques simples avant d'envisager les cas les plus subtils. Développez une certaine intuition, en constatant notamment que les suites géométriques progressent beaucoup plus vite que les suites arithmétiques et qu'on y trouve donc de plus grandes valeurs.

b. Séries alphabétiques

Les séries de lettres suivent les mêmes principes que les séries de chiffres. Seul le matériau change. Les tests de lettres s'appuient sur le rang des lettres dans l'alphabet :

B – D – F – H – ?

Dans cet exemple l'ordre des lettres progresse dans l'alphabet. La raison est +2 (une lettre intermédiaire). La solution est J.

Pour vous aider, voici un tableau d'équivalence lettres/nombres selon les rangs croissants et décroissants.

A	B	C	D	E	F	G	H	I	J	K	L	M
1	2	3	4	5	6	7	8	9	10	11	12	13
26	25	24	23	22	21	20	19	18	17	16	15	14
N	**O**	**P**	**Q**	**R**	**S**	**T**	**U**	**V**	**W**	**X**	**Y**	**Z**
14	15	16	17	18	19	20	21	22	23	24	25	26
13	12	11	10	9	8	7	6	5	4	3	2	1

Il est recommandé d'avoir rapidement des points de repère pour gagner du temps (ex. : E → 5e lettre, J → 10e, O → 15e, T → 20e). Sachez également que la somme des rangs croissants et décroissants est toujours 27 ; donc si vous savez que O est la 15e lettre en ordre croissant, vous savez que c'est la 27   15 = 12^{e} lettre en ordre décroissant.

Les logiques que vous allez rencontrer sont les mêmes que pour les séries numériques. Toutefois il y a quelques spécificités utiles à connaître :

- Séries de voyelles ou des consonnes (AEIOUY ou BCDF, etc.).
- Association des lettres de même rang suivant que l'on part du début ou de la fin de l'alphabet (AZ → BY → CX, etc.).
- Séries des initiales des jours de la semaine (LMMJVSD), des mois (JFMAMJJASOND), des signes du zodiaque (BTGCLVBSSCVP).
- Séries des initiales des chiffres (UDTQCS, etc. pour Un, Deux, Trois, Quatre, Cinq, Six, etc.).

c. Séries alphanumériques

Il peut arriver que les deux types de séries se trouvent mélangés. Cela ne comporte pas de difficulté supplémentaire, si ce n'est la diversité des matériaux :

A1 – D4 – L12 – M?

Dans cet exemple les lettres ne forment pas une série régulière mais les chiffres qui leur sont associés représentent leur rang dans l'alphabet (A est la 1re lettre, D est la 4e, etc.). La solution est 13.

Pensez à associer soit les éléments de même nature entre eux (chiffres avec chiffres, lettres avec lettres), soit, plus souvent, à les associer de façon mixte (chiffres avec lettres).

Logiques spécifiques :

- Les associations des initiales (ou des finales) de mots au rang de ces initiales (Albert 1 – Brice 2 – Claude 3, etc. car Albert commence par un A, la 1re lettre de l'alphabet, etc.).
- Les associations d'un nom à son nombre de lettres, de voyelles ou de consonnes (PIERRE = 3, JEAN = 2 car Pierre compte 3 voyelles et Jean en compte 2).

- Les associations des initiales des mots qui désignent les chiffres à ces chiffres (U1 – D2 – T3 – Q4, etc. car Un commence par un U, Deux commence par un D, etc.).
- Les associations des chiffres ou nombres arabes aux chiffres romains (II 2 – X 10 – XII 12, etc.).

Remarque

Voici la liste des chiffres romains pour rappel.
I = 1, V = 5, X = 10, L = 50, C = 100, D = 500, M = 1 000.
Rappelons qu'il est interdit de mettre plus de trois fois le même signe. Pour écrire 4 on fonctionne par retenue en écrivant IV soit « 1 de moins que 5 ».

d. Séries numériques et/ou alphabétiques sous forme de tableau

Il peut arriver que ces séries soient présentées dans un tableau comportant chiffres, lettres et/ou symboles divers. Il faut le compléter en déterminant quelle est la régularité d'agencement de ces éléments. Tout le problème est d'identifier dans quel sens la série est disposée (en ligne, colonne, diagonale, étoile, cercle) :

2	3	6
4	11	7
5	8	?

Dans cet exemple, on constate que la valeur centrale est la plus grande. Elle est obtenue par addition des valeurs opposées d'une même ligne (3 + 8 ou 4 + 7 ou d'une diagonale 5 + 6). La solution est 11   2 = **9**.

Les logiques déjà vues se retrouvent, mais on rencontrera davantage de phénomènes de symétrie ou de répartition (comme dans les matrices).

A	12	9	G
9	G	A	12
G	9	?	A

Dans cet exemple, des lettres et des chiffres sont présents. C'est une logique par répartition car on constate que sur chaque ligne les mêmes éléments reviennent (A, 12, 9, G). La solution est donc **12**.

2 Les séries à support graphique

Il s'agit, dans ces exercices, de savoir retrouver des logiques numériques dans des séries de symboles graphiques.

Ces symboles peuvent être variés. Mais trois sont particulièrement fréquents :

- ceux dans lesquels on trouve des nombres autour et/ou à l'intérieur de figures géométriques simples ;
- les dominos ;
- les cartes à jouer.

Votre démarche doit être à peu près identique pour toutes ces séries. Dès lors qu'il y a du graphique dans une série, il faut respecter la règle d'or énoncée plus haut que nous allons détailler maintenant.

Règle d'or

1. Toujours commencer par le **visuel** en cherchant les symétries, les répétitions, les suites simples ; pensez que si vous trouvez ainsi, vous pouvez gagner de précieuses secondes utiles pour des séries plus complexes.
2. Ensuite chercher par des **logiques numériques simples** (addition, soustraction par un nombre constant).
3. Enfin chercher par des **logiques plus complexes** (multiplication ou soustraction, enchaînement sans une raison constante, moyenne des valeurs, combinaison de plusieurs opérations).

a. Séries à support graphique divers

Dans ces exercices, il faut comprendre la relation qui existe entre des éléments disposés dans un objet graphique ou autour de lui. Dans ce type d'exercice, la maîtrise des opérations fondamentales est essentielle, mais aussi l'adaptation à des logiques très variées :

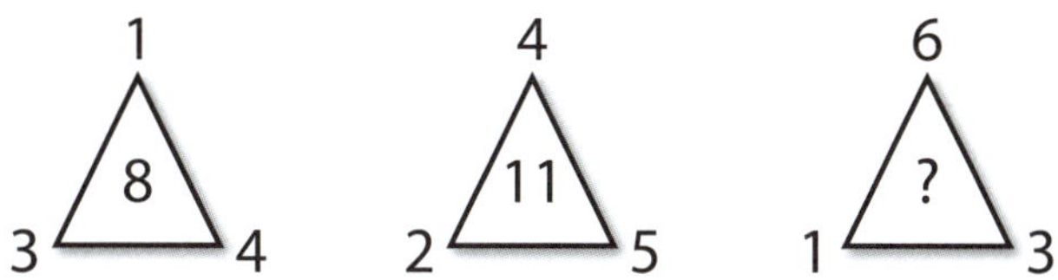

Dans cet exemple, les deux séries qui servent de modèle nous montrent que la valeur centrale est obtenue par addition des valeurs marginales. Il faut donc calculer 6 + 3 + 1 pour obtenir la réponse. La solution est **10**.

Remarque

Vous rencontrerez les séries de nombres dans des triangles le plus souvent. Mais s'ils sont dans des carrés, des ronds ou d'autres formes, cela ne change guère la logique.

b. Dominos

Les dominos sont un grand classique des tests. Ils ne sont pas toujours présents, mais il ne faut jamais les négliger.

Si nous les plaçons dans cette partie, c'est parce que ce sont des séries numériques. Leur particularité est qu'il n'y a que 7 valeurs allant de 0 à 6. Mais malgré leurs (seulement) 7 valeurs, les dominos peuvent former de grandes séries parce qu'elles peuvent être recommencées à l'infini. Lorsqu'une série arrive par exemple à 6, elle peut continuer à 0 puis 1 et ainsi de suite. De même si elle progresse de 2 en 2, elle formera, par exemple, la suite de valeurs suivantes : 1 – 3 – 5 – 0 – 2 – 4 – 6 – 1 et on retrouve les mêmes valeurs qu'au début. Il faut toutefois bien admettre que le nombre de valeurs limite les possibilités numériques. Avec les dominos, il est moins possible de faire des multiplications ou des divisions (mais il n'est pas rare de rencontrer des additions ou des soustractions). C'est l'agencement des séries et des dominos qui peut représenter une réelle difficulté.

Exemple

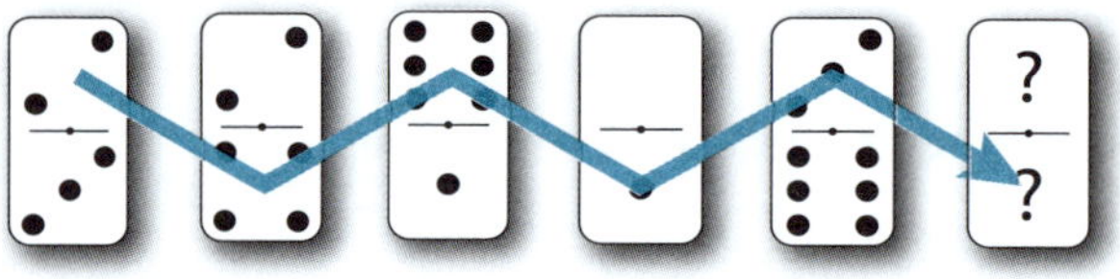

Dans cette série, la disposition laisserait penser à un sens de lecture linéaire ; mais cela ne donne rien. Le bon sens de lecture est en zigzag. Cela donne deux séries :

- Celle qui commence par le 2 du 1er domino : 2 – 4 – 6 – 1 – 3. Cette série progresse de 2 en 2 et sa solution est **5**.
- Et celle qui commence par le 3 du 1er domino : 3 – 2 – 1 – 0 – 6. Cette série régresse de 1 en 1 et sa solution est **5**. La solution est **5 en haut et 5 en bas**.

Parmi les dispositions, c'est l'une des plus caractéristiques. Mais dans notre exemple les dominos étaient alignés simplement. S'ils avaient été positionnés différemment, cette série aurait pu être encore plus difficile.

Exemple

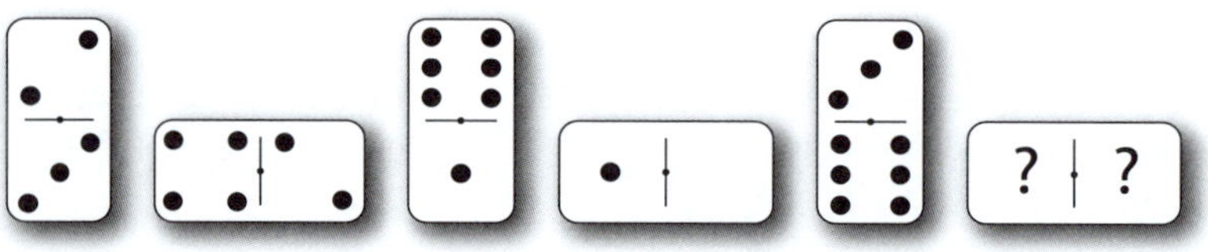

Cet exemple montre bien que la même série peut être plus difficile si elle est disposée autrement. Par conséquent, sachez ne pas vous arrêter à la facilité du sens de lecture naturel (ordre où les éléments se présentent) et retrouver une série simple malgré la disposition parfois alambiquée.

c. Cartes à jouer

Sur le même principe que les dominos, les cartes à jouer permettent de faire des séries numériques. Ces séries se présentent sous la forme d'une suite de cartes dans laquelle l'une d'elle (parfois plusieurs) est retournée et qu'il faut identifier logiquement.

Ces séries vont de 1 (as) à 10 ou plus rarement à 13 avec les figures. Le plus souvent, ces séries ne sont pas infinies et on revient donc rarement au point de départ après une 1re série complète. Mais si cela devait arriver, il faudrait passer directement de la carte 10 à 1 (pas de 0 comme dans les dominos).
En plus de l'identification des valeurs, il faut trouver les familles (pique, cœur, carreau, trèfle). Souvent les deux informations sont liées ; en trouvant la famille de la carte manquante on trouve sa valeur ou inversement. Parfois ces informations sont sans rapport et la difficulté est alors supérieure.
D'une façon générale, les candidats trouvent les exercices sur les cartes à jouer plus faciles que les autres, sans doute parce que nous sommes tous habitués à de tels matériaux.
Parmi les logiques les plus courantes, vous trouverez :

- des **séries** (de raison + 1 ou – 1, + 2 ou – 2, etc.) ;
- des **matrices** (une série complète sert de modèle pour une autre série) :

Exemple

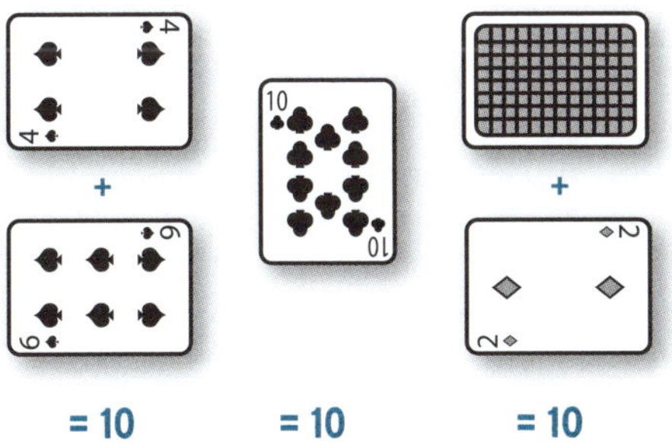

Chaque colonne a une somme égale à 10. Il faut donc calculer 10 – 2 pour obtenir la valeur de la carte retournée. Concernant sa famille, nous voyons que les cartes d'une même colonne sont de la même famille ; il faut appliquer ce principe à la 3e colonne. La solution est **8 de carreau**.

- des **opérations** (c'est beaucoup plus fréquent que pour les dominos) :

Exemple

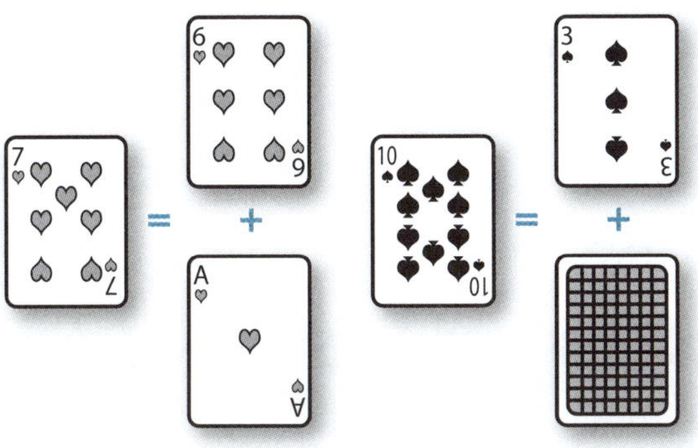

Ici nous voyons deux groupes de cartes avec la même famille à chaque fois : cœur puis pique. La carte retournée sera donc du pique. Ensuite nous constatons que la série des cœurs sert de matrice (encadrée) : le 7 de cœur est égal à 6 + 1 de cœur, soit la 2e colonne. Selon ce principe la dernière carte doit être 10 – 3 soit 7. La solution est **7 de pique**.

4 Cours & méthode
Les ensembles

L'objectif des tests sur les ensembles est d'évaluer votre capacité de synthèse et d'observation mais aussi la pertinence de votre raisonnement. Vous constaterez qu'une des grandes difficultés de ces exercices est de confronter votre logique, parfois fantaisiste, à la logique d'un ensemble. Un ensemble est un groupe d'éléments qui possèdent certaines propriétés en commun. Il n'est donc plus question comme dans les séries de trouver la dynamique d'un changement ; les ensembles se fondent sur l'analyse d'une situation figée.

Tout comme dans les séries, il y a la même règle d'or dans les ensembles et les exercices qui leur sont associés : aller du plus simple au plus compliqué. Si vous partez immédiatement dans des logiques subtiles, vous risquez de trouver quelque chose de logique mais d'avoir faux car la logique attendue était plus simple et plus évidente. C'est donc à cette simplicité dans le raisonnement qu'il faut arriver. Vous devez sentir qu'une logique est la bonne parce qu'elle s'impose par son évidence, sa rigueur (elle n'élimine pas certains éléments gênants de l'ensemble) et sa simplicité.

Les exercices sur les **ensembles proprement dits**, utilisent presque exclusivement le support graphique. Les points communs entre les éléments d'un ensemble sont :

1 Les propriétés graphiques de ces éléments

- Couleur ou nombre de couleurs
- Taille
- Figure fermée ou ouverte
- Nombre de côtés ou d'angles
- Forme à angles ou arrondie
- S'il y a des angles, angles obtus ou aigus

Exemple

Quelle figure peut être intégrée dans l'ensemble encadré ?

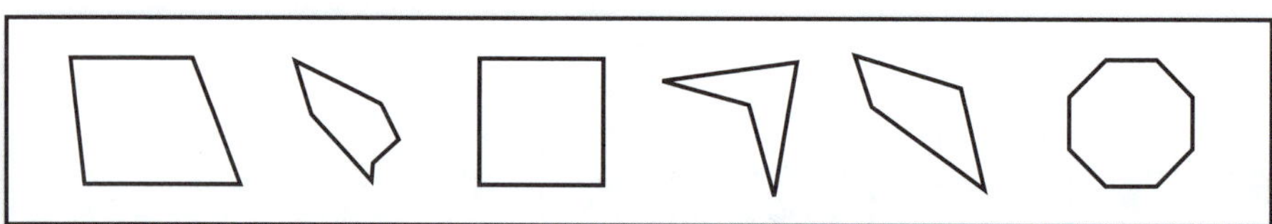

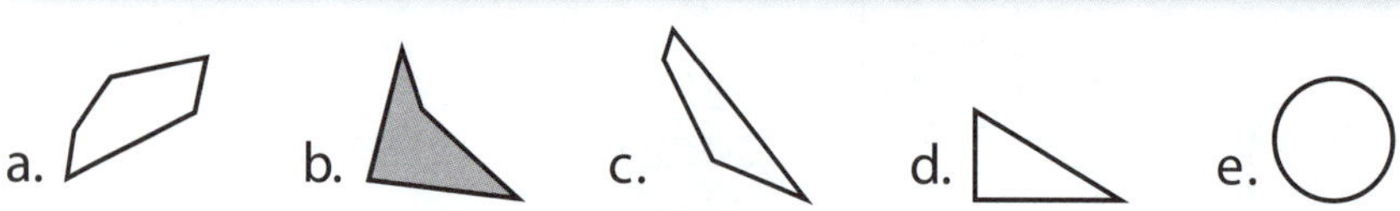

Dans cet exemple, l'ensemble est composé de figures blanches (ce qui élimine b.), ayant toutes des angles (ce qui élimine e.) ; ces figures possèdent toutes un nombre pair de côtés (4, 6 ou 8). Or seule la figure c. a un nombre pair de côtés (4). La réponse est **c**.

2 Le nombre des parties de ces éléments

Exemple

Quelle figure peut être intégrée dans l'ensemble encadré ?

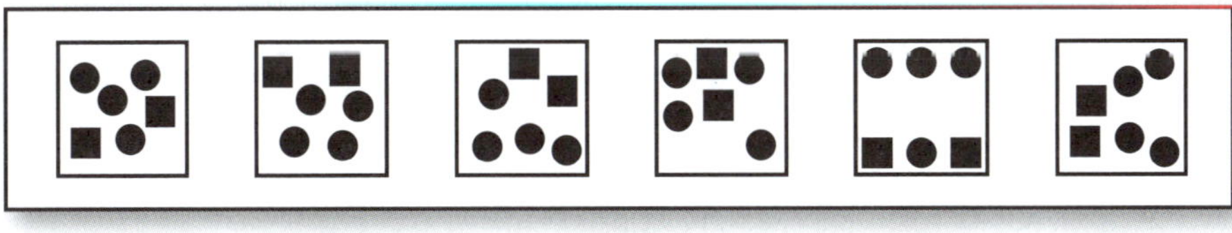

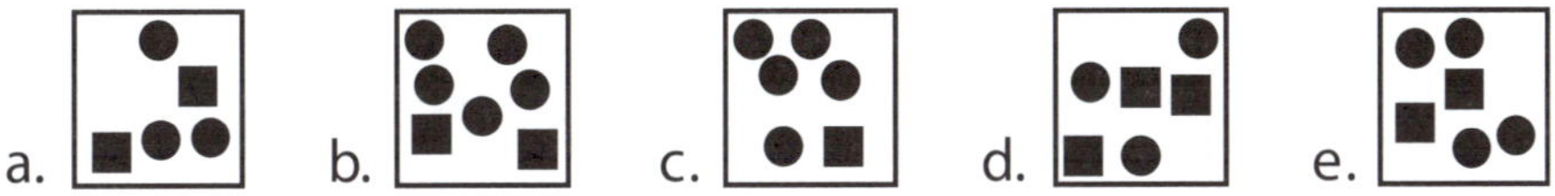

Dans l'ensemble, tous les carrés blancs contiennent 6 figures (ce qui élimine les propositions a. et b.), 2 carrés et 4 ronds. La réponse est **e**.

3 La relation entre les parties de ces éléments

- Phénomène d'inclusion ou d'exclusion (un objet est placé dans un autre ou hors de lui)
- Objets superposés, accolés ou éloignés
- S'ils se superposent, il faut voir les règles de cette superposition (formes ou couleurs au-dessus et en dessous)
- Rotation ou effet miroir entre ces parties, symétrie.

Exemple

Quelle figure peut être intégrée dans l'ensemble encadré ?

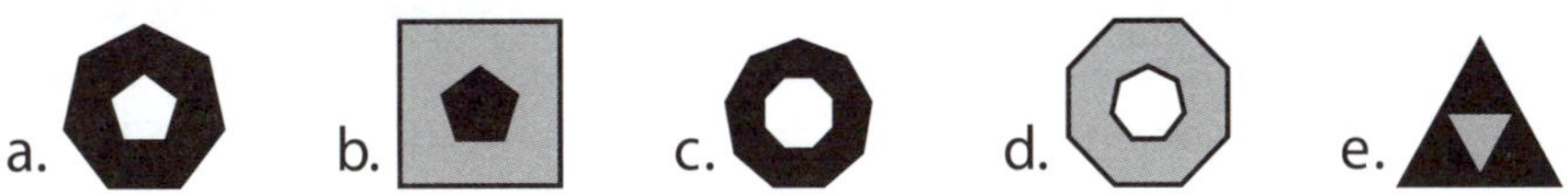

Dans l'ensemble proposé, tous les éléments sont composés de deux parties, la plus petite figure étant incluse dans la plus grande, en son centre. La figure la plus grande est toujours la plus foncée (ce qui élimine b.) et elle compte toujours un côté de plus que la figure plus petite qu'elle contient (ce qui élimine a. et e.). Enfin, la petite figure n'a pas de côté apparent (ce qui élimine d.). La réponse est donc **c**.

4 Les comparaisons d'ensembles graphiques ou catégories graphiques

Dans le cadre des ensembles graphiques, un exercice qui peut présenter une difficulté supplémentaire est celui-ci. Il s'agit d'analyser des informations fournies sur un certain nombre d'ensembles pour identifier à quelle catégorie d'ensembles il faut rattacher des éléments graphiques.

Cet exercice, plutôt rare, a deux variantes :

- une première dans laquelle les informations sur chaque ensemble sont distinctes (on nous donne d'abord des indications sur l'ensemble A puis B, etc.) ;
- une seconde dans laquelle ces informations sur chaque ensemble sont associées (on nous donne pour un groupe des informations sur A et B par exemple).

Ces deux variantes sont toutefois très proches.

Voici un exemple de la 1re variante pour vous présenter cet exercice :

Exemple

Les figures font chacune partie d'un ensemble A, B ou C.

Le cadre 1 contient 2 figures A et le cadre 2 en contient 3.

Le cadre 3 contient 3 figures B et le cadre 4 en contient 1.

Le cadre 5 contient 2 figures C et le cadre 6 en contient 2.

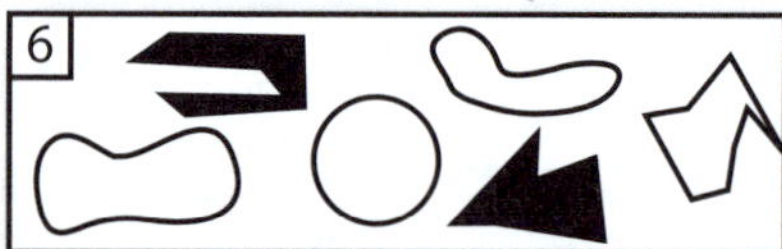

Identifiez l'ensemble auquel appartient chaque figure ci-dessous :

a. b. c. d. e.

Dans cet exemple, nous avons une information sur un même ensemble par ligne.
Considérons donc d'abord la 1re ligne. Puisque « le cadre 1 contient 2 figures A », il peut s'agir soit des figures noires, soit des figures ayant plus de 4 côtés, soit les figures ayant 6 côtés. Il ne peut pas s'agir des figures arrondies, car il y en a 3. Le cadre 2 confirme deux hypothèses : celle des figures noires et celle des figures à 6 côtés. Il faut regarder les autres ensembles pour déterminer quelle est la bonne hypothèse.
Considérons maintenant la 2e ligne. « Le cadre 3 contient 3 figures B ». Il peut s'agir des figures arrondies ou non arrondies. « Le cadre 4 en contient 1 ». Or il y a bien une seule figure arrondie. Donc B désigne les figures arrondies. Cela ne nous a pas permis de résoudre le problème de l'ensemble A.
Considérons enfin la 3e ligne. « Le cadre 5 contient 2 figures C ». Il peut s'agir des figures noires, arrondies, à 6 côtés ou à plus de 5 côtés. Or « le cadre 6 en contient 2 », donc il peut s'agir des figures noires mais ni des figures arrondies (il y en a 3), ni à 6 côtés (il y en a 1) ou à plus de 5 côtés (il y en a 3). Donc C désigne les figures noires. Et A, les figures à 6 côtés.
La réponse est donc a. **C** / b. **A** / c. **B** / d. **B** / e. **C**.

5 Cours & méthode
Les intrus

Poser une question sur l'intrus d'une série, c'est-à-dire l'élément qui n'a pas l'une des propriétés des autres éléments, c'est poser indirectement une question sur les ensembles. En effet, il n'est possible de déterminer quel élément est l'intrus qu'à condition de savoir d'abord quelles sont les caractéristiques communes à tous les autres éléments. Chercher l'intrus, c'est donc d'abord chercher des points communs et non des différences.
Les intrus peuvent être graphiques ou verbaux.

1 Intrus graphiques

On vous présente une série de symboles graphiques, et il faut identifier celui qui a une propriété qu'il est le seul à avoir. Dans la mesure où le plus souvent on ne vous demande d'identifier qu'un seul intrus, il suffit que deux éléments aient les mêmes propriétés pour que ce critère ne soit pas déterminant.

Exemple

Trouvez l'intrus.

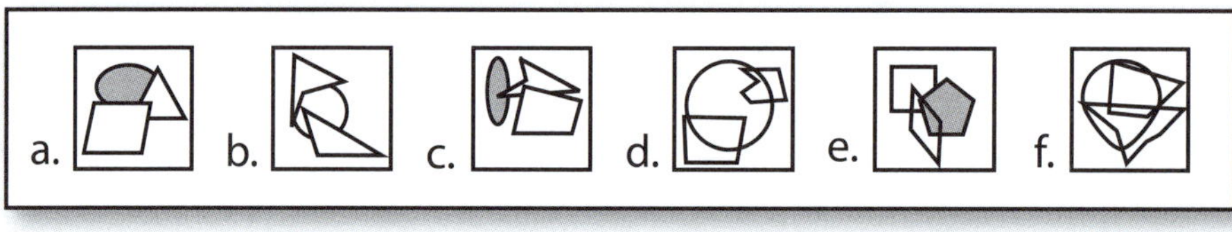

Dans cet exemple, relevons les points communs : il y a toujours 3 figures géométriques, elles se chevauchent toujours. Le nombre de côtés n'est pas discriminant ; il y a des triangles en a. et b. des quadrilatères partout, dont deux en c. et e. et des hexagones irréguliers en d. et f. Il y a toujours une figure arrondie et deux à angles, sauf en e. qui pourrait donc être la solution.
Vérifions l'hypothèse en cherchant d'autres logiques. La couleur n'est pas discriminante car 3 figures sont grises. Le type de superposition (avec ou sans transparence) non plus (il y a de la transparence aussi bien dans des figures avec des éléments transparents que dans des figures avec des éléments opaques). La solution est bien **e**.

Il peut arriver que l'on vous demande d'identifier deux intrus. Dans ce cas, il faut qu'un élément se retrouve au moins 3 fois dans la série pour qu'il ne s'agisse pas de l'intrus. Outre cela, les raisonnements sont les mêmes.

Exemple

Trouvez les deux intrus.

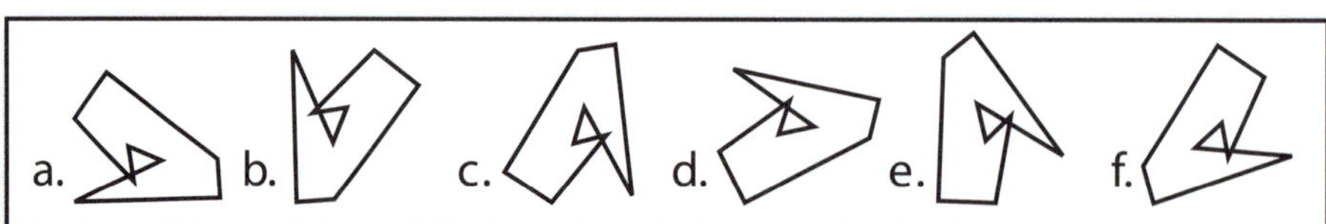

Dans cet exemple, nous constatons qu'il s'agit toujours de la même figure. Le nombre de côtés ou la couleur ne changent pas. Mais cette figure tourne sur elle-même. Si nous cherchons à disposer de la même façon toutes les figures, nous nous rendons compte que ce n'est pas possible pour d. et f. car elles sont inversées. La réponse est **d.** et **f.**

Notons enfin la possibilité de dessins réalistes qui représentent des objets du quotidien, des personnages, etc. Dans ce cas, plus rare, les propriétés géométriques n'ont évidemment plus d'importance. Il faut surtout se concentrer sur la signification : est-ce un être vivant parmi des objets, y a-t-il une différence de matière, d'usage, de lieu, etc.

Exemple

Trouvez l'intrus.

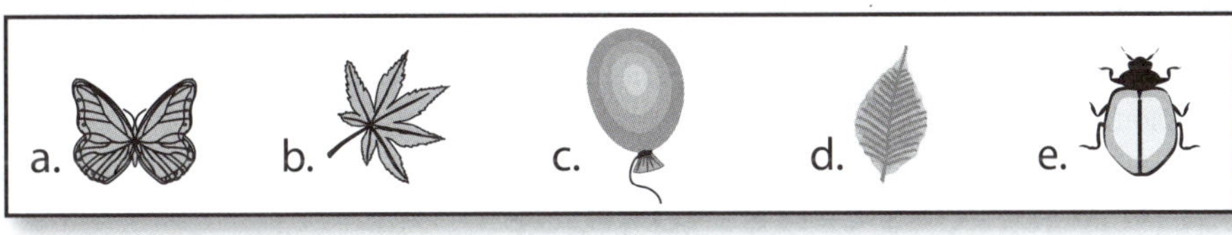

Cet exemple est assez classique. On y trouve deux éléments végétaux (des feuilles) et deux insectes. Il faut donc éliminer le ballon qui n'est pas vivant. La solution est **c**.

2 Intrus verbaux

Sur le même principe que les intrus graphiques, l'objectif est d'éliminer le mot qui diffère de l'ensemble par l'une de ses propriétés. Pour savoir résoudre ce type de test, il faut, là encore, identifier le point commun des termes et voir celui qui est différent. Il faut donc commencer par chercher les ressemblances.

Les intrus peuvent être classés selon les catégories suivantes (des plus courants au moins courants) :

- **Intrus sémantiques ou lexicaux :** un mot n'a pas le même sens, ou n'appartient pas au même domaine que les autres. Exemple : « Trouvez l'intrus : gentillesse, affabilité, orgueil, patience ». Le point commun entre ces mots est qu'ils expriment des qualités. L'intrus est celui qui n'exprime pas une qualité. La solution est **orgueil**.
- **Intrus graphiques ou orthographiques** : un mot n'a pas les mêmes propriétés graphiques que les autres, ou il est mal orthographié. Exemple : « Trouvez l'intrus : erreur, courrir, terrasse, courrier ». Tous ces mots prennent -rr sauf courir qui prend -r. La solution est **« courrir »**.
- **Intrus grammaticaux** : un mot n'a pas le même genre, le même nombre, la même nature que les autres. Exemple : « Trouvez l'intrus : fermier, tourner, marchander, éternuer ». Tous ces mots sont des verbes sauf fermier. La solution est **fermier**.
- **Intrus de la conjugaison** : une forme verbale n'est pas issue du même radical que les autres, ou elle est fautive. Exemple : « Trouvez l'intrus : nous saurons, tu serais, ils surent, tu sus ». Toutes ces formes verbales appartiennent au verbe savoir sauf tu serais, forme du verbe être au conditionnel présent. La solution est **tu serais**.

Cours & méthode

6 Les carrés logiques ou Master Mind

Les carrés logiques ou Master Mind sont une épreuve de logique combinatoire sur des ensembles. Le candidat doit trouver une séquence de chiffres, de lettres ou de symboles graphiques à l'aide d'informations qui comparent des séquences données avec celle trouvée. Cet exercice est en lien avec les ensembles car tout comme dans les comparaisons d'ensembles graphiques, il faut que le candidat identifie la composition et l'ordre des éléments d'un ensemble à partir d'informations sur la relation entre cet ensemble à découvrir et d'autres ensembles proposés.

Dans la mesure où les logiques sont les mêmes quels que soient les symboles, nous les traiterons ensemble, à partir d'exemples utilisant les divers symboles possibles.

1 Présentation des carrés logiques

Le test se présente en 3 parties :

1. Le carré logique avec les séquences qui le composent.
2. Les informations marginales qui donnent les bases du raisonnement (chaque rangée est accompagnée d'informations issues d'une comparaison faite avec la solution ; ces informations nous disent combien de signes sont communs avec la bonne séquence, soit à la bonne place, soit à une autre place).

Remarque

Ces informations sont précises c'est-à-dire que s'il est écrit que deux signes sont à la mauvaise place, cela signifie qu'il n'y a aucun signe à la bonne place. D'autre part, ces informations sont toujours suffisantes pour trouver la réponse, quitte à utiliser la base*.

3. Les cases où le candidat doit inscrire sa réponse ou les propositions de réponses s'il y en a.

Définition

Base : Théoriquement une séquence de chiffre peut être composée de n'importe quel chiffre parmi les 10 possibles (pour les lettres, il s'agira de 26). Mais il arrive parfois qu'une base soit indiquée au début d'un exercice. Cette base indique que tous les signes de la séquence sont empruntés à cette base et qu'il ne peut y en avoir d'autres. Il est bon parfois d'utiliser cette base pour trouver la réponse.

Exemple

Base : **2 - 3 - 5 - 6 - 8 - 9**

2	**6**	**8**	} 1 chiffre commun à la bonne place	**Solution :**
3	**2**	**9**		☐ ☐ ☐
8	**3**	**9**		

Dans l'exemple, on peut barrer les deux **2**. Comme dans chaque séquence il n'y a qu'un seul chiffre bien placé, si le **2** était bien placé ligne 1, il devrait être indiqué qu'il y a un chiffre mal placé en ligne 2. Il en est de même pour **8** et **3**. Il reste le 6 en 1re ligne, et le 9 en 2e et 3e lignes. Et il nous manque une valeur pour la réponse. Il faut alors piocher dans la base le chiffre qui manque (et qui n'a pas été utilisé) : ici le **5**.
La solution est donc **569**.

2 Système de notation

Pour la clarté de votre analyse vous pouvez utiliser les codes suivants :

- si un signe est bien placé, il faut l'entourer ;
- si un signe est dans la réponse mais mal placé, il faut le souligner ;
- si un signe est dans la réponse mais qu'on ne sait pas s'il est bien ou mal placé, on met un point en dessous ;
- si un signe ne peut pas être dans la réponse, il faut le barrer.

Bien entendu, si on entoure un signe dans une séquence, il faut l'entourer dans toute autre séquence où il est à la même place et le souligner dans toute autre séquence où il est à une place différente.

De même si un signe est barré, il faut le barrer partout où il apparaît.

Enfin, on pourra remplacer « *chiffre* commun à la bonne place » par « BP » et « *chiffre* commun à la mauvaise place » par « MP » précédé du nombre de *chiffres* concernés pour simplifier l'analyse.

3 Techniques de raisonnements

D'une façon générale, il faut toujours utiliser d'abord la ligne (la rangée) qui nous donne le plus d'informations.

Technique 1

Si dans une ligne, tous les signes sont présents dans la réponse, il faut barrer tous les autres signes.

Exemple

G	**H**	**C**	1 lettre commune à la bonne place	**Solution :**
F	**C**	**E**	3 lettres communes à la mauvaise place	☐☐☐
B	**G**	**F**	1 lettre commune à la mauvaise place	

D'après la ligne bleue (ligne 2), nous savons que **F**, **C** et **E** sont dans la solution. Donc nous barrons **B** et **H** ligne 1, et **B** et **G** ligne 3. Il en résulte que ligne 1, **C** est bien placé (3e position), que **F** doit être en 2e position (il est mal placé ailleurs) et donc que **E** est en 1re position. La réponse est donc : **EFC**.

Technique 2

Si dans plusieurs lignes la seule information est qu'il y a un signe à la bonne place, il faut barrer tout signe présent à des places différentes dans les autres lignes.

Exemple

△	★	○	} 1 symbole commun à la bonne place	**Solution :**
●	▲	△		☐☐☐
★	✚	▲		

On constate que tous les symboles bleus sont à éliminer car ils ne peuvent pas être bien placés dans une ligne puis mal placés dans une autre. Si on les barre tous, il reste ○ en ligne 1 (3e position), ● en ligne 2 (1re position) et ✚ en ligne 3 (2e position). La réponse est ●✚○.

Technique 3

Si toutes les informations indiquent des signes mal placés, il faut barrer les signes qui apparaissent dans toutes les colonnes (ils devraient une fois être bien placés).

Exemple

4	**6**	**1**	} 2 chiffres communs à la mauvaise place	**Solution :**
6	**4**	**3**		☐☐☐
5	**3**	**6**	1 chiffre commun à la mauvaise place	

Dans cet exemple, le **6** est à éliminer, car il devrait être une fois à la bonne place, ce qui n'est pas le cas. En conséquence, les lignes 1 et 2 nous indiquent que **4**, **1** et **3** composent la solution. Il faut donc rayer le **5** en ligne 3. Le **3** étant mal placé en ligne 2 et 3, il doit être placé en 1re position. Même logique pour le **4** (lignes 1 et 2) qui doit être en 3e position. Enfin il reste le **1** qui est en 2e position. La réponse est **314**.

Technique 4

Si une ligne ne contient des informations que sur des signes bien placés et une autre que sur des signes mal placés, il faut barrer les signes qui apparaissent dans une même colonne.

Exemple

D E A	1 lettre commune à la bonne place		Solution :
A D H	2 lettres communes à la mauvaise place		
D H B			

Si **D** est à la bonne place en ligne 1, il ne peut pas être à la mauvaise en ligne 3. Il faut donc le barrer chaque fois qu'il apparaît car il n'est pas dans la réponse. Cela nous indique que dans la réponse se trouvent les lettres **A**, **H** et **B** comme l'indiquent les lignes 2 et 3 une fois le **D** éliminé. Donc en ligne 1, il faut barrer le **E** et le **A** est à la bonne place. On peut facilement savoir que le **H** est en 1re position puisqu'il est mal placé aux positions 2 et 3 comme l'indiquent les lignes 2 et 3. Donc le **B** est en 2e position. La réponse est **HBA**.

Technique 5

C'est la technique du comptage. Le comptage ne donne pas la réponse immédiate, mais il permet de dégager des signes qui font obligatoirement partie de la réponse. Cette technique s'applique aux carrés plus complexes (plus grands). Elle consiste en un décompte des signes pour déterminer lesquels font partie de la réponse.

Exemple

△ ● ▲ ■	2 symboles communs à la mauvaise place	Solution :
★ ■ △ ▲	1 symbole commun à la bonne place et 1 à la mauvaise	
■ ▲ ● ×	2 symboles communs à la bonne place	
★ ● ■ ▲	1 symbole commun à la bonne place et 1 à la mauvaise	

Dans cet exemple, aucune des techniques précédentes ne permet de trouver la réponse. En revanche on constate que plusieurs symboles reviennent souvent (3 ou 4 fois). C'est une information favorable pour le comptage.

- On commence par compter le nombre de fois où les symboles de la solution apparaissent dans le carré : 2 symboles pour la 1re ligne (2 MP), 2 symboles pour les lignes 2 et 4 (1 BP + 1MP) et 2 symboles pour la ligne 3 (2 BP). Le carré comprend donc en tout 8 symboles qui font partie de la solution.
- On compte ensuite le nombre de fois où apparaît chaque symbole dans le carré :

Les symboles :	△	●	▲	■	★	×	
apparaissent	2	3	4	4	2	1	fois

- Puis on se demande quels sont les 4 symboles qui apparaissent au total exactement 8 fois (ou quels sont les 4 chiffres en dessous des symboles qui peuvent former la somme 8). Ici, on peut éliminer les 4 (trop grands) soit le triangle plein et le carré (en bleu) ; il faut donc additionner les 4 autres chiffres : 2 + 3 + 2 + 1 = 8.
- Donc les symboles de la solution sont △ ● ★ ✖.
De là, on trouve en partant de la 3e ligne. La réponse est ★ △ ● ✖.

Attention

Si vous constatez que les éléments sont en nombre identique ou proche, il est inutile de procéder au comptage car il ne permettra pas d'éliminer de symboles.

Technique 6

Si aucune de ces techniques n'est applicable ou efficace, il reste toujours la solution d'envisager des hypothèses successives. C'est une méthode qu'on utilise couramment, mais c'est forcément un peu plus long. Il s'agit de formuler des hypothèses probables pour atteindre la bonne réponse.

Exemple

2	**6**	**4**	1 chiffre commun à la bonne place et 1 à la mauvaise	**Solution :**
1	**6**	**9**		☐ ☐ ☐
4	**1**	**2**	1 chiffre commun à la bonne place	

Ici, aucun des cas précédents ne donne la solution. Nous allons donc partir de la ligne 3 qui donne une information unique (1 BP) et envisager chaque hypothèse.

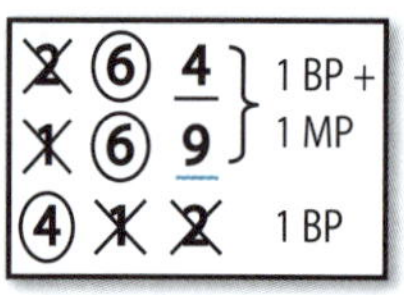

Hypothèse 1 : 4 est BP.
Les **1** et **2** sont barrés, le **4** de la ligne 1 est souligné et le **6** entouré. Ligne 2 le **6** est entouré et le **9** souligné. Ce dernier élément est contradictoire ; le **9** ne peut pas être MP puisqu'il ne reste plus de bonnes places et qu'il doit faire partie de la réponse. Donc **4** n'est pas BP.

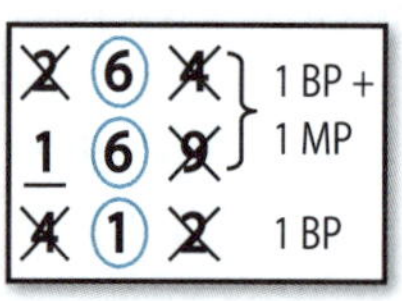

Hypothèse 2 : 1 est BP.
Les **4** et **2** sont barrés. Cela ne fonctionne pas en ligne 1 car il ne reste plus que le **6**, or il doit y avoir sur cette ligne 1 BP et 1 MP. Donc **1** n'est pas BP.

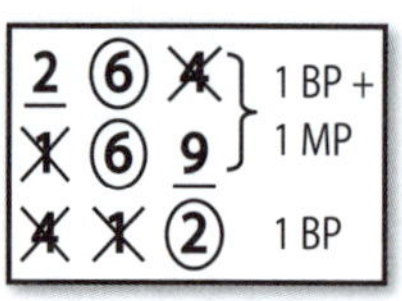

Hypothèse 3 : 2 est BP.
Les **4** et **1** sont barrés et le **2** de la ligne 1 est souligné. Le **6** de la ligne 1 est entouré tout comme celui de la ligne 2. Le **9** de la ligne 2 est souligné et il peut être bien placé en 1re position. Cette hypothèse est la bonne.

La réponse est **962**.

Remarque

Vous pouvez rencontrer selon le principe des carrés logiques des carrés de mots. Disposés de la même façon, ces exercices ont pour but de vous faire découvrir un mot selon une logique combinatoire. Les principales différences sont que le mot à trouver existe nécessairement en français.

Exemple

A	I	D	E	R	} 1 lettre commune à la bonne place
M	A	C	H	E	
A	L	P	I	N	2 lettres communes à la bonne place
R	E	B	U	T	} 1 lettre commune à la bonne place
C	A	P	R	E	
D	E	B	U	T	0 lettre commune à la bonne place
R	O	C	H	E	1 lettre commune à la bonne place

Solution : ☐☐☐☐☐

Quand il y a un mot de 0 BP, il faut commencer par lui et barrer ailleurs les lettres à la même place. Cela fait, il reste une seule lettre à **REBUT** qui est donc BP, c'est le **R**. On peut donc aussi l'entourer dans **ROCHE** et rayer **OCHE**. Du coup on peut rayer également **CHE** dans **MACHE** ; et comme on peut également rayer le **M** (on sait que la 1re lettre est un **R**), la lettre BP de **MACHE** est le **A**. C'est donc également le cas dans **CAPRE** et on raye les lettres **CPRE**.
Sachant que nous avons identifié à présent la 1re lettre (le **R**), la 2e lettre (le **A**) et que nous savons que la 3e lettre n'est pas le **P** (éliminé dans **CAPRE**), les 2 lettres BP dans **ALPIN** sont donc **IN**.
Enfin, la lettre BP d'**AIDER** est le **D**.
La réponse est donc **RADIN**.

Nous voyons par cet exemple que la difficulté est de savoir prendre les informations dans le bon ordre pour progresser. Mais avec de l'entraînement c'est plus facile que les carrés logiques classiques.

Cours & méthode

7 Syllogismes, ensembles numériques, opérateurs

Nous regroupons dans cette dernière partie des règles d'exercices plus rares qui portent directement ou indirectement sur les ensembles.

1 Les syllogismes

Un syllogisme est un raisonnement déductif (du cas général au cas particulier). C'est un exercice dans lequel il s'agit de comprendre ce que les affirmations proposées incluent et ce qu'elles excluent. C'est un raisonnement sur les ensembles.

Le plus célèbre syllogisme nous vient du philosophe Aristote :

Tous les hommes sont mortels,
Socrate est un homme,
Donc Socrate est mortel.

Ce syllogisme est vrai ; en revanche le suivant est faux :

Tous les hommes sont mortels,
Tous les chats sont mortels,
Donc les chats sont des hommes.

Nous pouvons représenter ces affirmations suivant le diagramme d'Euler qu'on appelle plus familièrement des patates pour vérifier l'exactitude ou l'inexactitude du syllogisme.

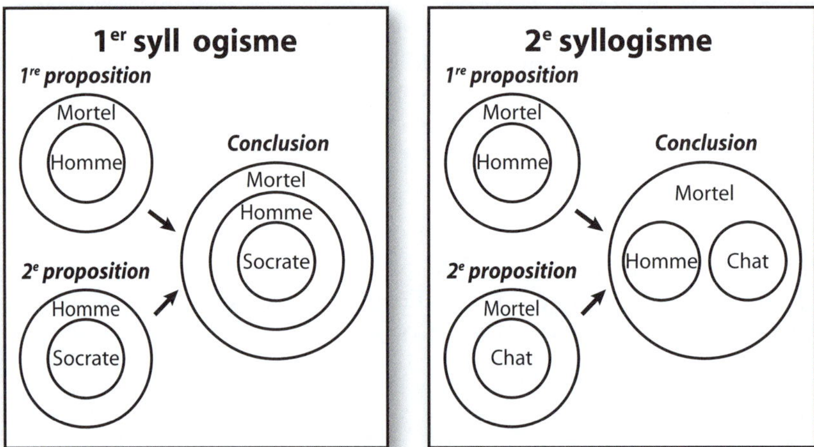

Nous voyons bien à présent que le 1er syllogisme est vrai : si les hommes appartiennent à la catégorie des mortels et que Socrate appartient à la catégorie des hommes, alors Socrate appartient à la catégorie des mortels. En revanche, le 2e syllogisme est faux : si les hommes appartiennent à la catégorie des mortels et que les chats appartiennent à la catégorie des mortels, cela n'implique pas que les chats soient des hommes.

Dans les concours, les syllogismes se présentent sous forme d'une affirmation en plusieurs propositions (comme dans les exemples précédents) suivies d'autres affirmations dont il faut déterminer si elles sont la conséquence nécessaire des précédentes ou non.

Exemple

Jean est mon ami,
Pierre n'est pas mon ami,
Tous mes amis sont avares.
Alors il est vrai de dire que :

❒ **a.** Pierre est l'ami de Jean.
❒ **b.** Pierre n'est pas avare.
❒ **c.** Jean est avare.
❒ **d.** Jean n'est pas avare.
❒ **e.** Pierre peut être avare.

Pour résoudre ce syllogisme, faisons un diagramme :

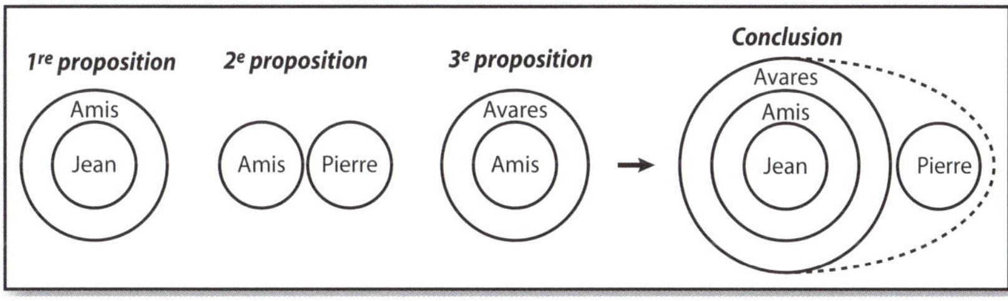

Ce diagramme réalisé étape par étape montre que la proposition a. est hors sujet par rapport aux affirmations, que la c. est vraie et la d. fausse. Mais cela pouvait apparaître à la seule lecture.

En revanche, ce qui est plus précis dans le diagramme c'est la nuance représentée par les pointillés. Rien ne dit que Pierre soit avare, mais rien ne dit le contraire. Par conséquent on ne peut pas affirmer qu'il l'est ou non de façon catégorique (donc b. est faux), mais on peut envisager qu'il le soit à titre d'hypothèse (donc e. est vrai). **La réponse est donc c, e**.

Vous noterez dans cet exemple la nuance entre les **propositions catégoriques** qui affirment ou nient sur le mode de la certitude et les **propositions hypothétiques** qui demandent si une chose est possible. Les propositions catégoriques n'admettent pas d'interprétation ; il faut bien lire l'intitulé. En revanche les propositions hypothétiques vous demandent d'admettre tout ce qui n'est pas contradictoire avec les propositions, même si cela n'a pas été dit. Ainsi dans l'exemple précédent, s'il avait été proposé « Pierre peut être l'ami de Jean », il aurait fallu répondre « Vrai » car rien ne dit que c'est impossible.

Remarque

Les propositions des syllogismes n'ont pas nécessairement de sens ; et s'ils en ont un, il faudra surtout s'attacher à la logique. Dans l'exemple précédent, il serait insensé que les chats soient des hommes. Mais ce n'est pas pour cette
raison que le syllogisme est faux ; c'est parce que la logique des ensembles n'y est pas appliquée avec rigueur.

2 Les ensembles numériques

Ce sont des petits exercices dans lesquels on associe la logique et l'aptitude numérique. Des valeurs relatives vous sont données et selon ces valeurs vous devez trouver la valeur totale d'un ensemble ou identifier la plus grande ou la plus petite valeur parmi des ensembles proposés.

Exemple

Sachant que ⬢ = ♥♥ et que ♥ = ♣♣♣, quelle proposition représente la plus petite valeur ?

❒ **a.** ♥⬢♥♣⬢♣♥ ❒ **d.** ♣⬢⬢⬢⬢

❒ **b.** ♥♥♥♥♥♥♥♥ ❒ **e.** ⬢♣♥⬢♣♥

❒ **c.** ♣♣♣♣♣♣⬢⬢

Pour résoudre rapidement ce problème, remplacez la plus petite valeur relative par 1. Ici, c'est ♣. Si ♣ = 1 alors ♥ = 3 et ⬢ = 6.

Ensuite il faut faire du calcul mental en n'hésitant pas à rassembler les signes identiques. La proposition **a.** vaut **23**, la **b.** vaut **24**, la **c.** vaut **18**, la **d.** vaut **25** et la **e.** vaut **20**. La réponse (la plus petite valeur) est donc **c**.

Ce type d'exercice n'est pas très dur, mais la gymnastique intellectuelle est vite fatigante. Si vous pouvez alterner avec un autre exercice, c'est une bonne chose.

3 Les opérateurs

Les tests des opérateurs invitent le candidat à analyser une succession de figures accompagnées des fameux opérateurs. Ces opérateurs sont des signes (arbitrairement choisis) qui désignent la figure qu'ils accompagnent. Vous devez comprendre la signification de ces opérateurs et compléter logiquement la série de figures.

L'un d'eux désigne la figure (sa forme), les autres peuvent désigner sa couleur, sa position (ses déplacements), ses transformations (augmentation ou diminution du nombre de côtés, passage d'une forme à angles à une forme arrondie, etc.)

Vous retrouverez dans ces tests des logiques graphiques que vous avez déjà vues dans les autres tests graphiques.

Exemple

Quelle figure doit logiquement figurer dans le dernier carré ?

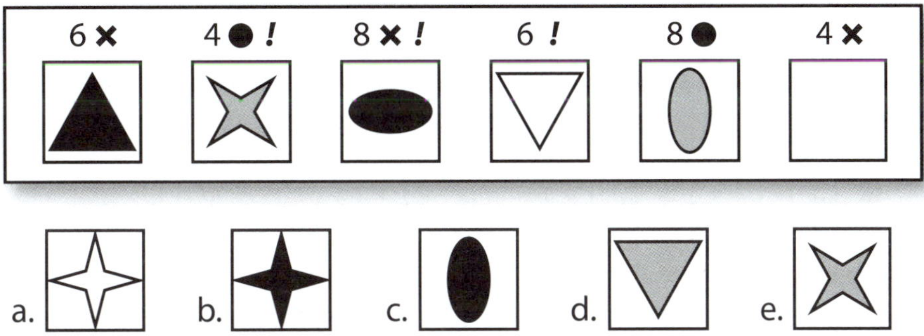

Dans cet exemple, nous constatons que les 1re et 3e figures sont noires et qu'on leur associe en commun **✖**. Donc **✖** = figure noire. Du coup l'autre opérateur, le chiffre, doit désigner la forme du symbole : **6** pour le triangle et **8** pour l'ovale. Il faut vérifier qu'il en est de même pour la croix. En figure 2, elle est associée à l'opérateur **4** mais aussi à ● et « **!** ». Or ● est présent en figure 5 où le symbole est un ovale et « **!** » est présent dans la figure 4 où le symbole est un triangle. Donc ● doit désigner la couleur grise et « **!** » la rotation (comparez la 3e et la 5e figure). Le dernier carré doit contenir une croix noire et sans rotation. La réponse est donc **b**.

Attention

Ces exercices ne doivent pas être sous-estimés. Ils peuvent être très difficiles si l'on multiplie les opérateurs et que des interprétations concurrentes sont possibles.

4 Que faire en cas d'exercice inconnu ?

Il est évident qu'on ne peut jamais prévoir tous les exercices possibles tant la diversité en ce domaine est réelle. Mais la connaissance des règles vues plus haut et l'habitude des raisonnements logiques doivent vous armer contre l'imprévu.

Dites-vous de toute façon que personne ne peut tout prévoir et que devant un exercice inédit les autres candidats seront aussi surpris que vous et cherchez à répondre avec les automatismes pris dans d'autres exercices. Les exercices ne sont jamais complètement différents de ce qui existe déjà.

Entraînements

Exercice 1. Séries

Quelle figure complète chaque série ? Entourez la bonne réponse

1.

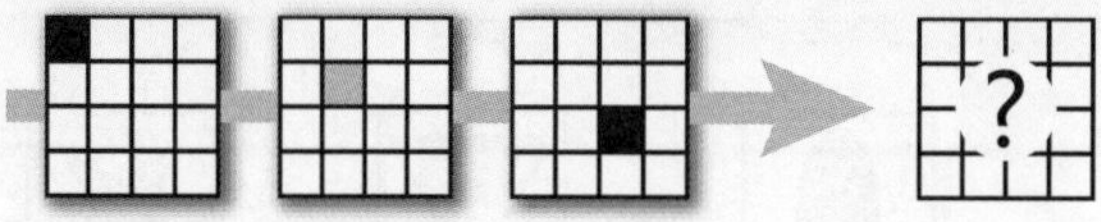

A B C D E

2.

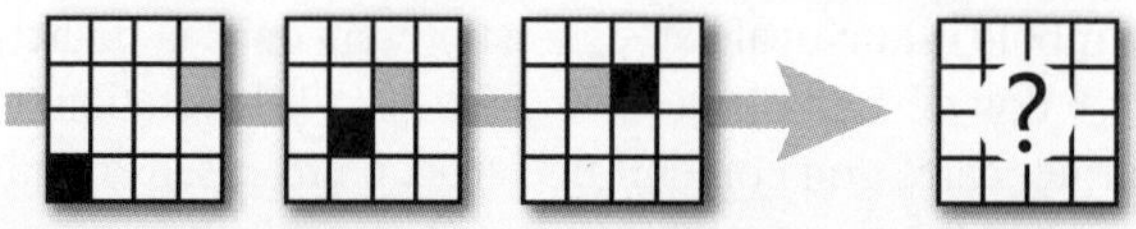

A B C D E

3.

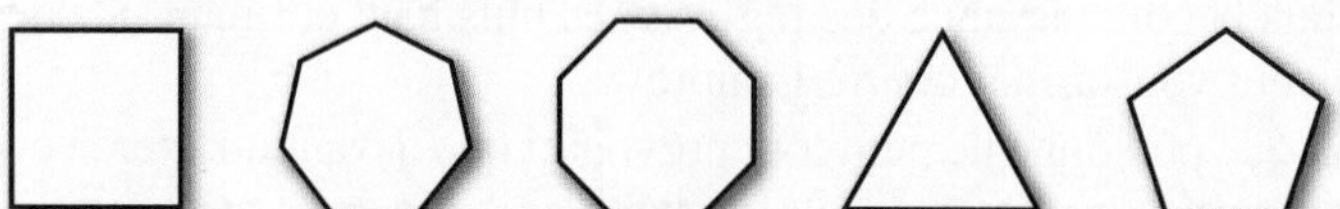

A B C D E

4.

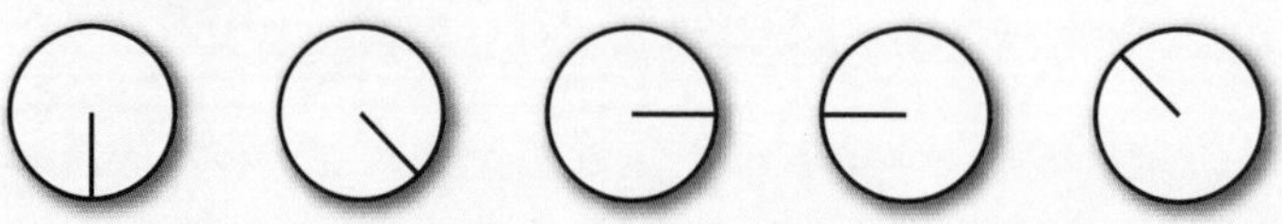

A B C D E

5.

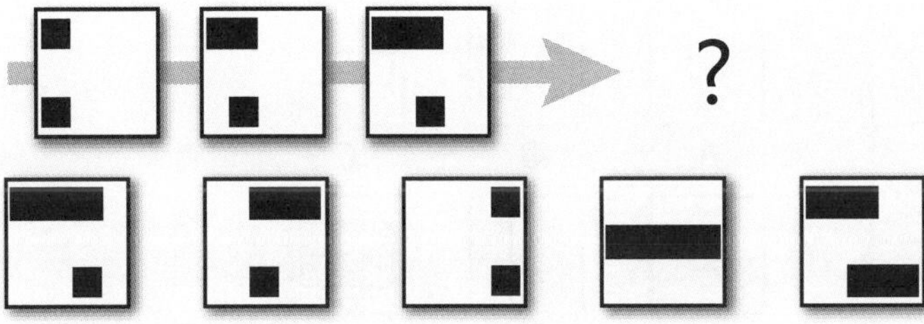

A B C D E

6.

A B C D E

7.

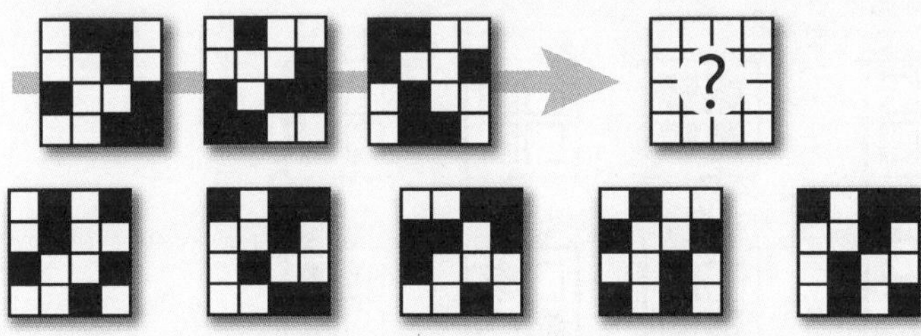

A B C D E

8.

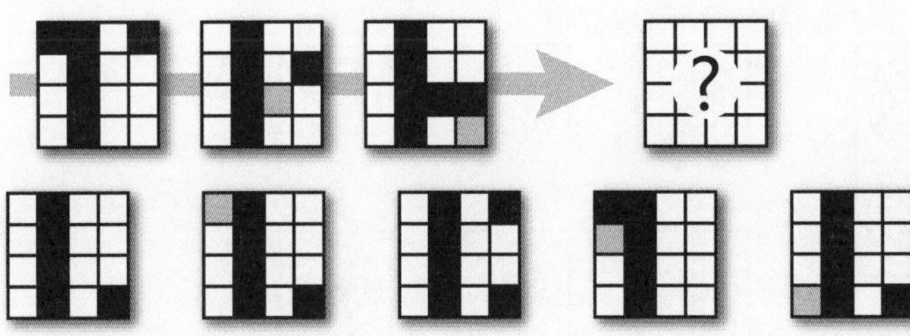

A B C D E

9.

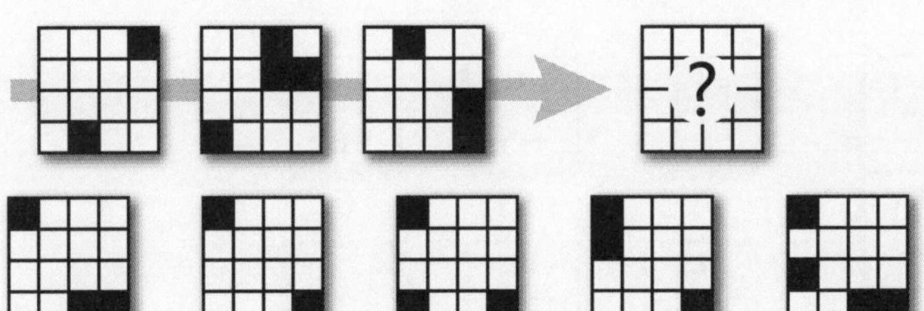

A B C D E

10.

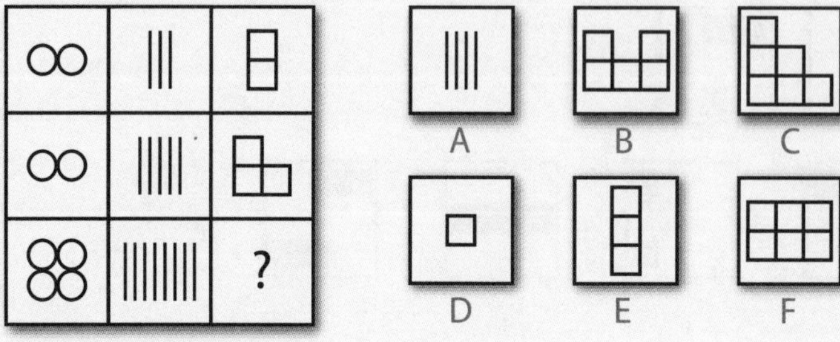

11.

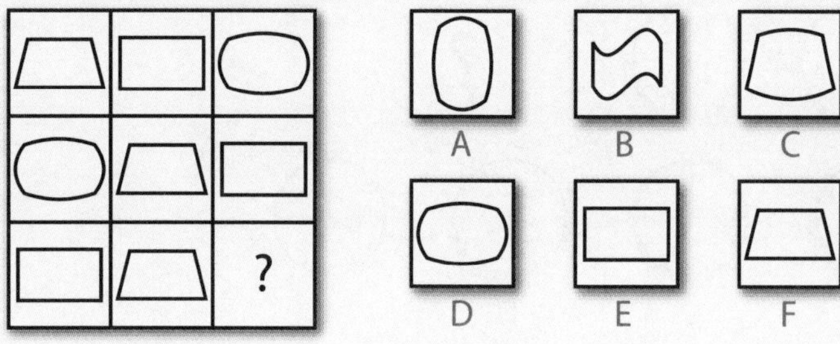

12.

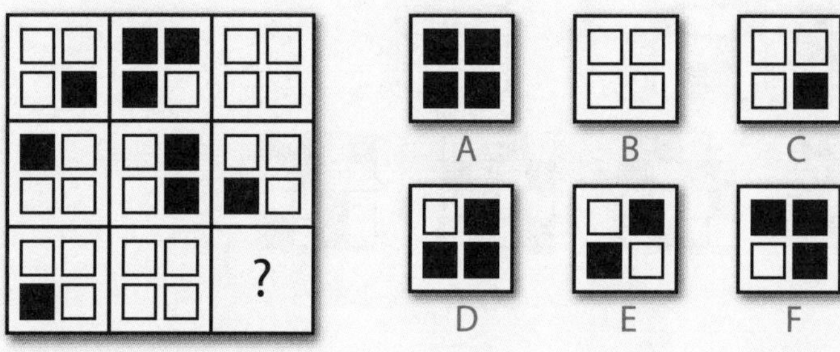

13.

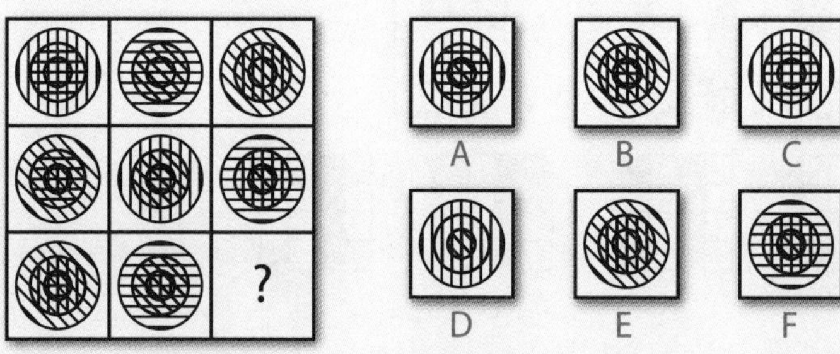

14.

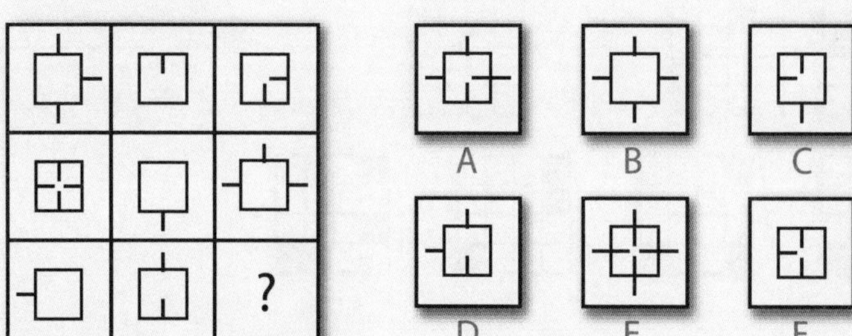

15. 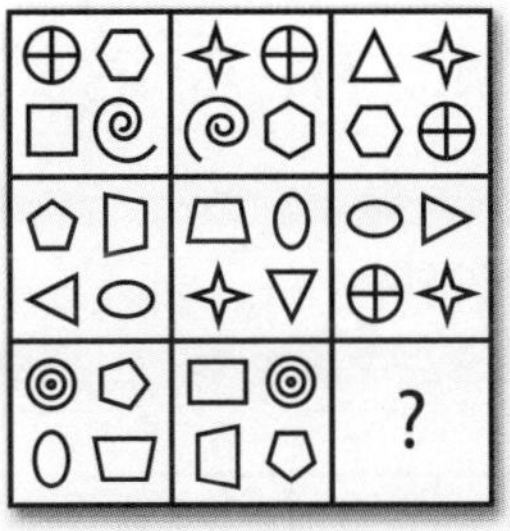

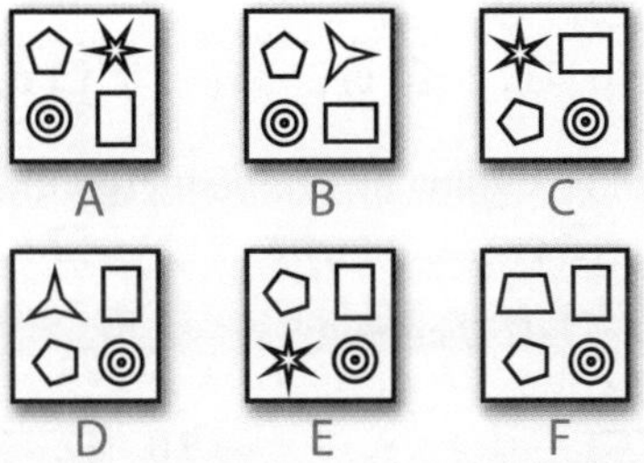

Exercice 2. Séries

Complétez les séries suivantes.

1. 1 4 7 10 ……
❒ **a.** 11 ❒ **b.** 13 ❒ **c.** 14 ❒ **d.** 15 ❒ **e.** 17

2. 2 4 8 16 ......
❒ **a.** 24 ❒ **b.** 26 ❒ **c.** 32 ❒ **d.** 20 ❒ **e.** 48

3. 44 42 ...... 38 36
❒ **a.** 40 ❒ **b.** 38 ❒ **c.** 44 ❒ **d.** 42 ❒ **e.** 41

4. 12 13 15 18 ......
❒ **a.** 19 ❒ **b.** 20 ❒ **c.** 21 ❒ **d.** 22 ❒ **e.** 23

5. 23 32 32 ...... 41 50
❒ **a.** 35 ❒ **b.** 41 ❒ **c.** 32 ❒ **d.** 39 ❒ **e.** 36

6. 347 447 647
❒ **a.** 100 ❒ **b.** 487 ❒ **c.** 537 ❒ **d.** 517 ❒ **e.** 547

7. A C E ......
❒ **a.** F ❒ **b.** 7 ❒ **c.** J ❒ **d.** G ❒ **e.** H

8. B F ...... N R
❒ **a.** J ❒ **b.** L ❒ **c.** I ❒ **d.** H ❒ **e.** M

9. E F I N ......
❒ **a.** P ❒ **b.** R ❒ **c.** S ❒ **d.** U ❒ **e.** T

10. 4 6 12 14 30
❒ **a.** 18 ❒ **b.** 16 ❒ **c.** 28 ❒ **d.** 26 ❒ **e.** 29

11. D(2) T(3) Q(4) ...... (5)
❒ **a.** B ❒ **b.** E ❒ **c.** C ❒ **d.** N ❒ **e.** R

12. gyrophare 4 groupe 3 pull 1 hirondelle ......
❒ **a.** 1 ❒ **b.** 2 ❒ **c.** 3 ❒ **d.** 4 ❒ **e.** 10

13. Si ROTULE = 435621, LOUTRE = ...
❐ **a.** 46512 ❐ **b.** 236541 ❐ **c.** 263514 ❐ **d.** 236451 ❐ **e.** 362415

14. mardi 2 vendredi 1 dimanche ...... mercredi 3 ......
❐ **a.** 1/jeudi ❐ **c.** 3/dimanche ❐ **e.** 2/dimanche
❐ **b.** 2/mardi ❐ **d.** 2/samedi

15.

9	12	21
6	5	11
15	17	?

16.

K	3	J	8
J	8	K	3
3	K	8	?

17.

B	D	F
E	C	H
L	I	?

18.

1	1	2	4
3	9	4	16
5	25	6	?

19.

A	3	G
M	5	R
L	8	?

20.

7	2	3	XII
1	13	10	?
8	32	5	XLV
S	Q	?	LXXXI

Exercice 3. Séries

Complétez les séries suivantes

1.

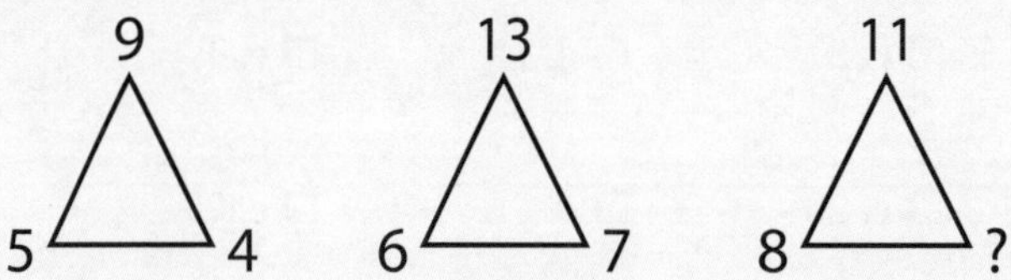

2.

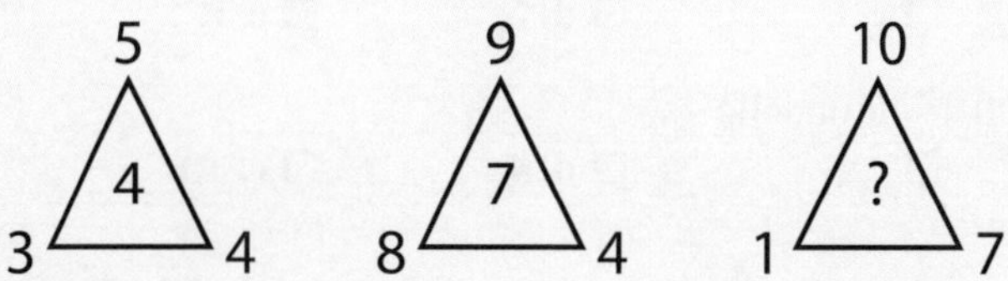

3.

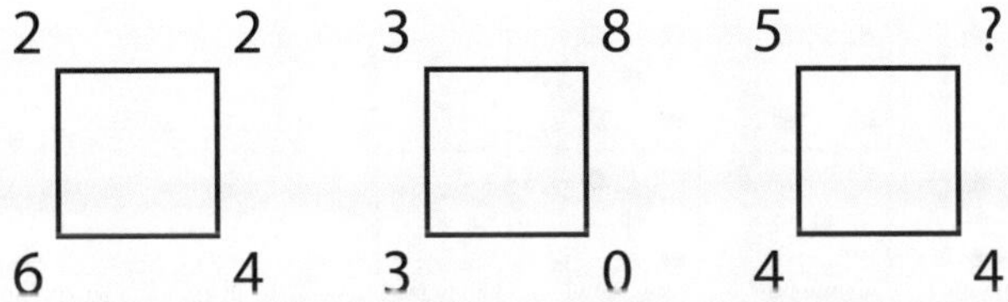
2 2
6 4
3 8
3 0
5 ?
4 4

4.

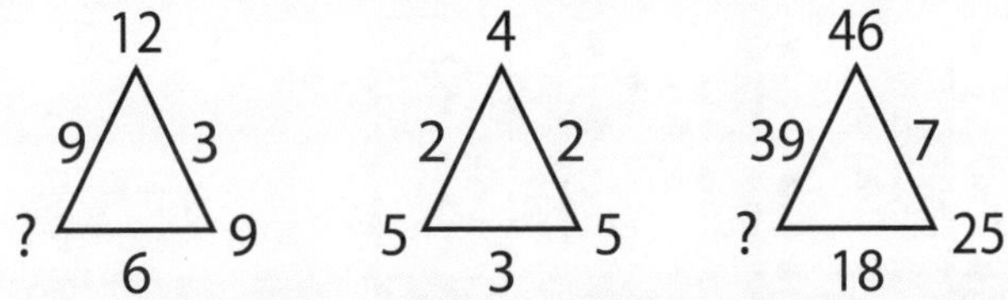
12
9 3
? 9
6
4
2 2
5 5
3
46
39 7
? 25
18

5.

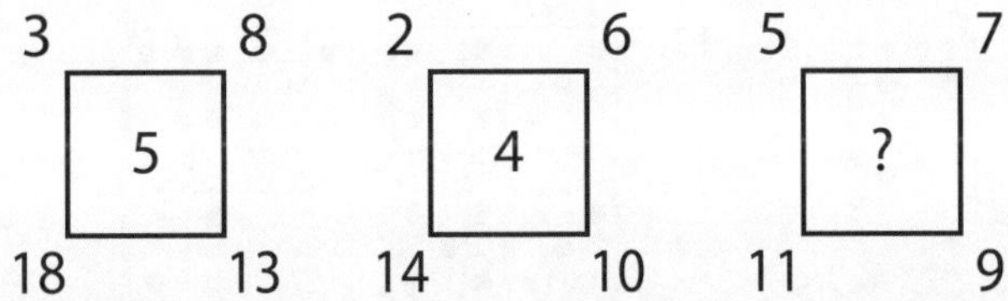
3 8
5
18 13
2 6
4
14 10
5 7
?
11 9

6.

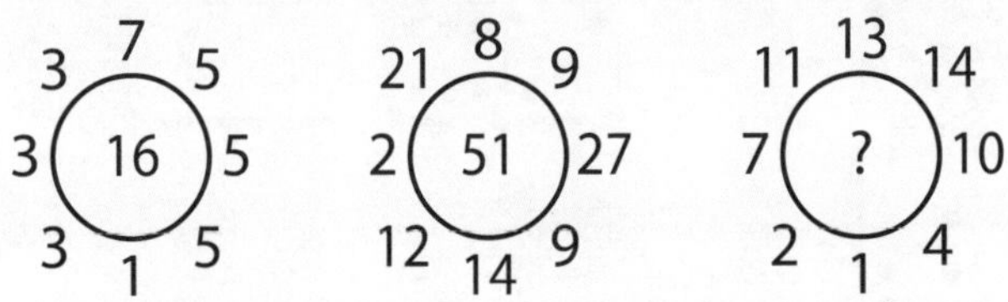
7
3 5
3 16 5
3 5
1
8
21 9
2 51 27
12 9
14
13
11 14
7 ? 10
2 4
1

7.

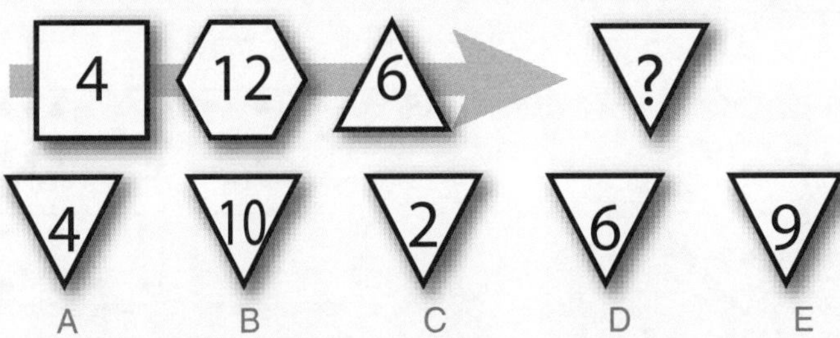
4
12
6
?
4
10
2
6
9
A
B
C
D
E

8.

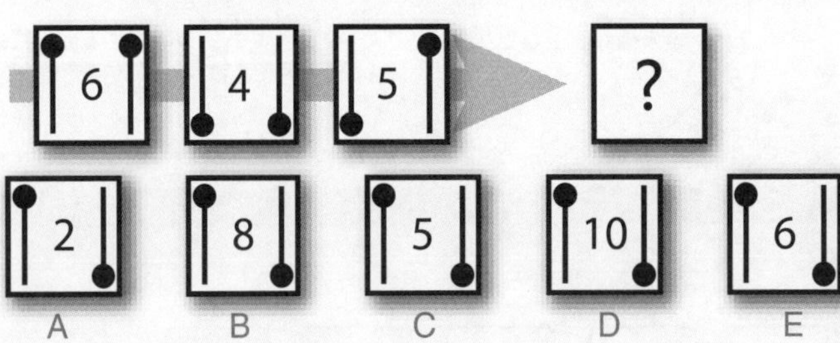
6
4
5
?
2
8
5
10
6
A
B
C
D
E

9.

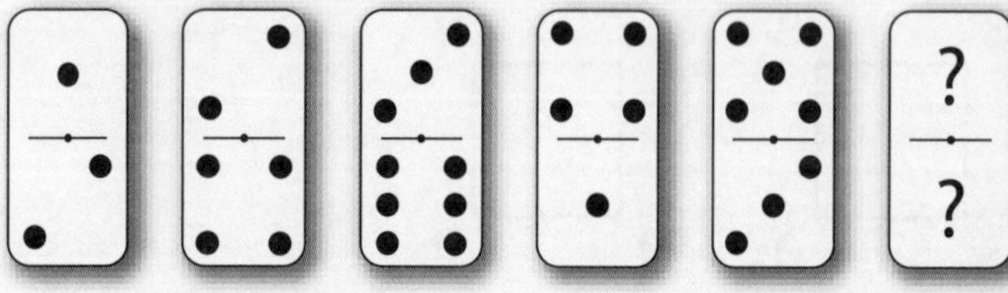

10.

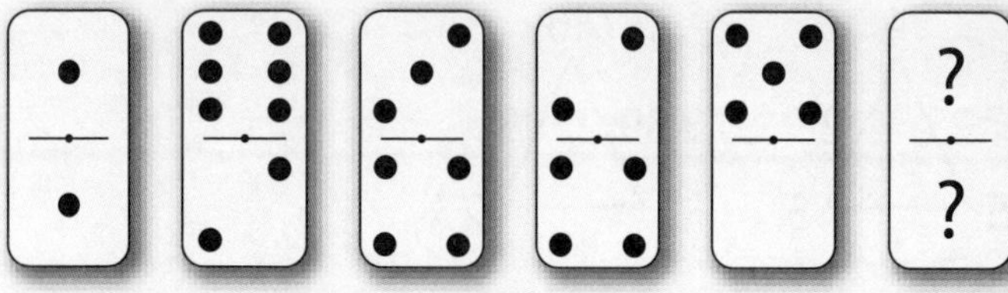

11.

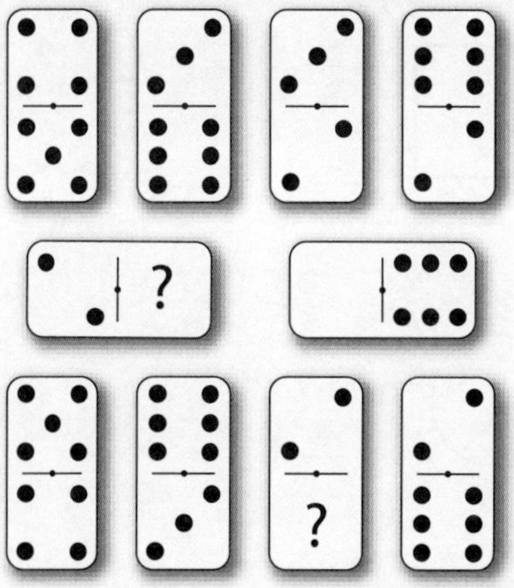

12.

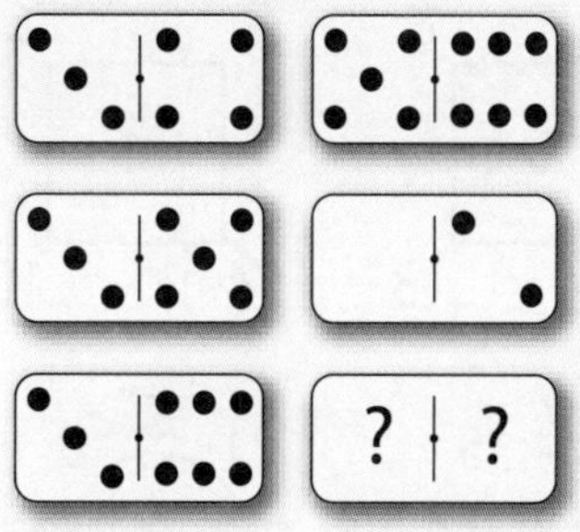

13.

14.

15.

16. 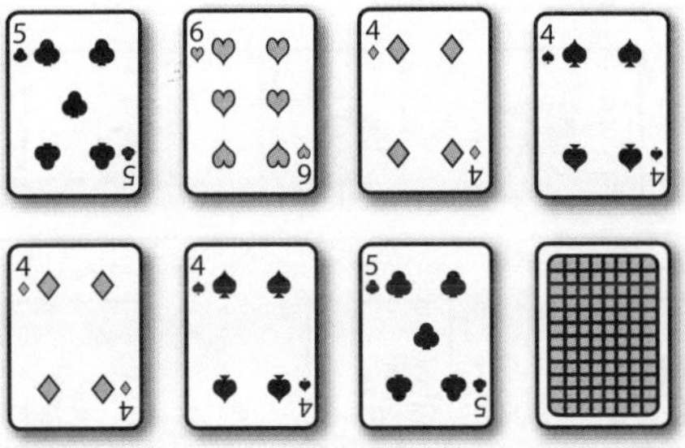

17. 

18. 

Exercice 4. Ensembles

Quelle figure peut être intégrée dans l'ensemble encadré ?

1. 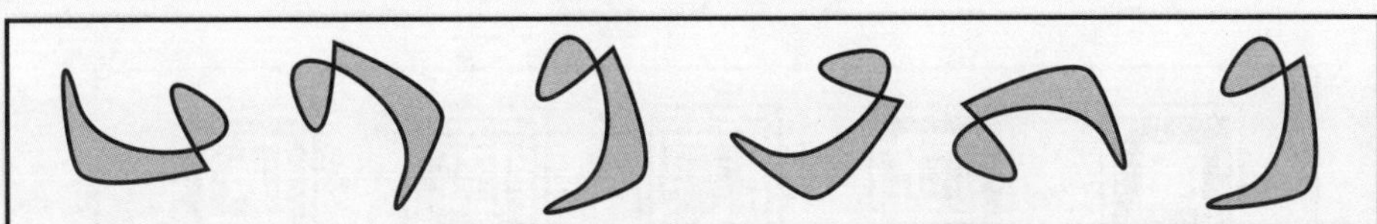

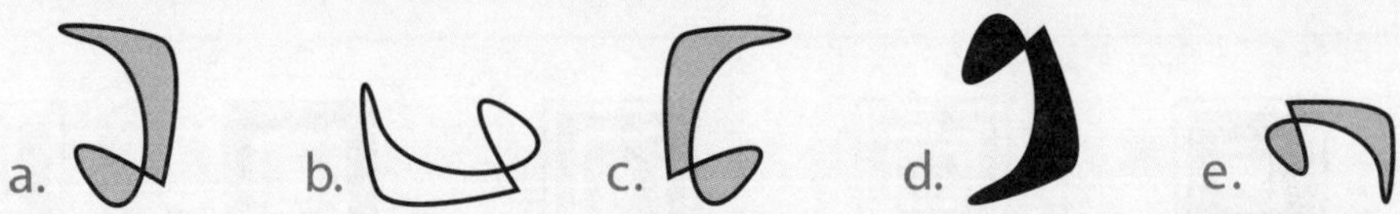

2.

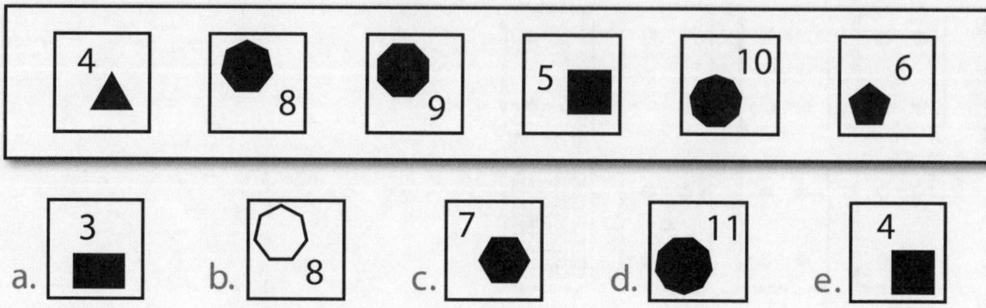
4
8
9
5
10
6
a. 3
b. 8
c. 7
d. 11
e. 4

3.

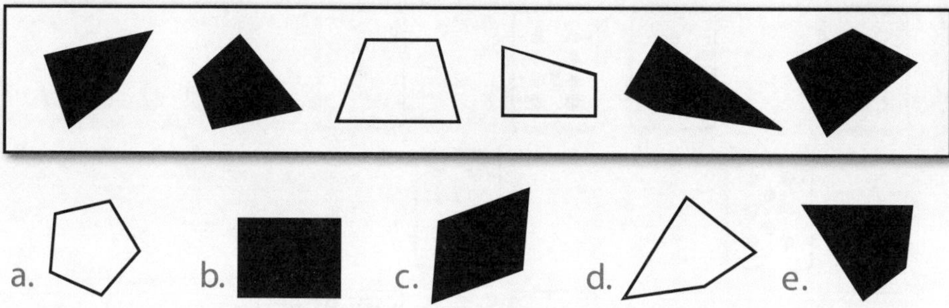
a.
b.
c.
d.
e.

4.

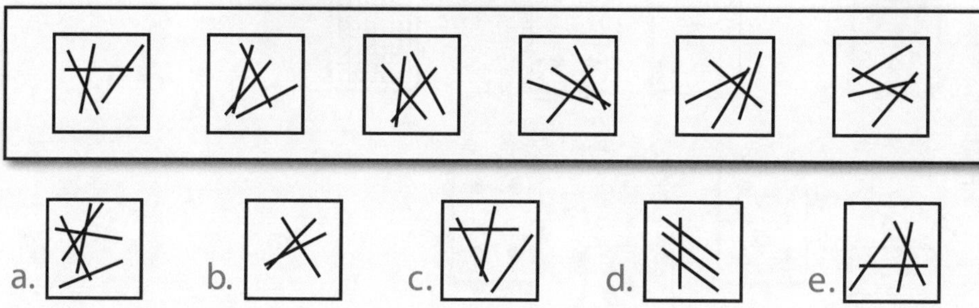
a.
b.
c.
d.
e.

5.

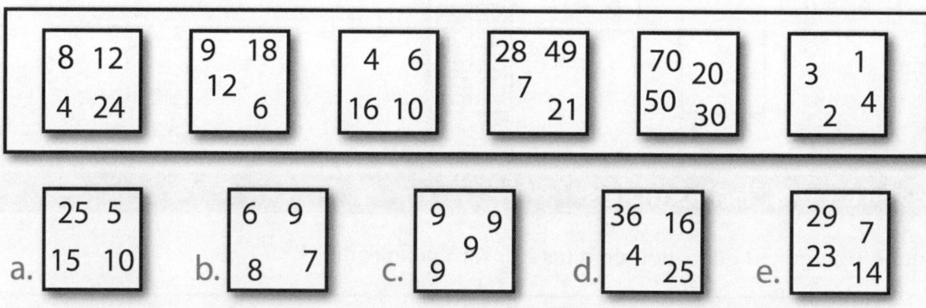
8 12 4 24
9 18 12 6
4 6 16 10
28 49 7 21
70 20 50 30
3 1 4 2
a. 25 5 15 10
b. 6 9 8 7
c. 9 9 9 9
d. 36 16 4 25
e. 29 7 23 14

6.

a.
b.
c.
d.
e.

7.

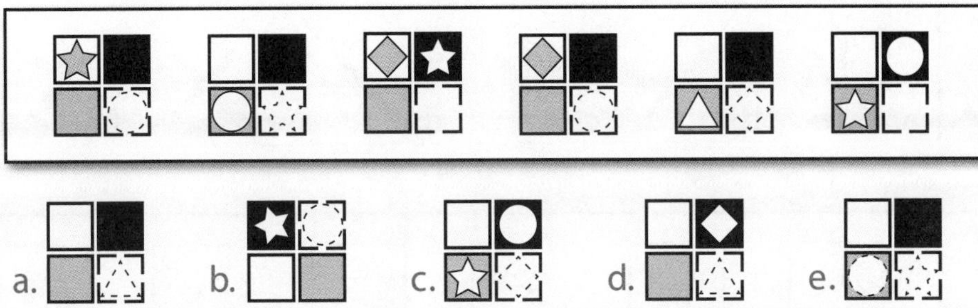

8. Les figures font chacune partie d'un ensemble A, B ou C.

Le cadre 1 contient 2 figures A et le cadre 2 en contient 3.

Le cadre 3 contient 3 figures B et le cadre 4 en contient 2.

Le cadre 5 contient 2 figures C et le cadre 6 en contient 2.

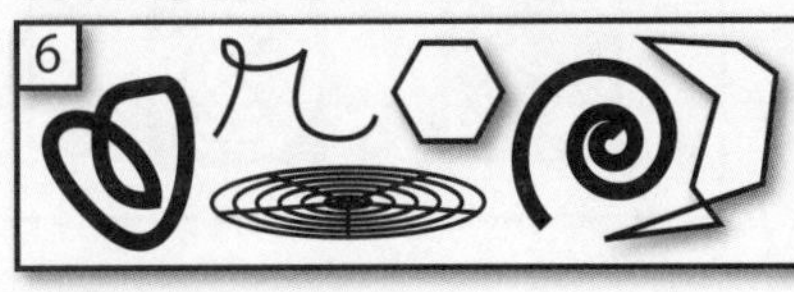

Identifiez l'ensemble auquel appartient chaque figure ci-dessous :

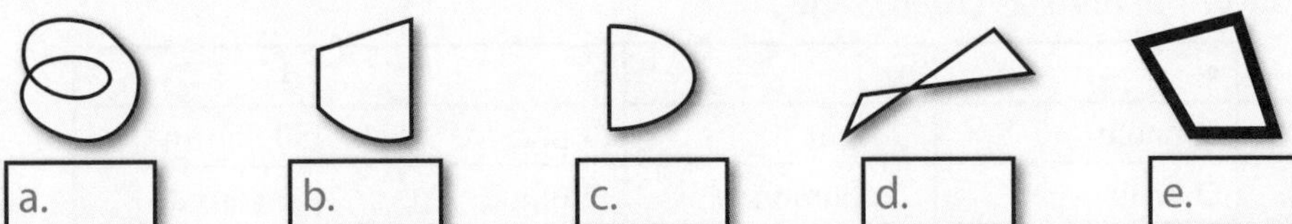

Exercice 5. Intrus

Trouvez la figure intruse.

1.

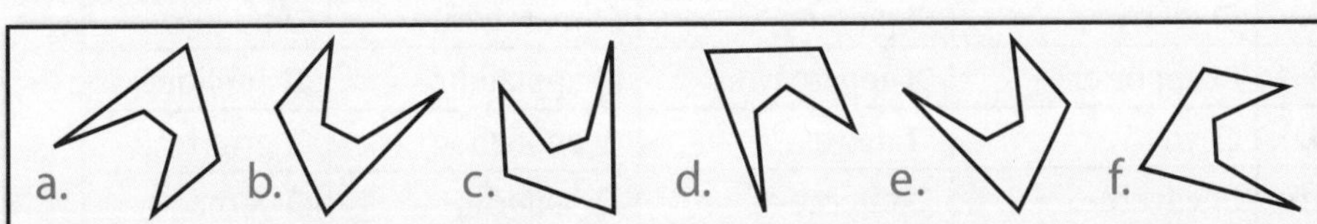

2.

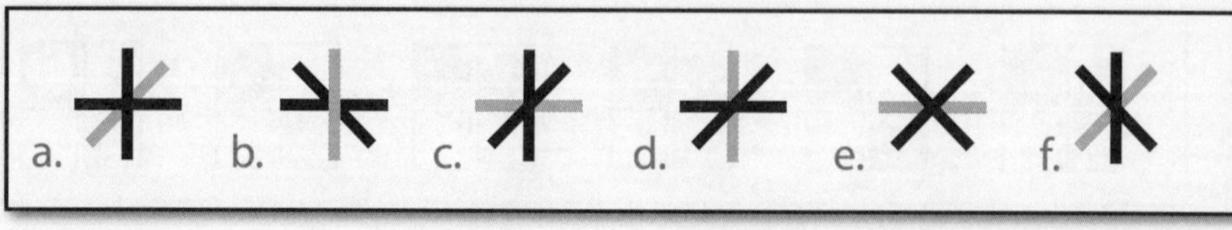

3.

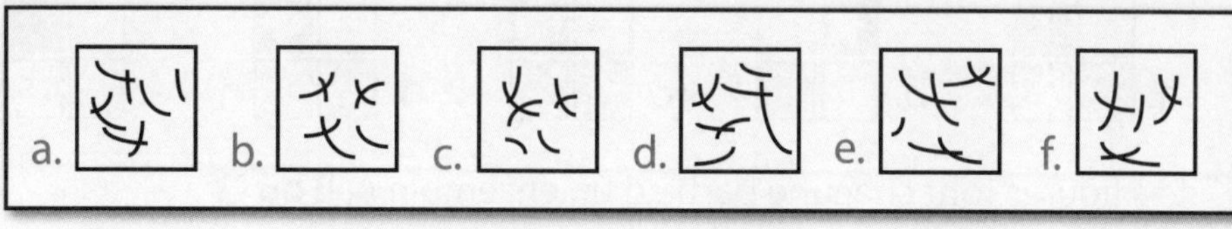

4.

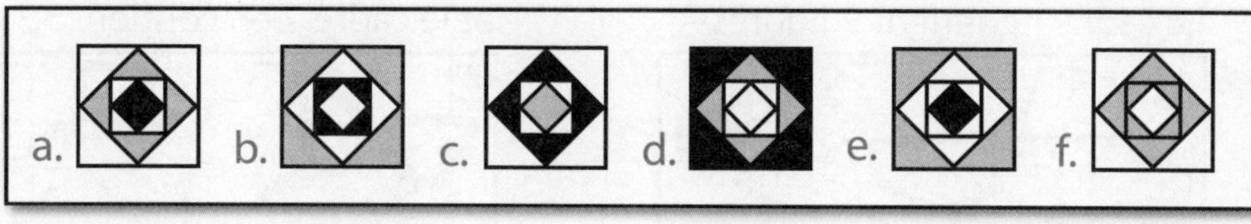

5.

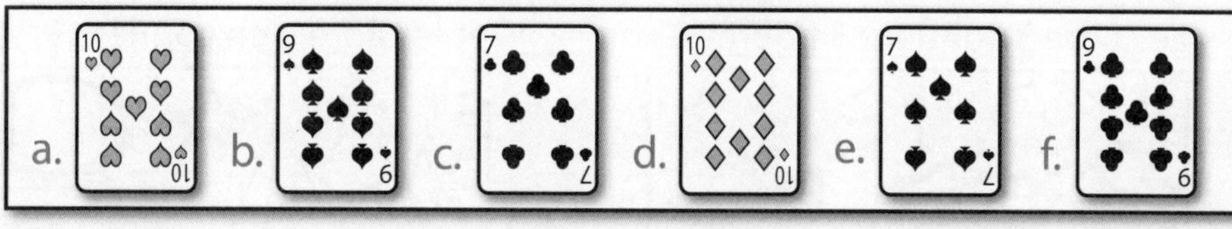

6.

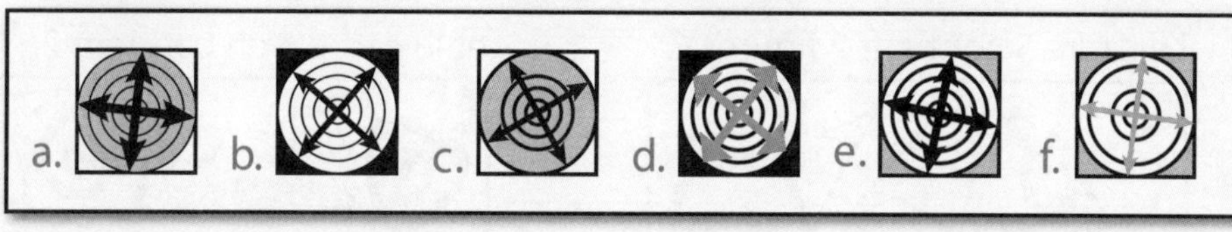

Exercice 6. Intrus

Trouvez l'intrus dans chaque série.

	a.	b.	c.	d.
1.	❒ oncle	❒ sœur	❒ père	❒ cousin
2.	❒ cœur	❒ poumon	❒ pique	❒ carreau
3.	❒ mardi	❒ mai	❒ hiver	❒ saison
4.	❒ banane	❒ avocat	❒ haricot	❒ tomate
5.	❒ locomotion	❒ vélo	❒ car	❒ voiture
6.	❒ handball	❒ rugby	❒ hockey	❒ golf
7.	❒ pierre	❒ pauline	❒ marguerite	❒ olivier
8.	❒ apporter	❒ appercevoir	❒ applaudir	❒ appliquer
9.	❒ yoyo	❒ maya	❒ chouchou	❒ grigri
10.	❒ caverne	❒ citerne	❒ lanterne	❒ cerne

Exercice 7. Ensembles

Trouvez quel ensemble vérifie les indications proposées.

1. Base : 1 - 2 - 3 - 5 - 6

5 3 1 chiffre commun à la bonne place
2 3 1 chiffre commun à la mauvaise place

Solution : ☐☐

2. Base : 1 - 2 - 3 - 5 – 6

1 3
3 2 } 1 chiffre commun à la mauvaise place

Solution : ☐☐

3. Base : A - B - C - E - F – J

A E C 3 lettres communes à la mauvaise place
B F A 1 lettre commune à la bonne place
F B C 1 lettre commune à la mauvaise place

Solution : ☐☐☐

4. Base : A - B - C - E - F – J

C F J 1 lettre commune à la mauvaise place
C E B
B F A } 1 lettre commune à la bonne place

Solution : ☐☐☐

5. Base : ● ★ ▲ ■ ○ +

★ ● ▲ ■
▲ ★ ■ ●
● ■ ★ ▲ } 4 symboles communs à la mauvaise place

Solution : ☐☐☐☐

6. Base : ● ★ ▲ ■ ○ +

▲ ○ ★
○ ■ ★ } 1 symbole commun à la mauvaise place
+ ○ ● 1 symbole commun à la bonne place et 2 à la mauvaise

Solution : ☐☐☐

7. Base : 1 - 2 - 3 - 4 - 5 - 6

1 4 3
3 5 2 } 1 chiffre commun à la mauvaise place
3 4 5 1 chiffre commun à la bonne place

Solution : ☐☐☐

8. Base : 1 - 2 - 3 - 4 - 5 - 6 - 7 – 8

3 2 4 5	1 chiffre commun à la bonne place et 2 à la mauvaise	
1 4 7 3	2 chiffres communs à la mauvaise place	**Solution :**
6 4 1 2	2 chiffres communs à la bonne place	☐☐☐☐
5 7 1 8	1 chiffre commun à la bonne place et 1 à la mauvaise	

9. Base : A - B - C - D - F - G – H

H A C B	2 lettres communes à la mauvaise place	
H D C A		**Solution :**
D H B C	1 lettre commune à la bonne place et 1 à la mauvaise	☐☐☐☐
B G H C	2 lettres communes à la mauvaise place	

10.

C A R N E	2 lettres communes à la bonne place	
C I R E E		
M I C R O		**Solution :**
T I R E R	1 lettre commune à la bonne place	☐☐☐☐☐
C O U L A		
B R U N E		
C I R E R	0 lettre commune à la bonne place	

Exercice 8. Syllogismes

En tenant compte des informations, déterminez quelles affirmations sont correctes.

1. *Tous les chats sont des animaux,*
Certains animaux sont rusés.
Par conséquent, il est vrai de dire…

❑ **a.** Certains chats sont des animaux.
❑ **b.** Tout ce qui est rusé est chat ou animal.
❑ **c.** Les chats sont des animaux rusés.
❑ **d.** Certains animaux rusés peuvent être des chats.
❑ **e.** Certains chats rusés peuvent être des animaux.

2. *Tous les pharmaciens sont allergiques,*
Tous les allergiques sont nerveux,
Jean est nerveux.
Par conséquent, il est vrai de dire...

❑ **a.** Jean est pharmacien.
❑ **b.** Jean est allergique.
❑ **c.** Jean peut être allergique sans être pharmacien.
❑ **d.** Jean peut être pharmacien sans être allergique.
❑ **e.** Jean est allergique ou n'est pas allergique.

3. *Parmi les trucs, il y a des machins,*
Parmi les bidules, il y a des choses,
Certains bidules sont des trucs mais aucun n'est un machin,
Certaines choses sont des trucs.
Par conséquent, il est vrai de dire...

- ❑ **a.** Il existe des trucs machins bidules.
- ❑ **b.** Il existe des bidules choses.
- ❑ **c.** Il existe des machins choses.
- ❑ **d.** Il existe des trucs bidules choses.
- ❑ **e.** Il existe des machines trucs.

4. *Tous les peintres sont des artistes,*
Tous les sculpteurs sont des artistes,
Tous les danseurs sont des artistes.
Par conséquent, il est vrai de dire...

- ❑ **a.** Tous les artistes sont des peintres, des sculpteurs ou des danseurs.
- ❑ **b.** Certains artistes sont des sculpteurs.
- ❑ **c.** Certains peintres danseurs sont des artistes.
- ❑ **d.** Tous les sculpteurs peuvent être des danseurs.
- ❑ **e.** Certains danseurs sculpteurs peuvent être des peintres.

5. *Aucun boulanger n'est pilote,*
Certains enfants de boulangers sont pilotes,
Tous les boulangers sont enfants de boulangers.
Par conséquent, il est vrai de dire...

- ❑ **a.** Certains boulangers sont pilotes.
- ❑ **b.** Certains enfants de boulangers peuvent n'être ni boulangers ni pilotes.
- ❑ **c.** Certains enfants de boulangers peuvent être boulangers et pilotes.
- ❑ **d.** Tout enfant de boulanger est nécessairement boulanger ou pilote.
- ❑ **e.** Les propositions sont contradictoires, aucune réponse ne convient.

Exercice 9. Opérateurs

Pour chaque question identifiez parmi les propositions la plus grande valeur relative.

1. Si ◆ = ☆☆☆ et ☆ = ⊙⊙,
la plus grande valeur est ...

- ❑ **a.** ⊙⊙⊙☆◆
- ❑ **b.** ◆◆◆
- ❑ **c.** ☆◆☆⊙
- ❑ **d.** ☆☆☆☆
- ❑ **e.** ⊙⊙⊙⊙⊙⊙⊙⊙

2. Si ♣ = ♧♧ et ♤ = ♣♣,
la plus grande valeur est ...

- ❑ **a.** ♧♧♧♣♣
- ❑ **b.** ♤♤
- ❑ **c.** ♣♤♧♣♧
- ❑ **d.** ♣♣♣♣♧
- ❑ **e.** ♤♣♧♧

3. Si ✪ = ✶✧ et ✧ = ✶✶,
la plus grande valeur est ...

- ❑ a. ✪✪✶✶✶✶✶✶✧
- ❑ b. ✧✧✶✶✪✶✧✧
- ❑ c. ✪✶✶✶✧✧✧✧
- ❑ d. ✪✪✪✪✶✶
- ❑ e. ✧✧✧✧✧✶✶✶✶✶

4. Si ■◆ = ❖ et ❖ = ◆◆◆◆,
la plus grande valeur est ...

- ❑ a. ❖❖❖◆❖◆❖
- ❑ b. ❖■■◆◆◆◆◆◆■◆
- ❑ c. ■■■■■◆◆◆■
- ❑ d. ◆❖◆■❖■◆❖
- ❑ e. 🕘🕘❖❖■■◆◆◆

Exercice 10. Séries

Quelle figure doit logiquement figurer dans le dernier carré ?

1.

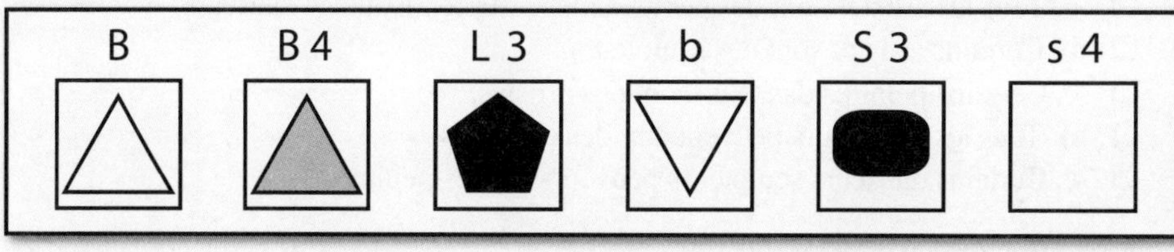

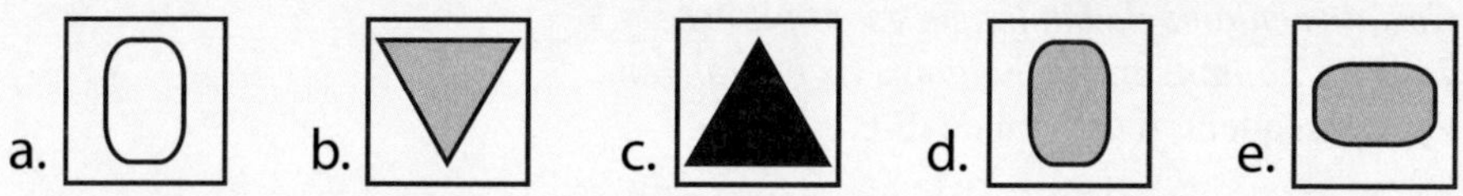

2.

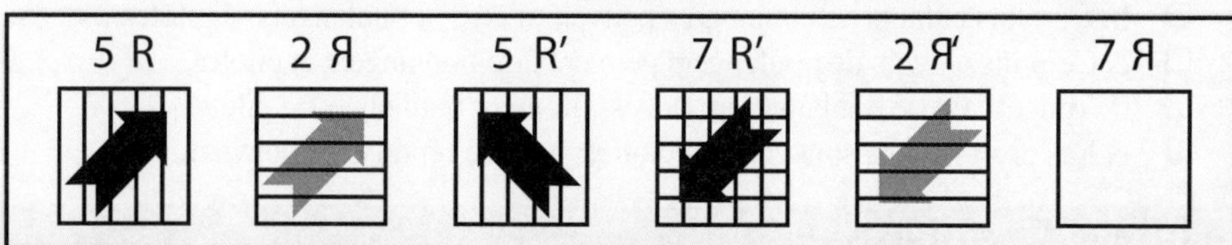

3.

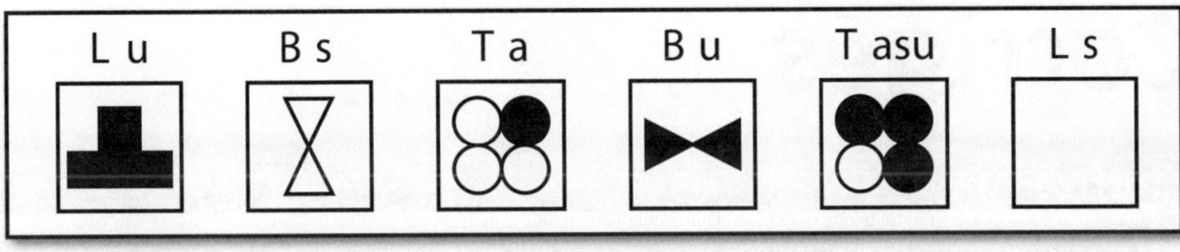
L u
B s
T a
B u
T asu
L s

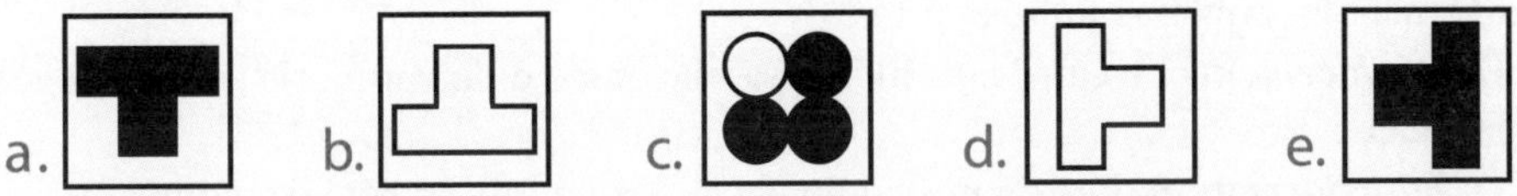
a.
b.
c.
d.
e.

4.

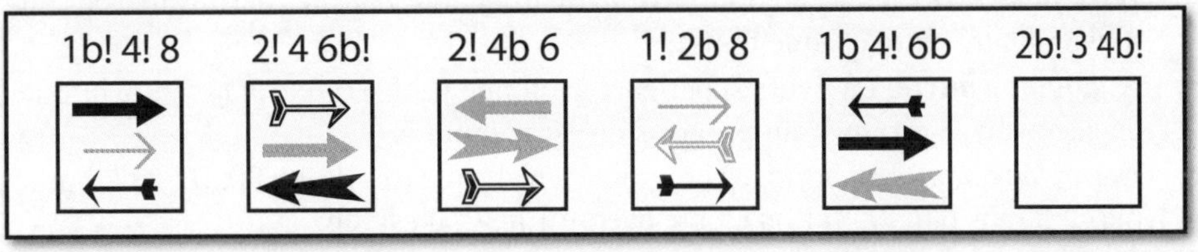
1b! 4! 8
2! 4 6b!
2! 4b 6
1! 2b 8
1b 4! 6b
2b! 3 4b!

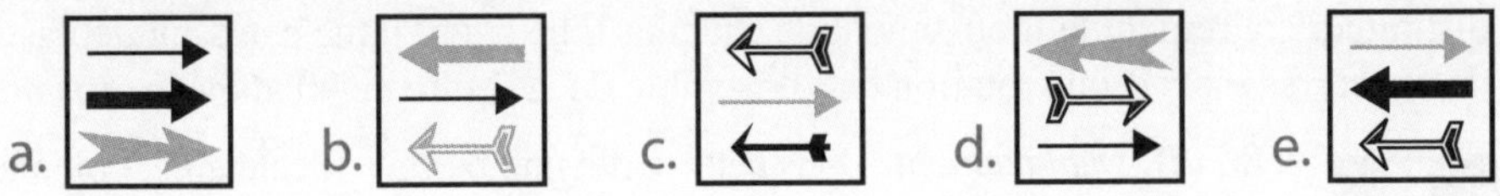
a.
b.
c.
d.
e.

Corrigés

Corrigé 1

1. **C.** ***Logique mixte : déplacement et transformation***. Le carré descend sa diagonale en alternant les couleurs noire et grise.
2. **D.** ***Déplacement***. Le carré noir monte sa diagonale et le carré gris suit sa rangée vers la gauche.
3. **D.** ***Transformation***. Les figures comptent à chaque fois un côté de moins.
4. **D.** ***Déplacement***. La figure tourne d'un quart de tour dans le sens inverse des aiguilles d'une montre entre chaque figure.
5. **A.** ***Logique mixte.*** La figure supérieure s'allonge vers la droite et la figure inférieure se déplace vers la droite. Leur progression est identique.
6. **E.** ***Déplacement***. Les horloges progressent à chaque fois de 1 h 30. Il est d'abord 3 h 30 puis 5 h puis 6 h 30. Si l'on ajoute encore 1 h 30, il est 8 h.
7. **C.** ***Déplacement***. Dans cette série, le nombre de carrés noircis est trop important pour distinguer clairement le mouvement de chacun. Il ne s'agit donc pas d'un déplacement de ces carrés mais d'une rotation de l'ensemble de la figure de 90 dans le sens horaire.

8. **B.** ***Déplacement***. Dans cette série, une barre verticale en 2e colonne (en bleu dans le schéma) cache certains mouvements de 3 carrés : un carré noir en 1re colonne qui descend sa diagonale, un carré noir en 4e colonne qui descend sa colonne et un carré gris en 2e colonne (caché par la barre noire) qui descend sa diagonale et précède donc le 1er carré noir. Arrivé à la fin de sa diagonale, ce carré gris en recommence une autre.

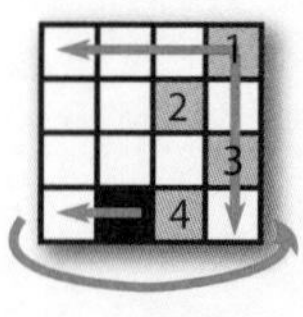

9. **A.** ***Déplacement***. Voici une série bien plus complexe avec de nombreuses superpositions. Dans ce cas, il faut commencer par les éléments les plus isolés : ici le carré noir en 4e rangée. Ce carré suit sa rangée vers la gauche puis commence une nouvelle fois cette rangée. Ensuite on constate qu'il y a 3 autres carrés superposés en figure 1. Un de ces carrés continue la rangée 1 vers la gauche, un autre descend la 4e colonne et le 3e progresse en zigzag suivant les cases grises du schéma ci-contre.
10. **B.** ***Superposition simple.*** Nous constatons, en colonne, qu'il s'agit d'une addition graphique : éléments de la 1re figure + éléments de la 2e figure = 3^e^ figure. Il faut donc additionner 2 + 3 carrés soit 5 carrés.
11. **D.** ***Répartition***. Sur chaque rangée horizontale, 3 symboles différents placés à l'horizontale : un trapèze, un rectangle et un rectangle arrondi. Il manque ce symbole sur la 3e ligne.
12. **F.** ***Superposition avec modification***. En suivant les rangées horizontales, on inverse les couleurs des 2 premières figures pour obtenir la 3e figure. Ainsi sur la 3e rangée horizontale, la réponse comportera un carré blanc en bas à gauche et trois carrés noirs.

13. A. ***Répartition***. Sur chaque rangée horizontale, les 3 orientations différentes des rayures sont présentes (verticale, horizontale, diagonale) et deux orientations similaires ne sont jamais contiguës (comme c'est le cas pour les deux plus grands cercles dans la proposition D).

14. C. ***Superposition avec modification***. On constate qu'horizontalement comme verticalement les 2 premières figures permettent d'obtenir la 3^{E}. Pour cela on observe les deux règles suivantes :
- on supprime les traits qui forment l'intérieur et l'extérieur d'un même côté ;
- et on inverse le sens (intérieur devient extérieur et inversement) des traits qui n'ont pas leur vis-à-vis.

On remarquera que pour la figure manquante, on ne trouvait pas la même réponse en procédant par colonne ou par rangée horizontale. Or, seule la solution par colonne était proposée.

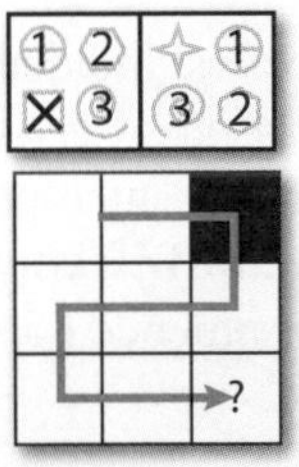

15. D. ***Répartition et modification***. Dans cette série complexe, chacune des cases de la matrice est composée de 4 objets. Ces objets tournent dans le sens horaire de 90 , le 1er objet (noté 1 dans le schéma de gauche) passant à droite, le 2e en bas à droite, le 3e en bas à gauche et le dernier disparaît remplacé dans la série suivante par un objet nouveau en haut à gauche (ce qui élimine F). Enfin l'ensemble de la série évolue suivant la flèche du 2e schéma.

Corrigé 2

1.	**b. +3**	1 (+3) 4 (+3) 7 (+3) 10 (+3) 13
2.	**c. ×2**	2 (2) 4 (2) 8 (2) 16 (2) 32
3.	**a. –2**	44 (2) 42 (2) 40 (2) 38 (2) 36
4.	**d. +1, +2, +3, +4**	12 (+1) 13 (+2) 15 (+3) 18 (+4) 22
5.	**b. +9, +0**	23 (+ 9) 32 (+ 0) 32 (+ 9) 41 (+0) 41 (+9) 50
6.	**e. +100**	347 (+100) 447 (+100) 547 (+100) 647
7.	**d. +2**	(= passer une lettre) A (B) C (D) E (F) G
8.	**a. +4**	B (CDE) F (GHI) J (KLM) N (OPQ) R
9.	**d. +1, +3, +5, +7**	E (–) F (GH) I (JKLM) N (OPQRST) U
10.	**c. +2, ×2**	4 (+ 2) 6 (2) 12 (+ 2) 14 (2) 28 (+ 2) 30

11. c. Chaque chiffre est précédé de l'initiale du mot qui lui correspond (U pour Un, D pour Deux, etc.)

12. d. Association des noms à leur nombre de voyelles. *Hirondelle* compte 4 voyelles. Attention : l'*y* est une voyelle.

13. b. Chaque lettre a été remplacée par un chiffre : R = 4, O = 3, T = 5, U = 6, L = 2 et E = 1. Donc LOUTRE = 236541.

14. e. Le chiffre indique le nombre de jours entre les deux jours indiqués ; ainsi entre mardi et vendredi, il y a mercredi et jeudi soit 2 jours. Or, entre dimanche et mercredi il y a 2 jours (lundi et mardi) et si après mercredi on passe 3 jours, soit jeudi, vendredi et samedi, on arrive à dimanche.

15. **32.** ***Opération***. Addition des valeurs en ligne ou en colonnes. Les valeurs à droite sont obtenues par la somme des valeurs de leur rangée et les valeurs du bas sont obtenues en faisant la somme des valeurs de leur colonne.

16. **j.** ***Répartition***. Sur chaque rangée, on retrouve les mêmes éléments disposés différemment : les lettres K et J et les chiffres 3 et 8.

17. **u.** ***Opération***. En rangée, si on additionne les valeurs qui correspondent au classement des lettres dans l'alphabet, on obtient la lettre de droite; Ainsi, B + D = 2^{e} + 4^{e} lettre = 6^{e} lettre = F. Or L est la 12e lettre (2 lettres après la lettre-repère J) et I est la 9e lettre ; donc 12 + 9 = 21. La 21e lettre de l'alphabet est U.

18. **36.** ***Opération***. Chaque chiffre est associé à son carré : 1 et son carré 1, 2 et 4, 3 et 9, 4 et 16, 5 et 25. Il manque le carré de 6, à savoir 36.

19. **F.** ***Opération***. Le chiffre 5 central est la raison entre chaque valeur opposée (en ligne horizontale, verticale ou diagonale). Il faut donc calculer A + 5 = F.

20. **XXIV et D.** ***Opération***. En ligne horizontale, la somme des chiffres arabes est indiquée en chiffres romains. Sur la 2e ligne, il faut donc calculer 1 + 13 + 10 = 24 puis l'écrire en chiffres romains (XXIV). En colonne, la somme des chiffres est représentée par l'initiale du mot. Ainsi pour la 1re colonne 7 + 1 + 8 = 16, or en écriture SEIZE commence par un S. En 3e colonne on trouve 18 qui s'écrit DIX-HUIT et commence donc par un D.

Corrigé 3

1. **3.** La valeur au sommet du triangle est obtenue par l'addition des valeurs de la base. Or 11 8 = 3.

2. **6.** La valeur centrale est la moyenne des 3 valeurs extérieures au triangle. Ainsi dans le 1er triangle nous avons 5 + 3 + 4 = 12, or 12 3 = 4. Pour le dernier carré la somme des valeurs est 18, or 18 3 = 6.

3. **1.** La somme des 4 valeurs autour d'un carré est toujours 14. Dans le dernier carré, il manque 14 (5 + 4 + 4) = 1.

4. **15 et 57.** Il fallait bien voir que deux réponses étaient attendues. Dans chaque triangle, la valeur située à la pointe d'un angle est obtenue par addition des deux valeurs les plus proches. Ainsi le 12 en haut du 1er triangle est obtenu en faisant 9 + 3.

5. **2.** La valeur au centre du carré correspond à l'écart (la raison) entre chaque valeur en partant de la plus petite (toujours située en haut à gauche). Dans la 3e figure, l'écart entre les valeurs est 2.

6. **31.** La valeur centrale du cercle est obtenue par addition des 4 valeurs en croix (croix droite ou croix penchée à 45). Ainsi dans le 2e cercle, 8 + 27 + 14 + 2 = 51 et 9 + 9 + 12 + 21 = 51. La symétrie des 3 et des 5 dans la 1re série est une fausse piste.

7. **D.** La valeur numérique est obtenue en multipliant par deux le nombre de côtés de la figure qui l'entoure.

8. **C.** Lorsque la boule noire est placée en haut de la barre, elle vaut +3 et quand elle est placée en bas, elle vaut +2

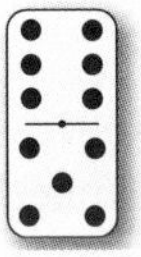

9. ***Série en ligne.***

Ligne du haut : suite croissante de raison +1.

Ligne du bas : suite croissante de raison +2 (on passe à chaque fois une valeur).

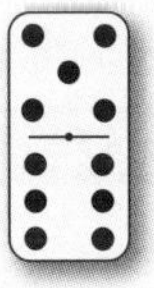

10. ***Série en zigzag.***

La 1re série (qui part du 1 en haut du 1er domino) est une suite croissante de raison +1.

La 2de série est une suite décroissante de raison –2.

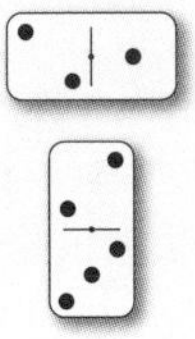

11. ***Série avec symétrie + série en ligne.***

C'est l'exemple parfait qui illustre la règle d'or de la priorité au visuel. Au 1er coup d'œil, on doit voir que les dominos de la 1re ligne et ceux de la dernière ligne sont symétriques selon un axe horizontal. Pour le point d'interrogation le plus bas, la réponse est donc 3.

Pour la ligne centrale, elle ne joue pas de rôle dans la symétrie et constitue une petite suite de raison 1(2 1 0 6). La réponse est donc 1.

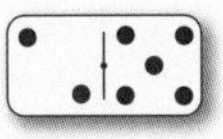

12. ***Série en ligne (ou en colonne).***

Sur la 1re ligne, nous voyons une suite de raison +1.

Sur la 2e ligne, une suite de raison +2.

Sur la 3e ligne, une suite de raison +3.

13. ***Série circulaire (sens horaire) en prenant 1 domino sur 2.***

La 1re série commence à l'intérieur du cercle en partant de la valeur 4 du domino le plus haut. En prenant un domino sur deux, on voit 4 3 2 1 soit une suite de raison 1. La partie extérieure de cette série (extérieur du cercle) propose la suite 1 3 5 0 soit une série de raison +2.

La 2de série fonctionne selon le même agencement. On commence par le domino 1/5 en haut à droite. À l'intérieur on observe la suite 5 6 0 et le suivant sera 1 (raison +1) ; à l'extérieur on voit la suite 1 2 3 et le suivant sera 4 (raison +1).

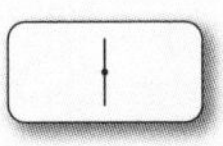

14. ***Série d'opérations.***

C'est rare, mais il ne faut pas négliger cette possibilité.

Dans cette série, 3 opérations sont présentées en ligne. La 4e valeur de chaque ligne horizontale est obtenue par addition des 3 autres valeurs. Ainsi ligne 1 : 1 + 4 + 1 = 6. Dans la dernière ligne, il ne manque pas de valeur. Il faut donc le domino 0/0.

15. 7 de cœur. ***Série en ligne.*** En associant les familles de mêmes couleurs (carreau avec cœur et pique avec trèfle) on découvre deux séries : celle des « rouges » composée de la suite des chiffres impairs (1 3 5) et celle des noirs composée de la suite 9 6 3 de raison 3. Il faut poursuivre la 1re série par un 7. Concernant la famille, chaque série alterne les deux familles.

16. 6 de cœur. ***Répartition.*** On retrouve les mêmes cartes sur les deux rangées, mais elles sont disposées différemment.

17. 5 de pique. ***Opération avec matrice.*** Dans la série matricielle (les 5 cartes de gauche) on constate que chacune des 3 lignes a la même somme, 8. Dans la 2e série, il manque

5 pour que la 3e ligne fasse 10. Concernant le choix de la famille, on constate que les 4 familles sont présentes sur la 1re ligne ; il en sera de même sur la 3e ligne.

18. **7 de trèfle.** ***Opération***. La valeur ou la somme des cartes de chaque colonne progresse de 1. Ainsi la 1re colonne a un 8, la 2e fait 9, la 3e a un 10 et la 4e doit faire 11. Concernant la famille, chaque colonne a une famille différente et les cartes d'une même colonne ont la même famille.

Corrigé 4

1. **c.** C'est exactement la même figure ayant subie une rotation. Les figures b. et d. sont d'une couleur différente, la a. est inversée (effet miroir) et la e. est plus petite.
2. **c.** La figure est noire et elle compte toujours un côté de moins que le nombre associé.
3. **c.** Dans l'ensemble, toutes les figures sont des quadrilatères (ce qui élimine a.). Les figures sont noires quand elles n'ont pas de segment à l'horizontale, et elles sont blanches dans le cas contraire. On aurait pu penser que les figures blanches sont celles qui ont des segments parallèles, mais alors on se retrouvait avec deux réponses, b. et c.
4. **e.** Dans chaque carré, on compte 4 segments (ce qui élimine a. et b.). Sur ces 4 segments, 3 sont sécants entre eux formant une figure fermée, un triangle (ce qui élimine d.) et le 4e segment est seulement sécant avec un autre segment (élimine c.).
5. **a.** Chaque ensemble est constitué de nombres qui sont les multiples d'une valeur commune (2 ou 4 pour le premier ensemble, 3 pour le deuxième, 2 pour le troisième, 7 pour le quatrième, 10 pour le cinquième, 1 pour le dernier).
6. **e.** Les carrés sont de quatre couleurs différentes (blanc, gris, bleu, noir). Le plus petit n'est jamais blanc et le plus grand est toujours blanc. L'ordre des autres couleurs n'importe pas.
7. **d.** Dans l'ensemble il y a toujours 1 carré blanc, 1 carré blanc aux bords en pointillés, 1 carré noir et un gris et ils ne bougent pas (ce qui élimine b.). Dans 2 de ces carrés, il y a toujours une figure (ce qui élimine a. et c.). Dans le carré en haut à gauche, la figure est grise, ailleurs elle est blanche. Dans le carré en pointillés, et seulement là, elle a des pointillés (ce qui élimine e.). Il reste d.
8. **Ensemble A : b., c. ; ensemble B : a., d. ; ensemble C : e.**
   Ensemble A : figures ayant au moins un segment droit et une partie arrondie.
   Ensemble B : forme ou figure à intersection(s).
   Ensemble C : forme ou figure à bords épais.
   Les formes à bords épais pouvaient être dans les 3 ensembles, mais pour les cadres 5 et 6 c'était le seul ensemble possible tant les formes étaient variées.

Corrigé 5

1. **e.** Il s'agit toujours de la même figure, mais elle est inversée (effet miroir) en e.
2. **b.** Toutes les figures comptent 3 segments croisés, 2 noirs et 1 gris. Mais le segment gris est placé en dessous dans toutes les figures sauf en b.
3. **c.** Chaque encadré contient 7 ou 8 arcs de cercle (8 en a. et d.) et 3 arcs sécants. Mais en c.un arc est sécant avec deux autres.
4. **f.** Toutes les figures ont un carré et un losange ou 2 carrés ou 2 losanges en couleurs, l'un en gris et l'autre en noir, sauf le f.

5. **a.** Toutes les cartes vont par paire (même couleur et même valeur). Mais en a. la carte est incorrecte car elle compte 9 cœurs alors que c'est un 10.
6. **d.** Toutes les figures ont des cercles concentriques (5 cercles dont 1 manquant en c. et f.) et 2 flèches perpendiculaires. Les couleurs ne permettent pas de trouver un intrus. Mais si l'on regarde les formes, on s'aperçoit que les flèches de la d. n'ont pas la même forme.

Corrigé 6

1. **b.** Seul nom qui désigne une personne de sexe féminin.
2. **b.** Seul mot qui ne désigne pas une des familles des cartes.
3. **d.** Seul nom qui ne désigne pas le nom d'une division du temps mais donne une appellation générale (tout comme *jour* ou *mois*).
4. **c.** Légume parmi des fruits.
5. **a.** Principe général parmi des éléments qui permettent la locomotion (le déplacement).
6. **d.** Le golf n'est pas un sport collectif.
7. **b.** C'est le seul qui ne peut être qu'un prénom.
8. **b.** Seul mot qui ne prend qu'un seul *–p* (apercevoir).
9. **b.** Seul mot où la syllabe initiale n'est pas répétée.
10. **d.** Seul mot masculin (un cerne) parmi des mots féminins.

Corrigé 7

1. **52. *Technique 4*** permet de barrer le 3. On entoure 5 ligne 1 et on souligne 2 ligne 2. Le 2 doit être en 2e position.
2. **21. *Technique 3*** permet de barrer 3 (il devrait être sur l'une des lignes à la Bonne Place – « BP » – ce qui n'est pas le cas. On souligne 1 et 2. Le 1 est en 2e position, le 2 en 1re position.
3. **ECA. *Technique 1*** permet de barrer B et F lignes 2 et 3. Donc A est BP ligne 2 et comme E n'est pas BP en 2e position et qu'il ne peut être en 3e position, il est BP en 1re position. D'où C en 2e position.
4. **JEA. *Technique 4*** permet de barrer C et F (ils ne peuvent être BP dans un cas et MP dans l'autre) et ***technique 2*** permet de barrer B (contradiction entre les lignes 2 et 3). Donc E est BP ligne 2 et A est BP ligne 3. Et il reste la 1re position pour J.
5. **■▲●★.** Aucune technique requise. Il faut voir la seule place que chaque symbole n'occupe jamais ; c'est la BP.
6. **✚●○. *Technique 1*** permet de barrer ▲★■ aux lignes 1 et 2. Donc ○ ne peut être qu'en 3e position et donc ● est MP est 3e ligne et c'est ✚ qui est BP.
7. **615. *Technique 4 et utilisation de la base.*** On barre les 3 et 4 car ils ne peuvent être BP sur une ligne et MP sur une autre en étant à la même place. Donc en ligne 3 le chiffre BP est 5 ; il est MP en ligne 2 ce qui élimine le 2. En ligne 1 le 1 est MP ; il peut être BP en 2e position. On constate alors qu'il manque un chiffre pour la 1re position et on prend dans la base le chiffre inutilisé : 6.
8. **3512. *Technique 4*** permet de barrer 4 (comparaison des lignes 2 et 3). On le barre également ligne 1 et on sait ainsi que les 3 autres chiffres de la ligne 1 sont dans la solution (on les pointe ou les souligne partout). Ensuite on entoure le 2 à la ligne 3 (il est dans

la réponse et il ne peut être que BP). On souligne donc le 5 à la ligne 1 (il ne peut être BP) et on entoure le 3. Du coup le 6 de la ligne 3 ne peut pas être BP ; on le barre et on entoure le 1 sur la ligne 3. On entoure le 1 ligne 4. Il suffit alors de placer le 5 (qui est forcément dans la solution) en 2e position et les 4 chiffres sont trouvés.

9. **DBAG.** ***Techniques 5 et 6***. Le comptage permet de barrer le C et le H (ces lettres reviennent trop souvent). On souligne les lettres restantes sauf ligne 3 où on pointe. Puis on envisage des hypothèses sur la lettre BP à la ligne 3. Si cette lettre BP est D, alors il ne reste que la 3e position pour le A, le G est à la 4e position et le B est à la 2e position. Cette hypothèse est la bonne et l'autre (2 BP à la ligne 3) ne marche pas car D et G devraient tous deux être en 4e position.
10. **TACLE.** Cet exercice était un carré de mots d'où l'absence de base.
On part de CIRER et on élimine toutes les lettres qui apparaissent au même endroit dans les autres lignes. Du coup il ne reste que le E final de CIREE qui est la lettre BP. De même pour TIRER, il ne reste que le T qui est BP. Donc la 1re lettre est T et la dernière est E. Dans BRUNE, le E est BP, donc le N est à barrer dans CARNE ; du coup pour ce mot dans la mesure où CRN sont barrés les lettres BP sont A et E.
Enfin on constate que le U est barré dans BRUNE donc aussi dans COULA. La lettre BP dans COULA ne peut être que le L (les autres places étant déjà occupées par d'autres lettres). Et la lettre en 3e position est le C de MICRO.

Corrigé 8

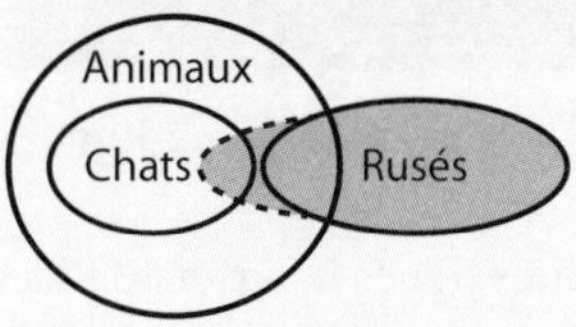

1. **d.** La proposition a. est fausse car elle impliquerait que certains chats ne sont pas des animaux. La b. est fausse car il peut y avoir d'autres êtres rusés. La c. est fausse car ce n'est pas affirmé. La e. est fausse puisque tous les chats sont des animaux.

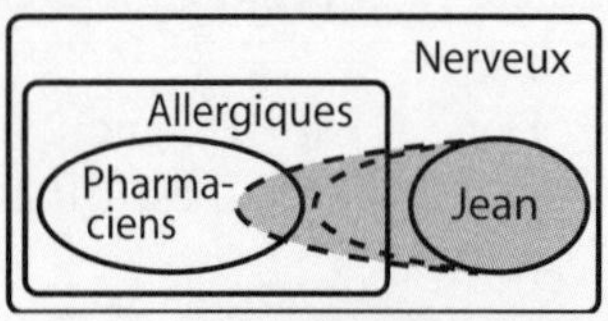

2. **c, e.** Les propositions a. et b. sont fausses car elles ne sont pas nécessaires (il peut l'être ou ne pas l'être). La c. est vraie mais pas la d. car s'il est pharmacien, il est allergique. La e. est vraie de toute façon.

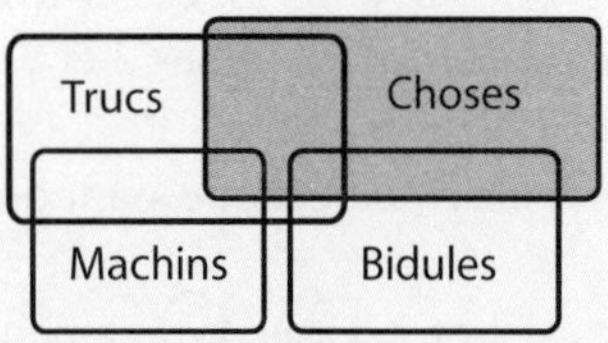

3. **b, c, d, e.** La proposition a. est fausse car il n'existe pas de machins bidules. La c. est vraie car rien ne dit que les choses sont toutes des bidules ; elles sont « parmi les bidules ». La d. est vraie car certains bidules et certaines choses sont des trucs. La b. et la e. sont directement énoncées dans l'intitulé.

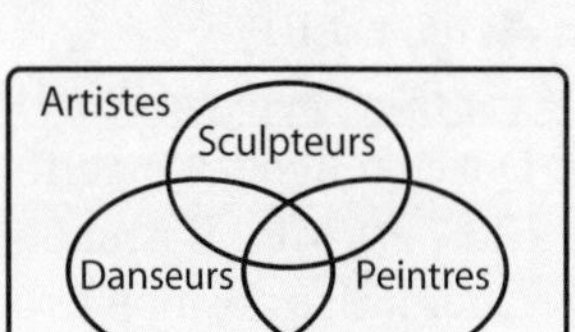

4. **b, d.** La proposition a. est fausse car il est possible que certains artistes ne soient pas d'une de ces trois catégories. La c. est fausse car tous les peintres danseurs sont des artistes. La d. est possible donc elle ne peut être éliminée. Et il en est de même pour la e.

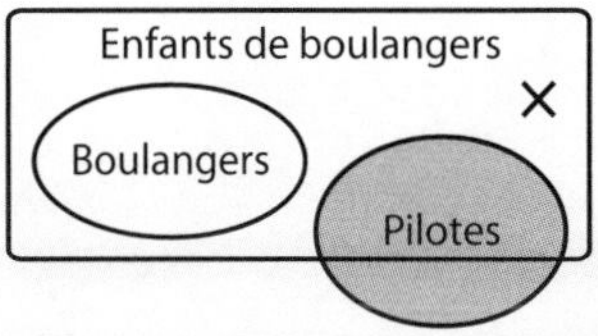

5. **b.** La proposition a. est fausse car elle est contradictoire avec la 1re phrase de l'intitulé. La c. également. La d. est fausse (cf. la croix).

Corrigé 9

1. **b.** Valeurs relatives : ⊙ = 1, ☆ = 2, ◆ = 6.
a = 11, b = 18, c = 11, d = 8, e = 8.
2. **c.** Valeurs relatives : ♧ = 1, ♣ = 2, ♤ = 4.
a = 7, b = 8, c = 10, d = 9, e = 8.
3. **e.** Valeurs relatives : ✶ = 1, ✧ = 2, ✪ = 3.
a = 13, b = 14, c = 14, d. 14, e = 15.
4. **a.** Valeurs relatives : ◆ = 1, ■ = 3, ❖ = 4.
a = 22, b = 19, c = 21, d = 21, e = 19.

Corrigé 10

1. **e.** Les lettres majuscules désignent les formes (B pour triangle, L pour pentagone, S pour la figure arrondie). Les minuscules désignent ces mêmes formes après une rotation de 180 . La figure s n'est cependant pas différente de S quand elle fait un demi-tour. Les chiffres symbolisent les couleurs (3 pour le noir et 4 pour le gris).
2. **d.** Les chiffres indiquent le type de hachures (5 pour vertical, 2 pour horizontal, 7 pour les 2). Le R à l'endroit indique que la flèche est noire et à l'envers il indique que la flèche est grise. Enfin l'apostrophe indique que la flèche est pointée vers la gauche ; si elle est absente la flèche est pointée vers la droite.
3. **d.** Les lettres majuscules représentent les formes (L pour le podium, B pour le sablier, T pour les 4 petits ronds). Les minuscules ont chacune leur signification : u signifie que la figure est noire, s qu'elle tourne d'un quart de tour dans le sens horaire par rapport à la figure sans s, et a désigne une symétrie ou inversion exacte.
4. **e.** Les chiffres indiquent les formes des flèches, et ils ne suivent pas l'ordre des flèches. Le b signifie que la flèche est pointée vers la gauche et le « ! » que la flèche est noire (à défaut, elle est grise). On notera que le 3 n'est pas présent dans la série et qu'il faut donc trouver dans la réponse une flèche nouvelle.

Admission

Inventaires de personnalité

- Les tests de personnalité
- Conseils
- Le questionnaire de personnalité
- Le test de gestion du stress

Présentation

1 Les tests de personnalité

1 Évaluer l'adéquation du profil psychologique du candidat avec la fonction de gendarme

La réforme du concours de sous-officiers de gendarmerie initiée en 2010, s'inscrivait dans un processus de refonte plus large du dispositif de recrutement qui visait à le rendre plus efficient afin de garantir l'opérationnalité et l'adaptabilité des futurs gendarmes.

Elle était le résultat d'une réflexion, associant militaires et psychologues, permettant d'aboutir à un nouveau profil type du gendarme prenant en compte les évolutions du métier et ses spécificités notamment :

- l'importance de l'adhésion aux valeurs militaires, soit la discipline, la disponibilité, la droiture et l'obligation de réserve ;
- la dimension collective du travail et de la vie en caserne ;
- la mission de régulation sociale auprès des populations dans des contextes potentiellement difficiles…

Cette démarche a conduit à la rénovation des outils de sélection permettant d'évaluer la concordance entre le profil psychologique du candidat et les traits de personnalité nécessaires à l'exercice de la fonction de gendarme.

Le candidat au concours de sous-officiers de gendarmerie est depuis lors soumis en même temps que les épreuves d'admissibilité, à deux tests de personnalité :

- un questionnaire évaluant les traits de caractère déterminant son adaptabilité à la fonction de gendarme et son futur comportement en situation professionnelle ;
- un test de gestion du stress.

L'un et l'autre visent à préparer, s'il est admissible, un entretien individuel avec un psychologue.

Inventaires de personnalité et rapport d'entretien du psychologue constituent une aide à la décision sous la forme d'un avis transmis au président du jury d'examinateurs qui recevra le candidat lors de l'épreuve orale d'admission.

2 Les questionnaires de personnalité

Il existe de nombreux questionnaires de personnalité composés d'un nombre plus ou moins élevé d'items (80 à 450) portant sur les opinions, les sentiments, les réactions et attitudes de l'individu en diverses circonstances.

Tous ces tests se présentent sous la forme d'une liste de questions, le plus souvent informatisée, à choix multiples (vrai/faux, oui/non/je ne sais pas…) ou à préférence (choix parmi des affirmations, adjectifs…). Ils sont, la plupart du temps, non minutés et non notés.

Ils comprennent plusieurs questions se rapportant à chaque dimension psychologique évaluée et l'ensemble des éléments mesurés permettent de déterminer la personnalité globale du candidat.

Depuis 2010, la gendarmerie dispose de deux inventaires de personnalité spécifiques.

Le premier des deux inventaires de personnalité du concours de sous-officiers de gendarmerie vise à mesurer certains traits de personnalité du candidat (intégrité, sociabilité, ouverture d'esprit…), ses motivations et son aptitude à servir dans les rangs de ce corps d'armée (sens de la discipline, disponibilité, dynamisme, capacités d'adaptation…).

Le second détermine la façon dont il va réagir dans des situations difficiles, notamment face à une pression psychologique importante.

Les résultats de ces deux tests seront analysés, pour les candidats admissibles, par un psychologue à l'issue des premières épreuves de sélection.

Conseils

1 L'attention

Lisez attentivement les énoncés des tests, de façon à ne pas vous méprendre sur le sens de la question posée ou de l'affirmation proposée.

> **Exemple**
> Si vous répondez « NON » à la phrase :
> « Vous n'avez jamais consommé de substance stupéfiante » : ❒ OUI ❒ NON
> Cela signifie que vous avez déjà fait usage de drogue.

Soyez également très attentif(ve) aux consignes et aux exemples donnés afin de comprendre ce que l'on attend de vous.

2 La préparation

Même s'il n'est pas possible de se préparer aux inventaires de personnalité, il est en revanche recommandé de se familiariser à leur forme et à leur contenu, afin d'éviter l'effet de surprise et de mieux gérer son éventuelle appréhension face à ce type d'épreuve.
Il est nécessaire de rappeler que les tests sont un préalable à l'entretien avec un psychologue que vous aurez également préparé et au cours duquel vous pourrez argumenter et illustrer vos choix de réponse aux deux inventaires de personnalité.
De plus, les candidats ayant une faible maîtrise de l'ordinateur, pourront s'entraîner sur le fonctionnement des tests informatisés en réalisant des exercices proposés par des sites web spécialisés dans ce domaine. Cet entraînement permettra de limiter l'effet de nouveauté et de gagner du temps le jour du concours.

3 La sincérité

Il est facile d'orienter ses réponses de façon à tenter de donner une bonne image de soi. Mais il est préférable d'être honnête car les tests de personnalité prévoient des moyens de détection du mensonge.
Ainsi, ils peuvent contenir des affirmations ou des questions auxquelles la majorité des personnes interrogées devraient répondre de façon défavorable.

> **Exemples**
> - « Vous êtes toujours ponctuel(le) à vos rendez-vous » : ❒ OUI ❒ NON
> - « Vous n'avez jamais proféré de jurons » : ❒ OUI ❒ NON
>
> Répondre OUI à ce type d'affirmations démontre une tendance chez le candidat à « tricher » et rend suspectes toutes ses autres réponses au test.

Par ailleurs, l'introduction dans le test de plusieurs questions ou affirmations très proches, permet de vérifier la cohérence des réponses. Si ces dernières ne sont pas sensiblement les mêmes, la fiabilité des résultats obtenus sera mise en cause.

4 La neutralité

Durant l'épreuve, ne commentez pas le test, ni sur la forme, ni sur le fond.
Certaines questions peuvent paraître incongrues ou anodines. Pour autant, ne remettez pas en cause la pertinence du test, conçu par des experts de la psychométrie et répondez toujours avec sérieux et sincérité.
Rappelez-vous que l'important est de présenter un profil équilibré et cohérent.

5 La spontanéité

Il n'est pas nécessaire de parcourir l'ensemble des questions avant de commencer le test. Répondez de façon intuitive, sans trop réfléchir. Il n'existe pas de bonnes ou de mauvaises réponses. L'objectif est, rappelons-le, de vérifier l'adéquation entre le profil du candidat et les exigences de la fonction de gendarme.
Même si vous n'avez pas de contrainte de temps, une lenteur excessive pour ce type d'épreuve ferait s'interroger l'examinateur présent sur la nature de vos difficultés.
Répondez à toutes les questions et évitez de donner trop de réponses indécises, du type « *je ne sais pas* », « *peut-être* », « *ça dépend* », ou mitigées, « *3* » sur une échelle de 1 à 5. À défaut, vous pourriez être considéré(e) comme réfractaire au test ou comme quelqu'un d'indécis.

Cours & méthode

3 Le questionnaire de personnalité

La personnalité peut se définir en termes de traits de caractère qui sous-tendent et guident le comportement de l'individu. Par exemple, une personne timide aura des difficultés à interagir avec les autres.

À partir du profil type du gendarme tel qu'il a été défini, ont été déterminés les comportements attendus et par là même les aptitudes et les traits de personnalité requis pour exercer cette fonction. Ils vont être évalués par l'inventaire de personnalité.

Son objet est moins de rechercher le profil souhaité que d'éviter des personnalités incompatibles avec le métier de gendarme.

En effet, la gendarmerie nationale ne peut se permettre de recruter des personnes susceptibles de présenter des comportements à risque pour eux-mêmes, leurs collègues de travail et la population. Cette précaution vaut également pour les candidats au concours interne.

Voici quelques-unes des dimensions psychologiques vraisemblablement évaluées lors de ce concours, leur définition et des exemples d'affirmations ou de questions permettant leur évaluation.

1 L'ascendance

C'est la tendance à la domination et à l'autorité sur les autres. Une personne dite « dominatrice » prend des responsabilités, se montre persuasive. Une personne dite « soumise » préfère suivre les consignes et évite de se mettre en avant.

Exemples

- Cochez la case correspondant à la réponse qui vous décrit le mieux :
  « Je cherche à faire adhérer les autres à mes idées ».
  ❒ Jamais ❒ Rarement ❒ De temps en temps ❒ Souvent ❒ Toujours
- Répondez par « oui » ou « non » à cette question :
  « Vous êtes capable de tenir tête à une personne si vous en avez envie ».
  ❒ Oui ❒ Non

2 La conscience professionnelle

Cette dimension traduit le sens du devoir, l'ordre, le respect des obligations et l'autodiscipline.

Exemples

- Notez l'affirmation suivante sur une échelle de 1 à 5. Entourez la note la plus élevée si l'affirmation vous correspond parfaitement et la note la plus basse si elle ne vous correspond pas du tout :
  « Je pense que les supérieurs sont souvent éloignés des problèmes de terrain. »
  5 4 3 2 1
- Choisissez entre les deux adjectifs proposés, celui qui vous correspond le mieux :
  Impulsif – Ponctuel

3 Le dynamisme

C'est la mesure de l'enthousiasme, de l'énergie. Il caractérise les personnes tournées vers les autres et vers l'action.

Exemples

- Choisissez l'action qui vous décrit le mieux :
  ❒ Organiser ❒ Agir ❒ Ranger
- Répondez par « oui » ou « non » à cette question :
  « Vous aimez la compétition ? »
  ❒ Oui ❒ Non

4 L'honnêteté

C'est la droiture et l'intégrité, deux qualités indispensables dans l'exercice de la fonction de gendarme.

Exemples

- Répondez à la question suivante par « oui » ou « non » :
  « Si vous voyez un collègue agir de façon malhonnête, le diriez-vous à votre hiérarchie ? »
  ❒ Oui ❒ Non
- Répondez à la question suivante par « oui » ou « non » :
  « Avez-vous commis une infraction au Code de la route au cours de ces deux dernières années ? »
  ❒ Oui ❒ Non

5 L'ouverture d'esprit

Cette dimension évalue si le candidat est imaginatif, rêveur ou au contraire aime avoir « les pieds sur terre » et se conforme à des règles préétablies.

Exemples

- Répondez à la question suivante en cochant la réponse qui correspond le mieux à ce que vous pensez :
  « Tout ce qui est nouveau me fascine ».
  ❒ Vrai ❒ Ne sait pas ❒ Faux
- Choisissez l'affirmation qui vous correspond le mieux :
  ❒ J'aime m'en tenir aux tâches connues et maîtrisées.
  ❒ Le travail routinier m'ennuie.

6 Le sens de l'organisation

Une personne organisée est prudente et réfléchit avant de prendre des décisions. Elle est ordonnée et rigoureuse dans son travail.

Exemples

- Cochez l'une des trois cases correspondant à votre réponse : « vrai » si vous êtes d'accord, « ne sait pas » si vous hésitez ou « faux » si vous n'êtes pas d'accord :
  « Lorsque je fais quelque chose, je prends d'abord le temps de réfléchir à tout ce dont je vais avoir besoin »
  ❒ Vrai ❒ Ne sait pas ❒ Faux
- Choisissez entre les deux verbes proposés, celui qui vous correspond le mieux :
  Diriger – Organiser

7 Le sens des responsabilités

C'est la capacité à prendre une décision et à agir de façon adaptée et raisonnée.

Exemples

- Cochez l'une des trois cases correspondant à votre réponse : « vrai » si vous êtes d'accord, « ne sait pas » si vous hésitez ou « faux » si vous n'êtes pas d'accord :
  « Je tiens à respecter mes engagements ».
  ❒ Vrai ❒ Ne sait pas ❒ Faux
- Notez l'affirmation suivante sur une échelle de 1 à 5. Entourez la note la plus élevée si l'affirmation vous correspond parfaitement et la note la plus basse si elle ne vous correspond pas du tout :
  « Je parle de mes difficultés si cela me permet de résoudre une situation ».
  5 4 3 2 1

8 La sociabilité

C'est la tendance à rechercher les contacts sociaux et les relations interpersonnelles.

Exemples

- Notez l'affirmation suivante sur une échelle de 1 à 5. Entourez la note la plus élevée si l'affirmation vous correspond parfaitement et la note la plus basse si elle ne vous correspond pas du tout :
  « Je préfère les sports individuels aux sports collectifs ».
  5 4 3 2 1
- Cochez l'une des trois cases correspondant à votre réponse : « vrai » si vous êtes d'accord, « ne sait pas » si vous hésitez ou « faux » si vous n'êtes pas d'accord :
  « Je me fais facilement des amis »
  ❒ Vrai ❒ Ne sait pas ❒ Faux
- Entourez parmi cette paire d'adjectifs, celui qui vous décrit mieux que l'autre :
  Structuré – Sociable

9 La stabilité émotionnelle

C'est la facilité avec laquelle l'individu s'adapte aux circonstances de la vie, fait face aux événements avec calme, se remet de ses échecs. La personne équilibrée a une perception positive et optimiste de la vie.

Exemples

Notez l'affirmation suivante sur une échelle de 1 à 5. Entourez la note la plus élevée si l'affirmation vous correspond parfaitement et la note la plus basse si elle ne vous correspond pas du tout :

- « Lorsque l'on me démontre que j'ai fait une erreur, cela ne m'affecte pas longtemps ».
  5 4 3 2 1
- Cochez l'une des trois cases correspondant à votre réponse : « vrai » si vous êtes d'accord, « ne sait pas » si vous hésitez ou « faux » si vous n'êtes pas d'accord :
  « À votre avis, est-il préférable de ne pas trop attendre de la vie, pour éviter les déceptions ? »
  ❒ Vrai ❒ Ne sait pas ❒ Faux
- Entourez parmi cette paire d'adjectifs, celui qui vous décrit mieux que l'autre :
  Rêveur – Positif
- Cochez l'une des trois cases correspondant à votre réponse : « vrai » si vous êtes d'accord, « ne sait pas » si vous hésitez ou « faux » si vous n'êtes pas d'accord :
  « Mon entourage dit de moi que je suis facilement préoccupé(e) »
  ❒ Vrai ❒ Ne sait pas ❒ Faux

Pour rappel, seuls les tests des candidats admissibles seront analysés. Les réponses à chaque item de l'inventaire de personnalité sont notées et l'ensemble des notes pour chacune des dimensions évaluées, est additionné.

Les résultats globaux prendront la forme d'un graphique ou d'un tableau de scores.

Ils seront interprétés par le psychologue, qui s'attachera à cerner la personnalité globale du candidat. Des hypothèses seront faites sur les comportements de ce dernier dans certaines situations professionnelles qui seront ensuite mises en relation avec ceux déterminés dans le profil type du gendarme tel qu'il a été défini au préalable.

Exercice

Répondez par OUI ou NON aux questions suivantes en mettant une croix dans la case correspondant à votre réponse.

QUESTIONS	OUI	NON
1. Je propose mon aide sans que l'on ait besoin de me le demander.	❒	❒
2. J'ai déjà pensé au suicide.	❒	❒
3. Je m'énerve dans les embouteillages.	❒	❒
4. Je n'aime pas que l'on me donne des ordres.	❒	❒
5. J'aime rendre service.	❒	❒
6. Je souffre souvent d'insomnies.	❒	❒
7. Je ne suis pas très patient(e).	❒	❒
8. J'aime faire ce qui me plaît.	❒	❒
9. Si deux de mes amis se disputent, j'interviens pour les calmer.	❒	❒
10. Mon entourage dit de moi que je suis plutôt pessimiste.	❒	❒
11. Si une personne au téléphone me fait attendre, je raccroche.	❒	❒
12. J'aime prendre mes propres décisions.	❒	❒
13. J'accepte de prendre les auto-stoppeurs dans ma voiture.	❒	❒
14. Je suis facilement inquiet(e).	❒	❒
15. La patience n'est pas une de mes qualités.	❒	❒
16. Je n'étais pas un(e) enfant obéissant.	❒	❒
17. Je déteste choisir des cadeaux passe-partout.	❒	❒
18. Il m'est arrivé d'être déprimé(e).	❒	❒
19. Je perds parfois mon calme.	❒	❒
20. Je supporte difficilement l'autorité.	❒	❒

Ce mini-test est organisé autour de quatre séries de questions :

- Série 1 : questions 1, 5, 9, 13 et 17 mesurent l'altruisme, le sens du service, la bienveillance.
- Série 2 : questions 2, 6, 10, 14 et 18 mesurent la stabilité émotionnelle.
- Série 3 : questions 3, 7, 11, 15 et 19 mesurent la maîtrise de soi, la patience.
- Série 4 : questions 4, 8, 12, 16 et 20 mesurent le rapport à l'autorité.

4 Le test de gestion du stress

Confronté à la violence et à des incivilités, à de fortes exigences liées à la cadence du travail et aux interventions dans l'urgence, au port de l'arme de service, au manque d'autonomie, etc., le gendarme est exposé à des facteurs de risques psychosociaux importants.

Pour y faire face, il doit être doté d'une personnalité équilibrée et d'une bonne tolérance au stress professionnel.

Le concours de sous-officiers de la gendarmerie prend en compte cette dimension en intégrant, dans ses épreuves de sélection, un test de gestion du stress destiné à repérer les individus vulnérables et susceptibles de développer des conduites à risque pour eux-mêmes et pour les autres.

Les candidats seront donc soumis à un questionnaire spécifique, permettant de détecter leur résistance au stress et de mesurer leur capacité de contrôler leurs impulsions.

Exemples

- Répondez à la question suivante en cochant la réponse qui correspond le mieux à ce que vous pensez :

  « Quel est, à votre avis, l'objectif des week-ends ? »

  ❒ La possibilité de passer du temps avec sa famille et ses amis.

  ❒ La possibilité de ne pas travailler aussi dur que durant la semaine même si je ne parviens jamais à me détendre complètement.

  ❒ La possibilité de se détendre et d'oublier le travail.

- Cochez l'une des trois cases correspondant à votre réponse : « vrai » si vous êtes d'accord, « ne sait pas » si vous hésitez ou « faux » si vous n'êtes pas d'accord :

  « Vous considère-t-on comme quelqu'un sachant garder son sang-froid en toutes circonstances ? »

  ❒ Vrai ❒ Ne sait pas ❒ Faux

- Répondez à la question suivante en cochant la réponse qui correspond le mieux à ce que vous pensez :

  « Que ressentez-vous coincé(e) dans un embouteillage ? »

  ❒ de la frustration ❒ de la colère ❒ de l'ennui

- Répondez à l'affirmation suivante par « Oui » ou « Non » :

  « Je suis contrarié(e) si je suis interrompu(e) dans mon travail »

  ❒ Oui ❒ Non

Les réponses au test de gestion du stress seront analysées et interprétées par le psychologue pour les candidats admissibles. Elles serviront de base à un échange sur le même thème lors de l'entretien individuel.

Admission

Entretien auprès d'un psychologue

- L'entretien auprès d'un psychologue
- Conseils

1

Présentation
L'entretien auprès d'un psychologue

Les candidats au concours interne de sous-officiers de la gendarmerie sont soumis à deux inventaires de personnalité destinés à préparer, s'ils sont admissibles, un entretien avec un psychologue, fréquemment dénommé « entretien complémentaire ».
Les résultats des tests serviront de base à l'échange qui doit permettre de dépasser leur simple profil psychologique pour évaluer comment certains traits de leur personnalité se manifesteront concrètement en situation professionnelle.
Pour cela, le psychologue va questionner les candidats, leur demandant de parler d'eux, de leur vécu et de donner des exemples illustrant la façon dont leur personnalité impacte leur comportement.

1 Le contenu de l'échange

L'entretien est dit « structuré ». Il est basé sur une série de questions identiques pour tous les candidats et axés sur eux et sur l'emploi de gendarme. Ces dernières peuvent être classées en trois catégories :

a. Les questions sur le candidat

Elles permettent d'en apprendre plus sur la personnalité du candidat et son projet professionnel.

Exemples

- « Quelles sont vos motivations pour évoluer vers le métier de sous-officier en gendarmerie ? »
- « Aimez-vous prendre des risques ? »
- « Quels sont vos centres d'intérêt ? »
- « Si vous ne réussissez pas le concours, que ferez-vous ? »
- « Qu'est-ce que vous appréciez dans la profession de gendarme ? »

b. Les questions situationnelles

Elles portent sur des situations professionnelles hypothétiques et le candidat doit expliquer comment il réagirait dans un tel contexte.

Exemples

« Vous procédez à une vérification d'identité sur la voie publique. Votre interlocuteur sort de sa poche une arme blanche. Comment réagissez-vous ? »
« Que faites-vous si un prévenu vous accuse de l'avoir maltraité lors de son interpellation ? »
« Un de vos collègues vous reproche d'avoir enclencher votre caméra-piéton lors d'une intervention. Que lui répondez-vous ? »

c. Les questions comportementales

Le candidat est interrogé sur ce qu'il a fait, dans le passé, dans certaines situations ou doit démontrer, sur la base d'une situation vécue, qu'il possède une qualité spécifique.

> **Exemples**
> « Décrivez une situation professionnelle au cours de laquelle vous avez été amené(e) à faire preuve d'esprit d'initiative ? »
> « Dans quelle circonstance avez-vous été amené(e) à agir sous pression ? »

Les réponses aux différentes questions vont être analysées en fonction d'une grille de réponses attendues qui correspondent à la mise en avant des qualités nécessaires à l'exercice de la fonction de gendarme.

2 Les finalités de l'entretien : diagnostic et pronostic

L'entretien d'évaluation psychologique a un double objectif :

- Le diagnostic : déterminer le profil psychologique du candidat, c'est-à-dire s'il possède les aptitudes nécessaires et si à l'inverse, il n'a pas développé des traits de personnalité incompatibles avec l'exercice du métier de gendarme ;
- Le pronostic : faire des hypothèses, sur la base des aptitudes repérées, sur sa capacité à réussir dans un poste qu'il n'a jamais occupé jusque-là.

Les inventaires de personnalité ainsi que l'entretien avec le psychologue, ne constituent pas des épreuves éliminatoires.

Il s'agit d'une aide à la décision destinée au jury d'examinateurs de l'épreuve orale d'admission. Ce document comportera une synthèse des résultats de l'évaluation de la capacité d'adaptation du candidat à la fonction de gendarme et un avis sur une échelle alphabétique (A – B – C – D) ou numérique (1 – 2 – 3 – 4). Un avis « favorable » voire « très favorable », autrement dit supérieur à la moyenne, est un atout indéniable pour la réussite du concours.

Conseils

Le psychologue va vraisemblablement évoquer en début d'entretien les résultats des inventaires de personnalité, autrement dit livrer au moins en partie son interprétation du profil psychologique du candidat.

Ce dernier sera invité à argumenter sur ses points d'accord et de désaccord, à parler de certains traits de sa personnalité à l'appui de questions très précises.

Le candidat va parler de lui, de son vécu, de ses motivations… autant de questions qui nécessitent un travail de réflexion préalable.

Réussir cet entretien implique :

- Un travail de réflexion globale sur soi-même : ses qualités, ses défauts, ses préférences, ses intérêts, les apports de ses expériences personnelles et professionnelles, ses réussites, ses échecs… Cette démarche, qui idéalement doit se traduire par un bilan écrit et détaillé, permettra au candidat de prendre du recul sur lui-même, son histoire personnelle et l'aidera à comprendre ce qui détermine ses attitudes et ses choix ;
- Un travail de recherche d'informations sur la profession de gendarme, sa pratique et son environnement. L'image que le candidat se fait du métier doit correspondre à la réalité. Ce point sera développé dans le chapitre consacré à la préparation de l'épreuve orale d'admission.

Le candidat au concours interne doit être en capacité de montrer la cohérence de son parcours, en s'appuyant sur ses expériences (gendarme adjoint volontaire, réserviste, adjoint de sécurité…) et en se projetant dans un avenir professionnel en qualité de sous-officier en gendarmerie.

Le psychologue va également prendre en compte le comportement du candidat lors de l'entretien, qui doit être concordant avec l'analyse des inventaires de personnalité.

Par exemple, une attitude passive lors de l'échange remettrait en cause une évaluation positive sur son dynamisme. De la même façon, des manifestations de type gestes nerveux, rougeurs, hésitations dans le discours… seront prises en compte pour l'évaluation de sa gestion du stress.

Pour réussir cette épreuve, le candidat doit se montrer sincère, naturel et positif. Il doit aussi rester calme même si les questions du psychologue sont insistantes.

Épreuve d'admission n° 1

Entretien avec le jury s'appuyant sur un dossier professionnel

- L'entretien avec le jury
- Le dossier professionnel
- L'entretien de motivation
- Les principales questions du jury
- Réussir l'oral d'admission

25 minutes • Coef 7

1 Présentation
L'entretien avec le jury

L'épreuve d'entretien du concours de sous-officier de gendarmerie prend la forme d'un entretien centré sur l'expérience professionnelle des candidats dans leur activité de volontaire au sein de la gendarmerie nationale, de titulaire du diplôme de gendarme adjoint, d'adjoint de sécurité de la police nationale, de militaire des forces armées autres que la gendarmerie ou de réserviste de la gendarmerie nationale.

Elle vise à mettre en valeur l'aptitude du candidat à l'exercice de la fonction de sous-officier de gendarmerie au regard principalement de ses acquis en matière d'expérience professionnelle.

Elle est organisée en deux temps d'échanges.

- Le premier s'appuie sur un dossier professionnel déposé par le candidat au moment de son inscription au concours ;
- Le second permet au jury d'élargir la discussion, pour aborder ses motivations, son projet professionnel ainsi que sa personnalité.

Le jury est composé d'au moins deux examinateurs parmi les professionnels suivants :

- un officier national de la gendarmerie ;
- les correcteurs des épreuves d'admissibilité ;
- des psychologues civils ou militaires ;
- les officiers chargés de l'organisation et du contrôle de l'exécution de l'épreuve sportive.

Lors de cette épreuve d'une durée totale de 25 minutes, le jury dispose des inventaires de personnalité, de l'avis du psychologue et du dossier du candidat.

L'oral d'admission est une épreuve déterminante. Il est doté d'un coefficient 7, le plus important du concours. Il sera noté de 0 à 20. Une note inférieure à 6 est éliminatoire.

Il est essentiel pour le candidat de bien se préparer à l'oral d'admission afin de saisir l'opportunité de convaincre le jury de l'adaptation de son profil avec celui du sous-officier en gendarmerie en exercice. Il devra porter une attention particulière au remplissage du dossier professionnel.

2 Le dossier professionnel

L'épreuve est centrée sur l'expérience professionnelle du candidat et les compétences qu'il a acquises à cette occasion, sur la base **d'un document retraçant son parcours professionnel.**

1 Le dossier professionnel

Le dossier professionnel est un document établi conformément au modèle fixé par arrêté. Il est fourni par le candidat au moment de son inscription et remis au jury préalablement à cette épreuve. Il n'est ni noté ni évalué en tant que tel mais constitue pour les examinateurs un outil de suivi de l'exposé (présentation) et d'aide à la conduite de l'entretien.

Il est déterminant pour le déroulement de l'oral d'admission.

Il ne faut pas assimiler le document retraçant son parcours professionnel à une pièce administrative qui ne servirait qu'à vérifier si le candidat remplit les conditions d'accès au concours.

Il s'agit avant tout d'un curriculum vitae (CV) de forme imposée qui présente l'avantage d'être identique pour l'ensemble des candidats. Ces derniers sont donc placés sur un pied d'égalité.

Ce document est à remplir avec le plus grand soin car il va influer sur les échanges avec le jury.

Il est téléchargeable et les informations sont saisies sur ordinateur.

Apres une première partie dédiée à des informations administratives et au statut du candidat avec son unité d'affectation actuelle, le dossier comprend deux tableaux à renseigner, **l'un sur le parcours scolaire ou de formation** et l'autre **sur les expériences professionnelles**.

Donnez des réponses claires et précises malgré le peu d'espace figurant dans les différentes rubriques du document.

Il est important d'en garder une copie papier ou numérique. Il doit servir au candidat de « guide » pour l'entretien d'admission, de façon à montrer de la cohérence entre son écrit et son discours.

a. Le parcours scolaire ou de formation

Remplissez en mentionnant l'année d'obtention, le titre ou diplôme obtenu le plus élevé détenu et son domaine ou sa spécialité.

Extrait du dossier téléchargeable

FORMATION SCOLAIRE		
Année	**Titre / Diplôme obtenu le plus élevé**	**Domaine / Spécialité**

b. L'expérience professionnelle

Mentionnez vos quatre principales expériences ou activités que vous jugez les plus pertinentes au regard du profil recherché par la gendarmerie.

Remplissez le tableau en classant les expériences par date décroissante, c'est-à-dire de la plus récente à la plus ancienne.

Les périodes doivent figurer sous le format suivant : du jj/mm/aa au jj/mm/aa.

Il va sans dire que toutes les informations indiquées dans les différentes rubriques de ce document doivent être exactes et vérifiables. En remplissant et en signant l'attestation sur l'honneur jointe au dossier, vous attestez de la véracité des renseignements fournis.

Évitez les abréviations.

N'oubliez pas de joindre toutes les pièces justificatives demandées.

Extrait du dossier téléchargeable

EXPÉRIENCE PROFESSIONNELLE		
Période	**Entreprise – Administration -Unité**	**Compétences acquises sur le poste**
Du Au		
Du Au		
Du Au		
Du Au		

c. Les compétences particulières hors champs professionnel

Le dossier professionnel comprend un encadré dans lequel le candidat doit énumérer les compétences, les connaissances, les savoir-faire… qu'il a développé en dehors de son expérience professionnelle.

Il doit lister ses acquis en lien avec des activités associatives, sportives, artistiques… ou bien des connaissances informatiques. Il est également possible de mettre en avant des réalisations individuelles/collectives qui démontrent des aptitudes spécifiques.

L'espace à renseigner est limité. Il s'agit donc d'aller à l'essentiel en choisissant d'évoquer des compétences attendues chez un sous-officier de gendarmerie, autrement dit celles qui retiendront l'attention des recruteurs : travail en équipe, respect de l'ordre et de la disciplinaire, rigueur, mobilité et disponibilité.

d. Projet professionnel en gendarmerie

Le dernier encadré du dossier professionnel invite le candidat à rédiger son projet professionnel, comme il aurait pu le faire dans une lettre de motivations.

Le texte proposé doit comprendre la présentation des éléments qui motivent le candidat à intégrer la gendarmerie nationale et sa projection de son évolution professionnelle à court, moyen et long termes.

Cet écrit nécessite indubitablement un travail de préparation avant l'envoi du dossier d'inscription au concours.

2 La présentation de son parcours

Le jury attend que le candidat soit capable de montrer qu'il a les aptitudes requises pour exercer les fonctions de sous-officier en gendarmerie. Pour cela, il doit mettre l'accent sur les compétences acquises par l'expérience (dans ou hors champs professionnel) et par la formation qui lui permettraient de remplir ses futures missions.

Les examinateurs peuvent lui demander de se présenter en quelques minutes avant de le questionner sur certains aspects de ses formations ou/et de ses expériences.

Le dossier professionnel doit servir de guide à cette présentation, sachant que le candidat se présentera à l'épreuve à l'oral avec un exemplaire. Ce dernier doit afficher un discours cohérent par rapports aux éléments d'information contenus dans son dossier.

Le déroulé de l'exposé

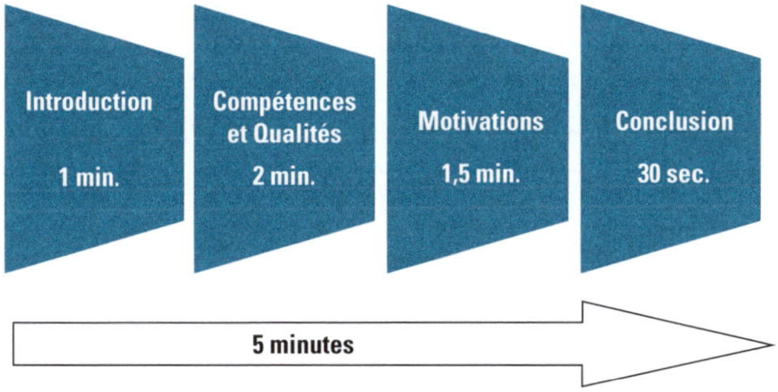

Canevas type d'exposé à adapter

	Contenus	Exemples
Introduction	Si vous n'avez pas eu l'opportunité de le faire au moment de votre entrée dans la pièce, saluez le jury.	« Bonjour Madame, Monsieur, [et en mentionnant le grade pour l'officier de gendarmerie]. »
	Présentez-vous	« Je m'appelle [prénom, nom]. J'ai xx ans [âge). J'habite [ville]. Je suis [situation de famille, nombre d'enfants]. »
	Présentez votre fonction actuelle.	« Je suis actuellement [poste occupé] au sein de [unité d'affectation]. »
	Développez brièvement vos expériences antérieures mais uniquement celles en lien avec le profil recherché par la gendarmerie. Évoquez des contextes spécifiques ou des réalisations particulières s'ils permettent de distinguer positivement votre candidature	« J'ai eu l'occasion de travailler au sein de [précisez les expériences professionnelles/ personnelles, les stages éventuels]. »
	Annoncez les deux prochaines parties de votre exposé, la première consacrée à vos compétences et qualités et la seconde dédiée à vos motivations.	« Je vous propose de vous parler dans un premier temps de mes aptitudes à exercer en qualité de sous-officier en gendarmerie et d'aborder dans un second temps, mes motivations pour cette évolution professionnelle. »
Compétences/Qualités	Citez les compétences/qualités mises en œuvre lors de votre parcours professionnel et illustrez-les d'exemples d'activités réalisées. L'objectif est de montrer que vous détenez les aptitudes professionnelles pour exercer le métier de gendarme. Vous n'aurez pas le temps de tout dire. Choisissez les compétences/qualités qui sont les valeurs sûres : réactivité, sens des responsabilités, discrétion professionnelle, travail d'équipe, probité.	« J'ai eu, lors de mon parcours professionnel, à … J'ai été chargé(e) de …, du … [Appuyez-vous sur les missions/tâches du gendarme pour mettre en avant les compétences/aptitudes attendues que vous possédez]. »
Motivations	Exprimez vos motivations pour la fonction de sous-officier en gendarmerie. Pensez à mettre l'accent sur la cohérence de votre parcours. Évoquez en quelques mots votre projet professionnel.	« Mon souhait d'évolution professionnelle s'appuie sur ma volonté de … Je suis renseigné(e) sur le quotidien du gendarme et ses missions en … J'attire votre attention sur la cohérence de mon parcours : … Après quelques années d'exercice en qualité de gendarme affecté en police judiciaire, j'aimerai évoluer... ».
Conclusion	Concluez.	« J'ai terminé ma présentation. Je suis ravi(e) d'avoir réussi l'écrit du concours et de pouvoir me présenter devant vous aujourd'hui. J'espère pouvoir vous convaincre de ma détermination et de ma motivation à devenir sous-officier en gendarmerie. »
	Remerciez le jury et mettez-vous à sa disposition.	« Je vous remercie de votre attention et je suis prêt(e) à répondre à vos questions. »

Vous l'aurez compris, la présentation ne s'improvise pas.

Nous vous conseillons de la travailler dans un premier temps, à l'écrit. Vous mettrez vraisemblablement plusieurs jours à écrire votre exposé. Il conviendra de l'étoffer si vous ne tenez pas cinq minutes en vous entraînant à l'oral ou au contraire, de l'alléger si vous dépassez le temps imparti.

Une fois le contenu défini, améliorez-le encore en soignant la forme : privilégiez le vocabulaire professionnel/militaire, évitez les répétitions et les tournures de phrase maladroites, ôtez les mots parasites (tics verbaux), remplacez les expressions trop familières par un langage plus soutenu (exemple : ambiance « sympa » par ambiance « conviviale »).

Le contenu de la présentation sera appris et restitué sans paraître récité. Il doit retenir l'attention du jury. Pour cela, le candidat jouera sur le rythme et l'intonation pour dynamiser son discours.

Enregistrez-vous ou réalisez votre exposé devant des membres de votre entourage. Chronométrez-vous. Pensez à parler ni trop vite ni trop lentement, sans doute avec une voix un peu plus haute/forte que d'ordinaire. Respectez la prononciation des mots ainsi que la ponctuation. Vous devez être entendu(e) et compris(e).

Recommencez l'exercice autant de fois que nécessaire. De plus, vous sentir prêt(e) pour cet exercice vous aidera à maîtriser votre stress le jour J.

Après que le candidat a terminé sa présentation, le jury peut le questionner sur son exposé afin d'obtenir d'éventuelles précisions sur son parcours professionnel ou sa formation. C'est surtout vrai pour les candidats au parcours atypique (reconversion, difficultés scolaires ou d'insertion professionnelle, période d'inactivité…).

Chacun sait identifier ce qui peut poser question dans son parcours.

Les réponses à ces questions seront donc préparées en amont. Elles devront être suffisamment argumentées pour ne pas laisser de place au doute ou à l'incompréhension dans la tête des membres du jury.

Cette phase de questions est très courte et les examinateurs enclenchent rapidement la deuxième phase de l'oral qui s'apparente à un entretien de motivation.

3 Cours & méthode
L'entretien de motivation

L'entretien se poursuit par une conversation visant à apprécier la capacité du candidat à exercer le métier de sous-officier en gendarmerie.

1 Les attentes du jury

Le jury portera une grande attention aux éléments suivants :

- **une bonne connaissance de la gendarmerie** acquise par l'expérience, des lectures spécifiques, des échanges avec des professionnels, la participation à des actions d'information sur les métiers de l'armée ou à des portes ouvertes dans les écoles de formation...
- **l'expérience acquise** au cours des études, de l'activité professionnelle antérieure ou d'activités salariées ou bénévoles tels que la réalisation d'un projet d'intérêt général, les responsabilités assumées dans le cadre des différents emplois occupés, la formation aux premiers secours civiques, l'engagement associatif dans le domaine éducatif, social...
- **les représentations que le candidat a du métier** (tâches du gendarme, contraintes du métier...) et la réalité de son projet professionnel ;
- **ses aptitudes à la communication et sa personnalité**.

Les examinateurs attendent du candidat de l'authenticité. Les réponses données aux questions doivent être argumentées, posées et nuancées. L'entretien de motivation, moment clé de l'oral d'admission, est un exercice qui ne laisse aucune place à l'improvisation. La clé du succès est une solide préparation.

2 Préparer l'entretien de motivation

La préparation de l'entretien de motivation est comparable à celle que vous consacrerez à la réussite des épreuves sportives.

Elle concerne différents domaines, notamment une bonne culture générale et une bonne maîtrise de ce que sont la gendarmerie et le métier de gendarme. Pour cela, le candidat doit élaborer dans les mois et les semaines qui précèdent le concours, un programme d'acquisition et de consolidation de ses connaissances.

Ce travail est nécessaire mais pas suffisant.

Une préparation matérielle, technique et psychologique est également indispensable.

a. La préparation matérielle

Bien entendu, vous prendrez soin de vous présenter à l'épreuve avec tous les documents nécessaires (votre convocation, votre pièce d'identité), dans une tenue adaptée et sans oublier d'apporter une montre afin de gérer au mieux vos temps de parole. Les militaires en poste pourront se présenter en uniforme.

b. La préparation technique

Outre une parfaite connaissance de la gendarmerie et une bonne culture générale, vous devez réaliser pendant la phase préparatoire, un travail d'analyse sur votre parcours, vos expériences, vos motivations, votre projet et votre propre personne.

Vos aptitudes

Réfléchissez et déterminez vos principales habilités et aptitudes. Pour chacune d'entre elles, précisez comment vous les avez acquises et donnez un ou deux exemple(s) de situation dans laquelle vous les avez mises en œuvre.

Pour vous aider, votre travail peut prendre la forme d'un tableau à renseigner.

Habilité Aptitude	Mode d'acquisition	Mise en œuvre de cette Habilité/Aptitude
Exemple : Travail en équipe	En tant que footballeur, au sein de l'équipe de ma commune.	Projets scolaires réalisés à plusieurs.
Exemple : Animation	Formation au Brevet d'Aptitude aux Fonctions d'Animateur (BAFA).	• Expérience dans l'encadrement de groupes de jeunes dans le centre aéré de ma commune. • Co-animation de réunions d'information pour présenter le fonctionnement de l'épicerie sociale au sein de laquelle je suis bénévole.

Ce travail vous permettra d'avoir un bilan de vos acquis, de vos compétences tant personnelles que professionnelles.

Vos occupations

De votre enfance à aujourd'hui, listez toutes vos activités sportives, culturelles (voyages, lecture...) et artistiques (musique, dessin...), vos loisirs (jardinage, cinéma...) ainsi que vos engagements de tout ordre (associatifs, familiaux, professionnels, sociaux...).

À l'aide d'un tableau de synthèse, récapitulez pour chacune de ces occupations, les compétences développées transposables à l'exercice de la fonction de gendarme.

Vos motivations

Indiquez par écrit tout ce qui vous attire dans la profession de gendarme.

> **Exemples de sources de motivation :**
> - le statut de militaire ;
> - les possibilités d'évolution ;
> - la discipline ;
> - la vie en caserne…

Pour chacune des sources de motivation identifiées, assurez-vous que votre vision des choses est réaliste. En outre, expliquez pourquoi ce serait, pour vous, des motifs de satisfaction personnelle.

Ce travail vous permettra d'anticiper une partie des questions du jury.

Votre projet professionnel

Là encore, il s'agit de rendre compte par écrit, de l'ensemble des étapes de votre projet de devenir gendarme :

- l'origine du choix professionnel de votre activité actuelle,
- votre regard sur votre statut et les raisons qui vous amènent à vouloir évoluer,
- les différentes recherches conduites sur la profession de gendarme,
- les expériences professionnelles et personnelles, les réalisations qui ont conforté votre choix,
- le déroulement de carrière que vous envisagez.

Vous pouvez étendre ce travail d'introspection à d'autres domaines : vos qualités/défauts, vos valeurs...

Mieux vous vous connaîtrez, plus vous serez à l'aise pour répondre aux questions du jury.

Dans votre bilan, ne cherchez pas à cacher vos échecs et les difficultés rencontrées. Préparez-vous à devoir vous expliquer sur ces points. Répondez brièvement. Montrez que vous savez analyser ces situations avec discernement et que vous avez su en tirer des enseignements.

c. La préparation psychologique

Lors de l'échange, vous devrez faire preuve de courtoisie, de sang-froid face à certaines questions parfois déroutantes, de pertinence et cohérence dans vos réponses.

A contrario, une émotivité incontrôlée (signes de nervosité excessive, voix « cassée »…), un manque d'écoute (le candidat coupe la parole ou répond à côté de la question posée), une certaine agressivité dans le ton et dans la gestuelle, une tendance prononcée à répondre « *je ne sais pas* » ou à éluder certaines questions… amèneraient le jury à s'interroger sur la fragilité de votre personnalité, incompatible avec l'emploi de gendarme.

Une préparation sérieuse vous permettra de savoir ce qui fait de vous un candidat intéressant, autrement dit de connaître vos atouts. Vous gagnerez ainsi en assurance et votre objectif sera d'en faire mention le plus possible dans votre présentation et vos réponses aux questions posées, afin de mettre en avant votre candidature.

Restez positif. L'oral d'admission représente la dernière étape pour intégrer la formation de sous-officier de gendarmerie.

Parler de soi, défendre sa candidature en mettant en valeur ses points forts, ne sont pas des attitudes naturelles. Si nécessaire, n'hésitez pas à mettre en scène, avec des proches, ce type de situation afin de vous confronter à vos difficultés. Leurs commentaires, sur le fond et la forme de votre discours, vous permettront de progresser.

À la fin de l'échange, le jury peut vous demander si vous avez des questions à poser ou si vous avez quelque chose à ajouter. Saisissez toujours cette opportunité pour signaler un point fort qui vous concerne et que vous n'avez pas eu l'occasion d'évoquer au cours de la discussion ou faites une intervention en précisant pourquoi vous espérez voir votre candidature retenue.

Vous pouvez aussi poser une question sur la suite du processus de sélection. N'oubliez pas de remercier les examinateurs de leur attention et de les saluer avant de quitter la pièce.

4 Cours & méthode
Les principales questions du jury

Lors de l'entretien de motivaton, le jury aborde votre motivation, vos connaissances professionnelles, votre projet professionnel ainsi que vos aptitudes à exercer la profession de gendarme. Des questions plus personnelles peuvent également être posées. Sachez rester calme et concentré(e).

Nous vous présentons ci-après les principales questions posées par le jury et pour chacune d'entre elles, le ou les objectif(s) visé(s), des pistes de réponse et les pièges à éviter.

1 Pourquoi vous présentez-vous au concours de sous-officier en gendarmerie ?

a. Objectif

La question aborde votre motivation à vouloir devenir gendarme.

b. Pistes de réponse

Vous devez expliquer de façon assez précise, les atouts que vous trouvez à la profession choisie : une pratique de terrain au contact de la population, le grand choix de lieu d'exercice, les possibilités de spécialisation, le travail en équipe, les relations humaines, la polyvalence, etc.

c. Pièges à éviter

Le risque est de donner une réponse évasive ou trop généraliste qui pourrait convenir pour d'autres professions. Les réponses du type « J'ai toujours rêvé d'être gendarme » ou « Réussir le concours de sous-officier en gendarmerie va me permettre de me mettre au service de la population » sont inappropriées. Évitez également de laisser entendre que vous choisissez cette voie pour la sécurité de l'emploi ou vivre une vie professionnelle trépidante à l'image de certaines séries télévisées américaines à la mode.

2 Comment imaginez-vous le quotidien du gendarme ?

a. Objectifs

La question permet d'apprécier si vous avez une vision réaliste du métier envisagé et de sonder si votre orientation professionnelle est mûrement réfléchie.

b. Pistes de réponse

Vous pouvez vous référer à la présentation du métier figurant dans le présent ouvrage ou décrire avec vos propres mots, votre vision de la profession. Pensez à illustrer votre présentation afin de la rendre plus vivante. Le jury vous jugera sur votre capacité à appréhender les spécificités de la vie militaire : disponibilité, polyvalence des missions confiées dont certaines peuvent paraître rébarbatives pour certains (accueil du public en gendarmerie, sécurité routière, etc.).

c. Pièges à éviter

Là encore, vous ne pouvez pas vous permettre de rester évasif ou de donner une réponse trop générale.

3 Quels éléments sont venus conforter votre choix professionnel ?

a. Objectif

Le jury vous interroge sur le cheminement qui vous a conduit à choisir de devenir gendarme et cherche à évaluer votre niveau de réflexion et d'engagement vis-à-vis de votre projet professionnel.

b. Pistes de réponse

Vous devez débuter votre propos en parlant de ce qui est à l'origine de votre orientation professionnelle dans le domaine de la sécurité ou de l'armée. Puis, vous décrirez les étapes de votre cheminement et les moyens mis en œuvre pour conforter votre choix (rencontres avec des professionnels, stage ou expérience professionnelle, recherche docuementaire…). Présentez les éléments de façon chronologique.

c. Pièges à éviter

Vous devez convaincre le jury du sérieux de votre démarche. L'erreur serait de limiter votre réponse à quelques propos superficiels, par exemple : « J'ai envie de porter une arme ».

4 Que ferez-vous en cas d'échec au concours ?

a. Objectif

La question aborde la motivation du candidat sous un angle particulier, en lui faisant envisager l'échec aux épreuves de sélection.

b. Pistes de réponse

Il faut montrer votre détermination à devenir gendarme. Vous devez convaincre le jury que vous chercheriez à analayser les raisons de votre échec et à en tirer les enseignements nécessaires : approfondir votre projet professionnel, enrichir votre connaissance du métier, apprendre à mieux gérer votre stress… Vous pouvez également envisager de trouver un emploi, suivre une préparation au concours… en attendant de vous représenter aux épreuves de sélection.

c. Pièges à éviter

Il ne faut pas dire que vous allez baisser les bras et que vous allez envisager une autre orientation professionnelle.

5 Quel est votre projet professionnel ?

a. Objectif

La question vous oblige à vous projeter en tant que futur gendarme et à faire le lien avec ce que vous avez rédigé sur ce même sujet dans votre dossier professionnel.

b. Pistes de réponse

Vous pouvez parler de vos préférences pour une spécialisation (gendarme mobile, motard, maître-chien, etc.) ou un lieu (une ville, une région, etc.) tout en nuançant vos propos. Vous n'êtes pas sûr(e) des opportunités de recrutement ou d'accès à une spécialité ou une unité de gendarmerie.

c. Pièges à éviter

Le projet professionnel doit être cohérent avec vos motivations et votre personnalité. Il doit aussi être réaliste. Annoncer que vous envisagez d'intégrer rapidement le GIGN est risqué. En effet, ces postes sont rares et sont généralement occupés par des professionnel(le)s expérimenté(e)s et ayant réussi des tests très sélectifs.

6 Que représente pour vous le travail d'équipe ?

a. Objectif

Les examinateurs cherchent à savoir si vous possédez une qualité professionnelle indispensable pour exercer le métier de gendarme, celle qui permet de travailler au sein d'une équipe.

b. Pistes de réponse

Le gendarme travaille au sein d'une équipe de différents professionnels dont les actions sont complémentaires et coordonnées dans l'exercice de leurs missions et qui vivent en caserne. Une équipe communique, s'entraide et ses membres sont solidaires entre eux. Le travail d'équipe est efficace si chacun respecte les compétences et limites professionnelles des autres. Étayez votre réponse à l'aide d'exemples précis et parlants, puisés dans vos expériences antérieures (projet collectif lors de vos études ou au sein d'une association, travail d'équipe dans le cadre professionnel…) qui montreront vos aptitudes à intégrer un groupe et à bien fonctionner au sein d'une équipe.

c. Pièges à éviter

Ne laissez pas entendre que vous être d'un tempérament solitaire, ne parlez pas d'expériences collectives qui ont abouti à des échecs. Il ne faut pas non plus critiquer un encadrant qui, selon vous, n'aurait pas été un bon manager/chef.

7 Quels sont vos loisirs ?

a. Objectifs

C'est une question « classique » dans tous les concours. Elle permet de découvrir votre personnalité ainsi que certaines de vos qualités.

b. Pistes de réponse

Présentez vos centres d'intérêt de façon à vous différencier positivement des autres candidats. Choisissez de parler d'activités qui montrent des qualités nécessaires pour exercer en gendarmerie. Par exemple, réaliser des activités sportives reflète des qualités d'endurance et une bonne condition physique, être bénévole dans une association caritative dévoile votre bienveillance à l'égard des personnes en difficulté, etc.

c. Pièges à éviter

N'avoir rien à dire. Autre piège : parler d'activités que vous ne pratiquez plus depuis plusieurs années, donner des réponses trop banales (la lecture, le cinéma, les sorties entre amis…).

8 Donnez trois de vos qualités

a. Objectif

Autre question « classique » des concours qui sonde la personnalité des candidats.

b. Pistes de réponse

Réfléchissez aux qualités que vous possédez et comparez-les à celles attendues chez un gendarme. Mettez en avant les traits de votre personnalité qui correpsondent aux attentes des recruteurs. Illustrez vos propos en décrivant des situations dans lesquelles certaines de vos qualités se sont exprimées positivement.

c. Pièges à éviter

Ne pas répondre ou donner des réponses banales laisserait entendre que vous ne vous connaissez pas suffisamment ou mettrait en doute votre capacité à prendre du recul sur vous et votre manière d'être. Cette question doit impérativement être travaillée lors de votre préapration au concours.

9 Donnez trois de vos défauts

a. Objectif

Cette question est complémentaire de la précédente. Elle renseigne également sur votre personnalité.

b. Pistes de réponse

Pour éviter de vous mettre en posture difficile le jour de l'oral, vous ne retiendrez que les défauts qui restent compatibles avec l'exercice de la profession envisagée.

> **Exemples**
>
> - Réponse 1 : « Je suis têtu(e). »
> - Réponse 2 : « On me reproche souvent d'être un peu lent(e). »
> - Réponse 3 : « Je suis très curieux(se), j'aime apprendre de nouvelles choses. Je suis hyperactif(ve). Je n'aime pas rester à ne rien faire. »

La première réponse est régulièrement entendue par les examinateurs. C'est ce que l'on appelle un défaut « bateau ». Il ne permet pas au candidat de sortir du lot. Préférez le mot « obstiné » à « têtu » trop familier.

La deuxième réponse met en avant un défaut qui sera rédhibitoire pour le jury. Le métier nécessite d'être réactif.

La troisième réponse est plus adaptée. La curiosité montre une ouverture d'esprit. L'hyperactivité est associée au dynamisme et à l'implication dans le travail.

c. Pièges à éviter

Ne répondez surtout pas que vous n'avez pas de défauts ou que vous n'en savez rien. Le jury jugera que vous n'êtes pas capable de prendre du recul par rapport à votre propre personnalité, voire que vous n'êtes pas sincère.

10 Quelles sont les valeurs les plus importantes à vos yeux ?

a. Objectif

Le corps de gendarmerie s'appuie sur des valeurs qui donnent du sens aux missions du gendarme et conditionnent le travail d'équipe : la discipline, le civisme, la solidarité, le courage, la loyauté, le respect de la hiérarchie, etc. Les examinateurs chercheront à savoir si vous partagez ces valeurs.

b. Pistes de réponse

Le jury attend que vous puissiez évoquer vos propres valeurs et celles des militaires de carrière. Pour les premières, prenez le temps pendant votre période de préparation au concours de vous poser les questions suivantes : qu'est-ce qui est important dans votre vie ? Qu'est-ce que vous ne supportez pas ? Enrichissez votre propos de situations, professionnelles ou personnelles, qui viendront illustrer les valeurs que vous voulez mettre en avant. Pour les secondes, reportez-vous au contenu du présent ouvrage.

c. Pièges à éviter

Les valeurs affichées doivent être compatibles avec l'exercice et le statut militaires. Parler d'individualisme, d'intolérance, de recherche du profit ou de la notoriété par exemple serait inapproprié.

11 Quel est le fait d'actualité des dernières 48 heures qui a retenu votre attention et pourquoi ?

a. Objectifs

La question d'actualité permet de sonder votre curiosité, votre ouverture d'esprit, votre compréhension des questions de société et des événements nationaux ou internationaux. Le jury évalue aussi votre capacité à donner spontanément une réponse argumentée et structurée.

b. Pistes de réponse

Il est recommandé de suivre régulièrement l'actualité. Choisissez un sujet avec lequel vous êtes à l'aise, que vous pourrez développer et sur lequel vous pourrez donner votre avis.

c. Pièges à éviter

Évitez les sujets trop risqués : la politique, la religion, les conflits armés... Votre position peut heurter les opinions d'un membre du jury et vous attirer son ressentiment. Votre objectif n'est pas d'imposer vos convictions, mais de démontrer votre intelligence sociale et votre vivacité intellectuelle. Ne dites surtout pas que rien n'a retenu votre attention.

12 Pourquoi faudrait-il retenir votre candidature ?

a. Objectif

C'est une des questions les plus difficiles. Elle est généralement posée en fin d'entretien. Le candidat est mis dans une position où il doit se comparer aux autres postulants.

b. Pistes de réponse

Vous devez donner ou rappeler les points forts de votre candidature : la cohérence de votre parcours, vos qualités, vos aptitudes, vos valeurs... Vous devez faire preuve d'esprit de synthèse. Énumérez les atouts de votre candidature sans oublier de les illustrer à l'aide d'exemples précis.

c. Pièges à éviter

Ne rien répondre, ce qui ternirait l'image que vous souhaitez donner de vous au jury. Ne soyez pas non plus trop arrogant dans votre réponse.

13 Qu'est-ce que la légitime défense ?

a. Objectifs

C'est une autre manière de surprendre le candidat que de soudainement changer de registre en passant d'une question habituelle pour un entretien de motivation à une question de culture générale. C'est aussi un moyen de sonder ses connaissances professionnelles.

b. Pistes de réponse

Le jury attend une définition. N'oubliez pas de donner un ou plusieurs exemple(s). Un militaire peut faire usage de son arme dans certaines situations dans lesquelles il doit se défendre face à une attaque ou une agression. Ce geste doit être nécessaire ou proportionné : c'est le cas si sa vie ou celle d'autrui est menacée mais pas s'il poursuit un suspect qui tente de s'échapper.

c. Pièges à éviter

Il est nécessaire de dépasser rapidement l'effet de surprise pour répondre à la question posée. Si vous ne connaissez pas la réponse, n'attendez pas. Dites-le avec simplicité et engagez-vous à vous documenter pour combler votre lacune.

14 Pour vous, que représente l'uniforme ?

a. Objectif

L'uniforme est un élément fédérateur, un symbole d'une identité collective pour les militaires. Le jury cherche à sonder si vous aurez l'esprit de corps.

b. Pistes de réponse

Le jury aimera entendre que vous seriez fier de porter l'uniforme, qui représente l'autorité de l'État. L'uniforme permet aux forces de l'ordre d'être facilement identifiées : il est rassurant ou dissuasif selon les situations et les publics.

c. Pièges à éviter

Ne considérez pas cette question comme secondaire. Ne donnez pas une réponse qui ne serait pas à la hauteur de la portée symbolique de l'uniforme.

15 Avez-vous quelque chose à ajouter ?

a. Objectifs

C'est la dernière question de l'échange avec le jury. C'est l'occasion de présenter les atouts de votre candidature que vous n'avez pas évoqués lors de l'entretien. Le jury va évaluer votre capacité à réagir, à saisir l'opportunité qui vous est donnée de mettre en avant votre candidature.

b. Pistes de réponse

« Je n'ai pas eu l'occasion au fil de nos échanges d'approfondir mes motivations pour le métier. Je voudrais ajouter que je suis quelqu'un de déterminé. Je me suis beaucoup investi dans la préparation de ce concours tout en travaillant. Je sais par mes expériences et ce que je connais de moi que la profession de gendarme me conviendrait. »

c. Pièges à éviter

Dire non, c'est décevoir le jury qui attend que vous lui proposiez une conclusion à l'entretien. *A minima*, vous pouvez indiquer que vous disposez de toutes les informations dont vous avez besoin et remercier le jury de sa disponibilité et de son écoute.

5 Conseils
Réussir l'oral d'admission

1 La présentation du candidat

Le candidat au concours de sous-officiers de la gendarmerie devra porter le plus grand soin à sa présentation. Les candidats issus du concours interne devront se présenter en uniforme. Ils devront éviter tout signe de différenciation visible : tatouage, piercing...

2 Le respect des règles de savoir-être

Les examinateurs seront sensibles au respect de règles de politesse : saluer le jury par la formule appropriée « *Bonjour Messieurs, Mesdames, Monsieur et Madame* ». Si les examinateurs sont en uniforme, et que vous maîtrisez les grades, vous pouvez saluer chaque personne en fonction de son grade.

Asseyez-vous seulement après que le jury vous y ait invité.

Soyez attentif à ne pas couper la parole à vos interlocuteurs.

À la fin de l'épreuve, saluez à nouveau chacun des examinateurs.

3 La clarté des propos

Une préparation méthodique va vous permettre de proposer une présentation/discours structuré.

Vous y parviendrez à force d'entraînements en respectant au plus près les conditions de l'épreuve.

Ne parlez ni trop vite, ni trop lentement et un peu plus fort que la normale.

Évitez les abréviations et les sigles.

Adoptez un vocabulaire professionnel et précis. Faites des phrases courtes. Prenez le temps de réfléchir entre chaque idée de manière à faire des phrases bien construites. Évitez les interjections (euh), les tics verbaux (alors, bon...) et des mots trop familiers (cool, super...).

Donnez du rythme à votre discours en jouant sur le débit et le ton utilisés. Vous gagnerez en conviction et maintiendrez l'attention de votre auditoire.

4 Le comportement

Votre attitude et vos gestes peuvent en apprendre beaucoup aux membres du jury.

Dès le début de l'épreuve, prenez le temps de vous asseoir correctement, avancez votre chaise pour vous positionner bien droit et posez les mains sur la table. Dans cette position, vos mains seront libres de s'exprimer, donnant une dynamique à votre discours.

Évitez tout geste de contact (se gratter l'oreille…), tout « jeu » avec un crayon ou tout autre objet. Ne « gesticulez » pas sur votre chaise. Ce sont des signes de nervosité qui traduisent votre difficulté à maîtriser votre stress.

Regardez chacun de vos interlocuteurs à tour de rôle. Vous pourrez ainsi capter leurs réactions et adapter si nécessaire votre discours. Si, par exemple, vous percevez une incompréhension d'un des examinateurs, vous pourrez reformuler votre propos.

Le croisement des jambes et surtout des bras, la mèche de cheveux devant les yeux, sont à proscrire. Ils traduisent un refus du dialogue ou une envie de repli sur soi.

Si vous êtes timide ou émotif, multipliez, avant le concours, les occasions de prises de parole en public et les simulations d'entretien avec différentes personnes de votre entourage. Soyez convaincu(e) de vos atouts pour réussir et prenez du recul par rapport aux attentes du jury. L'objectif n'est pas de vous mettre en difficulté mais bien de savoir si vous avez le profil recherché.

Souriez pour montrer votre satisfaction d'être présent(e) devant le jury pour défendre votre candidature.

Connaissances

Culture générale

- Histoire de France de la Révolution à 1962
- Histoire du monde de 1944 à nos jours
- Institutions de la Ve République
- Histoire de la Ve République
- Collectivités territoriales françaises
- Union européenne
- Paix et sécurité internationales
- Sécurité intérieure
- Écologie
- Protection sociale et santé publique
- Famille et enfants
- Travail
- Inégalités, exclusions, discriminations
- Économie

1 Connaissances
Histoire de France de la Révolution à 1962

1789	**juin :** proclamation de l'Assemblée nationale qui devient Constituante. **14 juillet :** prise de la prison de la Bastille. **4 août :** abolition du régime féodal et des privilèges. **26 août :** vote de la Déclaration des droits de l'homme et du citoyen.
1792	**22 septembre :** abolition de la royauté et proclamation de la République.
1793	Exécution de Louis XVI ; début de l'insurrection vendéenne. **5 septembre :** début de la Terreur sous Robespierre (loi des suspects).
1794	Abolition de l'esclavage par la Convention ; chute de Robespierre.
1799	Coup d'État du 18 brumaire par Bonaparte ; début du Consulat.
1802	Bonaparte consul à vie.
1804	Promulgation du Code civil. **2 décembre :** Sacre de Bonaparte ; il devient l'empereur Napoléon Ier.
1804-1815	Empire ; il prend fin après les « cent jours » et la défaite de Waterloo.
1815-1830	Restauration (de la monarchie) : Louis XVIII puis Charles X.
1830	Prise d'Alger ; début de la colonisation en Algérie. **28, 29, 30 juillet :** les « Trois Glorieuses » ; fin de la Restauration.
1830-1848	Monarchie de Juillet : Louis-Philippe Ier.
1848-1851	IIe République ; **10 déc. 48 :** Louis-Napoléon Bonaparte élu Président.
1851	**2 décembre :** Coup d'État de Bonaparte ; début de l'Empire.
1852-1870	Second Empire.
1869	Ouverture du canal de Suez.
1870	Guerre franco-prussienne ; défaite française de Sedan. Fin de l'Empire.
1870-1940	IIIe République.
1881	Lois sur les libertés de presse, de réunion et d'enseignement.
1882	Lois Jules Ferry : enseignement primaire gratuit, laïque et obligatoire.
1894	Début de l'affaire Alfred Dreyfus : lieutenant-colonel condamné à tort pour haute trahison.
1898	Article « J'accuse » d'Émile Zola sur l'affaire Dreyfus (dans l'*Aurore*).
1905	Loi de séparation de l'Église et de l'État.
1914-1918	Première Guerre mondiale.
1916	Bataille de Verdun, victoire française.
1918	**11 novembre :** armistice de Rethondes (traité de Versailles en 1919).

1929	Début de la crise économique mondiale après le « Jeudi Noir » à New York.
1936	Front populaire : Gouvernement Léon Blum. Semaine de 40 heures, congés payés.
1939-1945	Seconde Guerre mondiale.
1940	**17 juin :** Philippe Pétain est président du Conseil puis chef d'État. **18 juin :** Appel du général Charles de Gaulle à la résistance, depuis Londres. **22 juin :** Signature de l'armistice avec l'Allemagne.
1944	**3 juin :** Le CFLN (Comité français de la Libération nationale) devient le Gouvernement provisoire. **6 juin :** Débarquement de Normandie puis (25 août) libération de Paris.
1945	**8 mai :** Capitulation de l'Allemagne.
1946-1958	IVe République ; présidences de Vincent Auriol puis de René Coty.
1946-1962	Période de décolonisation française. Guerre d'Indochine (1946-1954) ; guerre d'Algérie (1954-1962) s'achevant par les accords d'Évian ; indépendance de l'Afrique noire (1956-1960).

2

Connaissances

Histoire du monde de 1944 à nos jours

1944	Accords de Bretton Woods ; création du FMI (Fonds Monétaire International).
1945	Création de l'ONU (Organisation des Nations Unies).
1947	Présentation du Plan Marshall, aide financière des USA à l'Europe.
1948	Création de l'État d'Israël.
1949	OTAN (Organisation du Traité de l'Atlantique Nord) créée contre l'URSS. Création de la République populaire de Chine par Mao Zedong.
1953	Mort de Staline.
1955	Conférence de Bandung : création du tiers-monde politique. Pacte de Varsovie entre pays de l'Est (contre l'OTAN).
1957	Spoutnik, 1er satellite (soviétique) dans l'espace.
1959	Fidel Castro au pouvoir à Cuba.
1960	Création de l'OPEP (Organisation des Pays Exportateurs de Pétrole).
1961	Gagarine, 1er homme (soviétique) dans l'espace. Construction du mur de Berlin séparant la RDA (Est) et la RFA (Ouest).
1962	Crise des missiles de Cuba ; assassinat du président Kennedy à Dallas (1963).
1965-1973	Guerre des États-Unis au Vietnam ; défaite américaine.
1967	Guerre israélo-arabe des 6 Jours.
1968	Printemps de Prague pour la liberté en Tchécoslovaquie : invasion de l'URSS.
1969	Armstrong, 1er homme (USA) sur la Lune.
1973	Guerre israélo-arabe du Kippour. Choc pétrolier : prix du pétrole doublé.
1979	Guerre de l'URSS en Afghanistan.
1978-2005	Pontificat de Jean-Paul II, 1er pape polonais.
1980	Fondation de Solidarnosc, contre le communisme (leader : Lech Walesa).
1980-1988	Guerre Irak-Iran.
1986	Explosion du réacteur de la centrale nucléaire de Tchernobyl.
1989	Chute du mur de Berlin.

1990	Unification allemande (RFA-RDA).
1991	1re Guerre du Golfe contre l'Irak (participation de la France). Fin de l'URSS ; début de la CEI (Communauté des États Indépendants).
1991-2001	Guerres en Yougoslavie (99, OTAN en guerre contre la Serbie).
2001	**11 septembre :** Attentats d'Al-Kaïda ; chute du World Trade Center (New York). Début de la guerre des USA contre le terrorisme en Afghanistan.
2003-2011	2e guerre du Golfe (sans la France) ; chute de Saddam Hussein.
2004	Révolution Orange en Ukraine.
2008	Crise financière des subprimes ; Barack Obama élu président aux USA (démocrate, il fera 2 mandats).
2011	Début des révolutions arabes ; chute et mort de Kadhafi en Libye. Tsunami au Japon ; fusion de 3 réacteurs de la centrale de Fukushima.
2012	Répression sanglante de Bachar el-Assad en Syrie.
2014	Crise ukrainiènne ; mouvement Euromaïdan.
2016	Destitution de Dilma Rousseff, présidente du Brésil. **23 juin :** Le Royaume-Uni approuve par référendum la sortie de l'UE.
2017	Donald Trump président (républicain) des États-Unis ; reconnaissance de Jérusalem comme capitale d'Israël : conflit avec l'ONU d'Antonio Guterres.
2018	Les populistes au pouvoir en Italie avec Matteo Salvini ministre de l'Intérieur.
2019	Abou-Bakr al Baghdadi, chef de l'État islamique (« calife ») se fait exploser lors d'une opération américaine en Syrie.
2020	Pandémie de Covid-19 après son développement en Chine à Wuhan.
2021	Joe Biden président (démocrate) des États-Unis (ancien vice-président de Barack Obama).
2022	Début du conflit entre l'Ukraine et la Russie.

3 Connaissances Institutions de la Ve République

La Cinquième République entre en vigueur le 4 octobre 1958. Elle est souhaitée par Charles de Gaulle pour diminuer le pouvoir des Chambres et augmenter celui du peuple et de l'exécutif. C'est un régime parlementaire et présidentiel. La constitution est approuvée par référendum à 82 %.

1 L'exécutif : il fait appliquer la politique courante et la loi

a. Le président de la République

- **Élection :** Il est élu au suffrage universel direct sur deux tours pour 5 ans (7 ans avant 2000), mandat renouvelable une fois. Il siège au palais de l'Élysée. Tout candidat doit être français, avoir au moins 18 ans et 500 signatures d'élus.
- **Attributions :** 1er personnage de l'État, il dirige la diplomatie, promulgue les lois et signe les ordonnances et les décrets délibérés en Conseil des ministres. Il est un organe d'arbitrage entre les pouvoirs publics. Il a le droit de gracier. Il est gardien de la Constitution, et chef des Armées.
- **Responsabilité :** Civilement et pénalement irresponsable durant son mandat.
- **Pouvoir de nomination :** Il nomme seul le Premier ministre, un tiers des membres du Conseil constitutionnel et un tiers des membres du CSA (Conseil Supérieur de l'Audiovisuel). Il nomme avec le Premier ministre les titulaires des hautes fonctions : conseillers d'État, préfets, recteurs…

b. Le Premier ministre

- **Nomination :** Il est nommé librement par le président de la République, mais en pratique c'est un politique soutenu par l'Assemblée nationale. Ses services sont installés à l'hôtel Matignon.
- **Attributions :** Il dirige l'action gouvernementale et l'administration française, joue un rôle d'intermédiaire entre la majorité de l'Assemblée nationale et le gouvernement. Il est responsable de toute l'organisation de la défense nationale. Il dispose de l'initiative des lois et assure leur exécution.
- **Fin des fonctions :** Elle intervient lors d'une nouvelle élection législative (mais il peut être maintenu ensuite), par une démission spontanée ou une perte de confiance de l'Assemblée, par la révocation du président de la République.

c. Le gouvernement

- **Nomination :** Les ministres sont nommés par le président sur proposition du Premier ministre. Chaque ministère à son propre siège : Quai d'Orsay (Affaires étrangères), Hôtel de Beauvau (Intérieur), Bercy (Économie), Hôtel de Bourvallais (Justice ou Chancellerie – Garde des Sceaux), Hôtel de Roquelaure (Écologie), Palais-Royal (Culture).

- **Composition :** Le nombre de ses membres est variable. Il y a une hiérarchie des ministres, en commençant par les ministres d'État, puis les ministres ordinaires, assistés des ministres délégués, et les secrétaires d'État.
- **Conseil des ministres :** Il se tient tous les mercredis matin à l'Élysée. Il est présidé par le chef de l'État qui décide de l'ordre du jour. Le Conseil adopte les projets de loi qui seront déposés devant le Parlement.
- **Fin des fonctions :** La fin d'un gouvernement est liée au sort de son Premier ministre. Le président et son Premier ministre peuvent opérer un remaniement en demandant la démission d'un ou de plusieurs ministres.

2 Le législatif : il édicte les lois et contrôle l'exécutif

- **La loi** est une règle juridique prescrite par le Parlement. Elle est générée par le Premier ministre (on parle alors de projet de loi), ou par des Députés ou des Sénateurs (on parle alors de proposition de loi). Le projet (ou la proposition) est ensuite examiné(e) par les deux Chambres du Parlement qui peuvent faire des amendements. Une fois la loi acceptée par les deux Chambres, elle peut éventuellement être soumise à un contrôle de constitutionnalité par le Conseil constitutionnel, puis elle est promulguée et publiée au Journal officiel.
- **Le règlement** est aussi une règle juridique, mais il est édicté par une autorité administrative. Ce sont les décrets pris par le président de la République, les arrêtés pris par les ministres, les préfets, les sous-préfets et les maires.
- **L'ordonnance** est un texte établi par le gouvernement dans les domaines qui relèvent normalement de la loi.

Remarque

Le référendum populaire est un pouvoir législatif exceptionnel. Il peut modifier la Constitution ou la loi. Il est décidé à l'initiative du président de la République.

Le Parlement, organe du pouvoir législatif

- **Composition :** Deux Chambres, le Sénat (chambre haute) qui siège au palais du Luxembourg et compte 348 Sénateurs et l'Assemblée nationale qui siège au palais Bourbon et compte 577 Députés. L'ensemble du Parlement forme en réunion solennelle le Congrès, qui peut modifier la Constitution.
- **Élection :** Les Sénateurs sont élus au suffrage universel indirect par les grands électeurs (députés, conseillers régionaux et généraux, délégués des conseils municipaux) pour 6 ans et les Députés sont élus au suffrage universel direct par circonscription pour 5 ans. Chaque Chambre a son propre président élu par cooptation (élection parmi les membres). Le président du Sénat assure l'intérim de la présidence de la République en cas de vacance du pouvoir exécutif (ce fut deux fois le cas d'Alain Poher, en 69 et en 74).
- **Attributions :** Le Parlement propose, délibère, vote ou rejette les lois. L'Assemblée nationale s'occupe particulièrement de contrôler l'action du gouvernement et d'évaluer la politique publique ; elle peut renverser le gouvernement. Le Sénat vote le budget de l'État.

3 Le judiciaire : il contrôle l'application de la loi et punit son non-respect

L'organisation juridictionnelle est divisée en 2 ordres de trois degrés chacun :

- **l'ordre judiciaire** qui intervient dans les litiges concernant les particuliers ;
- **l'ordre administratif** qui intervient dans les litiges intéressant l'État, lorsqu'un texte du pouvoir exécutif a été mal appliqué.

	Ordre judiciaire Civil (litiges privés), Pénal (infractions)	Ordre administratif
Haute juridiction	Cour de cassation	Conseil d'État
2e degré	Cour d'appel (assises pour les crimes)	Cour administrative d'appel
1er degré	Juridictions de 1re instance : cour d'assises, prud'hommes, tribunal de police, de commerce, correctionnel, etc.	Tribunal administratif

4 Autres organes constitutionnels

- **Le Conseil constitutionnel** comprend 9 membres nommés pour 9 ans (3 par le président de la République, 3 par le président du Sénat, 3 par le président de l'Assemblée nationale), ainsi que des membres de droits (présidents de la République sortis de charge). Il veille à la régularité des élections et contrôle la conformité de certains actes à la Constitution.

Remarque

Depuis 2008, une QPC (Question Prioritaire de Constitutionnalité) peut être posée lors d'un procès par une des parties. La juridiction saisie du litige détermine si la QPC remplit les conditions, c'est-à-dire si elle s'applique bien au
procès, si elle n'a pas déjà été traitée et si elle présente un caractère sérieux. Si elle estime la question valable, elle la transmet à la juridiction supérieure puis au Conseil constitutionnel pour décision. La QPC permet une amélioration de la cohérence du droit.

- **La Cour des Comptes** contrôle a posteriori les finances publiques, la gestion des administrations, la Sécurité sociale, les entreprises publiques et leurs filiales.
- **Le Conseil économique et social** donne des avis sur les projets ou propositions de lois et sur les problèmes à caractère économique et social.
- **Le Conseil supérieur de la magistrature** garantit l'indépendance de la magistrature. Présidé par le chef de l'État, il est composé du ministre de la Justice et de neuf membres nommés par le président de la République.
- **La Haute Cour de Justice et la Cour de Justice de la République** rendent la justice politique. Ses membres (des Députés et Sénateurs), jugent pour haute trahison le chef de l'État (Haute Cour) ou un ministre (Cour de Justice).
- **Le Conseil d'État** est consulté obligatoirement par le gouvernement sur ses projets de lois et d'ordonnances, et facultativement sur des projets de décrets et des demandes d'avis. Il est aussi à la tête des juridictions administratives.

Connaissances

4 Histoire de la Ve République

1958	Insurrection à Alger : putsch d'Alger ; Charles de Gaulle président du Conseil (1er ministre). Réforme constitutionnelle, approuvée par référendum à 78 %.
1959	Bombe A française (Bombe H en 1968). Charles de Gaulle président ; Michel Debré 1er ministre (59-62), André Malraux (écrivain, prix Goncourt) ministre d'État de la Culture (59-69).
1960	Accession à l'indépendance des pays d'Afrique francophone.
1961	Référendum approuvant l'autodétermination de l'Algérie. Putsch des généraux en Algérie pour conserver l'Algérie française.
1962	Accords d'Évian entre la France et le FLN algérien ; fin de 8 ans de guerre. Georges Pompidou 1er ministre ; adoption du suffrage universel direct.
1965	De Gaulle réélu (pour la 1re fois au suffrage universel direct).
1966	Sortie de l'OTAN (retour en 2009 sous Nicolas Sarkozy).
1968	Grèves et mouvement des étudiants ; accords de Grenelle. Alain Poher président du Sénat, de 68 à 92.
1969	Référendum sur la régionalisation et la réforme du Sénat : refus des Français Départ du général de Gaulle (mort en 70). Georges Pompidou élu président.
1974	Mort de Pompidou en exercice ; Valéry Giscard d'Estaing élu président. 1er ministre : Jacques Chirac (74-76) ; loi sur l'IVG et majorité à 18 ans.
1981	François Mitterrand président ; 1ers ministres : Pierre Mauroy (81-84) puis Laurent Fabius (84-86) ; abolition de la peine de mort, semaine de 39 heures, nationalisations, retraite à 60 ans (en 82), création du RMI.
1986	Législatives ; victoire RPR-UDF ; 1re cohabitation, J. Chirac 1er ministre.
1988	Mitterrand réélu face à J. Chirac ; 1ers ministres : Michel Rocard (88-91), Édith Cresson (91-92), Pierre Bérégovoy (92-93).
1993	Législatives ; victoire RPR-UDF ; 2e cohabitation, É. Balladur 1er ministre.
1995	J. Chirac élu président face à Lionel Jospin ; Alain Juppé 1er ministre.
1997	Législatives ; victoire PS ; 3e cohabitation ; Lionel Jospin 1er ministre. Mise en place des emplois jeunes, de la semaine de 35 heures, de la CMU (99).
2002	J. Chirac réélu face à Jean-Marie le Pen (FN) ; 1ers ministres : Jean-Pierre Raffarin (02-05) puis Dominique de Villepin (05-07). Nicolas Sarkozy ministre de l'Intérieur (02-04 et 05-07), et de l'Économie (04).
2003	Été caniculaire : environ 15 000 morts en France.
2005	Réforme du CNE (Contrat Nouvelle Embauche) mais échec (en 2006) du CPE (Contrat Première Embauche) du gouvernement Villepin.

2007	Nicolas Sarkozy élu contre Ségolène Royal ; François Fillon 1er ministre. Paquet fiscal, RSA (Revenu de Solidarité Active), réforme des retraites.
2008	Réforme de la carte judiciaire et des collectivités territoriales.
2012	François Hollande élu contre N. Sarkozy ; Jean-Marc Ayrault 1er ministre puis Manuel Valls et Bernard Cazeneuve. Mariage pour tous (Taubira), pacte de responsabilité, écotaxe et mouvement des Bonnets rouges en Bretagne ; opération Serval au Mali, Chammal en Syrie.
2015	Attentat au siège de Charlie Hebdo, prise d'otages Porte de Vincennes. Réforme des régions. Loi Macron ; opposition des députés «frondeurs». Attentats du 13 novembre (130 morts au Bataclan) ; état d'urgence. COP21 au Bourget.
2016	Loi El Khomri adoptée par le « 49.3 » ; opposition de « Nuit debout ».
2017	Emmanuel Macron élu contre Marin le Pen ; Édouard Philippe 1er ministre.
2018-2019	Mouvement des Gilets jaunes.
2019	Incendie de Notre-Dame de Paris : destruction de la flèche de l'édifice restaurée au XIXe siècle par Eugène Viollet-le-Duc. Victoire du rassemblement national (RN) aux Européennes.
2020-2021	Épidémie de Covid-19. Jean Castex 1er ministre (jusqu'en mai 2022).
2022	Emmanuel Macron réélu. Élisabeth Borne 1er ministre ; les législatives offrent une majorité relative au Président avec le renforcement des partis extrêmes (RN et NUPES).

5 Collectivités territoriales françaises

	Département	Région	Commune
Statut	Collectivités territoriales décentralisées.	Collectivités territoriales décentralisées.	Plus petite division administrative.
Nombre	101 dont 5 DROM* (Département et Région d'Outre-mer. Ce sont la Guadeloupe, la Martinique, la Guyane, la Réunion et Mayotte).	18 dont 5 DROM (depuis 2016).	La France compte environ 35 000 communes.
Représentants élus	Conseillers départementaux (1 par canton). Un président élu parmi les membres. Il est l'exécutif.	Conseillers régionaux. Un président élu parmi les membres. Il est l'exécutif.	Conseillers municipaux, élus pour 6 ans au suffrage universel direct. Le maire et ses
Mandat	Membres élus pour 6 ans au suffrage universel direct.	Membres élus pour 6 ans au suffrage universel direct.	adjoints sont élus parmi les conseillers pour exécuter les décisions du Conseil.
Compétences	Aide sociale, culturelle, aux associations, aux entreprises, aux communes, voirie départementale, organisation et gestion des transports scolaires et urbains, construction et entretien des collèges.	Aide sociale, sanitaire, culturelle, soutien de l'économie, aménagement du territoire, entretien des routes nationales, des ports et aéroports, des parcs naturels, organisation du transport ferroviaire, construction et entretien des lycées, soutien à l'enseigne-ment, gestion des fonds structurels européens.	Le Conseil vote le budget, gère le patrimoine de la commune, exerce une action sociale auprès des défavorisés, fixe les effectifs du personnel municipal.
Représentant de l'État	Le préfet (nommé par l'exécutif).	Le préfet (nommé par l'exécutif).	Le maire.
Compétences	Le préfet de département veille à l'application et au respect des lois, fait le lien avec l'exécutif, est responsable de l'ordre public, dirige les fonctionnaires de l'État.	Le préfet de région dirige les autres préfets du département en plus de ses attributions départementales.	Le maire dirige la police municipale (si elle existe), nomme les employés communaux dont il est le supérieur hiérarchique. Officier d'état civil, et de police judiciaire, il peut constater certaines infractions. Il a des compétences administratives (publication des lois, organisation des élections, recensement, délivrance du permis de construire).

*Ne pas confondre avec une COM, Collectivité d'Outre-mer (anciens TOM), tels Saint-Pierre-et-Miquelon, Wallis-et-Futuna, Saint-Martin, Saint-Barthélemy.

6 Connaissances
Union européenne

L'Union européenne (UE) est une organisation internationale de 27 États. Elle compte environ 446 millions d'habitants et représente le 3e PIB au monde (environ 15 000 milliards de dollars). Elle est fêtée le 9 mai (déclaration Schuman), a pour drapeau 12 étoiles d'or sur fond bleu, pour hymne l'*Ode à la joie* de Beethoven et pour devise « Unie dans la diversité ».

1 Pays membres et date d'adhésion

[en gras les 19 pays de la zone euro ; soulignés, les membres de l'espace Schengen]
Belgique, **France**, **Italie**, **Luxembourg**, **Pays-Bas** et RFA en 1957, Danemark, **Irlande** en 1973, **Grèce** en 1981, **Espagne** et **Portugal** en 1986, **Autriche**, **Finlande** et Suède en 1995, **Chypre**, **Malte**, **Slovénie**, Pologne, Hongrie, République tchèque, **Estonie**, **Lettonie**, **Lituanie** et **Slovaquie** en 2004, Bulgarie et Roumanie en 2007, Croatie en juillet 2013. La RDA est membre en 1990 après réunification de l'**Allemagne** en 1989.

2 Organisation

a. Pouvoir politique : Le Conseil européen

Composé des chefs d'État et de gouvernement (27 membres), il définit les orientations politiques de l'UE et respecte ainsi la souveraineté des États. Présidé par Charles Michel, il siège à Bruxelles.

b. Pouvoir exécutif : La Commission européenne

Composée de 28 commissaires (1 par État), elle propose et met en œuvre les politiques communautaires. Gardienne des traités et de l'intérêt général de l'UE, elle a un droit d'initiative dans les domaines douaniers, écologiques, le marché intérieur et la monnaie unique. Présidée par Ursula von der Leyen, elle siège à Bruxelles.

c. Pouvoir législatif : Le Parlement européen et le Conseil de l'UE

Le Parlement compte 705 membres élus pour 5 ans directement par les citoyens des États membres. Il est co-législateur avec le Conseil de l'UE, il vote seul le budget. Sa présidente est Roberta Metsola ; il siège à Strasbourg.

Le Conseil (des ministres) de l'Union européenne est composé des ministres des États concernés par le sujet. Il élabore le projet de budget avec le Parlement et l'adopte après vote du Parlement. Il décide seul des moyens de recettes. Il fixe les orientations de la politique de change (monétaire). Sa présidence est rotative (changement d'État tous les 6 mois) ; son siège à Bruxelles.

d. Pouvoir judiciaire : La Cour de Justice garantit le respect de la législation et est créatrice du droit européen

Autres assemblées et organes de l'UE :
- La **Cour des comptes** contrôle l'utilisation du budget de l'UE.
- Le **Comité économique et social** exprime l'opinion de la société civile dans les domaines économique et social.
- Le **Comité des Régions** est porte-parole des collectivités territoriales.

- La **Banque centrale européenne (BCE)**, présidée par Christine Lagarde, elle assure la stabilité et la crédibilité de l'euro et de la politique monétaire.
- La **Banque européenne d'investissement** a pour rôle d'emprunter sur les marchés pour financer les projets d'investissements européens.

3 Grandes dates

1950	**9 mai :** Discours de Robert Schuman (ministre français) appelant à mettre en commun les productions de charbon et d'acier sous une Haute Autorité commune. À l'initiative notamment du Français Jean Monnet.
1951	**18 avril :** Création de la CECA (Communauté Européenne du Charbon et de l'Acier) entre la France, la RFA, le Benelux et l'Italie.
1957	**25 mars :** Traité de Rome ; création de la CEE (Communauté Économique Européenne), autonome en financement. Institution de la PAC (Politique Agricole Commune) pour développer la ruralité et moderniser l'agriculture et de la CEEA (Communauté Européenne de l'Énergie Atomique) pour favoriser l'indépendance énergétique.
1965	Fusion des communautés européennes la CEE, la CECA et la CEEA.
1986	Signature de l'Acte unique européen qui élargit les compétences de la CEE aux domaines de la recherche et du développement et crée le Conseil européen. Création du marché commun.
1992	Signature du traité de Maastricht qui crée l'UE. Création de la citoyenneté européenne : libre circulation dans l'UE et droit de voter et d'être élu dans le pays où l'on réside (statut d'étranger communautaire) aux élections locales et européennes. Accord sur la création d'une monnaie unique et de la BCE (créée en 1998). L'Union est fondée sur trois piliers : l'unité institutionnelle et historique, la communauté politique, la coopération policière et judiciaire.
1999	Entrée en vigueur du traité d'Amsterdam qui met en place l'espace Schengen sur la libre circulation des biens et des personnes. Mise en place de l'euro pour les transactions (la monnaie papier apparaît en 2002).
2002	Traité de Nice. Adoption de la charte des droits fondamentaux et réforme des institutions pour aider l'adhésion des pays d'Europe centrale.
2007	Traité de Lisbonne. Modification du texte de la Constitution de 2004 (rejeté par référendum en France en 2005), ratifié par le Parlement français en 2008 et par les derniers pays fin 2009.
2009	Élection d'un président du Conseil européen (Herman Van Rompuy), et d'un représentant de la diplomatie européenne (Catherine Ashton). Ils entrent en fonction en 2010 pour 2 ans et demi.
2012	L'UE est prix Nobel de la paix.
2016	Le Royaume-Uni approuve le BREXIT (sortie de l'UE) par référendum.
2020	Le 31 janvier, le Royaume-Uni quitte officiellement l'UE.
2022	Présidence tournante de la France au premier semestre.

7 Connaissances
Paix et sécurité internationales

1 L'ONU et ses principaux organes

- **ONU** : Créée en 1945 pour remplacer la SDN (Société des Nations) qui n'avait pu empêcher la guerre, l'ONU promeut la paix internationale. Pour cela elle cherche à faciliter la coopération des États, le développement économique, la promotion les droits de l'homme. Elle compte 193 États, son siège est à New York, son secrétaire général est le Portugais António Guterres (depuis 2017).
- **OMS :** L'Organisation Mondiale de la Santé promeut la santé publique internationale. Son siège est à Genève.
- **Unicef :** Le Fonds des Nations unies pour l'enfance (Unicef en anglais) est spécialisé dans la protection des enfants et des mères.
- **Unesco :** L'Organisation des Nations unies pour l'éducation, la science et la culture (Unesco en anglais) contribue à la paix par l'éducation, la science et la culture. Son siège est à Paris.
- **CIJ :** La Cour Internationale de Justice règle les conflits juridiques entre les États ou entre États et organes internationaux. Elle siège à La Haye.
- **FAO :** L'Organisation des Nations unies pour l'alimentation et l'agriculture (FAO en anglais) lutte contre la faim dans le monde.
- **HCR :** Le Haut-Commissariat des Nations unies pour les réfugiés promeut le droit d'asile (Convention de Genève de 1951). Il siège à Genève.
- **AIEA :** L'Agence Internationale de l'Énergie Atomique combat la prolifération d'une énergie nucléaire militaire. Son siège est à Vienne.

2 Les organismes d'État indépendants de l'ONU

- **OTAN :** L'Organisation du Traité de l'Atlantique Nord assure la défense des pays occidentaux et leur stabilité (initialement contre le communisme).
- **FMI :** Le Fonds Monétaire International promeut la coopération monétaire les États pour la stabilité économique et combat la pauvreté. Sa directrice est Kristalina Georgieva (depuis 2019).
- **CPI :** La Cour Pénale Internationale juge les personnes pour crime contre l'humanité, génocide, crime de guerre. Créée en 2002, elle se tient à La Haye.

3 Les organisations non gouvernementales (ONG)

Fondées sur le bénévolat, la neutralité, l'humanité, l'indépendance, l'universalité.

- **CICR :** Le Comité International de la Croix Rouge, plus ancienne organisation humanitaire (1863), défend la vie et la dignité des personnes en cas de guerre ou d'autres violences. Fondée par des Suisses, son siège est à Genève.
- **AI :** Amnesty International défend les droits de l'homme : libération des prisonniers d'opinion, abolition de la peine de mort, des tortures et autres crimes.
- **Autres ONG :** Médecins sans frontières, Armée du Salut, Ordre de Malte, etc.

Sécurité intérieure

1 Aspects généraux

La violation de la loi est une infraction. Il existe 3 types d'infractions : le crime (le plus grave), le délit et la contravention.

- Le crime caractérise tout acte passible d'au moins 10 ans de prison et 3 000 € d'amende. Parmi les crimes, on trouve le meurtre, le viol, le trafic de drogue. Un crime est jugé en cour d'assises. La peine maximale est la perpétuité avec période de sûreté de 30 ans, depuis l'abolition de la peine de mort en 1981.
- Le délit est jugé par le tribunal correctionnel. Il peut entraîner des peines de prison (jusqu'à 10 ans), des amendes ou des travaux d'intérêt général.
- La contravention est jugée au tribunal de police ou devant le tribunal de proximité. La peine est au maximum de 3 000 € d'amende.

LOPPSI 2 : Loi d'Orientation et de Programmation pour la Performance de la Sécurité Intérieure qui concerne la sécurité intérieure sur 5 ans par le recours aux scanners corporels, aux mouchards informatiques, au filtrage d'Internet…

Garde à vue : Maintien à disposition par la police ou la gendarmerie d'une personne soupçonnée d'une infraction dans le cadre d'une enquête judiciaire. Sa durée est de 24 heures, prolongeable à 48 heures Le gardé à vue doit être informé des raisons de sa situation et avoir la possibilité d'un entretien avec son avocat.

Plan Vigipirate : Plan de lutte contre le terrorisme avec trois niveaux de menaces : Vigilance, Sécurité renforcée-risque d'attentat et Urgence attentat. Depuis janvier 2015, opération Sentinelle.

2 Sécurité routière

Elle définit l'ensemble des mesures pour éviter les accidents de circulation (permis à points en 92, installation des radars automatiques en 2004, etc.).

a. Alcool au volant : En France, c'est la 1re cause d'accidents. L'alcoolémie d'un conducteur comprise entre 0,25 et 0,39 mg/l d'air expiré (ou 0,5 et 0,78 g/l de sang) vaut une contravention de 4e classe (perte de 6 points). Au-delà, c'est un délit.

b. Vitesse au volant : Retrait de 1 à 6 points et amende forfaitaire de 68 à 1 500 €.

3 Infractions sur Internet

La déterritorialisation d'Internet favorise la cybercriminalité commise impunément (pédopornographie, trafic, vol d'informations, etc.).

ACTA : L'Accord Commercial Anti-Contrefaçon est un traité international signé par de nombreux États en 2012 pour protéger la propriété intellectuelle. Rejeté par l'UE fin 2012.

Megaupload : Site de téléchargement illégal, dirigé par Kim Schmitz et fermé en 2012 par le FBI. En réaction, le mouvement Anonymous a attaqué plusieurs sites Internet et organisé des manifestations au nom de l'accès libre à la culture.

Hadopi : La Haute Autorité pour la Diffusion des Œuvres et la Protection des droits sur Internet, créée en 2009, vise à protéger les œuvres et à encourager les téléchargements légaux. Elle est jugée inefficace.

9 Connaissances
Écologie

1 Accords internationaux et nationaux

- **Protocole de Kyoto :** Traité international de 2005 pour la réduction de 5,2 % des gaz à effet de serre jusqu'en 2012 (par rapport à 1990). Non prolongé lors de la Conférence de Copenhague en 2009.
- **Conférences des parties :** Depuis 1995, réunions des pays membres de l'ONU pour établir une convention-cadre concernant le climat. COP21 à Paris en 2015.

2 Personnalités et associations

- **Greenpeace :** ONG fondée en 1979 pour la protection de l'environnement. Célèbre pour l'affaire Rainbow Warrior, bateau de l'ONG coulé par les services secrets français en 1985, alors qu'il allait à Mururoa (lieu d'essais nucléaires).
- **Raoni Metuktire :** Chef de tribu d'Amazonie opposé à la déforestation dès 1970 (aujourd'hui 1/5e de la forêt a disparu). Médiatisé, il permet la création de la plus grande réserve de forêt tropicale du monde au Brésil.
- **Hans Jonas :** Philosophe allemand, inspirateur du principe de précaution.
- **José Bové :** Militant français altermondialiste ; opérations contre les OGM.

3 Vocabulaire

- **Principe de précaution :** En cas d'incertitudes écologiques, il faut remettre à plus tard une décision (formulé en 1992 dans la déclaration de Rio).
- **Commerce équitable :** Fondé sur de nouveaux chemins commerciaux, ce système permet que le producteur et ses collaborateurs soient mieux rémunérés.
- **Empreinte écologique :** Calcul de l'exploitation réelle d'une population par rapport à la surface bioproductive disponible. Cela montre la surconsommation des ressources naturelles par certaines populations.
- **OGM :** Organisme Génétiquement Modifié. Produit vivant au patrimoine génétique modifié par l'homme. Utilisés dans la recherche, la médecine, l'agro-alimentation, ces organismes sont plus résistants, plus efficaces. Leur dangerosité est mal évaluée et la contamination et stérilisation des cultures non OGM pose problème. Malgré des réticences, la France les autorise depuis 2000.
- **Agriculture biologique (AB)** : Méthode de production basée sur le respect de la biodiversité et des cycles naturels, et le refus d'une production intensive ou des OGM. En France, elle repose sur le décret de 1981 qui établit qu'un produit est biologique s'il contient moins de 5 % d'ingrédients non biologiques. Le logo AB apparaît en 1993. On compte 9,5 % de surface agraire AB en France en 2020. La France produit 15 % de l'alimentation bio de l'UE.
- **Décroissance :** Choix politique du ralentissement économique pour réduire l'exploitation de la nature et sortir des excès de la société de consommation.

10 Connaissances
Protection sociale et santé publique

1 Système de protection sociale et de santé

En France, il dépend de la Sécurité sociale, groupe d'institutions qui protègent financièrement face aux risques de la vie. Elle possède 5 branches :

- **Branche maladie** (la plus importante et la plus déficitaire) : pilotée par la CNAM (Caisse National d'Assurance-Maladie) au niveau national et par la CPAM (Caisse Primaire d'Assurance-Maladie) au niveau local (101 en France).
- **Branche vieillesse et veuvage** (retraites) : pilotée par la CNAV (Caisse Nationale d'Assurance-Vieillesse).
- **Branche famille** (dont logement, handicap, etc.) : pilotée par la CNAF (Caisse Nationale des Allocations Familiales) au niveau national et par la CAF au niveau local (123 en France).
- **Branche accidents du travail et maladies professionnelles**.
- **Branche autonomie** (créée le 14 mai 2022).

La Sécurité sociale rembourse environ 75 % des dépenses de soins (budget de 300 milliards) ; le reste est couvert par les ménages (10 %), des mutuelles (8 %) et des sociétés d'assurance et institutions de prévoyance (6 %). Les 1,2 % restants correspondent à la CMU (Couverture Mutuelle Universelle) qui aide, depuis 2000, ceux qui ne sont pas couverts par le régime de la Sécurité sociale ou qui sont très démunis (SDF, étrangers en situation régulière). Pour les étrangers en situation irrégulière, il existe l'AME (Aide Médicale d'État).

Financement : Cotisations sociales des salariés et des employeurs, CSG (Contribution Sociale Généralisée) et CRDS (Contribution pour le Remboursement de la Dette Sociale) prélevées sur tout revenu.

L'Urssaf (Union de Recouvrement des cotisations de Sécurité sociale et d'Allocation Familiale) assure le recouvrement des cotisations pour financer la Sécurité sociale et l'ARS (Agence Régionale de Santé) rationalise les dépenses hospitalières et médicales ; elle remplace en 2010 la DRASS et la DDASS.

2 Santé publique

Le Code de la santé publique détermine le champ du droit de la santé publique.

- **Médicament générique :** Médicament de même principe actif et parfois de même excipient qu'un médicament *princeps* (= de marque), mais moins cher.
- **Toxicité minérale :** Elle concerne notamment des matériaux comme l'amiante (n. masc.), matériau à texture fibreuse très isolant, utilisé dans le bâtiment et les vêtements (interdit en 1997), ou encore le gaz de schiste.
- **Loi Évin :** Loi de 1991 (renforcée en 2006) qui interdit de fumer dans les lieux publics et limite la publicité pour l'alcool.
- **Drogue :** Substance chimique ou naturelle capable d'altérer l'activité neuronale. Elle peut entraîner une dépendance (particulièrement l'héroïne), et/ou exposer à une forte toxicité et à l'isolement social (cas de la cocaïne).
- **Jeux dangereux :** Activités considérées comme ludiques mais qui représentent un risque pour ceux qui les pratiquent ou les subissent. Ce sont des formes de drogues, où le jeune développe une dépendance.

- Jeux d'apnée : Rêve indien/bleu, jeu du foulard, de la tomate, du cosmos. Après une phase d'hyperventilation (le jeune halète) puis d'apnée aidée par un foulard ou par l'étranglement d'un camarade pour comprimer la carotide ce qui gêne le retour veineux (anoxie cérébrale), le jeune convulse et divague. À ces jeux on peut ajouter le jeu de l'aérosol qui consiste à respirer du solvant. → Apeas : L'Association des parents d'enfants accidentés par strangulation est créée en 2000 ; sa présidente est Françoise Cochet.
- Jeux d'agression : *Happy slapping*, vidéolynchage ou bouc-émissaire (un jeune filme une agression gratuite) ; petit pont massacreur, jugement, cercle infernal (le groupe frappe celui qui laisse le ballon passer entre ses jambes), jeu des couleurs (victime choisie selon la couleur de ses habits), jeu de Beyrouth (victime frappée aux parties génitales si elle ignore quelle est la capitale du Liban).
- Jeux liés à l'alcool : *Binge-drinking* ou *eyeballing* où l'on boit avec les yeux (ce qui peut rendre aveugle) soi-disant pour s'enivrer plus rapidement.

• **Cancer :** Tumeur maligne qui se développe par prolifération des cellules qui migrent vers d'autres parties du corps (métastases). La leucémie est le cancer du sang et la maladie de Khaler est celui de la moelle osseuse.

• **VIH :** Le Virus d'Immunodéficience Humaine est responsable du SIDA. Il détruit les défenses immunitaires. Il est transmis par le sang, le sperme, les sécrétions vaginales, le lait maternel. Les traitements antiviraux ralentissent sa propagation, mais ne le guérissent pas. Il a été découvert par Luc Montagnier et Françoise Barré-Sinoussi en 1983 (prix Nobel 2008 de physiologie et médecine).

• **Maladie d'Alzheimer :** Maladie de dégénérescence du cerveau qui l'atrophie et entraîne d'abord la perte de mémoire, et, à termes, la mort.

• **Mort :** On distingue la mort légale ou mort cérébrale (absence de réaction du tronc cérébral) de la mort clinique (arrêt cardio-circulatoire). Cette distinction rend possible le prélèvement d'organes très tôt (dès la mort légale) pour améliorer le succès des greffes ; historiquement ce fut particulièrement le problème pour les transplantations cardiaques, dès 1968 par Christian Cabrol.

Bioéthique

1983	Création du CCNE (Comité Consultatif National d'Éthique).
1988	Toute expérience sur l'humain doit être consentie librement et éclairée.
1994	Indisponibilité du corps humain. Le don est possible s'il est librement consenti mais la vente est interdite. En 2004, la loi réaffirme ces principes et interdit le clonage humain total ou partiel (même thérapeutique).
2002	(loi Kouchner) Reconnaissance du droit du malade, notamment à consulter le dossier médical. Limitation de l'hospitalisation sans consentement.
2005	(loi Léonetti) Réaffirmation de l'interdiction de l'euthanasie et opposition à l'obstination déraisonnable. Préconisation des soins palliatifs pour la mort dans la dignité.
2012	Rapport Sicard qui prévoit une évolution de la loi Léonetti par la création d'un suicide assisté.
2016	Évolution de la loi Leonetti. Droit à la sédation profonde et continue jusqu'au décés dans certains cas. Les directions anticipées deviennent contraignantes.
2021	Loi de bioéthique : extension de la procréation médicalement assistée (PMA) aux couples de femmes et aux célibataires.

11 Connaissances
Famille et enfants

1 La famille

- **Mariage :** Légalement, le mariage est un contrat entre deux personnes qui donne existence à une communauté de biens et de renommée (même nom), cadre d'une famille. Le mariage homosexuel est reconnue depuis le 18 mai 2013 en France. La polygamie est illégale. En 2021, on compte 220 000 mariages en France dont 6 000 entre personnes de même sexe.
- **PACS :** Contrat entre deux personnes majeures de sexes semblables ou différents et qui n'ont aucun lien de parenté. Il permet d'acquérir ensemble des biens et d'avoir une déclaration fiscale commune. Le PACS n'a aucune incidence sur le nom. En 2020, on compte 174 000 PACS en France.
- **CNAF :** La Caisse Nationale d'Allocation Familiale, branche de la Sécurité sociale (créée en 1932), développe une action sociale familiale.
- **Allocations familiales :** Elles sont versées par les CAF, sans condition de ressources, aux responsables de deux enfants et plus de moins de 20 ans.

2 L'enfant

- **Droits de l'enfant :** En 1959, la Déclaration des Droits de l'Enfant par l'Assemblée générale des Nations unies pose 10 principes, notamment le droit à l'égalité, à une attention particulière pour son développement, à un nom et une nationalité, à une alimentation, un logement et des soins médicaux appropriés, à une protection con-tre toute forme de cruauté, de négligence et d'exploitation, et, s'il est handicapé, le droit à une éducation et des soins spéciaux. Ces principes deviennent contraignants en 1989 pour les pays signataires par la Convention Internationale des Droits de l'Enfant.
- **Adoption :** Institution de la loi qui peut exister de deux manières :
  - l'adoption plénière où la famille d'adoption remplace la famille d'origine ;
  - l'adoption simple où l'enfant reste en contact avec sa famille d'origine.

Une personne peut adopter seule, qu'elle soit célibataire, mariée, pacsée ou divorcée à condition qu'elle ait au moins 28 ans et avec accord du conjoint si elle est mariée. Des personnes mariées peuvent adopter ensemble, à condition que les deux soient âgés d'au moins 28 ans ou mariés depuis au moins deux ans. La procédure est longue ; les candidats à l'adoption subissent une enquête. Les enfants à adopter d'origine française sont peu nombreux.

- **Scolarité obligatoire :** Un enfant doit être instruit obligatoirement de 3 ans jusqu'à 16 ans, depuis la loi de 2019 Pour une école de confiance, dite « Loi Blanquer ». Cette instruction obligatoire ne doit pas être confondue avec l'obligation d'aller à l'école, car l'instruction peut être effectuée dans un établissement scolaire ou à distance, ou encore par les parents eux-mêmes. Ce dernier cas est désormais strictement réglementé par la loi de 2021 concernant le respect des principes de la République.
- **La majorité :** Fixée à 18 ans depuis 1974, elle était auparavant de 21 ans. La majorité sexuelle est de 15 ans.

Depuis 2012, le tribunal correctionnel pour mineurs est une juridiction française apte à juger les délits punis d'au moins 3 ans d'emprisonnement et commis par des mineurs récidivistes de plus de 16 ans.

12 Connaissances — Travail

Au niveau international, il est régi par l'OIT (Organisation Internationale du Travail), organe de l'ONU qui établit les droits fondamentaux du travail : la liberté syndicale, l'interdiction du travail forcé (sauf service militaire et travail des prisonniers), du travail des enfants, de la discrimination, l'amélioration des conditions de travail.

Au niveau national, il est régi par le Code du travail (principalement pour le secteur privé) et par des statuts particuliers pour les fonctionnaires et assimilés. Ce Code est complexe ; il régit les conditions légales du travail, les contentieux, la sécurité au travail, la santé et la formation professionnelle.

1 Conditions légales

- **CDD/CDI :** Contrat à durée déterminée/indéterminée. Le CDI est signé sans limite de durée. Il prend fin par démission, retraite, rupture à l'amiable, licenciement. Le CDD ne peut excéder 18 mois ; il est renouvelable une fois.
- **Temps de travail :** Il est fixé à 35 heures par semaine. En 1936 (Front populaire), il était passé à 40 heures, puis 39 heures sous Mitterrand en 1982.
- **SMIC :** Le Salaire Minimum Interprofessionnel de Croissance (qui remplace le SMIG) est le salaire horaire en dessous duquel aucun salarié ne peut être payé. Les exceptions existent surtout pour les jeunes en apprentissage et ceux en contrat de professionnalisation. Ce salaire est d'environ 1 330 € nets mensuels en 2022 et il est revalorisé chaque année en fonction du pouvoir d'achat.
- **Loi Macron :** Loi adoptée en juillet 2015 portant sur l'assouplissement des conditions de travail le dimanche et de nuit, la réduction du caractère fixe des tarifs des professions réglementées, la suppression du monopole du service public notamment pour le transport.
- **Âge légal du travail des jeunes :** En France, il est de 16 ans. Ils peuvent travailler dès 15 ans dans le cadre d'un contrat d'apprentissage.
- **Retraite :** En France, elle dépend de la Sécurité sociale ; elle fonctionne par répartition, la capitalisation étant possible comme complémentaire à titre privé. L'âge légal d'ouverture au droit à la retraite (pour ceux nés après 1960) est de 62 ans, la retraite à taux plein est accessible dès 41,5 ans de cotisations effectués, ou, à défaut, à 67 ans. En 2035, elle sera à 43 ans de cotisations.

2 Défense des droits

- **Droit de grève :** Autorisé en 1864 en France. Tout mouvement de grève pour être légal doit être collectif, associé à une revendication et une cessation complète du travail. Un préavis est exigé dans la fonction publique. Le salarié n'a pas besoin d'être syndiqué. Son salaire est suspendu pendant sa grève.
- **Syndicalisme :** Autorisé en 1884 en France. Parmi les 5 confédérations syndicales historiques, nous pouvons citer les 3 plus importantes (dans l'ordre) : la CGT (Confédération Générale des Travailleurs), la CFDT (Confédération française démocratique du travail), et CGT-FO (Force Ouvrière).

- **Prud'homme :** Juridiction de 1re instance qui gère les litiges entre employeur et employé du privé dans le cadre d'un contrat de travail.
- **Conventions collectives de travail (CCT) :** Textes réglementaires négociés par les syndicats qui établissent les statuts des employés par branche d'activité.

3 Chômage et retour à l'emploi

- **Chômage :** En France, est dit chômeur tout individu de 16 ans ou plus qui est sans emploi (même 1 heure), recherche activement un emploi, et est disponible dans les 15 jours. Il s'élève à 7,3 % environ et à 16 % spécifiquement pour les moins de 25 ans. Pôle emploi distingue 5 catégories d'inscrits au chômage :
  - Catégorie A : chercheurs actifs d'emploi, sans activité.
  - Catégorie B : chercheurs actifs d'emploi, en activité réduite courte.
  - Catégorie C : chercheurs actifs d'emploi, en activité réduite longue.
  - Catégorie D : chercheurs non tenus d'être actifs en raison d'un suivi de formation, d'un stage, et sans activité.
  - Catégorie E : chercheurs non tenus d'être actifs en raison d'un suivi de formation, d'un stage, mais ayant une activité.
- **Pôle emploi :** Créé en 2008, cet établissement public est le fruit de la fusion entre ANPE (Agence Nationale Pour l'Emploi) et Assedic (ASSociations pour l'Emploi Dans l'Industrie et le Commerce). Il inscrit et accompagne les demandeurs d'emploi, et s'occupe du versement des allocations.
- **RSA :** Le Revenu de Solidarité Active est une allocation qui représente un revenu minimum. Il remplace en 2009 le RMI (Revenu Minimum d'Insertion). En plus d'une aide aux personnes dans l'incapacité de travailler, le RSA est un complément de revenu pour les travailleurs pauvres. Fixé en 2022 à 575 € nets mensuels pour une personne seule, il concerne environ 2 millions d'allocataires. Martin Hirsch, Haut-commissaire aux solidarités actives de 2007 à 2010 dans le Gouvernement Fillon et ancien président d'Emmaüs France en est l'initiateur.

13 Connaissances
Inégalités, exclusions, discriminations

En France, le **Défenseur des droits** est, depuis sa création en 2011, un défenseur des citoyens contre toute discrimination. Il remplace la HALDE, Haute Autorité de Lutte contre les Discriminations et pour l'Égalité, créée en 2005.

1 Égalité homme-femme

1936	Trois femmes dans le Gouvernement du Front populaire (de Léon Blum), alors qu'elles n'ont pas le droit de vote.
1944	Droit de vote accordé aux femmes par de Gaulle. Le 1er vote sera en 1945.
1946	Le principe d'égalité hommes/femmes est affirmé dans la Constitution.
1956	Fondation du Mouvement français pour le planning familial, pour l'éducation sexuelle, le droit à la contraception, à l'avortement, le contrôle des naissances.
1967	Loi Neuwirth qui autorise la vente de produits contraceptifs.
1971	« Manifeste des 343 salopes » (343 femmes connues déclarent avoir avorté en toute illégalité) qui réclament l'avortement libre et gratuit.
1974	Vote du projet de loi Veil pour l'avortement libre et anonyme pour les mineures. La loi est promulguée en 1975 pour 5 ans puis définitivement en 79.
1982	L'IVG (Interruption Volontaire de Grossesse) devient gratuite (loi Roudy).
1990	Reconnaissance de la possibilité de viol entre époux.
2000	Parité hommes-femmes dans le nombre de candidats aux élections.
2001	Autorisation donnée aux infirmières scolaires de délivrer la pilule du lendemain. Le délai pour l'avortement passe de 10 à 12 semaines d'aménorrhée.
2003	Fondation de l'association « Ni pute, ni soumise ».
2006	L'âge légal du mariage des femmes passe à 18 ans (contre 15) pour éviter les mariages forcés.
2010	Reconnaissance légale des violences conjugales à caractère psychologique.
2014	Loi pour l'égalité réelle à l'initiative de Najat Vallaud-Belkacem. Suppression de la notion de « détresse » comme cause de l'IVG. Incitation pour les hommes à prendre leur congé parental. Augmentation des garanties pour le versement des pensions alimentaires. Interdiction des concours de mini-miss.

L'inégalité des salaires hommes-femmes est encore de 20 % en France. Elles sont près de 2 % de plus au chômage et 30 % en temps partiel (5 % des hommes).

2 Handicap

Désigne toute restriction d'activité sociale du fait d'une altération durable des fonctions physiques, sensorielles, mentales et/ou psychiques.
La population des handicapés compte 30 % de chômeurs.

- **CDAPH :** La Commission des Droits et de l'Autonomie des Personnes Handicapées renseigne les personnes handicapées sur leurs droits, accompagne leur insertion sociale et vérifie leur taux d'invalidité pour l'accès aux aides.
- **Caisse nationale de solidarité pour l'autonomie :** Créée en 2004, elle contribue au financement de l'accompagnement de la perte d'autonomie.
- **AAH :** L'Allocation aux Adultes Handicapés est une prestation de la CAF versée à toute personne dont le taux d'invalidité est supérieur à 80 % et sous conditions pour une invalidité de 50 à 80 %. Elle peut se cumuler avec un revenu. Elle compte près de 1,2 million allocataires.

3 Pauvreté

Est dite pauvre une personne qui ne dispose pas des ressources matérielles nécessaires pour vivre décemment. La France compte près de 8 millions de pauvres, personnes en dessous du seuil de pauvreté (60 % du revenu médian).

- **Travailleur pauvre :** Qualifie toute personne active au moins 6 mois par an et qui cependant vit en dessous du seuil de pauvreté.
- **Surendettement :** Situation de déséquilibre entre les ressources et les charges. La personne ne peut faire face à ses obligations. Le surendettement est favorisé par le crédit revolving (renouvelable), mieux encadré depuis 2010.
- **Mouvement Emmaüs :** Ensemble d'associations laïques fondées en 1949 par Henri Grouès, dit l'abbé Pierre (1912-2007) pour lutter contre la rigueur de l'hiver qui verra de nombreux Français mourir de froid.
- **Autres associations pour les pauvres :** Restos du cœur, Secours populaire français, Secours catholique, Petits Frères des Pauvres…

4 Précarité du logement

- **HLM :** L'Habitation à Loyer Modéré est un logement privé ou public réservé aux personnes moins favorisées. Ces habitats bénéficient de subventions ou d'exonérations fiscales.
- **SRU :** Loi relative à la Solidarité et au Renouvellement Urbain, votée en 2000. Elle impose notamment aux villes de disposer d'au moins 20 % de logements sociaux pour favoriser la mixité sociale.
- **Action sociale ou 1 % logement :** Dispositif de 2009 de participation des employeurs à l'effort de construction (PEEC) pour aider tout salarié à se loger grâce à une aide des entreprises de plus de 10 salariés d'au moins 1 %.
- **Enfants de don Quichotte :** Association de 2006 présidée par Jean-Baptiste Legrand pour faire connaître la précarité du logement, du travail, des soins, etc. En 2006, elle installe sur le canal Saint-Martin, à Paris, 200 tentes pour accueillir des SDF (Sans Domicile Fixe) et autres précaires.

5 Immigration, racisme

- **Sans-papiers :** Autre nom des étrangers en situation irrégulière sur un territoire national. En 1998, la loi Chevènement régularise des sans-papiers.
- **Regroupement familial :** Possibilité donnée à un étranger séjournant sur le territoire national de faire venir son conjoint et ses enfants mineurs au plus tard dans les 2 ans qui suivent son arrivée.
- **Réfugié :** Selon la convention de Genève, le statut de réfugié est accordé à une personne étrangère qui craint avec raison d'être persécutée et ne veut pas ou ne peut pas demander protection à son pays. On compte plus de 8 millions de réfugiés dans le monde.
- **Racisme :** Plusieurs associations luttent contre le racisme, SOS racisme, la LICRA (Ligue Internationale Contre le Racisme et l'Antisémitisme), etc.
- **Loi Gayssot :** Loi de 1990 qui condamne pénalement la négation du génocide juif de la Seconde Guerre mondiale. L'extension à d'autres génocides (notamment arménien) voulue en 2012 est censurée par le Conseil constitutionnel qui juge que cette interdiction est une atteinte à la liberté d'expression (affirmée par l'article 11 de la Déclaration des Droits de l'Homme et du Citoyen).

Économie

1 Économie mondiale

- **OMC :** L'Organisation Mondiale du Commerce, créée en 1995, est une organisation qui favorise le partenariat commercial en aidant le libre-échange et en évitant les conflits entre États.
- **OCDE :** L'Organisation de Coopération et de Développement Économique est une organisation internationale d'études économiques. Ses membres sont principalement des pays développés. Elle sert d'indicateur relatif dans les domaines économiques, sociaux, écologiques, d'innovation ou de gouvernance.
- **Bourse de valeurs :** Autre nom du marché financier. Lieu d'échange de valeurs mobilières : actions, obligations, matières premières, devises (monnaies) et produits dérivés. L'évolution de la Bourse est indiquée par l'indice boursier qui établit la tendance (à la hausse, stable ou à la baisse) d'un ensemble de valeurs. En France cet indice est le CAC 40 (pour les 40 entreprises les plus riches), en Europe c'est l'Eurostoxx 50, aux USA on trouve le Dow Jones.
- **Action/obligation :** Une action est un titre de propriété d'une partie du capital d'une entreprise qui donne droit à retirer des bénéfices (ou dividendes) de son investissement. Une obligation est un titre de créance qui correspond à un emprunt ; ce titre peut être cédé. La cession des actions et obligations fait varier leur valeur selon la règle d'offre et de demande.
- **Agence de notation financière :** Entreprise ou agence qui évalue les entreprises, les collectivités (dont les États) selon leur fiabilité financière. Les grandes agences sont Moodys, Standard & Poor's et Ficht Ratings.
- **PIB/PNB :** Produit Intérieur/National Brut. Le PIB est un indicateur économique qui mesure la production de richesses d'un pays. Le PNB inclut toute production d'un État, même sur un sol étranger.

2 Économie française

Loi Macron : **cf. chapitre 12**.

Impôts par ordre d'importance :

- **TVA :** La Taxe sur la Valeur Ajoutée est un impôt indirect sur tous les biens de consommation. Actuellement de 19,6 %, et 7 % ou 5,5 % pour la TVA réduite.
- **CSG et CRDS :** **cf. chapitre 10**.
- **IRPP :** L'Impôt sur le Revenu est le principal impôt direct. Il est proportionnel. Il concerne aussi bien les ménages que les entreprises.
- **TICPE :** La Taxe Intérieure de Consommation sur les Produits Énergétiques (remplace la TIPP, T.I. sur les Produits Pétroliers) impose les hydrocarbures importés. Elle est de 60 % pour le Super sans plomb, 52 % pour le Gazole mais un rééquilibrage de la fiscalité est en cours.
- **ISF :** L'Impôt de Solidarité sur la Fortune taxe le patrimoine dès lors qu'il est supérieur à 1,3 million d'euros. Il est remplacé par l'IFI (Impôt sur la Fortune Immobilière) en 2018.

Épreuve d'admission n°2

Épreuve physique gendarmerie

- L'épreuve physique gendarmerie
- Conseils et méthodes

Coef 3

1 Présentation
L'épreuve physique gendarmerie

L'épreuve physique gendarmerie (EPG), réalisée en tenue de sport, se compose de trois ateliers :

- un parcours d'obstacles (chronométré) ;
- une simulation d'un combat (chronométrée) ;
- un transport de poids (évalué : échec ou réussite).

Le schéma du parcours de l'EPG est consultable à partir du site internet de la gendarmerie nationale : Accueil > Carrières > Carrière opérationnelle > Sous-officier de gendarmerie ou directement sur :

www.dailymotion.com/video/x46lrt_epreuve-physique-gendarmerie-comple_news

Avant que le premier candidat convoqué ne passe l'EPG, une démonstration de l'épreuve est faite à l'ensemble des candidats par un moniteur d'entraînement physique et sportif en insistant sur les fautes qui, dans un premier temps, obligent le candidat à recommencer l'épreuve et qui peuvent provoquer, le cas échéant, l'échec de l'épreuve.

Les candidats devront disposer d'au moins 15 minutes pour s'échauffer individuellement avant le passage de l'épreuve.

1 Description de l'EPG

a. Atelier n° 1 : parcours d'obstacles

Le candidat accomplit six fois le parcours d'une longueur de 50 mètres en appliquant les consignes suivantes :

1. Partir du cône de départ, courir en direction du cône 1.
2. Contourner le cône 1, traverser en diagonale en direction du cône 2. Avant d'atteindre ce cône, franchir d'un bond, sans le toucher, un obstacle (tapis de sol) de 1,80 m de long. À la réception, tourner à gauche autour du cône 2 et se diriger vers l'escalier.
3. Monter et descendre l'escalier en courant, en touchant au moins une marche en montant, la plate-forme supérieure et une marche en descendant.
4. Contourner le cône 3, remonter et redescendre l'escalier puis se diriger vers le cône 4.
5. Tourner à gauche et se diriger en diagonale vers le cône 5. Avant d'atteindre ce cône, sauter deux obstacles de 45 cm de haut, distants de 3 mètres.
6. Au cône 5, tourner à droite et se diriger vers le cône de départ. Avant d'atteindre ce dernier, franchir une poutre placée à 0,90 m du sol, maîtriser sa réception et se laisser tomber sur le dos ou sur le ventre (alternativement à chaque tour). Se relever sans aide (ne pas se retourner si l'on tombe sur le ventre, ne pas rouler sur le côté lorsque l'on tombe sur le dos, ne jamais s'aider de la poutre) et contourner le cône de départ avant d'accomplir un autre tour ;
7. Lorsque les six tours sont terminés, se diriger vers l'atelier n 2.

Fautes relevées :
- non-franchissement du tapis ;
- cône ou barre renversé ;
- poutre touchée avec toute autre partie que les mains ou les pieds ;
- se relever en s'aidant de la poutre ou en roulant sur le côté.

Toute faute est immédiatement sanctionnée par l'obligation de tenter à nouveau le passage de l'obstacle jusqu'à y parvenir après avoir, le cas échéant, replacé l'élément tombé. Le non-franchissement du tapis répété six fois entraîne l'échec de l'épreuve.

Le parcours d'obstacle de l'EP

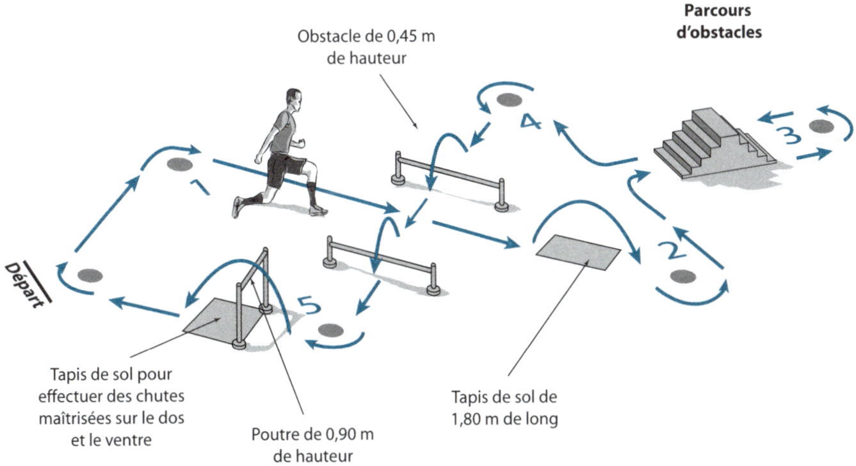

b. Atelier n° 2 : simulation d'un combat

À moins de 10 mètres de la fin de la course d'obstacles, exercices de traction et de poussée entrecoupés de chutes maîtrisées :

1. **Exercice de traction :** agripper la corde et soulever un poids de 36 kg pour les hommes et 25 kg pour les femmes. En conservant le poids dans cette position, se déplacer en décrivant un arc de cercle de 180 et toucher le mur de chaque côté de l'appareil. Répéter l'exercice six fois en touchant ainsi le mur trois fois de chaque côté. Conserver son équilibre et garder ses coudes fléchis pendant toute la durée de l'exercice.
2. **Chutes maîtrisées :** après l'exercice de traction, déposer le poids sur le sol, s'éloigner de l'appareil (1 mètre), tomber sur le ventre, se relever, toucher le mur, exécuter une autre chute sur le dos, se relever sans rouler sur le côté et toucher encore le mur. Cette séquence est exécutée deux fois (4 chutes : 2 vers l'avant, 2 vers l'arrière).
3. **Exercice de poussée :** après avoir touché le mur, se déplacer jusqu'à l'appareil de poussée. À l'aide des poignées, pousser afin de soulever du sol un poids de 36 kg pour les hommes et 25 kg pour les femmes. Le conserver dans cette position et décrire six arcs de cercle complets en touchant trois fois le mur de chaque côté (idem exercice de traction). Les bras doivent demeurer fléchis au niveau des coudes : ni les coudes ni les mains ne doivent toucher la poitrine ou les épaules.

En cas de mauvaise exécution, le candidat doit reprendre l'exercice (chute ou arc).

La partie chronométrée de l'EPG prend fin au moment où le candidat termine le 6e arc de l'exercice de poussée (dépôt du poids sur le sol).

Le candidat doit se reposer une minute avant d'entreprendre le transport du sac de sable.

Exercices de simulation de combat

c. Atelier n° 3 : transport de poids

Le candidat doit soulever un poids (sac de sable) de 45 kg pour les hommes et 25 kg pour les femmes, le transporter, en se servant uniquement de ses bras, sur une distance de 15 mètres et le reposer sur le sol en douceur.

Faute relevée : incapacité à soulever le sac, à le porter en se déplaçant ou à le poser en douceur à la fin de l'exercice.

Dans tous les cas l'ensemble de l'exercice doit être repris. Trois essais infructueux signifient un échec.

Transport de poids

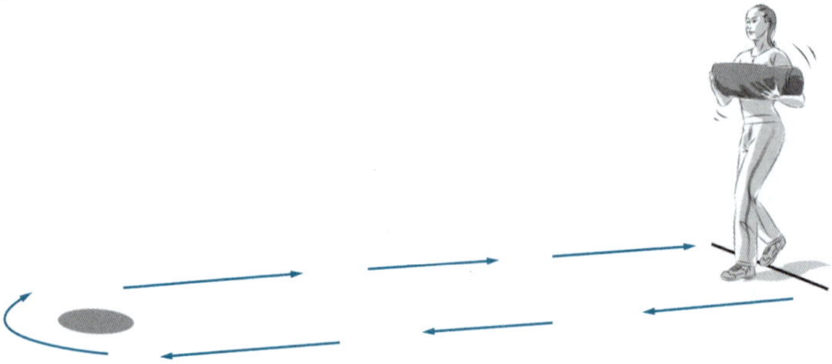

2 Barème de l'EPG

a. Ateliers 1 et 2

Notes	Temps	
	Hommes	Femmes
20	2'55	3'05
19	3'00	3'10
18	3'05	3'15
17	3'10	3'20
16	3'15	3'25
15	3'20	3'30
14	3'25	3'35
13	3'30	3'40
12	3'35	3'45
11	3'40	3'50
10	3'45	3'55
9	3'50	4'00
8	3'55	4'05
7	4'00	4'10
6	4'11	4'21
5	4'20	4'30
4	4'25	4'35
3	4'30	4'40
2	4'35	4'45
1	4'40	4'50
0	> 4'40 et abandons/échecs	> 4'50 et abandons/échecs

En cas de performance intermédiaire, la note à attribuer est celle qui correspond à la performance immédiatement inférieure.
Est éliminé tout candidat ayant obtenu une note inférieure à 6 sur 20 à l'une des épreuves d'admission.
L'échec au troisième atelier entraîne le retrait d'un point sur la note obtenue lors des deux premiers ateliers chronométrés.
Arrêté du 27 avril 2011 : fixant les programmes, les conditions d'organisation et le déroulement ainsi que les coefficients attribués aux différentes épreuves des concours prévus à l'article 13-1 du décret n° 2008-952 du 12 septembre 2008 portant statut particulier du corps des sous-officiers de gendarmerie nationale (JO n° 108 du 10-5-2011 texte n° 6, NOR:IOCJ11029171A).

b. Atelier 3

L'échec au troisième atelier entraîne le retrait d'un point sur la note obtenue lors des deux premiers ateliers chronométrés.

Bien se préparer

L'épreuve physique de la gendarmerie est complexe : différents ateliers pour différents efforts, donc différentes manières, complémentaires, de s'entraîner. Chacun des ateliers demande au candidat de connaître son corps, ses capacités ainsi que ses limites. Pour vous préparer à cette épreuve, il est indispensable que vous intégriez ces notions. En effet, sans une connaissance parfaite de votre corps, aucune performance stable et maîtrisée n'est possible. Que vous soyez sportif aguerri, excellent dans telle ou telle discipline ou simple joggeur du dimanche, il est capital que vous vous prépariez de manière adéquate, tant sur la régularité que sur le long terme. En d'autres termes, quelle que soit votre condition physique actuelle, c'est seulement grâce à une préparation anticipée, construite et progressive que vous pourrez réussir l'EPG sans encombre.
À vos chaussures !

1 Quelques conseils pour bien commencer

a. Une tenue adaptée

Chaussures : peut-être pensez-vous que n'importe quelle paire de basket fera l'affaire pour vos entraînements, mais il n'en est rien. Chaque personne a sa propre façon de courir, sa propre forme de pied, etc. Une paire de chaussures adaptée vous permettra d'adopter une bonne posture lorsque vous courrez. N'hésitez donc pas à aller dans un magasin de sport pour vous faire conseiller. Pensez à amener une paire de chaussures usagées : l'usure et la forme de celles-ci permettront au vendeur de mieux vous conseiller.

Short/pantalon et t-shirt : pour une bonne observation de l'évaluateur ainsi que pour votre propre confort, il est indispensable que vous portiez une tenue adaptée : t-shirt suffisamment prêt du corps et pantalon de survêtement ou short de sport pas trop large.

b. Une bonne hygiène de vie

Une bonne hygiène de vie est indispensable si vous espérez avoir un rendement maximal de votre entraînement. Ne serait-il pas dommage de gâcher vos performances en gardant quelques mauvaises habitudes qu'il serait simple d'abandonner ? Sans attendre les effets bénéfiques de votre entraînement, adoptez une hygiène qui vous permettra d'éliminer les graisses avec des repas moins abondants, mais plus nombreux, moins riches en sucres, en sel, avec plus de légumes verts. Aussi, l'hygiène de vie ne concerne pas que l'alimentation, mais repose sur un ensemble de mesures destinées à préserver la santé. Veillez donc à dormir à heures régulières et moins tardivement, évitez l'alcool et la cigarette, buvez plus d'eau, etc. Attention, ces règles ne doivent pas être vécues comme des contraintes, mais doivent être librement choisies afin de ne pas vivre votre période de préparation à l'EPG comme un calvaire.

c. S'équiper pour mieux évaluer vos performances et votre progression

Afin d'évaluer au mieux votre progression au fil des séances d'entraînement, quelques outils pourront se montrer très utiles. Dans votre poche, autour du cou ou attachés à votre poignet, ils seront vos meilleurs compagnons.

- **Le « carnet de bord » :** outil indispensable pour suivre votre progression, établir de nouveaux objectifs et rechercher la performance. Dans ce carnet, vous y noterez la distance que vous avez parcourue, sur quel type de terrain (route, sentier, forêt…) et votre temps.
- **Le chronomètre :** il vous permettra de savoir combien de temps aura duré votre entraînement, combien de temps vous avez couru.
- **Le podomètre :** selon le modèle, il vous permettra de calculer la distance parcourue (nombre de pas effectués) ou vous indiquera directement cette distance.

2 Organisation de l'entraînement

Comme nous l'avons vu plus tôt, l'épreuve physique de la gendarmerie est une épreuve complexe, car complète. En effet, elle imbrique en un tout, différents efforts qui requièrent une excellente préparation physique au préalable et ce à différents niveaux. Sans entrer dans l'explication du fonctionnement des différentes filières énergétiques de l'organisme, deux grands axes de travail se dégagent de cette épreuve : l'endurance aérobie et l'endurance musculaire. Voyons donc quel type de préparation physique vous attend avant le jour J.

a. Durée de la préparation

S'il est préférable de tabler sur une période de 4 mois, une préparation physique bien programmée permet d'obtenir de bons résultats dès 3 mois à raison de 3 séances par semaine. Pendant cette période, il s'agit pour vous de bien ancrer vos entraînements dans vos habitudes de vie et de respecter rigoureusement ce rythme afin de voir vos efforts récompensés par de bonnes améliorations. Les éléments que nous allons vous proposer correspondent à des modèles de base qu'il va falloir vous approprier pour vous forger un programme d'entraînement adapté à vos capacités évoluant avec l'amélioration de vos aptitudes. C'est en choisissant le modèle qui vous correspond le plus et en en augmentant progressivement la difficulté que vous allez vous construire un véritable programme d'entraînement visant toujours une optimisation de vos performances.

b. Les échauffements

S'ils peuvent paraître ennuyants et parfois inutiles, les échauffements représentent un élément incontournable de tout entraînement. Ils permettent à votre organisme de mieux se préparer à l'effort qui va suivre. À froid, le corps n'est pas dans de bonnes conditions pour réaliser une activité physique et sollicité dans ces conditions, des blessures peuvent survenir.

L'échauffement va donc permettre de mettre progressivement en condition l'organisme tant au niveau musculaire, articulaire que cardio-respiratoire, d'améliorer la coordination et même la préparation mentale. En bref, bien échauffé, votre performance est améliorée.

Voici donc un échauffement type :

- **Footing :** pendant un temps de minimum 10-15 minutes, faire un footing (c'est-à-dire à un rythme vous permettant de discuter).
- **Montée de genoux :** sur 2 séries de 20 mètres ou plus, courir à petites foulées en montant les genoux au niveau de la taille avec des appuis dynamiques.
- **Talon-fesse :** mêmes séries pendant lesquelles vos talons viennent toucher vos fesses.
- **Foulées bondissantes :** toujours 2 séries de 20 mètres où il s'agit de courir à un rythme lent en faisant de longues foulées sautées.

- **Accélérations :** sur deux séries de 75-100 mètres, non pas sprinter, mais courir à une vitesse proche de votre vitesse maximale.

Remarque

Après chaque première série, parcourir la même distance en trottinant, puis enchaîner avec la seconde.
Vous pourrez compléter ces échauffements par des échauffements des épaules, des coudes, du cou/nuque, etc.

c. L'entraînement physique aérobie

Pour travailler efficacement vos capacités cardio-respiratoires et musculaires, votre technique de course et connaître précisément votre allure, différents types d'entraînements existent.

Nous pouvons distinguer d'un côté la méthode des efforts continus, où les efforts durent de 20 à 45 minutes et de l'autre les méthodes des efforts intermittents[1], consistant en une succession d'efforts et de repos. Nous préférerons vous proposer un entraînement basé sur

Définition

cette dernière méthode, car plus efficace, mais il sera aussi nécessaire d'intégrer des efforts continus dans votre programme d'entraînement.

VMA : Dans ce qui va suivre, nous allons parler du terme VMA signifiant Vitesse Maximale Aérobie. Sans entrer dans les détails techniques, ce terme correspond à la vitesse à partir de laquelle une personne consomme le maximum d'oxygène. Connaître sa VMA est indispensable afin de planifier son entraînement. Elle est également une bonne indication sur le potentiel présent et futur du coureur.
Pour la connaître, trouvez un parcours plat dont vous connaissez exactement la longueur (piste d'athlétisme, terrain de football, de tennis…). Courez sur un temps précis de 6 minutes à la fin duquel vous devez être au maximum de vos capacités. La distance que vous avez parcourue vous permet alors de connaître votre VMA :
Distance parcourue (en mètres) / 100 = VMA (en km/h).
Par exemple si vous courez 1 500 m, votre VMA est de 15 km/h.

Méthode des efforts intermittents de longue durée

Le temps de travail équivaut au temps de repos. Il s'agit de réaliser 5 à 7 répétitions de 3 à 4 minutes chacune au cours desquelles l'intensité ne doit pas diminuer. Vous courrez à une vitesse égale à votre VMA ou supérieure jusqu'à 10 %. Le temps de récupération doit être rigoureusement le même que le temps que vous avez couru : la récupération étant l'élément fondamental de cette méthode.

La récupération entre les séries est active, c'est-à-dire qu'après l'effort, il ne faut pas s'arrêter, mais poursuivre par de la marche voire du footing à petites foulées. Veillez bien à respecter scrupuleusement ce dernier point.

1. Les méthodes que nous proposons sont basées sur les travaux de Michel PRADET.

Méthode des efforts intermittents de moyenne durée

Le temps de travail est inférieur ou égal au temps de repos. Selon votre niveau, il s'agit de réaliser au minimum 8 répétitions de 1 minute chacune au cours desquelles l'intensité ne diminue pas. Vous courrez à une VMA de 110 à 120 %. Le temps de récupération peut varier de 1 à 2 minutes et est actif.

Méthode des efforts intermittents de courte durée

Le temps de travail est inférieur au temps de repos. Encore une fois selon le niveau, il s'agit de réaliser 10 à 20 répétitions de 10 secondes ou 12 à 15 répétitions de 15 secondes au cours desquelles l'intensité ne diminue pas. Vous courrez à une VMA de 120 à 140 %. Le temps de récupération peut varier de 1 minute 30 à 2 minutes et est actif.

Le 30-30

Le temps de travail est égal au temps de récupération. Ici, il s'agit de réaliser une succession de séries comprenant 30 secondes de course à 110-115 % de la VMA suivies de 30 secondes de récupération passive voire semi-active. Le nombre de séries sera déterminé par votre capacité à maintenir l'effort à la même intensité. Selon le niveau, de 12 à 20 répétitions. On peut faciliter l'exercice en découpant la séance en deux parties avec une pause de 2 à 3 minutes de récupération. Par exemple 6 séries de 30-30 suivies d'une récupération de 3 minutes, puis à nouveau 6 séries de 30-30.

d. Le renforcement musculaire

Compte tenu de l'effort à fournir pour l'EPG, une bonne préparation au niveau musculaire est nécessaire. Cette préparation ne requiert que très peu de matériel et peut très largement se faire chez vous : un tapis de sol, une barre de tractions, une bouteille d'eau et vous êtes parés. Les différents ateliers sollicitent toutes les chaînes musculaires de votre corps, donc lors de vos séances de renforcement, il va falloir toutes les travailler. 2 à 3 séances par semaines sont conseillées.

Voici quelques exemples d'exercices :

- Sur le dos, bras croisés, décoller légèrement les épaules du sol, puis lever les jambes. Les genoux juste en dessous du bassin, plier les jambes pour qu'elles soient parallèles au sol (comme si l'on était assis sur une chaise). En essayant de conserver cuisses et genoux stables, effectuer des flexions/extensions. Faire 5 séries de 10 répétitions et à la dixième bloquer quelques secondes. Récupérer 15 secondes entre chaque série.
- Sur le dos, placer une main derrière la tête et tendre l'autre derrière de soi. Jambes pliées et pieds à plat sur le sol, poser une cheville au-dessus de votre genou. La jambe venant se poser est celle en diagonale du bras tendu. En position, effectuer des abdominaux en venant pointer votre main libre sur le côté opposé sans décoller les lombaires du sol. Faire 5 séries de 10 répétitions avec 15 secondes de repos. Alterner les côtés.
- Sur le ventre, placer les mains sous le menton. Lever simultanément les jambes (tendues) et les épaules et bloquer dans cette position 15 secondes. Réaliser 5 séries de 15 secondes avec 10 secondes de récupération.
- Selon le niveau, 4 à 5 séries de 8 à 15 pompes avec 1 min 30 de repos. Varier l'inclinaison, la vitesse de montée/descente, l'écartement entre les mains.
- Sur une barre de traction, effectuer 4 à 5 séries d'autant de tractions possibles avec un temps de récupération variant de 1 minute à 1 minute 30. Varier les positions (paumes vers l'intérieur ou vers l'extérieur, passer la barre derrière la nuque, etc.).

- Si vous disposez d'un sac de frappe ou d'un objet faisant approximativement le même poids que le sac de l'atelier 3, vous pouvez vous entraîner à réaliser l'épreuve de l'examen. Dans le cas contraire, un sac de linge mouillé, un/des packs d'eau peuvent faire l'affaire par exemple et effectuez des soulevés de terre avec déplacement comme décrit dans l'épreuve. Avec un poids insuffisant, vous pouvez augmenter la difficulté en vous déplaçant en fente avant. Vous pouvez aussi vous tenir droit, pieds un peu écartés, et réaliser des séries dynamiques de flexions extensions des jambes en finissant sur la pointe des pieds.

e. Conseils supplémentaires

Vous disposez à présent d'un modèle d'entraînement complet pour vous préparer à l'Épreuve Physique Gendarmerie, mais afin de l'optimiser ou de casser la monotonie, vous pouvez y ajouter certains éléments.

- Récréer les conditions de l'examen : la description de l'épreuve est suffisamment détaillée pour que vous puissiez recréer les conditions de l'examen. Ceci est intéressant pour se préparer au mieux et ne pas être surpris le jour J.
- Varier les activités : en complément, pour mêler renforcement musculaire et endurance, il peut s'avérer utile de changer d'activité physique. Pensez à la natation, au vélo ou au squash par exemple.
- Varier les terrains : on court différemment sur le plat, en campagne ou en montagne, etc. ce qui fait travailler différemment les chaînes musculaires ainsi que l'endurance. Une bonne formule de préparation est le « Fartlek » : des parcours tout-terrain en nature avec plats, côtes, descentes, sols divers, permettant de travailler tous les rythmes.
- S'étirer : n'oubliez pas de vous étirer après chaque séance, que vous ayez couru ou fait du renforcement musculaire. De la nuque aux chevilles, en passant par toutes les chaînes musculaires, comptez entre 10 et 20 minutes d'étirements.

3 À l'approche de l'épreuve

a. La veille de l'épreuve

Dès la fin de l'après-midi, il faut se préparer intelligemment à l'épreuve du lendemain. Voici les points clés à respecter :

- Arrêtez les boissons excitantes ou à base de caféine dès 16 h Passé cette heure, vous vous exposez au risque de ne pas trouver le sommeil le soir.
- Faites un petit footing : cela vous permettra d'évacuer le stress et améliorera la qualité de votre sommeil. Ne vous adonnez surtout pas à un effort intense : autant vous éviter une blessure à ce moment ! Faites-le vers 17 h pour en tirer tous les bénéfices.
- Dînez équilibré : le repas du soir a des incidences sur votre nuit et votre forme du lendemain. Privilégiez les sucres lents qui vous restitueront une bonne énergie le lendemain matin. Évitez de manger trop lourd ou de sauter un repas.
- Dormez suffisamment : le sommeil est affaire personnelle. Si 6 heures peuvent suffire pour certains, d'autres auront besoin de 9 heures. Dormez donc suffisamment, autant d'heures que nécessaire.

b. Le jour de l'épreuve

Le matin de l'épreuve, pensez à vous lever suffisamment tôt. Le corps et le cerveau ont besoin de temps pour être dans leur forme optimale. Dans l'idéal, levez-vous deux heures avant l'heure du rendez-vous, cela vous permettra de commencer la journée sans le stress du retard, de ne pas petit-déjeuner à la va-vite et tout simplement permettre à votre corps de s'éveiller progressivement.

La veille, vous aurez pensé à préparer votre sac de sport dans lequel figureront un short, un t-shirt, une bouteille d'eau, des barres énergétiques, et des vêtements de rechange. Vous pouvez, si vous le souhaitez, y ajouter du chauffant musculaire.

Pour vous rendre sur les lieux, si vous n'êtes pas trop éloigné et que les conditions météorologiques le permettent, vous pouvez y aller en footing, ce qui est idéal pour chauffer les muscles et vous préparer un tant soit peu à l'épreuve.

c. Juste avant l'épreuve

Vous disposerez d'au moins 15 minutes pour vous échauffer. Ici, la meilleure méthode pour bien se préparer est la vôtre. En effet, préparez-vous comme vous l'avez toujours fait lors de vos entraînements précédents : faites votre propre routine, celle qui a fonctionné jusqu'ici. Ne commettez pas l'erreur de regarder ce que font les autres et de vouloir faire la même chose. Vous avez votre propre manière de faire, restez-en là. Gardez bien en tête que l'objectif est de mettre le corps dans de bonnes dispositions, donc arrêtez-vous avant de ressentir de la fatigue.

Vous voilà prêt, bonne chance !

Épreuve d'admission n° 3

Évaluation numérique

- Présentation de l'épreuve
- Moteurs de recherche, navigateurs et systèmes d'exploitation
- Les acronymes et définitions
- Les réseaux sociaux
- Le RGPD

30 min • Coef 1

1 Présentation de l'épreuve

L'épreuve d'évaluation numérique est une nouvelle épreuve du concours de sous-officier de la gendarmerie, interne et externe. Il s'agit d'une épreuve d'admission qui dure 30 minutes et de coefficient 1. C'est la seule épreuve pour laquelle une note inférieure à 6 sur 20 n'est pas éliminatoire.

Le format de l'épreuve

Elle se présente sous la forme d'un questionnaire dématérialisé à choix multiples visant à évaluer les connaissances et les compétences numériques du candidat. Les postulants au concours doivent donc connaître les fondamentaux de la culture Web, de l'environnement numérique, de la protection et de la sécurité informatique.
Le QCM comporte généralement 20 questions.

Remarque

Vous trouverez dans la suite de l'ouvrage, des exemples de questions qui pourraient vous être posées lors du concours.

Les thématiques à maîtriser :

- la sécurité, protection informatique ;
- les réseaux sociaux ;
- les navigateurs, moteurs de recherche, etc. ;
- les connaissances de base sur les termes numériques courants.

Il est également capital que vous vous renseignez sur les grandes actualités des grandes entreprises du numérique (nouvelles technologies, innovations majeures, nom des grands dirigeants, etc.), sur les termes, applications, utilisations en vogue, etc. Pour cela, lisez des articles d'actualité des grands journaux nationaux ou internationaux. Les questions qui vous seront posées sont relativement générales et n'attendent pas de vous que vous soyez expert en la matière.

2 Moteurs de recherche, navigateurs et systèmes d'exploitation

Il n'est pas rare de confondre moteurs de recherche, navigateurs et système d'exploitation, pourtant, les différences sont flagrantes lorsqu'on se penche sur les définitions.

1 Un moteur de recherche, c'est quoi ?

On appelle moteur de recherche un **site web** qui permet de trouver les pages web d'autres sites. Il existe par exemple Google, Bing, Yahoo, Qwant, etc. Ce sont en quelque sorte des « bases » qui vous proposent des sites web contenant les réponses à vos questions. Ils fonctionnent grâce à des mots-clés qu'ils associent ensuite très rapidement à des pages analysées et indexées par le moteur de recherche pour vous proposer les résultats les plus pertinents.

Par exemple, si vous tapez « élite », Google vous propose des pages concernant la série espagnole Netflix *Élite*, mais également des pages traitant de *Elite rencontre* (le site de rencontre) et de l'agence de mannequins du même nom. En revanche, si vous tapez « élite définition », ce sont des sites du type Larousse, Linternaute et CNRTL qui s'affichent. Vous l'aurez compris, les moteurs de recherche se basent sur l'actualité, sur ce qui est tendance, pour vous proposer les sites dont vous pourriez avoir besoin.

Si vous faites la même recherche sur un autre moteur de recherche, les résultats pourraient être légèrement différents.

2 Qu'est-ce qu'un navigateur ?

Un navigateur est un **logiciel** qui affiche des pages Web, c'est grâce à lui que vous accédez à votre page d'accueil, à votre moteur de recherche, etc. Il est conçu pour afficher le « *World Wide Web* » (www), soit les pages Web qui débutent toutes par www. Les navigateurs les plus connus sont Microsoft Edge, Mozilla FireFox, Chrome, Safari (pour Mac) ou Opera. Ils ont tous la même utilité, seule l'interface change.

3 Les systèmes d'exploitation : kézako ?

Un système d'exploitation est un **ensemble de programmes** qui font fonctionner un ordinateur. Il offre une série de logiciels et de services vous permettant d'utiliser votre ordinateur pour tout ce dont vous avez besoin : utiliser des périphériques (clefs USB, clavier, souris, etc.), lire des CD, accéder aux fichiers, etc. C'est lui qui s'assure du bon fonctionnement et de la compatibilité des différents éléments qui se trouvent sur votre ordinateur. Les trois principaux systèmes d'exploitation sont Windows, OS X (sur Mac) et Linux. Ceux-ci évoluent avec le temps et sont régulièrement mis à jour. Par exemple, pour Windows, il existe plusieurs versions comme Vista, Windows 7, Windows 10, etc.

3 Les acronymes et définitions

Terme	Définition
Adresse IP	C'est un numéro d'identification qui est attribué à chaque périphérique relié à un réseau informatique. IP est l'abréviation de *Internet Protocol*.
Chatbot	C'est un « agent conversationnel », c'est-à-dire un programme capable de converser avec un internaute en générant des réponses préconstruites. Les chatbot sont de plus en plus utilisés sur les sites Internet (magasins de vêtements, opérateurs téléphoniques, services publics, etc.).
Cloud	C'est un espace de stockage distant auquel on accède par Internet sur lequel on enregistre des fichiers, vidéos, etc. Il suffit ensuite d'accéder à la page Web de votre cloud depuis n'importe quel ordinateur/téléphone/tablette pour accéder à vos données qui s'actualisent automatiquement, en temps réel.
Cookie	Fichier stocké par un serveur dans le terminal (ordinateur, téléphone, tablette, etc.) d'un utilisateur et associé à la consultation de certains sites qui conservent des informations en vue d'une connexion ultérieure.
GAFAM	Il s'agit de l'acronyme des géants du Web à savoir Google, Apple, Facebook, Amazon et Microsoft qui dominent le marché du numérique. Aussi appelés Big Five.
HTTP, HTTPS	L'Hypertext Transfer Protocol est un protocole de transmission permettant à l'utilisateur d'accéder à des pages web par l'intermédiaire d'un navigateur. HTTPS est la variante sécurisée
Phishing	Aussi appelé « hameçonnage », c'est une pratique malveillante qui consiste à récupérer des informations personnelles sur un internaute.
Spam	Courriel indésirable (aussi appelé pourriel).
Wifi	Abréviation de *Wireless Fidelity* qu'on peut traduire par « fidélité sans fil ». Il s'agit d'une technique qui permet la communication sans fil entre divers appareils (ordinateur, box Internet, téléviseur, etc.) grâce à des ondes radioélectriques.

4 Les réseaux sociaux

On appelle réseau social un site Internet ou une application qui permet à des internautes de se créer une page personnelle afin de partager ou échanger des informations, photos, vidéos, etc. avec leurs amis, connaissances ou autres.

Parmi les principaux réseaux sociaux, il y a :

- **Facebook.** Il s'agit du réseau le plus populaire à ce jour. Il permet aux utilisateurs de publier des images, photos, avis, vidéos, etc. Son PDG est Mark Zuckerberg depuis sa création en 2004.
- **YouTube.** C'est un média social dédié aux vidéos (clips musicaux, vidéos humoristiques, tutoriels, vidéos en direct, vidéos de gaming, etc.). On trouve aujourd'hui un grand nombre de Youtubeurs et Youtubeuses connus : Squeezie, Natoo, Cyprien, Norman, Enjoyphoenix, Amixem, Mister V, pour la France, ou Pewdiepie, Zoella, JeffreeStar, James Charles, Nikkie Tutorials, Logan Paul à l'international.
- **Twitter.** Spécialisé dans le partage de Tweets (nom des publications), il fonctionne par courts messages de 280 caractères maximum pouvant être illustrés de GIFS, vidéos, liens, photos, etc. Il est très utilisé pour le partage d'actualités en temps réel, notamment grâce à l'utilisation des #hashtags (mots-clefs cliquables qui commencent par le # qu'on appelle hashtag).
- **LinkedIn.** C'est le réseau social dédié aux relations professionnelles. Il permet de créer un CV en ligne et de se connecter avec d'autres professionnels. Il est utilisé par de nombreux internautes pour leur recherche d'emploi ou d'employés.
- **Instagram.** C'est l'application mobile permettant le partage de photos et vidéos. Elle est très connue pour ses « stories ».

D'autres réseaux très connus que l'on peut citer sont TikTok, Snapchat, Soundcloud, Flickr, Twitch ou Whatsapp.

5 Le RGPD

Le sigle RGPD signifie « règlement général sur la protection des données ». Il encadre le traitement des données personnelles sur le territoire de l'Union européenne. Ce règlement s'applique à tous les organismes publics ou privés qui traitent des données personnelles.

1 Qu'est-ce qu'une donnée personnelle ?

Une donnée personnelle renvoie à toute information qui se rapporte à « une personne physique identifiée ou identifiable ». Cela englobe :

- son nom, son prénom ;
- ses coordonnées (mail, téléphone, adresse, lieu de travail, etc.) ;
- ses informations personnelles (n° de sécurité sociale, de client, sa date de naissance, etc.) ;
- toute information propre à son identité physique (taille, poids), économique (banque, n de carte bleue), génétique (informations sur la famille, etc.), culturelle (religion), mais aussi la voix, l'image, etc.

2 La réglementation

Le RGPD s'inscrit dans la continuité de la loi française Informatique et Libertés de 1978 qui a créé la Commission nationale de l'informatique et des libertés (CNIL). Cette dernière est chargée de veiller à la protection des données personnelles contenues dans les fichiers et traitements informatiques ou papiers, aussi bien publics que privés. Le RGPD est donc là pour renforcer le contrôle par les citoyens de leurs données personnelles et de l'utilisation qui peut en être faite. Il a également un rôle élargi car il s'inscrit dans le cadre de l'Union européenne.
Le RGPD s'applique d'autre part sur les organisations étrangères qui traitent les données personnelles pour le compte d'organismes qui font partie de l'Union européenne. Par exemple, si une société établie au Japon propose un site de e-commerce en français, qui livre des produits en France, elle doit obligatoirement respecter le RGPD. Même chose, à l'inverse, si une société française exporte ses produits en dehors de l'Union européenne.

3 Les sanctions

La CNIL peut prononcer des sanctions à l'égard des responsables de traitements qui ne respecteraient pas les dispositions du RGPD. Le montant des sanctions pécuniaires peur s'élever jusqu'à 20 millions d'euros ou, dans le cas d'une entreprise, jusqu'à 4 % du chiffre d'affaires annuel mondial.
Par ailleurs, la CNIL peut :

- prononcer un rappel à l'ordre ;
- enjoindre de mettre le traitement en conformité, y compris sous astreinte ;
- limiter temporairement ou définitivement un traitement ;
- suspendre les flux de données ;
- ordonner de satisfaire aux demandes d'exercice des droits des personnes, y compris sous astreinte ;
- prononcer une amende administrative.

Sujets corrigés

- Sujet 1 – Épreuve de connaissances professionnelles
- Sujet 2 – Épreuve de connaissances professionnelles
- Sujet 3 – Épreuve d'aptitude professionnelle
- Sujet 4 – Épreuve d'aptitude professionnelle
- Sujet 5 – Entretien avec le jury
- Sujet 6 – Épreuve d'évaluation numérique – Sujet inédit

Sujet 1
Épreuve d'admissibilité
Épreuve de connaissances professionnelles

Difficulté : ★★★

3 heures • Coefficient : 7

Session de mars 2022

Zone 1

Question 1. **La sécurité des systèmes d'information.** Présentez les dispositifs de sécurité pouvant être mis en œuvre pour limiter la vulnérabilité des systèmes d'information.

Question 2. **Les acteurs de la sécurité publique.** Au côté de la Gendarmerie nationale, il existe d'autres acteurs de la sécurité publique. Vous les présenterez en détaillant leurs missions.

Question 3. **Le régime juridique relatif à l'usage des armes par les militaires de la Gendarmerie nationale.**

Question 4. **Les conduites addictives.** Le gendarme, agent de la sécurité des mobilités peut être amené à réaliser des dépistages d'alcoolémie ou de recherche de la consommation des substances classées comme stupéfiants auprès des usagers de la route. Après avoir précisé les cas dans lesquels ces dépistages doivent ou peuvent être réalisés, vous donnerez les seuils légaux et présenterez les moyens de dépistages utilisés selon la nature de la conduite addictive.

Question 5. **Le droit d'arrestation et les mandats de justice.** Dans le cadre de son service, l'APJA peut être amené à procéder à des arrestations ou concourir à l'exécution de mandats. Quels sont les cas d'arrestation prévus par la loi ainsi que les différents mandats que vous connaissez ? Détaillez-les.

Zone 2

Question 1. **Les sanctions disciplinaires.** Après avoir rappelé les dispositions générales des sanctions disciplinaires, vous citerez les différentes sanctions du premier groupe et expliquerez succinctement chacune d'elles.

Question 2. **L'accueil téléphonique en Gendarmerie nationale.** Citez les cinq phases de la logique d'accueil en gendarmerie.

Question 3. **L'intervention graduée.** Après avoir défini l'intervention graduée, vous en présenterez les différentes phases. L'intervention graduée concerne l'ensemble des militaires de la Gendarmerie, vous indiquerez qui sont ces « militaires de la Gendarmerie » (L.4145-1 du Code de la défense).

Question 4. L'enquête judiciaire. Après avoir donné la définition et les buts de l'enquête judiciaire, vous citerez les missions de l'APJA dans l'enquête de flagrance.

Question 5. Le contrôle d'identité. Après avoir donné la définition du contrôle d'identité, vous citerez les personnels habilités à procéder à ce contrôle. Vous exposerez ensuite les modalités de réalisation d'une palpation de sécurité.

Zone 3

Question 1. Sécurité de la caserne et service de garnison. Après avoir donné les raisons d'être d'un service de garde, vous citerez les inventaires des menaces, les objectifs de la parade ainsi que les parades et les moyens de lutte face à ces menaces.

Question 2. L'accueil téléphonique en Gendarmerie nationale. Si l'accueil physique est primordial, l'accueil téléphonique l'est tout autant. Présentez vos connaissances dans la réception des appels téléphoniques par des militaires de la Gendarmerie nationale.

Question 3. Usage des armes. Expliquer et détailler le processus de la méthode d'analyse réflexe « AMER ».

Question 4. Police judiciaire : les compétences juridictionnelles. Après avoir présenté les principales missions et les principes de la police judiciaire, vous énumérerez les juridictions pénales et leurs domaines de compétences.

Question 5. La militarité et la Gendarmerie nationale. Quelles sont les sept qualités fondamentales qu'exige l'état de militaire (développez au moins 4 d'entre elles) ?

Zone 4

Question 1. Les sanctions disciplinaires. Le militaire bénéficie de garanties lorsqu'il fait l'objet d'une sanction disciplinaire. Après avoir cité les sanctions du premier groupe et mentionné pour chacune d'entre elles le mode de notification, énumérez les garanties dont dispose le militaire en question.

Question 2. Les principes d'action de la Gendarmerie nationale. Pour mener à bien toutes les missions qui lui sont confiées, la Gendarmerie nationale agit selon 4 principes d'action. Énumérez chacun de ces principes et vous expliquerez ensuite le but et la manière dont ils sont mis en œuvre.

Question 3. L'intervention graduée. Après avoir défini de manière détaillée l'intervention graduée, énumérez dans l'ordre les 4 phases qui la composent.

Question 4. Police judiciaire : les compétences juridictionnelles. Après avoir présenté les principales missions et les principes de la police judiciaire, vous énumérerez les juridictions pénales et leurs domaines de compétences.

Question 5. Le rôle du gendarme dans un dispositif de circulation routière. Après avoir cité et expliqué en quoi consistent les différents postes fixes, développez les phases successives du contrôle de véhicule. Évoquez également la tenue, l'attitude, le langage et le comportement à adopter en cette circonstance.

Corrigés

Zone 1

1. Un système d'information est un ensemble organisé de ressources qui permet d'élaborer, de traiter, de stocker, d'acheminer, de présenter ou de détruire l'information.

La sécurité des systèmes d'information ou SSI, c'est l'ensemble des moyens techniques, organisationnels, juridiques et humains nécessaires et mis en place pour conserver, rétablir, et garantir la sécurité du système d'information.

Tous les principaux systèmes d'exploitation existants (Windows, Mac OS, Unix, Linux...) contiennent des vulnérabilités. Afin de s'en prémunir, il est nécessaire d'appliquer les **dix règles d'or** de la sécurité des systèmes d'information :

1- Le mot de passe est confidentiel et personnel.

2- Les données professionnelles sont stockées sur le serveur et sauvegardées dans les répertoires adéquats.

3- Le poste de travail est verrouillé lorsque je m'absente.

4- Éviter de connecter des clés USB de personnes tierces et être vigilant face aux pièces jointes.

5- Respecter le niveau de confidentialité des informations et le secret des correspondances.

6- Limiter l'utilisation d'Internet à un usage strictement professionnel.

7- S'assurer que les données sensibles (personnelles et professionnelles) sont protégées.

8- Ne pas modifier les réglages de sécurité de mon ordinateur.

9- Ne pas faire suivre automatiquement les messages sur une boîte externe.

10- Ne pas hésiter à s'adresser à son correspondant SSI.

Au niveau national, l'autorité de référence en matière de sécurité des systèmes d'information est l'Agence nationale de la sécurité des systèmes d'information (ANSSI).

2. Pour mener à bien la mission de la sécurité publique à savoir la protection du citoyen, l'état s'appuie sur une série d'acteurs qui contribuent à l'objectif principal de manière directe ou indirecte. Outre la Gendarmerie nationale, nous pouvons citer :

- **La police nationale** qui dépend du ministère de l'Intérieur, placée sous l'autorité du préfet de département (sauf à Paris et Marseille où elle est placée sous l'autorité du préfet de police). Elle est commandée par un directeur général de la police nationale. La police nationale dispose de 143 000 personnels, sous le statut de fonctionnaires de l'État. Ses missions sont similaires à celles de la Gendarmerie nationale (garantie des libertés publiques et individuelles, maintien de la paix et de l'ordre public, protection des personnes et des biens, défense des institutions).
- **Les services de secours et d'incendie**, structure territoriale sous l'autorité du ministre de l'Intérieur, sont à la disposition du Préfet de département. 250 000 sapeurs- pompiers

concourent aux secours d'urgences, à la prévention, la protection et la lutte contre les incendies, à la protection et la lutte contre les autres accidents et sinistres ainsi qu'à l'évaluation et à la prévention des risques technologiques et naturels.

- **La Direction générale des douanes et des droits indirects**, sous l'égide du ministère de l'Économie et des Finances, dispose de 18 000 personnels. Ses missions en matière de sécurité publique sont la protection des intérêts européens par des contrôles sur le territoire et aux frontières, la lutte contre l'importation, l'exportation ou la détention irrégulière de produits prohibés ou fortement taxés.
- **La police municipale** constituée de fonctionnaires et d'agents publics, placés sous l'autorité directe d'un maire, contribue à la sécurité publique au niveau local. Ce sont des unités bien implantées qui connaissent parfaitement leurs secteurs et qui, par leurs actions, participent efficacement à la protection des populations. Leurs moyens sont de plus en plus importants (véhicules, armement, accès au réseau de caméras de surveillance des communes…). Les effectifs totaux avoisinent les 21 000 agents.
- **La sécurité civile**, qui dépend du ministère de l'Intérieur, est une structure centrale avec un centre de gestion interministérielle des crises dont la mission principale est la gestion des risques en France (accidents de la vie courante ou catastrophes majeures). Elle dispose de 2 500 personnels civils et militaires. Elle a également en son sein 300 démineurs.

Il existe d'autres organismes qui participent à la mission de sécurité publique, de manière indirecte, par le renseignement (L'Office nationale des forets par exemple), les opérations conjointes (l'Office national de la chasse et de la faune sauvage) ou leurs expertises (les sociétés d'autoroutes, les Directions interdépartementales des routes).

3. Disposition de droit commun, la légitime défense s'applique au militaire de la Gendarmerie nationale qu'il soit en tenue ou en civil, en service ou hors service. Après avoir donné la définition légale de la légitime défense de la personne et la référence de l'article qui la prévoit, vous exposerez les conditions légales qui doivent être réunies pour pouvoir agir dans ce cadre.

La légitime défense est définie par l'**article 122-5 du Code pénal**. Cette légitime défense est une disposition du droit commun c'est-à-dire qu'elle s'applique à tous les citoyens quels que soient leur statut et leur fonction.

Les militaires de la gendarmerie étant avant tout des citoyens, ce texte s'applique également à eux. D'autres dispositions plus spécifiques s'appliquent aux gendarmes du fait de leur statut (l'article 435-1 du Code de la sécurité intérieure et l'article L4123-12 du Code de la défense).

La légitime défense d'une personne est définie à l'alinéa 1 de l'article 122-5 du Code pénal en ces termes :

N'est pas pénalement responsable la personne qui, devant une atteinte injustifiée envers elle-même ou autrui, accomplit, dans le même temps, un acte commandé par la nécessité de la légitime défense d'elle-même ou d'autrui, sauf s'il y a disproportion entre les moyens de défense employés et la gravité de l'atteinte.

Les conditions légales de la légitime défense sont réunies :

- si l'**agression** est **actuelle** (en cours de réalisation), **injuste** (non fondée en droit) et dirigée **contre soi-même ou un tiers** ;
- et si la **riposte** est **simultanée** (dans le même temps que l'agression et cesse dès qu'elle met fin à l'agression), proportionnée (le moyen utilisé pour la défense doit être **proportionnel** à la gravité de l'atteinte) et **nécessaire** (la personne agressée n'a aucun autre moyen de se soustraire au danger).

4. Les dépistages alcoolémie ou stupéfiants sont obligatoires en cas d'**accident mortel ou corporel** (accident ayant entraîné des blessures). Ils sont possibles lorsqu'ils sont prévus par la loi pour les auteurs d'infractions au Code de la route ou pour toute personne impliquée dans un accident quelconque de la circulation routière ainsi que sur réquisition du procureur de la République.

Pour le dépistage alcoolémie, il y a effectivement des seuils :

- Cas général : positif à partir de 0,25 mg/l d'air expiré ou 0,50 g/l de sang.
- Cas particulier : positif à partir de 0,10 mg/l d'air expiré ou 0,20 g/l de sang. Ceci regroupe les conducteurs en permis probatoire (jeunes conducteurs et conducteurs repassant le permis suite à un solde de points nuls ou un permis annulé) et les conducteurs de véhicule de transport en commun.

Pour l'ensemble des conducteurs, un **délit est constitué à partir de 0,40 mg/l d'air expiré (0,80 g/l de sang).** Le dépistage est effectué sur le conducteur du véhicule à l'aide d'un éthylotest pour déterminer si la personne est positive ou non. En cas de résultat positif, un contrôle sera effectué à l'aide d'un éthylomètre qui permettra d'obtenir un taux d'alcool ; Ce taux permettra de qualifier l'infraction en contravention ou en délit.

Pour le dépistage des **stupéfiants** Il n'y a **pas de seuil** comme pour l'alcoolémie. Pour toutes les catégories de conducteurs, l'infraction est qualifiée de « délit » dès que l'usage est confirmé par les résultats sanguins. Le dépistage est effectué sur le conducteur ou l'accompagnateur de l'élève-conducteur sur lequel cela est possible, selon deux moyens possibles :

- le kit urinaire obligatoirement utilisé lors des accidents mortels ou corporels par un officier de police judiciaire ou un agent de police judiciaire ;
- le dépistage salivaire dans tous les autres cas indifféremment par un officier de police judiciaire, un agent de police judiciaire ou un agent de police judiciaire adjoint.

5. Le droit d'arrestation est la possibilité donnée par la loi d'appréhender une personne soupçonnée d'infraction en ayant, si besoin, recours à la force, en vue de sa comparution devant une autorité judiciaire ou administrative, ou à des fins d'incarcération.

Hors les cas suivants, toute arrestation est arbitraire (article 432-4 du Code pénal) :

- dans le temps de la flagrance, définit par l'article 53 du Code de procédure pénale, en cas de crimes et délits punis d'une peine d'emprisonnement ;
- pour la mise à exécution d'un mandat de justice délivré par le magistrat compétent qui donne des ordres relatifs aux personnes qu'il désire voir comparaître, arrêter ou détenir provisoirement ;

- l'ordre d'arrestation qui peut survenir lors d'une audience au tribunal (pour un outrage à magistrat par exemple) ;
- en application de lois spéciales (déserteurs, immigration illégale, état d'urgence, état de guerre, mobilisation) ;
- en application de mesures de police (ivresse publique et manifeste, aliénation mentale).

Pour être plus précis sur les mandants de justice, il en existe 6. Ils peuvent être notifiés par tous les agents de la force publique :

- Le mandat de comparution est une citation à une personne de se présenter devant le magistrat mandant à la date et l'heure indiquées par ce mandat.
- Le mandat d'amener est l'ordre donné à la force publique de conduire immédiatement une personne devant le magistrat mandant.
- Le mandat d'arrêt est l'ordre donné à la force publique de rechercher une personne et de la conduire à la maison d'arrêt indiquée où elle sera reçue et détenue.
- Le mandat de dépôt est l'ordre donné par le magistrat mandant au chef d'établissement pénitentiaire de recevoir et de détenir la personne à l'encontre de laquelle il est décerné.
- Le mandat de recherches est l'ordre donné à la force publique de rechercher une personne et de la placer en garde à vue, afin d'être interrogée par les enquêteurs.
- Le mandat d'arrêt européen est une décision judiciaire émise par un État membre de l'Union européenne, en vue de l'arrestation et de la remise par un autre État membre d'une personne recherchée pour l'exercice de poursuites pénales ou pour l'exécution d'une peine ou d'une mesure privative de liberté.

Zone 2

1. Le gendarme, militaire de la gendarmerie, comme tous militaires, peut se voir récompenser ou sanctionner en fonction de son comportement. Tout supérieur a le droit et le devoir de demander que les militaires placés au-dessous de lui soient sanctionnés pour les fautes et les manquements qu'ils commettent. Les sanctions disciplinaires sont inscrites au dossier individuel du militaire (à l'exception de l'avertissement, sanction du premier groupe). Aucune sanction disciplinaire ne peut être infligée à titre collectif.

Le prononcé de la sanction recherche un double objectif :

- **celui d'éducation**. Il s'agit d'inciter le militaire à mieux exercer ses responsabilités dans l'accomplissement de sa mission et à respecter les règles liées à l'état militaire ;
- **celui de dissuasion**. La sanction disciplinaire constitue un rappel à l'ordre adressé au militaire sanctionné. Elle doit être juste et suffisamment sévère, au risque de perdre de son efficacité. Elle peut aussi servir d'avertissement pour l'ensemble de la collectivité placée sous les ordres de l'autorité qui prononce la sanction. Les sanctions sont importantes car elles ont une incidence sur le déroulé de la carrière. En effet, l'autorité en tient compte pour les demandes d'avancement, les appels à volontaire, les formations.

Pour n'évoquez que les sanctions du premier groupe, elles sont aux nombres de six :

- l'avertissement est transmis à l'oral, elle constitue un rappel à l'ordre. L'avertissement n'est pas inscrit dans le dossier militaire ;
- la consigne est une interdiction de sortie. Elle se décompte en tours qui sont l'équivalent de demi-journée. Le nombre de tours maximum est de 20 tours de consignes ;
- la réprimande est du même type que l'avertissement à la différence notable qu'elle est inscrite dans le dossier ;
- le blâme ;
- l'arrêt est une sanction qui se compte en jour. Le maximum est de 40 jours. Le militaire doit travailler normalement mais ne peut bénéficier ni d'autorisation d'absence ni de permission ;
- le blâme du ministre.

2. L'accueil téléphonique représente une part importante de l'activité du gendarme. Autant que l'accueil physique, il doit être de qualité et répondre aux attentes des citoyens.

Bien mené, l'accueil téléphonique contribue à l'efficacité opérationnelle au quotidien, d'où son importance. Il permet à l'unité de développer avec la population des relations mutuelles de confiance et de respect.

Pour un accueil téléphonique efficace, cinq phases ont été définies. Il s'agit de :

- la présentation : identification « Gendarmerie nationale », formule de politesse « Bonjour Madame, Monsieur… » ;
- l'écoute et l'analyse : écoute attentive, compréhension, questionnement, précisions (Qui, Quoi, Où, Quand, Comment, Combien, Pourquoi) ;
- la reformulation : elle permet de montrer à l'interlocuteur que son problème a été compris et pris en compte. Il pourrait tout à fait se résumer par : « si je vous ai bien compris… » ;
- la solution : argumenter, apporter une réponse au problème posé : « je vous envoie les secours », « je vous invite à venir déposer une plainte », « une patrouille arrive tout de suite », « prenez contact avec tel organisme » ;
- la prise de congé : Salutations, formule de politesse « je vous remercie de votre visite, bonne journée, n'hésitez pas à rappeler si le problème se présente à nouveau ».

3. Afin de garantir la sécurité du gendarme en intervention, ce dernier s'appuie sur l'intervention graduée.

En fonction de l'urgence, de l'environnement, des moyens, des facteurs gendarme/adversaire, l'objectif est la maîtrise de l'adversaire par le dialogue, la dissuasion, puis l'emploi du strict niveau de force nécessaire, en acquérant un avantage mental et tactique tout en conservant la capacité de rompre le contact ou de renforcer la riposte.

Il y a quatre phases :

1. Coercition sans contact physique (dialogue, persuasion).
2. Emploi de la force avec contact physique par moyen corporel (techniques mains nues).

3. Usage des armes de force intermédiaire (emploi du bâton de défense, du diffuseur lacrymogène ou du pistolet à impulsion électrique).

4. Usage des armes à feu à projectiles perforants.

La gendarmerie compte environ 100 000 personnels civils et militaires (officier, sous-officier, gendarme adjoint volontaire, personnels du corps de soutien) ainsi que 28 500 réservistes.

Ces effectifs sont répartis entre la Direction générale de la Gendarmerie nationale et les trois grandes subdivisions d'arme qui constituent l'institution : la gendarmerie départementale, la gendarmerie mobile et les gendarmeries spécialisées.

Lorsque l'on parle des militaires de la gendarmerie, on entend :

- les officiers et sous-officiers de gendarmerie d'active ;
- les officiers du corps technique et administratif et les sous-officiers du corps de soutien technique et administratif de la gendarmerie ;
- les gendarmes adjoints volontaires ;
- les réservistes opérationnels de la gendarmerie.

4. Une enquête judiciaire, c'est l'ensemble des opérations qui permettent de confondre et d'appréhender le ou les auteurs d'une infraction pénale.

Son but est d'établir les faits, de déterminer si une infraction existe, de rassembler les preuves et d'identifier les auteurs. Il existe plusieurs cadres d'enquête. Les plus fréquemment utilisés sont l'enquête préliminaire et l'enquête de flagrance.

L'enquête préliminaire donne des moyens limités à l'enquêteur qui doit demander des autorisations au procureur de la République pour effectuer certains procès-verbaux (réquisitions). Elle ne confère à l'enquêteur aucun pouvoir de coercition. L'enquête préliminaire est diligentée pour tous types d'infractions à la loi pénale

L'enquête de flagrance est utilisée pour les crimes ou délits flagrants (punis d'une peine d'emprisonnement) et dure habituellement huit jours. Elle procure aux enquêteurs une certaine « liberté » dans les actes qu'ils effectuent, sans avoir à demander d'autorisation. Elle confère à l'enquêteur d'importants pouvoirs coercitifs.

La mission de l'agent de police judiciaire adjoint (APJA) est dans tous les cas de seconder l'OPJ et l'APJ dans l'exercice de ses fonctions.

Dans le cadre d'une enquête de flagrance, l'APJA apporte surtout une aide matérielle (préparation et conduite du véhicule, balisage de la scène d'infraction, relevé des identités, droit d'arrestation, surveillance de la personne gardée à vue).

5. Toute personne se trouvant sur le territoire national doit être en mesure de justifier, immédiatement, de son identité soit en présentant un document officiel revêtu de sa photographie, soit en présentant toute autre pièce probante, soit en faisant appel au témoignage d'un tiers digne de foi.

Les modalités du contrôle d'identité sont définies dans les articles 78-2 et 78-2-1 du Code procédure pénale.

Les agents habilités à procéder à ce contrôle sont, dans tous les cas, les officiers de police judiciaire. Les agents de police judiciaire, sur ordre et sous le contrôle d'un OPJ, pour tous les cas de contrôle.

Les agents de police judiciaire adjoints, sur ordre et sous le contrôle d'un OPJ, dans le cadre de l'article 78-2 alinéa 7 et 8 ainsi que de l'article 78-2-1 du Code de procédure pénale.

La palpation de sécurité est un acte de police administrative définit par l'article R.434-16 du Code de la sécurité intérieure. Cette palpation s'effectue sur la personne et sur les accessoires lui appartenant. Elle se fait dans la mesure du possible par une personne de même sexe dans un lieu qui préserve la dignité de la personne et, si possible, à l'abri du regard du public. Elle se fait en sollicitant la remise volontaire des objets par la personne ou en utilisant des moyens de détection et/ou par application des mains par-dessus les vêtements.

La palpation de sécurité intervient lors :

- d'une interpellation en flagrance ;
- d'une ivresse publique et manifeste, d'un trouble à l'ordre publique ;
- de l'exécution d'une comparution forcée, d'un contrôle d'identité ;
- de la mise à exécution d'un mandat de justice, d'un transfèrement.

Zone 3

1. Les emprises de la Gendarmerie nationale sont constituées par les casernements et leurs annexes. Ces emprises abritent les matériels nécessaires au service (véhicules, armements), les gendarmes et leurs familles. Elles symbolisent la présence de l'État sur le territoire national par conséquent elles peuvent faire l'objet de menaces ou pire d'atteintes. Il est donc impératif de mettre en œuvre des mesures de protections permanentes.

Les menaces qui pèsent sur les casernes vont de la dégradation à la tuerie de masse en passant par des sabotages, des enlèvements ou des agressions.

Afin de se prémunir de toutes ces menaces, il y a lieu de mettre en place un ensemble de mesures passives et actives connues et appliquées par tous les occupants de la caserne.

La protection passive consiste à mettre en place des éléments physiques et permanents qui agissent sans intervention systématique de l'homme. Pour les casernements, il s'agit des obstacles (clôtures, accès verrouillés, panneau signalétique, dispositif opacifiant) et des dispositifs de surveillance et de détection (alarmes, vidéo-surveillance, éclairage).

La protection active est du fait de l'action humaine. Il s'agit du contrôle des accès effectué avec rigueur en conformité avec les instructions générales adaptées au contexte local, des rondes de sécurité, du suivi du renseignement et des signalements, des patrouilles de sécurisation aux abords des emprises et la sensibilisation des militaires et des résidents à cette question.

2. L'accueil téléphonique représente une part importante de l'activité du gendarme. Autant que l'accueil physique, il doit être de qualité et répondre aux attentes des citoyens.

Bien mené, l'accueil téléphonique contribue à l'efficacité opérationnelle au quotidien, d'où son importance. Il permet à l'unité de développer avec la population des relations mutuelles de confiance et de respect.

Pour un accueil téléphonique efficace, cinq phases ont été définies. Il s'agit de :

- la présentation : identification « Gendarmeric nationale », formule de politesse « Bonjour Madame, Monsieur… » ;
- l'écoute et l'analyse : écoute attentive, compréhension, questionnement, précisions (Qui, Quoi, Où, Quand, Comment, Combien, Pourquoi) ;
- la reformulation : elle permet de montrer à l'interlocuteur que son problème a été compris et pris en compte. Il pourrait tout à fait se résumer par : « si je vous ai bien compris… » ;
- la solution : argumenter, apporter une réponse au problème posé : « je vous envoie les secours », « je vous invite à venir déposer une plainte », « une patrouille arrive tout de suite », « prenez contact avec tel organisme » ;
- la prise de congé : Salutations, formule de politesse « je vous remercie de votre visite, bonne journée, n'hésitez pas à rappeler si le problème se présente à nouveau ».

3. L'usage des armes par les militaires de la gendarmerie est encadré par un ensemble de textes de lois. Des textes relevant du droit commun c'est-à-dire applicable à tous les citoyens (les articles 122-5 et 122-7 du Code pénal), de textes spécifiques à la qualité de militaires des forces armées (l'article L 4123-12 du Code la défense) enfin d'un texte spécifique aux forces de l'ordre (l'article 435-1 du Code de la sécurité intérieure).

L'usage des armes est l'aboutissement d'une réflexion.

Pour aider les militaires de la gendarmerie dans cette réflexion, une méthode réflexe a été développée : l'**A M E R.** Cet acronyme permet à chaque étape de la réflexion d'évaluer le besoin de l'usage ou non des armes. Il se détaille comme suit :

Y a-t-il une :

A de atteinte à l'intégrité physique ou

M de menace armée

Si la réponse est positive alors, il s'agit d'évaluer son :

E de environnement

S'il est favorable, c'est-à-dire si la menace est clairement identifier et que l'usage des armes ne fait courir aucun danger à des tiers, il convient de savoir si cet usage des armes est mon :

R de ultime recours.

Sujets corrigés

4. La police judiciaire est placée sous la direction du procureur de la République, sous la surveillance du procureur général et sous le contrôle de la chambre de l'instruction. C'est l'ensemble des missions répressives confiées aux services de gendarmerie, de police et des douanes.

La police judiciaire consiste à constater les infractions à la loi pénale, rassembler les preuves, rechercher les auteurs, exécuter les délégations des juridictions d'instruction et déférer à leurs réquisitions.

Il existe deux degrés dans les juridictions pénales. Au premier degré, il y a :

- le **tribunal de police** compétent sur les contraventions sanctionnées de peines d'amende n'excédant pas 3 000 €. Il rend des jugements ;
- le **tribunal correctionnel** est compétent concernant les délits punis d'une peine d'emprisonnement de 10 ans au plus et/ou d'amendes supérieures ou égales à 3 750 €. Cette juridiction rend des jugements ;
- la **cour d'assises** est compétente concernant les infractions qualifiées de crimes. Elle rend des arrêts.

Au deuxième degré, il y a deux juridictions :

- la **cour d'appel** connaît les appels formés contre les jugements rendus en premier ressort, ceux émanant du tribunal de police et du tribunal correctionnel. Cette juridiction rend des arrêts ;
- la **cour d'assises d'appel** connaît les appels formés contre les arrêts par la cour d'assises. Cette juridiction rend des arrêts.

5. La Gendarmerie nationale est dans une posture unique dans les forces armées. Cette posture et, par conséquent, son rôle prédominant vient du fait que l'institution peut assurer ses missions sur tout le territoire, ainsi qu'à l'étranger et à dans le continuum « Paix – Crise – Guerre ».

Pour assurer ses missions, le gendarme s'appuie sur un ensemble de valeurs militaires auxquelles s'ajoutent des valeurs spécifiques aux gendarmes :

- le sens de l'honneur ;
- le courage ;
- l'esprit de sacrifice ;
- l'esprit de corps ;
- la disponibilité qui est l'aptitude à demeurer à la disposition du service, à accepter les contraintes liées au service, à être volontaire et « répondre présent », être apte à servir en tout temps, en tous lieux ;
- la loyauté est la capacité à tenir ses engagements, à servir la Nation et ses institutions. C'est également l'obéissance aux règles de l'honneur et de la probité ;
- le sens du service public : c'est le fait de servir pour le bien de tous, sans discrimination. C'est se mettre au service de la population (à la disposition des personnes et de leurs attentes légitimes).

Zone 4

1. Le gendarme, militaire de la gendarmerie, comme tous militaires, peut se voir récompenser ou sanctionner en fonction de son comportement. Tout supérieur a le droit et le devoir de demander que les militaires placés au-dessous de lui soient sanctionnés pour les fautes et les manquements qu'ils commettent. Les sanctions disciplinaires sont inscrites au dossier individuel du militaire (à l'exception de l'avertissement, sanction du premier groupe). Aucune sanction disciplinaire ne peut être infligée à titre collectif.

Le prononcé de la sanction recherche un double objectif :

- Celui d'éducation. Il s'agit d'inciter le militaire à mieux exercer ses responsabilités dans l'accomplissement de sa mission et à respecter les règles liées à l'état militaire.
- Celui de dissuasion. La sanction disciplinaire constitue un rappel à l'ordre adressé au militaire sanctionné. Elle doit être juste et suffisamment sévère, au risque de perdre de son efficacité. Elle peut aussi servir d'avertissement pour l'ensemble de la collectivité placée sous les ordres de l'autorité qui prononce la sanction. Les sanctions sont importantes car elles ont une incidence sur le déroulé de la carrière. En effet, l'autorité en tient compte pour les demandes d'avancement, les appels à volontaire, les formations.

Pour n'évoquez que les sanctions du premier groupe, elles sont aux nombres de six :

- l'avertissement est transmis à l'oral, elle constitue un rappel à l'ordre. L'avertissement n'est pas inscrit dans le dossier militaire ;
- la consigne est une interdiction de sortie. Elle se décompte en tours qui sont l'équivalent de demi-journée. Le nombre de tours maximum est de 20 tours de consignes. Elle est notifiée par écrit ;
- la réprimande est du même type que l'avertissement à la différence notable qu'elle est inscrite dans le dossier. Elle est notifiée par écrit ;
- le blâme également notifié par écrit ;
- l'arrêt est une sanction qui se compte en jour. Le maximum est de 40 jours. Le militaire doit travailler normalement mais ne peut bénéficier ni d'autorisation d'absence ni de permission. Notifié par écrit ;
- le blâme du ministre, Notifié par écrit.

La garantie principale est l'accès au dossier disciplinaire qui permet d'apporter des explications ou des éléments permettant d'ajuster la sanction. L'autre garantie est de pouvoir solliciter la présente d'une personne de son choix ou de la concertation.

2. Pour mener à bien toutes les missions qui lui sont confiées, la gendarmerie agit selon 4 PRINCIPES – « P.P.S.R » :

1- LA PRÉVENTION : Empêcher le désordre de s'établir, les infractions de se commettre ou de se répéter. Deux objectifs sont poursuivis dans ce principe. Il s'agit de dissuader et éduquer. Pour se faire la gendarmerie déploie à tout moment et en tous lieux, un certain nombre d'unités sur le terrain, recueille le renseignement et le diffuse, participe aux actions déployées par l'état à destination des automobilistes ou des enfants par exemple.

2- PROTECTION : Assurer l'intégrité corporelle du citoyen, garantir les droits de chacun. Pour se faire l'institution exploite le renseignement afin d'anticiper certains phénomènes et par ailleurs intervient chaque fois que nécessaire tout en faisant respecter les lois.

3- SECOURS : Porter assistance à toute personne qui le réclame ou qui est en danger.

4- RÉPRESSION dans le but de faire cesser une infraction, d'éviter les dangers futurs, d'appréhender les auteurs d'infractions et les présenter aux juridictions pénales.

Pour se faire les gendarmes agissent avec discernement, rapidité, dans le respect de la dignité humaine.

3. Afin de garantir la sécurité du gendarme en intervention, ce dernier s'appuie sur l'intervention graduée.

En fonction de l'urgence, de l'environnement, des moyens, des facteurs gendarme/adversaire, l'objectif est la maîtrise de l'adversaire par le dialogue, la dissuasion, puis l'emploi du strict niveau de force nécessaire, en acquérant un avantage mental et tactique tout en conservant la capacité de rompre le contact ou de renforcer la riposte.

Il y a quatre phases :

1- Coercition sans contact physique (dialogue, persuasion) ;

2- Emploi de la force avec contact physique par moyen corporel (techniques mains nues) ;

3- Usage des armes de force intermédiaire (emploi du bâton de défense, du diffuseur lacrymogène ou du pistolet à impulsion électrique) ;

4- Usage des armes à feu à projectiles perforants.

4. La police judiciaire est placée sous la direction du procureur de la République, sous la surveillance du Procureur Général et sous le contrôle de la chambre de l'instruction. C'est l'ensemble des missions répressives confiées aux services de gendarmerie, de police et des douanes.

La police judiciaire consiste à constater les infractions à la loi pénale, rassembler les preuves, rechercher les auteurs, exécuter les délégations des juridictions d'instruction et déférer à leurs réquisitions.

Il existe deux degrés dans les juridictions pénales. Au premier degré, il y a :

- le **tribunal de police** compétent sur les contraventions sanctionnées de peines d'amende n'excédant pas 3 000 €. Il rend des jugements ;
- le **tribunal correctionnel** est compétent concernant les délits punis d'une peine d'emprisonnement de 10 ans au plus et/ou d'amendes supérieures ou égales à 3 750 €. Cette juridiction rend des jugements ;
- la **cour d'assises** est compétente concernant les infractions qualifiées de crimes. Elle rend des arrêts.

Au deuxième degré, il y a deux juridictions :

- la **cour d'appel** connaît les appels formés contre les jugements rendus en premier ressort, ceux émanant du tribunal de police et du tribunal correctionnel. Cette juridiction rend des arrêts ;

- la **cour d'assises d'appel** connaît les appels formés contre les arrêts par la cour d'Assises. Cette juridiction rend des arrêts.

5. Il y a 3 types de postes fixes dans le contrôle des flux :

- le poste de surveillance qui est plutôt à caractère préventif. Il consiste à se stationner temporairement dans une zone difficile ou dangereuse, en état bien visible, afin d'inciter les usagers de la route au respect des règles de sécurité routière ;
- le poste de régulation est une action qui consiste suite à un accident ou un évènement congestionnant le flux de circulation, sur un point du réseau routier, à réaliser l'alternance des passages et assurer l'écoulement du trafic ;
- le poste de contrôle consiste à arrêter certains véhicules en vue de procéder à leur contrôle soit pour constater une infraction soit s'assurer que les véhicules et les conducteurs sont à jour avec les règles de la circulation routière.

Le contrôle d'un véhicule se fait en 3 étapes :

1- l'arrêt du véhicule en utilisant les gestes réglementaires,

2- le contrôle du véhicule et des documents :

- saluer réglementairement ;
- se présenter ;
- faire couper le moteur ;
- indiquer le motif du contrôle ;
- demander les documents administratifs ;
- contrôler les pièces et l'état du véhicule ;
- proximité numérique : Interroger les différents fichiers (SNPC SIV FOVES FPR FVA) ;
- verbaliser si nécessaire.

3- la remise en circulation du véhicule.

Lors de toutes ces opérations, le gendarme doit systématiquement veiller à être en uniforme et que celui-ci soit soigné, avoir une attitude ferme mais courtoise, utiliser un langage simple et compréhensible, enfin, adapter son comportement à la situation.

Sujet 2
Épreuve d'admissibilité
Épreuve de connaissances professionnelles

Difficulté : ★★★ — 3 heures • Coefficient : 7

Session d'octobre 2019

Zone 1

Question n° 1. Il existe plusieurs cadres d'enquête. Après avoir défini l'enquête préliminaire, vous énumérerez les missions de l'APJA. dans le cadre de cette enquête.

Question n° 2. Après avoir donné une définition détaillée de l'intervention graduée, vous citerez dans l'ordre les quatre phases qui la composent.

Question n° 3. Le militaire qui fait l'objet d'une sanction disciplinaire du premier groupe, bénéficie de garanties. Expliquez en quoi consistent ces sanctions et développez les garanties dont dispose le militaire concerné.

Question n° 4. La loi et le règlement confèrent à l'APJA des missions en matière de police de la route. Définissez les principes d'action de la police route et développer les limites de compétences de l'APJA.

Zone 2

Question n° 1. Après avoir rappelé les principaux textes qui régissent le principe d'égalité en France, vous définirez la discrimination, ses différentes formes et les moyens de la combattre.

Question n° 2. Après avoir défini ce qu'est une personne mise en cause, vous indiquerez quels sont les fondements légaux des droits de cette personne.

Question n° 3. Les mandats comportent-ils tous le droit d'arrestation ? Justifiez votre réponse après avoir défini ce qu'est un mandat et rappelé les différents types de mandats prévus par le Code de procédure pénale français.

Question n° 4. Après avoir rappelé les raisons d'être d'un service de garde et les différents types de menaces qui pèsent sur le casernement d'une brigade de gendarmerie, vous indiquerez les parades possibles et nécessaires.

Zone 3

Question n° 1. Après avoir énoncé les qualités fondamentales qu'exige l'état de militaire, vous donnerez pour chacune d'entre elles une définition précise.

Question n° 2. Dans le cadre de la sécurité des casernes, indiquez les raisons d'être d'un service de garde en précisant les menaces possibles et les objectifs des parades applicables.

Question n° 3. Après avoir énoncé les quatre phases de l'intervention graduée, vous énumérerez les trois principes fondamentaux qui doivent guider toute mise en œuvre d'une contrainte.

Question n° 4. Après avoir donné la définition de la légitime défense des personnes puis de celle des biens (article 122-5 alinéas 1 et 2 du Code Pénal), vous donnerez celle de l'état de nécessité tel que prévu à l'article 122-7 du Code Pénal.

Zone 4

Question n° 1. Après avoir précisé le cadre juridique et la durée de l'enquête de flagrance, détailler les missions dévolues à l'APJA.

Question n° 2. Définissez la notion d'accident corporel, puis citez les premières mesures à prendre lors de l'arrivée sur les lieux d'un accident.

Question n° 3. Quelle méthode d'analyse réflexe doit mettre en œuvre tout militaire de la gendarmerie avant de faire usage de son arme ? Détaillez chaque étape de cette réflexion.

Question n° 4. Expliquez en quoi consiste le dispositif QUARO.

Corrigés

Zone 1

6. En effet, il existe 6 cadres d'enquête. L'enquête de flagrance, l'enquête préliminaire, la commission rogatoire, l'enquête de disparition inquiétante, l'enquête de découverte de cadavre ou de personne grièvement blessée et l'enquête de recherche de personne en fuite.

Il n'y a pas de définition de l'enquête préliminaire à proprement dit. Il s'agit, par déduction, d'un cadre d'enquête à disposition de la police judiciaire lorsque les faits ne remplissent pas les conditions imposées à l'enquête de flagrance (article 53 de Code de procédure pénale). Toutes les infractions à la loi pénale peuvent faire l'objet d'une enquête préliminaire. Ce cadre se caractérise par son caractère globalement non coercitif.

L'enquête est conduite par des officiers de police judiciaire, ou sous le contrôle de ces derniers des agents de police judiciaire (article 75 alinéa 1 du Code de procédure pénale). L'article 75 du Code de procédure pénale ne reconnaît pas aux agents de police judiciaire adjoints le pouvoir de procéder à des enquêtes préliminaires.

L'APJA dans ce cadre d'enquête n'apporte qu'une aide matérielle à l'OPJ en aidant au gel des lieux, en recueillant les renseignements sur les personnes présentes ou susceptibles de fournir des informations pertinentes à l'enquête, en surveillant les personnes mises en cause, par exemple.

7. L'emploi de la force est justifié en droit que si le niveau de coercition déployé est absolument nécessaire pour stopper une agression, faire cesser une infraction et que les moyens employés pour y parvenir sont proportionnés. L'emploi de la force doit cesser dès que l'adversaire est maîtrisé.

En fonction de l'urgence, de l'environnement, du danger, des moyens, du rapport de force, l'objectif est la maîtrise de l'adversaire par le dialogue, la dissuasion puis l'emploi du strict niveau de force nécessaire. La gradation de la réponse, face à l'agressivité ou à la violence de l'adversaire, s'exprime au travers des différents paliers de réaction du gendarme.

Quatre niveaux de réponses :

- coercition sans contact physique ;
- emploi de la force avec contact physique par moyen corporel ;
- usage des armes de force intermédiaire ;
- usage des armes à feu à projectiles perforants.

8. Les sanctions disciplinaires sont inscrites au dossier individuel des militaires. Il ne peut être infligé de sanction disciplinaire collective. Elles sanctionnent les fautes ou les manquements du militaire. Les sanctions disciplinaires sont classées en trois groupes. Les sanctions du premier groupe sont au nombre de 6 : l'avertissement, la consigne, la réprimande, le blâme, les arrêts et le blâme du ministre.

Comme pour toutes les sanctions, le militaire dispose d'un certain nombre de garanties. Il s'agit du droit de :

- s'expliquer oralement ou par écrit, seul ou accompagné d'un militaire en activité de son choix sur les faits qui lui sont reprochés ;
- de prendre connaissance de son dossier disciplinaire ;
- demander à consulter son dossier personnel ;
- de connaître l'énoncé des faits et le fondement de la décision ;
- faire un recours : un militaire qui s'estime lésé par une décision d'une autorité hiérarchique peut en demander l'annulation ou la révision.

9. Les principes d'action de la police route sont au nombre de 6. Il s'agit de PRÉVENIR – ÉDUQUER – RENSEIGNER – AIDER – SECOURIR – RÉPRIMER.

Les compétences de l'APJA sont inscrites dans la loi au terme de l'article 21 du Code de procédure pénale.

En matière de police route, les infractions au Code de la route constatées par les APJA sont relevées par procès-verbal. Ils peuvent recueillir les éventuelles observations du contrevenant. Ils peuvent également relever l'identité des contrevenants pour dresser les procès-verbaux des infractions qu'ils constatent.

Cependant, le décret n 2002-1256 du 15 octobre 2002 relatif à la liste des contraventions au Code de la route prévue à l'article 21 du Code de procédure pénale, établit clairement la liste des infractions où l'APJA peut intervenir.

Zone 2

1. Le principe d'égalité est inscrit dans la Déclaration des droits de l'homme et du citoyen de 1789 ainsi que dans la Constitution de 1958 qui établit la Ve République.

Légalement, au terme de l'article 225-1 du Code pénal, la discrimination est « toute distinction opérée entre les personnes physiques sur le fondement de leur origine, de leur sexe, de leur situation de famille, de leur grossesse, de leur apparence physique, de la particulière vulnérabilité résultant de leur situation économique, apparente ou connue de son auteur, de leur patronyme, de leur lieu de résidence, de leur état de santé, de leur perte d'autonomie, de leur handicap, de leurs caractéristiques génétiques, de leurs mœurs, de leur orientation sexuelle, de leur identité de genre, de leur âge, de leurs opinions politiques, de leurs activités syndicales, de leur capacité à s'exprimer dans une langue autre que le français, de leur appartenance ou de leur non-appartenance, vraie ou supposée, à une ethnie, une Nation, une prétendue race ou une religion déterminée ».

La discrimination peut revêtir deux formes : directe ou indirecte. La différence se fait au niveau de l'intention de l'auteur. La discrimination directe est un fait délibéré, une volonté claire de l'auteur de traiter différemment deux individus ou deux groupes d'individus. La discrimination indirecte provient plutôt du résultat d'une décision apparemment neutre de l'auteur.

Les moyens de combattre les discriminations résident dans un ensemble de mesures à associer pour obtenir un véritable résultat. Il faut des mesures législatives mais également de la pédagogie, de la sensibilisation et de la participation. Pour être efficace, ces aspects doivent être coordonnés, c'est le rôle de l'État.

2. Une personne mise en cause est une personne soupçonnée d'avoir commis (ou tenter de commettre) une infraction. Cette personne peut être entendue librement sur les faits si comme le prévoit l'article 61-1 du Code de procédure pénale, elle a été informée :

- « 1 De la qualification, de la date et du lieu présumés de l'infraction qu'elle est soupçonnée d'avoir commise ou tenté de commettre ;
- 2 Du droit de quitter à tout moment les locaux où elle est entendue ;
- 3 Le cas échéant, du droit d'être assistée par un interprète ;
- 4 Du droit de faire des déclarations, de répondre aux questions qui lui sont posées ou de se taire ;
- 5 Si l'infraction pour laquelle elle est entendue est un crime ou un délit puni d'une peine d'emprisonnement, du droit d'être assistée au cours de son audition ou de sa confrontation, par un avocat choisi par elle ou, à sa demande, désigné d'office par le bâtonnier de l'ordre des avocats ; […] elle peut accepter expressément de poursuivre l'audition hors la présence de son avocat ;
- 6 De la possibilité de bénéficier, le cas échéant gratuitement, de conseils juridiques dans une structure d'accès au droit ».

3. Le mandat est un ordre écrit par lequel le magistrat compétent donne des ordres relatifs aux personnes qu'il désire faire rechercher, faire arrêter, voir comparaître, ou détenir provisoirement.

Il y a 5 types de mandats. Ils sont déclinés dans l'article 122 de Code de procédure pénale. Il s'agit du mandat de recherche, du mandat de comparution, du mandat d'amener, du mandat de dépôt et du mandat d'arrêt.

Hormis le mandant de comparution qui est une mise en demeure faite à une personne de se présenter à un magistrat à une date et une heure déterminée, les autres mandats comportent un droit d'arrestation.

4. Le casernement d'une brigade de gendarmerie comporte les locaux de services ainsi que les annexes. Ce casernement abrite non seulement les personnels et leurs familles mais également les véhicules, les matériels, l'armement et les moyens de communication qui permettent la conception du service auprès de la population et la capacité d'action de la gendarmerie. Outre cet aspect pratique, ce casernement est symboliquement la présence de l'État sur un territoire. Pour ces raisons, les casernements peuvent faire l'objet de menaces diverses. Ils nécessitent donc une protection permanente.

Les menaces sur les casernements vont de la dégradation légère (graffiti par exemple) aux attentats ou à la tuerie de masse en passant par les vols, les agressions, les séquestrations.

Les parades à ces menaces sont la combinaison et l'adaptation locales de mesures de protection passive et de mesures de protection active. Les mesures de protection passive se composent d'éléments combinés (obstacles, moyens d'alarme et de détection, etc.) en vue de dissuader et d'empêcher les atteintes et/ou les intrusions. Les mesures de protection active impliquent tous les personnels de la gendarmerie et les résidents. Ce sont des mesures mettant en œuvre l'action humaine. On retrouve là l'action du chargé d'accueil et/ou du service de garde.

Zone 3

1. L'article 3 de la charte du gendarme prévoit que « Le statut de militaire ne se résume pas à un état juridique. Être militaire, c'est surtout adopter un comportement marqué de la manière la plus intense par le sens de l'honneur, la discipline, la disponibilité, la loyauté, le courage et l'esprit de sacrifice ».

- SENS DE L'HONNEUR est l'ensemble des principes moraux qui incitent à ne jamais accomplir une action qui fasse perdre l'estime qu'on a de soi ou celle qu'autrui nous porte.
- DISCIPLINE correspond aux règles de conduite commune aux membres d'un groupe et destinée à y faire régner le bon ordre dans le but d'agir avec le maximum d'efficacité.
- DISPONIBILITÉ c'est l'aptitude à demeurer à la disposition du service à la population.
- LOYAUTÉ c'est la fidélité à tenir ses engagements, à servir la Nation et ses institutions.
- COURAGE c'est la force de caractère qui permet d'affronter le danger, la souffrance, les revers, les circonstances difficiles.
- ESPRIT DE SACRIFICE c'est l'abandon volontaire de son intérêt, de son confort, pouvant aller jusqu'au sacrifice ultime, en vue de l'accomplissement de la mission.

2. Le casernement d'une brigade de gendarmerie comporte les locaux de services ainsi que les annexes dont les logements concédés par nécessité absolue de service (LCNAS).

Ce casernement abrite non seulement les personnels et leurs familles mais également les véhicules, les matériels, l'armement et les moyens de communication qui permettent la conception du service auprès de la population et la capacité d'action de la gendarmerie. Outre cet aspect pratique, ce casernement est symboliquement la présence de l'État sur un territoire. Pour ces raisons, les casernements peuvent faire l'objet de menaces diverses. Ils nécessitent donc une protection permanente.

Les menaces sur les casernements vont de la dégradation légère (graffiti par exemple) aux attentats ou à la tuerie de masse en passant par les vols, les agressions, les séquestrations.

Les parades à ces menaces sont la combinaison et l'adaptation locales de mesures de protection passive et de mesures de protection active. Les mesures de protection passive se composent d'éléments combinés (obstacles, moyens d'alarme et de détection, etc.) en vue de dissuader et d'empêcher les atteintes et/ou les intrusions. Les mesures de protection active impliquent tous les personnels de la gendarmerie et les résidents. Ce sont des mesures mettant en œuvre l'action humaine. On retrouve là l'action du chargé d'accueil et/ou du service de garde.

3. Les quatre phases de l'intervention graduée sont :

- coercition sans contact physique ;
- emploi de la force avec contact physique par moyen corporel ;
- usage des armes de force intermédiaire ;
- usage des armes à feu à projectiles perforants.

Avec la possibilité, selon l'évolution, de diminuer la contrainte au plus bas niveau ou au contraire de renforcer sa capacité de riposte.

La mise en œuvre de la contrainte répond à 3 principes fondamentaux : le discernent, la nécessité et la proportionnalité.

Concernant le **discernement**, il s'agit de déterminer s'il y a assez d'éléments légaux, au vu d'une situation, pour incriminer une personne ou au contraire l'écarter. La contrainte ne peut s'exercer que sur un auteur présumé.

Une fois la contrainte décidée, la **nécessité** qui en découle exige de faire un usage strictement maîtrisé de la force car dès lors que l'« individu » est maîtrisé il cesse d'être un « adversaire dangereux » et tombe immédiatement sous la protection de la loi.

Toujours pour répondre à l'exigence de la loi, la contrainte doit être **proportionnée** à l'acte.

4. L'article 122-5 alinéa 1 du Code pénal définit les conditions de la légitime défense de soi-même ou d'autrui en ces termes : « N'est pas pénalement responsable la personne qui, devant une atteinte injustifiée envers elle-même ou autrui, accomplit, dans le même temps, un acte commandé par la nécessité de la légitime défense d'elle-même ou d'autrui, sauf s'il y a disproportion entre les moyens de défense employés et la gravité de l'atteinte. »

Concernant les biens, l'article 122-5 alinéa 2 du Code pénal prescrit, pour interrompre l'exécution d'un crime ou d'un délit, l'accomplissement d'un acte de défense autre qu'un homicide volontaire, « lorsque cet acte est strictement nécessaire au but poursuivi dès lors que les moyens employés sont proportionnés à la gravité de l'infraction ».

L'état de nécessité est l'accomplissement d'un acte nécessaire à la sauvegarde d'une personne ou d'un bien face à un danger actuel ou imminent qui menace elle-même, autrui ou un bien, sauf s'il y a disproportion entre les moyens employés et la gravité de la menace.

Zone 4

1. Le cadre juridique de l'enquête de flagrance s'étend des articles 53 à 67 du Code de procédure pénale. C'est un cadre qui donne des pouvoirs coercitifs importants à l'officier de police judiciaire qui diligente l'enquête.

Dans la pratique, ce cadre d'enquête est utilisé uniquement pour les crimes ou délits flagrants. C'est l'article 53 alinéa 1 du Code de procédure pénale qui permet d'évaluer objectivement les conditions de la flagrance. Cet article prévoit « Est qualifié crime ou délit flagrant le crime ou le délit qui se commet actuellement, ou qui vient de se commettre. Il y a aussi crime ou délit flagrant lorsque, dans un temps très voisin de l'action, la personne soupçonnée est poursuivie par la clameur publique, ou est trouvée en possession d'objets, ou présente des traces ou indices, laissant penser qu'elle a participé au crime ou au délit. »,

À partir de la constatation d'un délit ou d'un crime flagrant, la durée de l'enquête est de 8 jours. Si le crime ou délit est puni d'une peine d'emprisonnement de 5 ans ou plus, le procureur de la République peut prolonger les conditions de ce cadre d'enquête pour une durée de 8 jours.

Dans ce cadre d'enquête, l'APJA n'a aucune mission d'ordre judiciaire. Il apporte néanmoins une aide matérielle au transport sur les lieux et au gel de ceux-ci, une aide physique aux interpellations éventuelles ainsi que toute aide matérielle à l'enquête.

2. La notion d'accident corporel est définie par l'article 1 de l'arrêté du 27 mars 2007 relatif aux conditions d'élaboration des statistiques relatives aux accidents corporels de la circulation. Il prévoit que :

Un accident corporel (mortel ou non mortel) de la circulation routière :

- provoque au moins une victime, c'est-à-dire un usager ayant nécessité des soins médicaux ;
- survient sur une voie ouverte à la circulation publique ;
- implique au moins un véhicule ;
- en excluant les actes volontaires (homicides volontaires, suicides…) et les catastrophes naturelles (état déclaré par la suite). L'enquête judiciaire démontrera ou non les faits établis.

Les victimes, on distingue :

- les tués à 30 jours : victimes décédées sur le coup ou dans les 30 jours qui suivent l'accident ;
- les blessés hospitalisés : victimes admises comme patients dans un hôpital plus de 24 heures ;
- les blessés légers : victimes ayant fait l'objet de soins médicaux, non hospitalisées ou admises comme patients à l'hôpital moins de 24 heures.

Les premières mesures à prendre en arrivant sur les lieux sont la protection des personnels, la sécurisation des lieux, porter secours, photographier les lieux et marquer les véhicules, recueillir les identités des personnes, dépister les alcoolémies et stupéfiants, réguler le trafic.

3. La méthode d'analyse réflexe que les militaires de la gendarmerie doivent mettre en œuvre en cas d'usage des armes est le A.M.E.R. Cette méthode permet de s'assurer que l'usage des armes est légitime et son application sans danger pour autrui. Elle se décline ainsi :

A : atteinte à l'intégrité physique de soi-même ou d'autrui

ou

M : menace avec arme de soi-même ou d'autrui

Si l'atteinte ou la menace entraîne un danger de mort imminent pour soi-même ou autrui alors l'usage des armes est proportionné.

E : environnement sécurisé. Il s'agit de s'assurer que l'usage des armes n'entraînera pas de dommages à autrui. Si tel est le cas, l'usage des armes est adapté.

R : dernier recours. Il s'agit d'évaluer si une alternative à cet usage n'est pas réalisable. S'il n'y a aucune alternative, l'usage des armes est nécessaire.

4. Le dispositif QuaRO pour **Qua**lité de la **R**éponse **O**pérationnelle a pour but :

- d'optimiser la réponse opérationnelle en matière d'engagement des effectifs et de renseignement par conséquent de renforcer les conditions de sécurité des équipes sur le terrain ;
- de rassurer les victimes ou témoins quant à la prise en charge de leurs demandes ce qui a pour effet d'améliorer le service rendu et participe à la transparence de l'action de l'institution.

De manière pratique, le chef de patrouille engagé s'assure d'avoir le maximum de renseignement sur la situation et en particulier le numéro de l'appelant. Ce numéro permet d'entrer en contact directement avec la victime ou le témoin afin de rassurer sur la prise en compte et les délais de l'intervention, de suivre l'évolution de la situation en temps réel. Ces informations obtenues, le chef de patrouille peut évaluer la situation plus finement en amont et exposer ses demandes en termes de soutien (renforts, pompiers, SAMU, etc.) ou si la situation le permet de reporter voire d'annuler l'intervention.

Sujet 3
« Épreuve » d'admission
Évaluation d'aptitude professionnelle

Difficulté : ★★ 35 minutes

Questions 1 à 20 : Trouvez l'élément qui complète correctement chaque série proposée.

1.

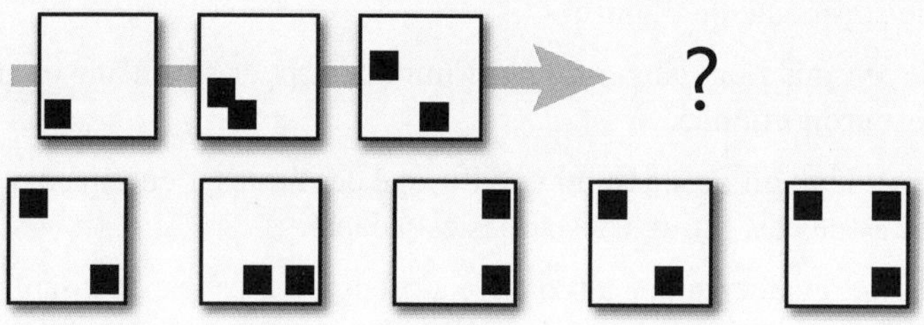

A B C D E

2.

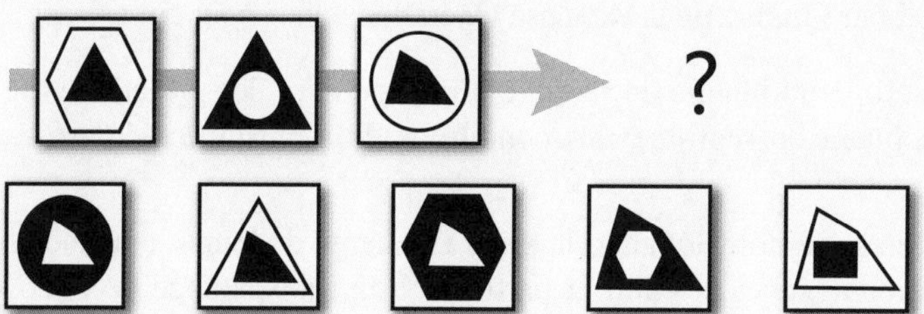

A B C D E

3.

A B C D E

4.

A B C D E

5.

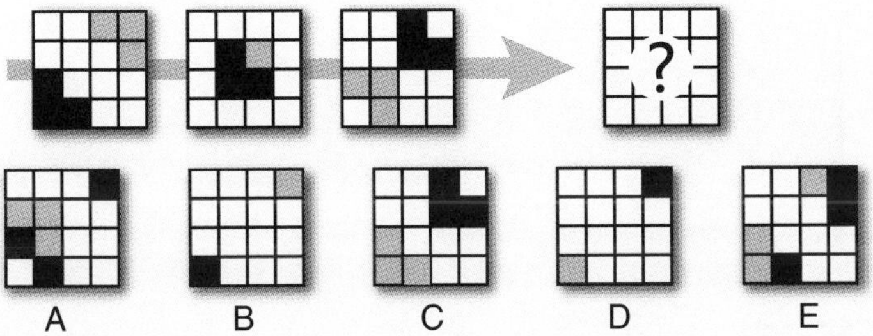

6.

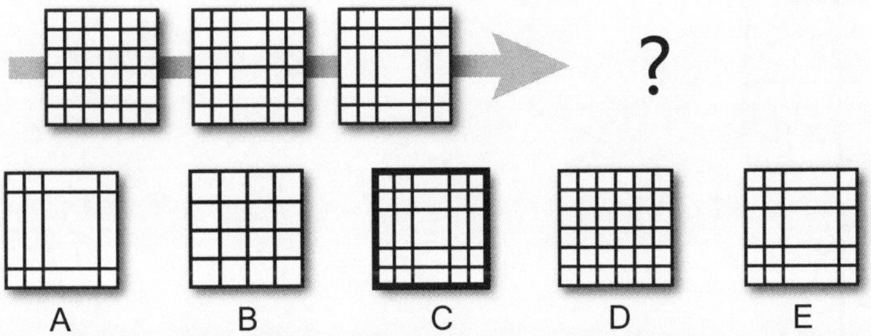

7.

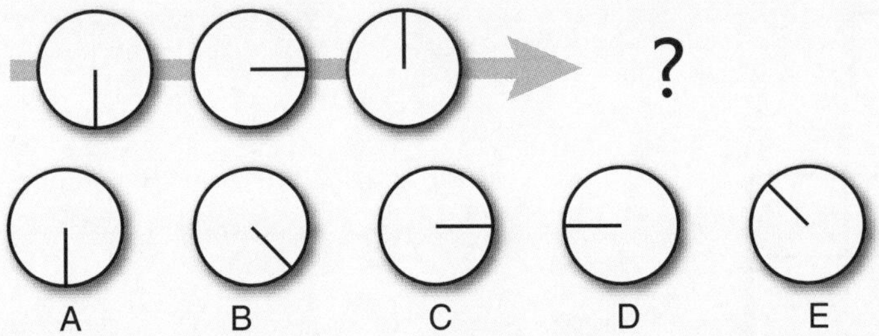

8. **3 – 7 – 11 – 15 – ?**
A. 20 **B.** 16 **C.** 18 **D.** 20 **E.** 19

9. **16 – 61 – 45 – ?**
A. 54 **B.** 89 **C.** 91 **D.** 100 **E.** 65

10. **7 – 14 – 28 – 56 – ?**
A. 84 **B.** 116 **C.** 112 **D.** 108 **E.** 70

11. **101 – 989 – 434 – 656 – ?**
A. 844 **B.** 252 **C.** 880 **D.** 767 **E.** 987

12. **jeudi – 10 – vendredi – 22 – dimanche – 4 – mardi – ?**
A. 20 **B.** 13 **C.** 5 **D.** 12 **E.** 10

13. **F – M – A – M – J – ?**
A. A **B.** K **C.** J **D.** C **E.** S

14.

3	5	4
2	7	9
1	8	?

15.

89	5	84	12
72	2	70	15
55	11	?	32

16.

W	S	4
6	H	B
P	9	?

17.

U	E	T	I
N	U	R	S
D	X	O	?

18.

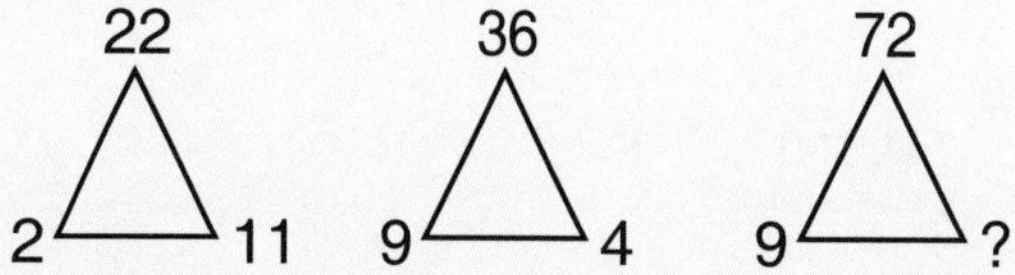

19.

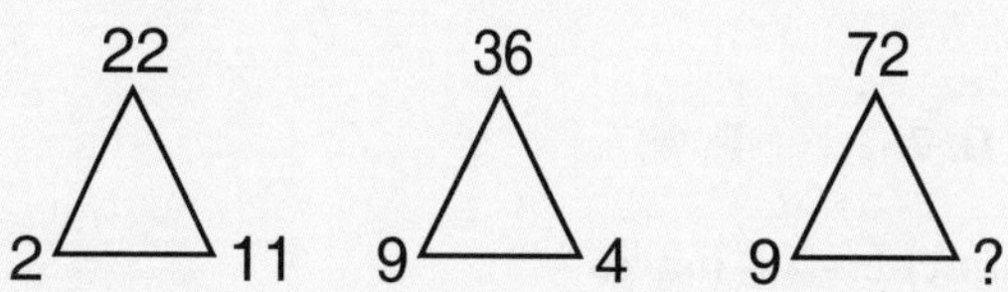

20.

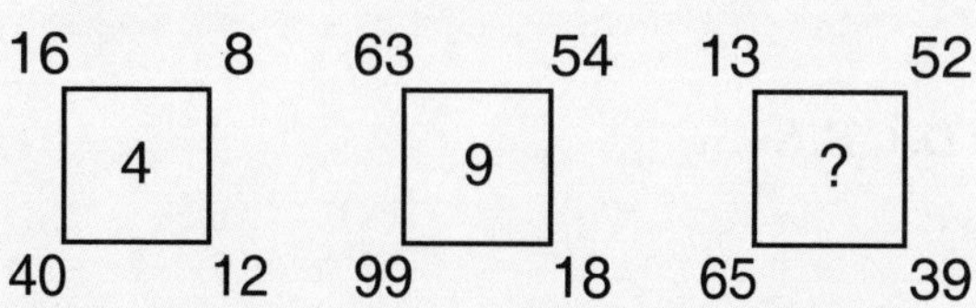

Questions 21 à 23 : Trouvez l'élément qui complète correctement chaque ensemble proposé.

21.

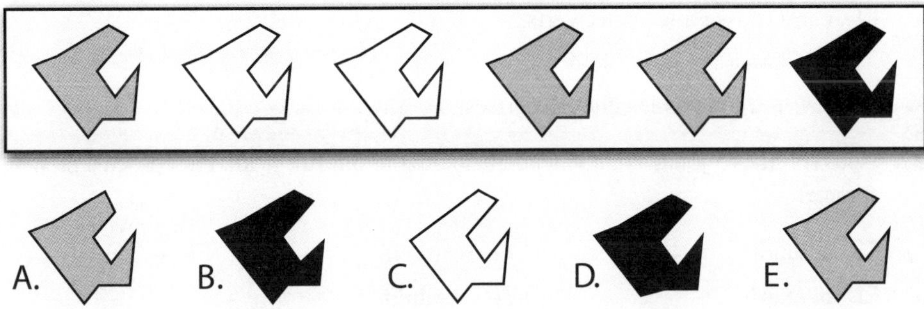

22.

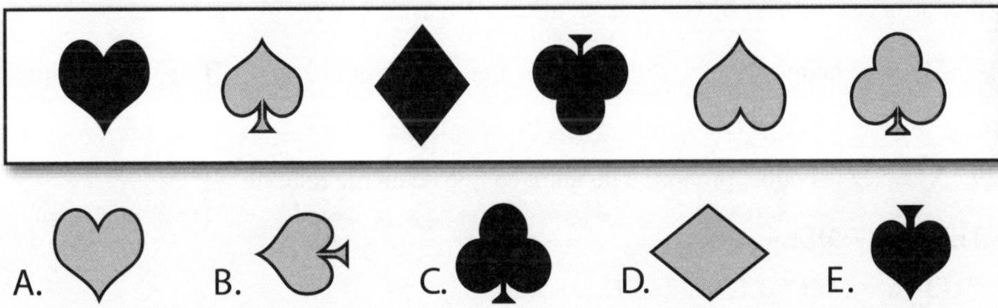

23.

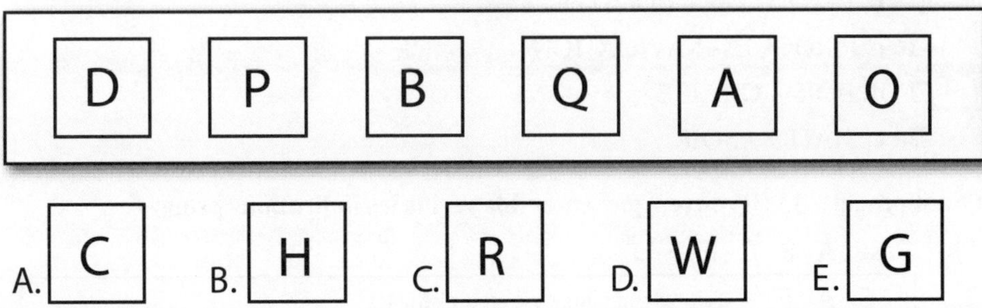

24. Trouvez l'intrus.

❒ **a.** divertissement ❒ **c.** tradition ❒ **e.** jubilé
❒ **b.** réjouissance ❒ **d.** festival

25. Qui suis-je ? Je suis le frère du fils de ta sœur. Je suis ...

❒ **a.** ton oncle ❒ **c.** ton père ❒ **e.** ton cousin
❒ **b.** ton neveu ❒ **d.** ton fils

26. J'ai trois filles : une blonde, une brune et une rousse. Celle qui a les yeux bleus a les cheveux clairs, celle qui a les yeux marrons est la plus grande. La plus petite a les cheveux frisés. Sachant que la blonde, qui n'est pas la plus grande, s'appelle Clara, que celle aux cheveux courts s'appelle Alice et que la plus petite, qui n'a pas les yeux verts, s'appelle Lilou, quelle proposition est exacte ?

- ❒ **a.** La blonde a les cheveux frisés.
- ❒ **b.** La plus grande est Alice.
- ❒ **c.** La rousse a les yeux verts.
- ❒ **d.** Clara a les yeux bleus.
- ❒ **e.** Lilou n'a pas les cheveux frisés.

27. Nous sommes 3 jours avant le lendemain du jour qui suit jeudi. Par conséquent, nous sommes ...

- ❒ **a.** lundi
- ❒ **b.** mardi
- ❒ **c.** mercredi
- ❒ **d.** vendredi
- ❒ **e.** samedi

28. Parmi ces formes de conjugaison, trouvez l'intruse.

- ❒ **a.** je balaye
- ❒ **b.** nous payions
- ❒ **c.** elles effrayient
- ❒ **d.** vous monnayerez
- ❒ **e.** tu essaierais

29. Associez le couple proposé à un autre couple de même relation.

«TENTE – TOILE»

- ❒ **a.** AMPOULE – VERRE
- ❒ **b.** PANTALON – BOUTON
- ❒ **c.** PIROGUE – NAVIGATION
- ❒ **d.** BOIS – CHAISE
- ❒ **e.** MATIN – SOIR

Questions 30 à 33 : Trouvez quel ensemble vérifie les indications proposées.

30. Base : **A - B - C - E - F - J**

E A F	2 lettres communes à la mauvaise place
C F E	1 lettre commune à la mauvaise place
C E B	1 lettre commune à la mauvaise place

Solution : ☐☐☐

31. Base : **A - B - C - E - F - J**

B C E	1 lettre commune à la bonne place
F A E	2 lettres communes à la mauvaise place
E C A	1 lettre commune à la bonne place et 1 à la mauvaise

Solution : ☐☐☐

32. Base : **1 - 2 - 3 - 4 - 5 - 6 - 7 - 8**

1	**2**	**3**	**4**	2 chiffres communs à la bonne place	**Solution :**
1	**5**	**4**	**2**	1 chiffre commun à la bonne place et 1 à la mauvaise (pour ces deux lignes)	☐☐☐☐
6	**4**	**2**	**1**		
1	**5**	**3**	**2**	2 chiffres communs à la bonne place	

33. Base : **1 - 2 - 3 - 4 - 5 - 6 - 7 - 8 - 9**

1	**5**	**9**	**6**	**8**	2 chiffres communs à la mauvaise place	
6	**9**	**7**	**8**	**2**	1 chiffre commun à la bonne place	
5	**8**	**6**	**2**	**7**	2 chiffres communs à la mauvaise place	**Solution :**
7	**1**	**8**	**5**	**6**	2 chiffres communs à la bonne place	☐☐☐☐☐
3	**6**	**5**	**4**	**1**	4 chiffres communs à la mauvaise place	

Questions 34 et 35 : En tenant compte des informations, déterminez quelles affirmations sont correctes.

34. *Tous les Français aiment la viande,*
Tous les Français aiment le poisson,
Tous les Français aiment les légumes.
Par conséquent, il est vrai de dire…

A. Tous les gens qui aiment les Français aiment la viande, le poisson et les légumes.
B. Tous les Français aiment soit la viande, soit le poisson, soit les légumes.
C. Parmi ceux qui aiment le poisson, il y a certains Français.
D. Les Français aiment tous la viande, le poisson et les légumes.
E. Seuls les Français aiment la viande, le poisson et les légumes.

35. *Tous les vidous sont des trutrus,*
Jean est un vidous,
Parmi les trutrus, il y a tous les zibus.
Par conséquent, il est vrai de dire…

A. Jean est un trutru.
B. Jean est soit un zibus, soit un vidous.
C. Jean peut être un zibus.
D. Tous les zibus sont des vidous.
E. Tous les vidous peuvent être des zibus.

36. Tous les Gogo sont des Bibi,
Tous les Toto sont des Bibi,
Aucun Gogo n'est Toto.
Par conséquent, il est vrai de dire…

A. Tous les Gogo sont des Toto.
B. Certains Toto sont des Bibi.
C. Certains Toto sont des Gogo.
D. Certains Bibi sont des Toto.
E. Les Bibi sont soit des Gogo, soit des Toto.

Corrigé

1. **A.** ***Déplacement.*** Les 2 petits carrés, d'abord superposés, progressent toujours, l'un vers le haut de sa colonne, l'autre vers la droite de sa ligne.
2. **D.** ***Transformation.*** Lorsque l'on passe d'une image à l'autre, la figure intérieure devient grande et une nouvelle figure plus petite apparaît, qui est de couleur opposée. Donc en dernière image, le quadrilatère irrégulier devient grand (et reste noir) et une petite figure blanche apparaît à l'intérieur du quadrilatère.
3. **D.** ***Déplacement.*** Entre chaque horloge l'heure avance d'1 h 15 min La proposition A. est fausse car une telle disposition des aiguilles est impossible.
4. **B.** ***Déplacement.*** L'ensemble de la figure tourne d'un quart de tour dans le sens inverse des aiguilles d'une montre.
5. **D.** ***Déplacement.*** Les trois carrés noirs montent la diagonale et les trois carrés gris la descendent. Quand il y a superposition, seuls les carrés noirs sont visibles. En fin de diagonale, les carrés disparaissent progressivement.
6. **E.** ***Transformation.*** Un segment du quadrillage est supprimé à chaque figure en alternant la suppression d'un segment vertical puis horizontal.
7. **D.** ***Déplacement.*** La figure tourne d'un quart de tour dans le sens inverse des aiguilles d'une montre.
8. **E. + 4.** 3 (+ 4) 7 (+ 4) 11 (+ 4) 15 (+ 4) 19
9. **A.** ***Symétrie.*** 16 est le nombre miroir de 61 et 45 de 54.
10. **C. × 2.** 7 (2) 14 (2) 28 (2) 56 (2) 112.
11. **D.** Les nombres sont tous symétriques et le chiffre central de chaque nombre vaut 1 de moins que ceux qui l'entourent.
12. **B.** Chaque jour est suivi du nombre qui indique le classement de sa lettre initiale dans l'alphabet : J est la 10e lettre de l'alphabet, V la 22e, etc.
13. **C.** Initiales des mois : F(évrier) – M(ars) – A(vril) – M(ai) – J(uin) – J(uillet)
14. **6.** ***Répartition.*** Tous les chiffres sont présents sauf 6.
15. **44.** ***Opération.*** Suite de gauche à droite et de haut en bas :
89 - 5 = 84 ; 84 - 12 = 72 ; 72 - 2 = 70 ; 70 - 15 = 55 ; 55 - 11 = 44, etc.
16. **G.** ***Opération.*** Sur chaque ligne, le chiffre indique l'écart dans l'alphabet entre les deux lettres. La lettre la plus proche de la fin de l'alphabet est en 1er. Donc il faut calculer quelle est la place du P dans l'alphabet (16e) et ôter 9, ce qui donne la 7e lettre, soit G.

17. Q. ***Répartition.*** Si on lit verticalement de gauche à droite, il est écrit UN, DEUX, TROIS. Il faut donc commencer QUATRE en inscrivant Q.

18. 8. La valeur au sommet du triangle est obtenue par multiplication des valeurs de la base. Or 72 ¸ 9 = 8.

19. 17. Si on additionne les valeurs opposées d'un même triangle, on obtient toujours la même somme. Ainsi pour le 1er triangle les valeurs opposées font toujours 21 : 15 + 6 = 9 + 12 = 19 + 2 = 21.

20. 13. La valeur au centre du carré est le plus grand dénominateur commun (PGDC) des nombres qui l'entourent.

21. E. Dans l'encadré, les figures ont toujours la même forme, mais elles changent de couleur. Or, seul E. a exactement la même forme (A. est différent en haut, B. à droite, C. à gauche, D. en bas)

22. E. Dans l'encadré, les symboles présentés dans le bon sens sont noirs (pour cœur et carreau) et gris (pour pique et trèfle). Lorsqu'on les tourne d'1/2 tour ils inversent leurs couleurs. En D. le carreau n'est pas tourné d'1/2 tour mais d'1/4 de tour.

23. C. Toutes les lettres de l'ensemble ont une partie (ou la totalité) de leur forme fermée.

24. c. Seul mot qui ne fait pas référence à l'idée de fête.

25. b. Partez de la fin : le fils de ta sœur est ton neveu et son frère est aussi ton neveu.

26. b. Nous avons plus d'informations sur Lilou : elle est la plus petite donc elle est frisée. Si elle est la plus petite, elle n'a pas les yeux marrons et comme elle n'a pas non plus les yeux verts, ses yeux sont bleus. Clara est blonde et elle n'est pas la plus grande donc elle est de taille moyenne et Alice est la plus grande. Alice a donc les yeux marrons et Clara les yeux verts. Alice a les cheveux courts donc Clara a les cheveux longs. Enfin puisque celle qui a les yeux bleus a les cheveux clairs, Lilou est rousse (Clara étant blonde) et Alice est brune.

Voici un petit tableau récapitulatif :

Lilou	petite	cheveux frisés	rousse	yeux bleus
Clara	moyenne	cheveux longs	blonde	yeux verts
Alice	grande	cheveux courts	brune	yeux marrons

27. c. Partons de la fin : le jour qui suit jeudi est vendredi et le lendemain de vendredi est samedi. Trois jours avant samedi, c'est mercredi.

28. c. Il faut écrire *elles effrayent.*

29. a. Il s'agit du rapport de l'objet à la matière.

30. FBA. ***Technique 3*** permet de barrer E. Donc A et F sont dans la réponse. On peut barrer C en ligne 2 et 3. F ne peut être BP qu'en 1re position, B en 2e et A en 3e.

31. ACF. ***Technique 4*** permet de barrer E et de souligner F et A ligne 2. On sait que C et A sont dans la réponse (ligne 3) ; donc il faut entourer C ligne 1 et ligne 3. A est par conséquent en 1re position et F en dernière.

32. 6534. ***Technique 2*** permet de barrer le 2. Puis technique 6 : les hypothèses sont formulées à partir de la 1re ligne qui contient 2 BP.

1re hypothèse : 1 et 3 sont BP. Cette hypothèse est impossible car alors on barre 4 partout ; sur la 3e ligne on souligne 1 et on entoure 4. Or 4 ne peut être BP en 1re colonne puisque 1 est déjà à cette place.

2e hypothèse : 1 et 4 sont BP. On barre 3. Cette hypothèse est fausse car en 3e ligne on doit souligner 4 et 1 et rien n'est entouré.

3e hypothèse : 3 et 4 sont BP. On barre 1. En 3e ligne on barre également 1, on souligne 4 et on entoure 6. Cette hypothèse est correcte.

33. 41 352. ***Technique 2*** permet de barrer 6, 7, 8 (en comparant les 2e et 4e lignes). Donc en 3e ligne on souligne 5 et 2, en 4e ligne on entoure 1 et 5 et en 5e ligne on souligne 3, 5, 4 et 1. Puisque la 4e ligne nous indique que 1 et 5 font partie de la solution, on barre 9 dans les deux premières lignes. Donc en 2e ligne, 2 est BP. Et la 5e ligne nous permet d'établir que 3 est BP en 3e position et 4 est BP en 1re position.

34. D. La proposition C. est fausse car ce n'est pas certains Français qui aiment le poisson, mais tous. La E. n'est pas nécessaire ; elle est seulement possible.

35. A., C., E. La proposition B. est fausse car Jean est nécessairement un vidous. La D. n'est pas nécessaire.

36. D. Les propositions A. et C. sont en contradiction avec la troisième affirmation. La proposition B. est fausse car dire que certains Toto sont des Bibi, c'est admettre que d'autres n'en sont pas. La proposition E. n'est pas nécessaire car il peut y avoir des Bibi qui ne sont ni Toto, ni Gogo.

Sujet 4
« Épreuve » d'admission
Évaluation d'aptitude professionnelle

Difficulté : ★★

35 minutes

Questions 1 à 13 : Trouvez l'élément qui complète correctement chaque série proposée.

1.

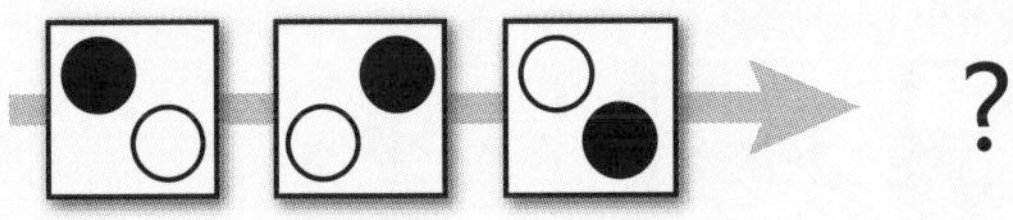

A B C D E

2.

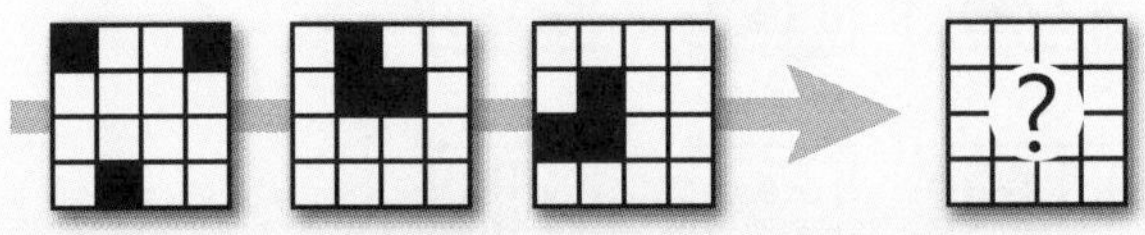

A B C D E

3.

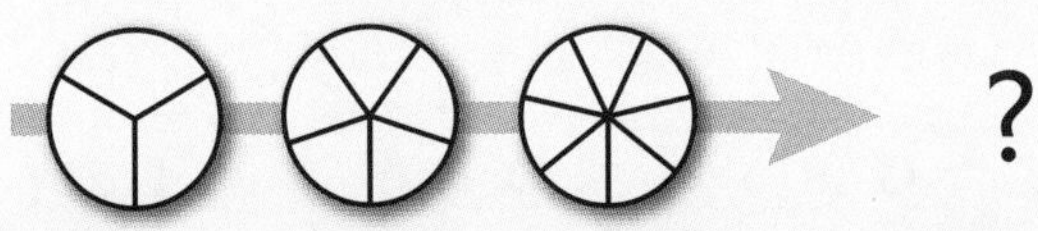

A B C D E

4.

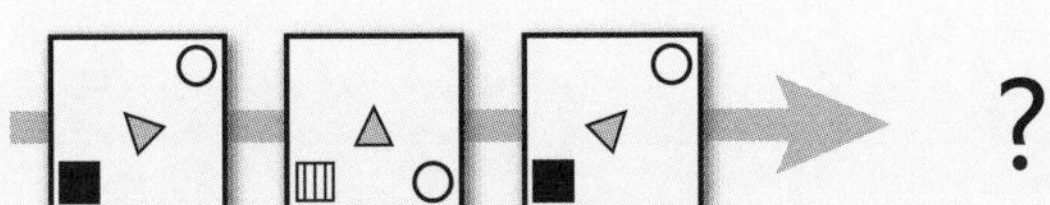

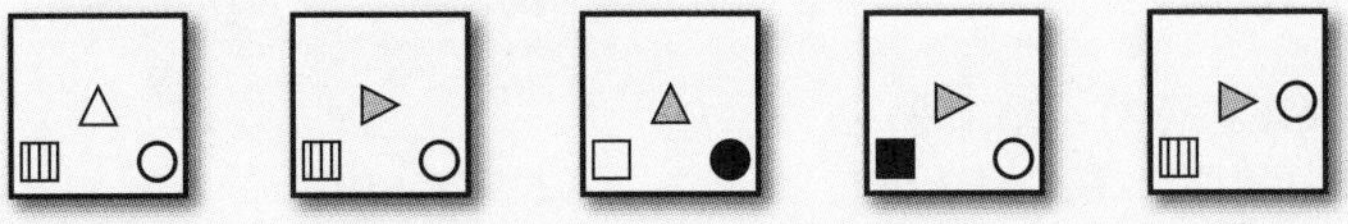

A B C D E

5.

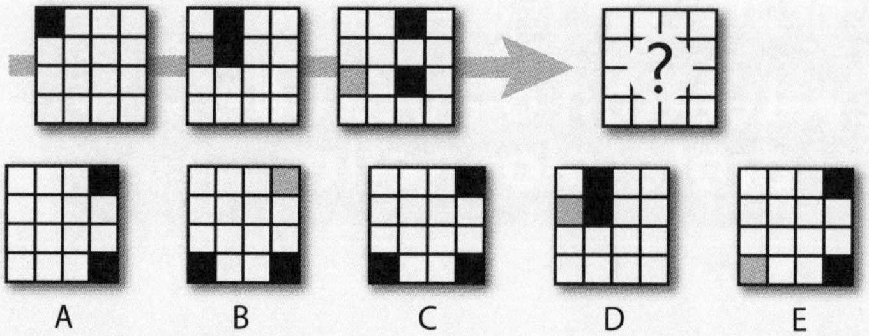

6.

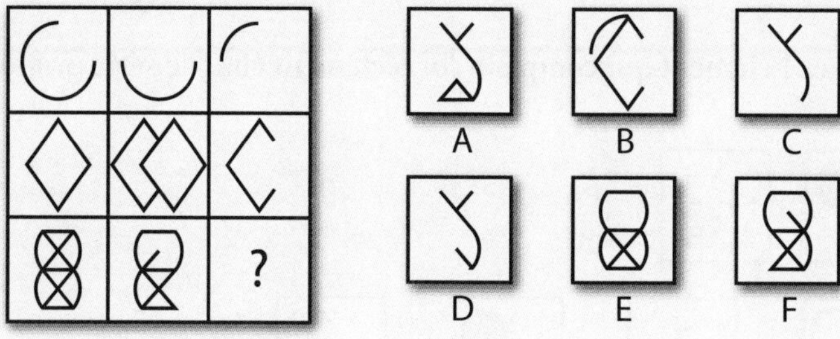

7.

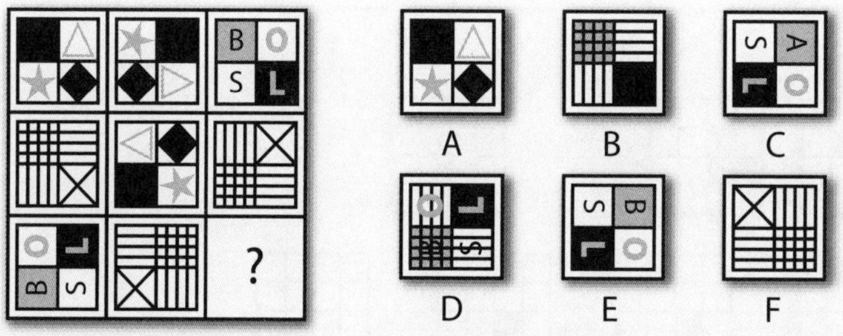

8. 2 – 4 – 8 – 16 – ?

A. 32 **B.** 30 **C.** 24 **D.** 64 **E.** 36

9. 54 – 42 – 30 – ?

A. 20 **B.** 40 **C.** 18 **D.** 19 **E.** 22

10. PIT – OSCAR – NICOLAS – ?

A. FRANK **B.** MARTIN **C.** CHRISTIAN
D. THIERRY **E.** MARCELLIN

11. M – M – J – V – ?

A. R **B.** S **C.** D **D.** T **E.** L

12. 2 304 – 576 – 192 – ?

A. 92 **B.** 96 **C.** 102 **D.** 86 **E.** 64

13. MARIE (23) – NICOLE (33) – … (53)

A. GINETTE **B.** PAULINE **C.** CLAIRE
D. CHRISTINE **E.** FERNANDE

Question 14 à 18 : Trouvez le mot à partir des lettres présentées dans le désordre

14.

15.

16.

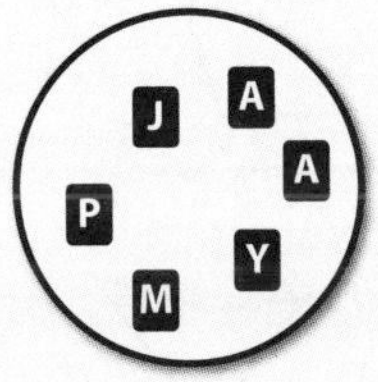

17.

18.

Questions 19 à 22 : Trouvez l'élément qui complète correctement chaque ensemble proposé.

19.

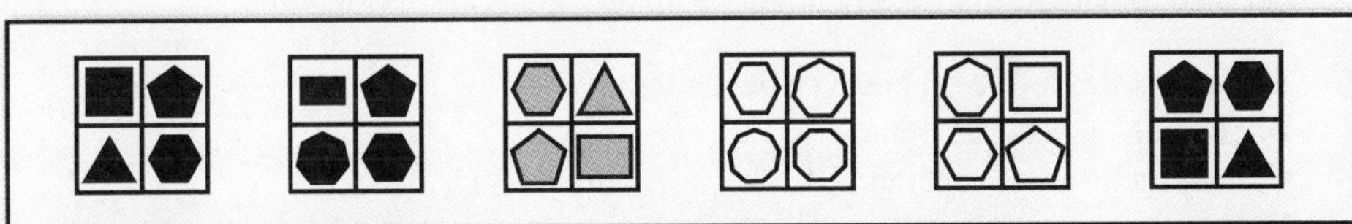

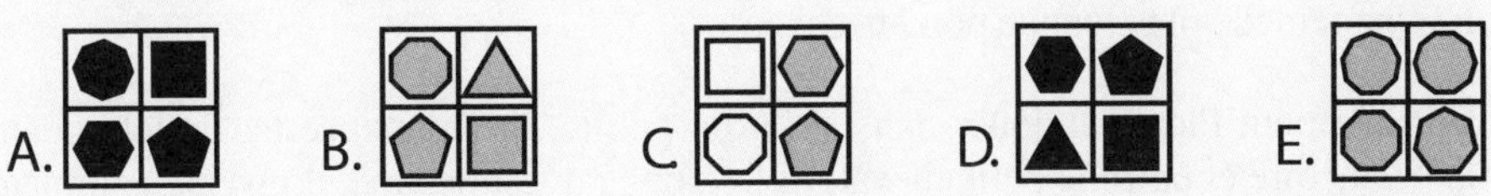

20.

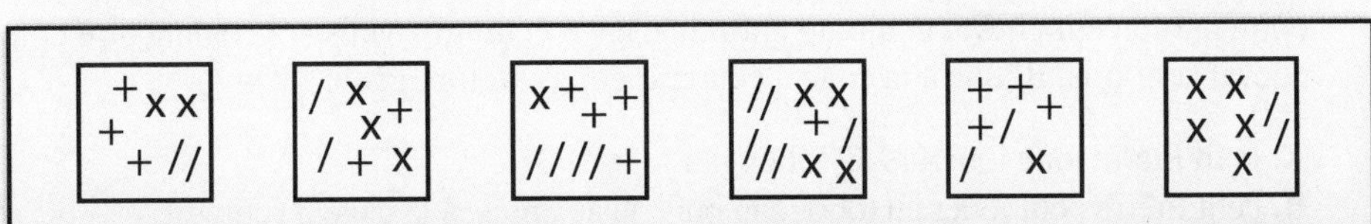

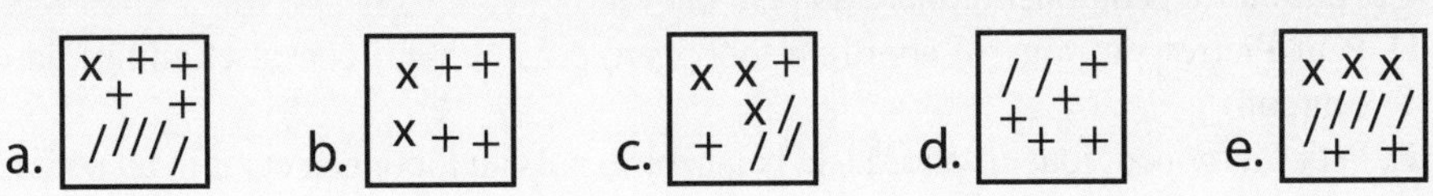

21.

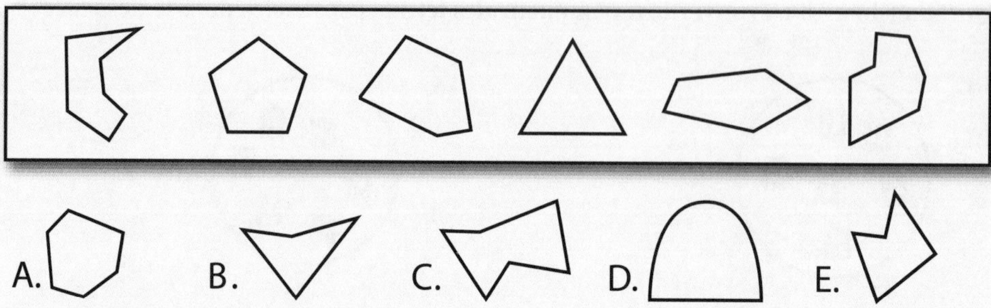

22.

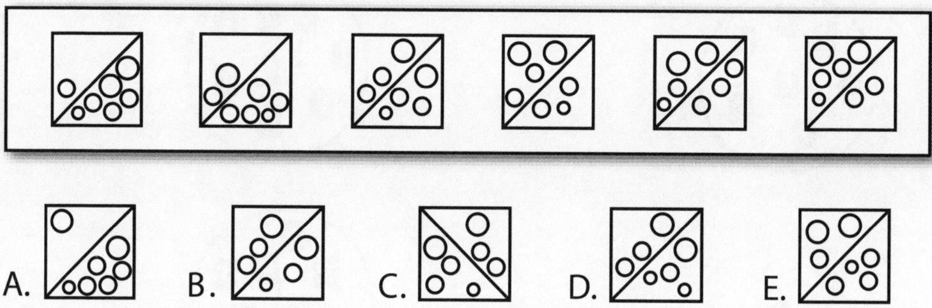

Questions 23 à 25 : Quelle(s) conclusion(s) peut-on tirer logiquement du texte d'origine sans ajouter d'informations ?

23. La carotte est un crustacé marin qui se développe surtout dans les eaux froides. Si sa longueur est importante la femelle pond 12 à 14 œufs tous les 4 jours, parfois plus. Le mâle carotte est pourvu de grandes oreilles qui lui permettent de nager plus vite. L'espérance de vie du mâle est de 4 ans, 1 an de plus pour la femelle.

A. La femelle carotte est pourvue de petites oreilles.
B. Le mâle ne peut pas pondre.
C. La femelle a une espérance de vie supérieure au mâle.
D. La carotte ne se trouve que dans les eaux froides.
E. Une femelle plus longue pond beaucoup.

24. Lorsque petit Pierre va jouer dans le jardin public, il commence par le toboggan, puis la balançoire et enfin le petit cheval. Si le toboggan est occupé, il inverse complètement l'ordre de ses jeux. Si le toboggan est libre mais pas la balançoire, il remplace la balançoire par le petit cheval et ajoute enfin la cage à écureuil. Mais si la balançoire et le petit cheval sont pris, il joue à la cage à écureuil et pas au toboggan.

A. Petit Pierre joue toujours au toboggan.
B. Petit Pierre peut jouer au toboggan puis, juste après, à la cage à écureuil.
C. Petit Pierre peut jouer d'abord au petit cheval.
D. Petit Pierre peut jouer d'abord au toboggan, puis au petit cheval et enfin à la cage à écureuil.
E. Petit Pierre peut jouer d'abord à la balançoire, puis au toboggan et enfin au petit cheval.

25. Quand un homme écoute le ronflement des vagues, il n'entend pas le bruit des klaxons. S'il entend le bruit des klaxons, il n'entend pas le camion des éboueurs. Lorsqu'il entend le camion des éboueurs, il n'écoute jamais de la musique car cela couvrirait tout ce qu'il pourrait entendre d'autre. Il lui arrive parfois d'entendre les oiseaux chanter pendant que les enfants crient et que les éboueurs passent.

A. Cet homme peut entendre le cri des enfants et le ronflement des vagues.
B. Cet homme peut entendre la musique et le bruit des klaxons.
C. Le bruit des éboueurs couvre celui de la musique.
D. Les cris des enfants couvrent le bruit des klaxons.
E. Cet homme peut entendre plusieurs sons à la fois.

Questions 26 à 28 : Trouvez quelle figure est intruse.

26.

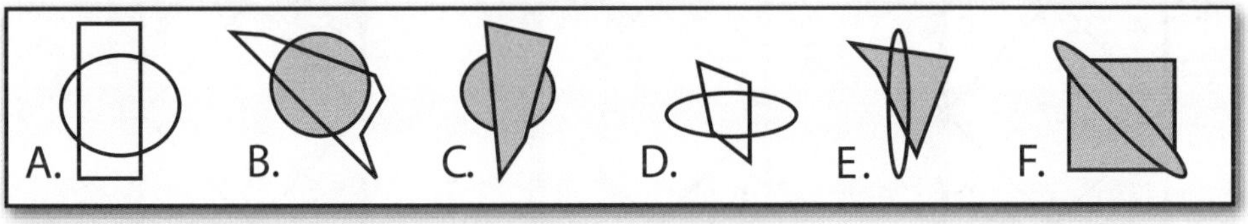

27.

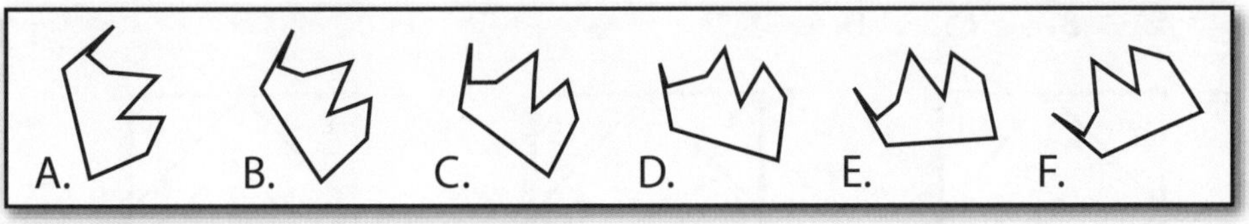

28.

Questions 29 à 32 : Pour chaque question identifiez parmi les propositions la plus grande valeur relative.

29. Si ✶ = ♧♧ et ■ = ✶ ✶, la plus grande valeur est…

A. ■■■■♧♧
B. ■✶■■✶
C. ♧✶ ✶ ✶♧♧♧
D. ✶ ✶ ✶ ✶ ✶ ✶ ✶
E. ♧♧♧♧■■♧♧

30. Si ✪✪ = ■■■ et ✧ ✧ = ■, la plus grande valeur est…

A. ■■■■■■
B. ✧ ✧■✪■
C. ✧ ✧ ✧✪✪
D. ✪■✪■
E. ✧ ✧■✧ ✧ ✧

31. Si ● = ○■■ et ○ = ■■■, la plus grande valeur est…

A. ■■■■■■■■■■■■
B. ○○○○○○○
C. ●○●○●○
D. ■●●○■■○○■
E. ○○○●●○○

32. Si ●◆= ✶ ✶ ✶ ✶ et ◆ = ●●, la plus grande valeur est…

A. ●●◆✶◆✶

B. ◆◆✶✶●

C. ✶✶✶✶●◆✶●

D. ●●●●●●●

E. ◆◆◆✶✶

Questions 33 à 35 : Trouver le(s) nombre(s) manquant(s)

33.

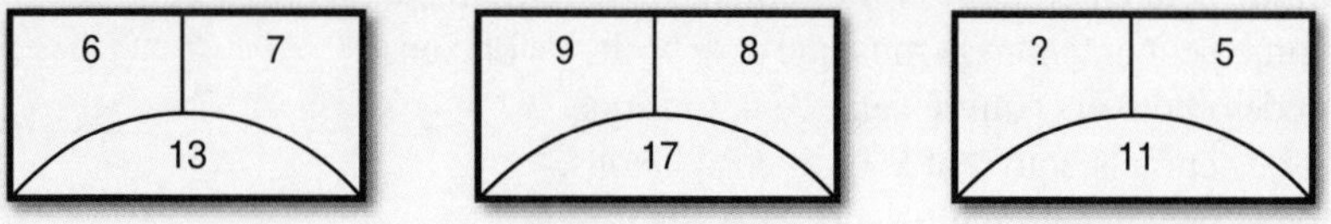

A. 3 **B.** 4 **C.** 5 **D.** 6 **E.** 7

34.

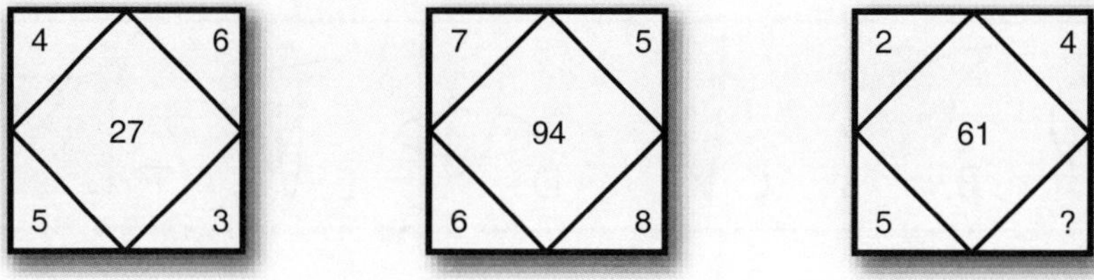

A. 3 **B.** 4 **C.** 5 **D.** 6 **E.** 7

35.

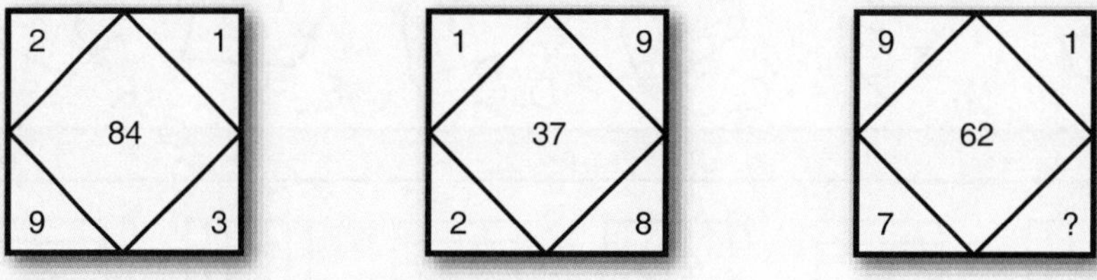

A. 3 **B.** 4 **C.** 5 **D.** 7 **E.** 8

36. On dispose 3 nombres de 3 chiffres.

1, 8, 6 appartiennent au premier nombre.
2, 9, 4 appartiennent au troisième nombre.
1, 4, 2, 5, 7, 6 ne sont pas les chiffres de gauche des 3 nombres.
8, 1, 5, 9, 3, 4 ne sont pas les chiffres de droite des 3 nombres.

Quels sont ces nombres ?

A. 618 – 573 – 924

B. 186 – 537 – 249

C. 186 – 357 – 294

D. 816 – 537 – 924

E. 816 – 357 – 942

Corrigés

1. **B.** ***Déplacement.*** Les deux ronds se déplacent progressivement aux quatre coins dans le sens horaire. Ils ont toujours la même couleur.
2. **C.** ***Déplacement.*** Le carré noir en haut à gauche sur la 1re figure descend en zigzag, celui en haut à droite descend sa diagonale et celui en bas recommence la même colonne qu'il descend.
3. **B.** ***Transformation.*** Les gâteaux comptent toujours deux portions de plus.
4. **B.** ***Logique mixte.*** Les trois symboles ont des comportements différents : le carré est immobile et il alterne entre noir et rayé, le triangle tourne sur lui-même de 45 dans le sens horaire et il ne change pas de couleur, le rond alterne haut et bas sans changer d'aspect.
5. **E.** ***Déplacement.*** Les 3 carrés se superposent dans la 1re figure, puis chacun suit sa trajectoire, un noir sur la 1re rangée, un gris sur la 1re colonne et un noir sur la diagonale.
6. **C.** ***Superposition avec modification.*** En suivant les rangées horizontales, on supprime les éléments communs aux 2 premières figures pour obtenir la 3e. Pour la dernière rangée, il faut surtout de l'observation.
7. **E.** ***Répartition et déplacement.*** Dans cette matrice 3 figures différentes sont réparties de façon aléatoire et chacune est présente avec 3 orientations différentes. Il n'y a pas de phénomène de superposition (ce qui élimine les propositions B et D) ni de modification (notamment de lettre en proposition **C**).
8. **A. ×2**. 2(2) 4 (2) 8 (2) 16(2) **32**
9. **C.** –12. 54(12)42(12)30(12)18
10. **E.** Les prénoms comptent toujours 2 lettres de plus et l'initiale est toujours la lettre précédente dans l'alphabet.
11. **B.** Initiales des jours de la semaine (Mardi – Mercredi – Jeudi – Vendredi – Samedi)
12. **B. 4 puis 3, etc**. 2 304(4)576(3)192(2)**96**
13. E. « 53 » signifie 5 consonnes et 3 voyelles dans le prénom.
14. **MOUCHE.** Il fallait penser à associer les lettres OU.
15. **BISCUIT.** Attention aux lettres finales muettes.
16. **PYJAMA.** Les anagrammes les plus difficiles ne sont pas celles où il y a des lettres rares (comme Y ou J) ; évitez de passer ces questions.
17. **VIGNETTE.**
18. **PUNITION.**
19. **E.** Dans l'ensemble, chaque image est composée de 4 figures d'une même couleur (ce qui élimine C.). La figure qui comporte le moins de côtés sert de point de départ à une série qui va dans le sens horaire (ce qui élimine D.) ; à chaque figure suivante, on ajoute un côté.
20. **D.** Dans l'ensemble, chaque cadre contient 5 « + » et/ou « » (il peut s'agir 5 fois du même signe) et un nombre pair de « / » (2, 4 ou 6). La disposition est aléatoire.
21. **E.** Dans l'ensemble, aucune figure n'est arrondie (ce qui élimine le D.) et toutes les figures ont un nombre impair de côtés (3, 5 ou 7).

22. A. Dans chaque carré de l'ensemble, on compte 7 ronds (ce qui élimine B.), 2 grands, 4 moyens et 1 petit (ce qui élimine D. où se trouvent 3 moyens et 2 petits). La diagonale inscrite dans le carré est toujours dans la même orientation (ce qui élimine C.). De part et d'autre de cette diagonale, le nombre de ronds est irrégulier. Dans chaque carré, les ronds plus grands ont toujours leur partie supérieure plus haute que celle des plus petits (ce qui élimine E.).

23. C. La différence d'espérance de vie est d'un an. La proposition e. n'est pas nécessaire car il n'est rien dit concernant des femelles de taille plus courte.

24. C., D. En proposition B, il joue au petit cheval entre les deux activités.

25. E. Il entend les oiseaux chanter et les enfants qui crient.

26. B. Toutes les figures sont composées de 2 éléments ; l'un est un rond ou une ellipse, l'autre un quadrilatère, sauf en B. où c'est un hexagone. Les couleurs et les superpositions n'étaient pas discriminantes.

27. D. Il s'agit toujours de la même figure, proposée en rotation dans le sens inverse des aiguilles d'une montre. En D. la figure est légèrement différente.

28. A. Chaque carré est rayé horizontalement quand le nombre qu'il contient est pair et verticalement quand ce nombre est impair.

29. A. Valeurs relatives : ♧ = 1, ✶ = 2, ■ = 4.
a = 18, b = 16, c = 10, d = 14, e = 14

30. D. Valeurs relatives : ✧ = 1, ■ = 2, ✪ = 3.
a = 12, b = 9, c = 9, d = 13, e = 7

31. E. Valeurs relatives : ■ = 1, ○ = 3, ⬣ = 5.
a = 11, b = 21, c = 24, d = 23, e = 25

32. C. Valeurs relatives : ✶ = 1, ⬣ = 4/3, ◆ = 8/3. Le mieux est de tout multiplier par 3 et on obtient ✶ = 3, Ä = 4, ◆ = 8.
a = 30, b = 26, c = 31, d = 28, e = 30

33. D. Il faut additionner les valeurs supérieures pour obtenir celle du bas.

34. A. Il faut additionner les éléments d'une même colonne pour obtenir une somme égale à celle des chiffres présents dans le losange. Ainsi par exemple, dans la 1re figure 4 + 5 = 2 + 7 = 6 + 3.

35. E. Chaque carré contient un nombre au milieu : 84 / 37 / 62. Si l'on prend 8 et 4, 3 et 7 puis 6 et 2, on s'aperçoit qu'il y a 3 chiffres qui les séparent à chaque fois : 8 (7-6-5) 4 / 3 (4-5-6) 7 / 6 (5-4-3) 2. De là, il est possible de former des suites avec toutes les valeurs d'un carré : par exemple dans le premier carré on retrouve 1 (en haut à droite) – 2 (en haut à gauche) – 3 (en bas à droite) – 4 (5-6-7) 8 – 9. Il en est de même dans les autres carrés et donc il manque 8 pour finir la 3e série.

36. E. Pour le 1er nombre, on sait qu'il est composé de 1, 8, 6. Or, 1 n'est ni à gauche, ni à droite. Il est donc au centre. Et 6 n'est pas à gauche, il est donc à droite et 8 est à gauche. Ce qui donne : 816.
Pour le 3e nombre, on sait qu'il est composé de 2, 9, 4. Or, 4 n'est ni à gauche, ni à droite. Il est donc au centre. Et 2 n'est pas à gauche, il est donc à droite et 9 est à gauche. Ce qui donne : 942.
Cela suffit pour trouver la réponse en tenant compte des propositions.

Sujet 5
Épreuve d'admission
Entretien avec le jury

Difficulté : ★★ 25 minutes • **Coefficient** : 7

L'entretien prend la forme d'une discussion entre les examinateurs et le candidat, qui peut débuter par un temps de présentation par ce dernier. Il est questionné, de manière assez soutenue pendant une vingtaine de minutes.

Voici des exemples de questions qui peuvent être posées. Entraînez-vous à répondre à chacune d'elles en deux minutes.

La connaissance de la gendarmerie

- Décrivez le travail de gendarme.
- Donnez le nom du ministre de l'Intérieur.
- Qu'est-ce que la gendarmerie mobile ?
- Décrivez la formation de gendarme.
- Quelles sont les missions actuelles de la gendarmerie.
- Comment fonctionne une garnison ?
- Qu'est-ce que la prestation de serment ?

Pour vous y préparer, reportez-vous au cours « La gendarmerie nationale », page 5.

Les motivations et le projet professionnel du candidat

- Pourquoi voulez-vous devenir gendarme ?
- Quel est votre projet professionnel ?
- Pourquoi devrions-nous retenir votre candidature ?
- Comment pensez-vous concilier vie professionnelle dans la gendarmerie et vie privée ?
- Que ferez-vous si vous ne réussissez pas ce concours ?

Son parcours personnel et professionnel

- Quelles études avez-vous suivies ?
- Quelles sont vos expériences professionnelles ?
- Quelle est votre situation familiale ?
- Quelle différence voyez-vous entre votre situation actuelle et la fonction de sous-officier en gendarmerie ?

Sa personnalité

- Quels sont vos centres d'intérêt ?
- Quelles sont vos qualités ? Vos défauts ?
- Que disent vos proches de vous ?
- Quelle est la valeur la plus importante à vos yeux ?
- Comment gérez-vous la pression ?
- Quel est le fait d'actualité de ces cinq derniers jours qui a retenu votre attention et pourquoi ?
- Aimez-vous prendre des risques ?

Ces listes de questions ne sont bien entendu pas exhaustives. Elles sont citées à titre d'exemples. Elles montrent néanmoins que leur champ balaie à la fois les connaissances, les aptitudes et la personnalité des candidats.

L'entretien de motivation est un exercice difficile qui nécessite d'une part, de savoir ce que l'on attend de vous et d'autre part, de s'y préparer spécifiquement sur le fond et sur la forme.

Sujet 6
Épreuve d'admission
Épreuve d'évaluation numérique
Sujet inédit

Difficulté : ★ 30 minutes • **Coefficient :** 1

Plusieurs réponses possibles.

1. Que signifie l'acronyme « CNIL » ?

❒ **a.** Commission numérique de l'informatique et des libertés.

❒ **b.** Commission numérique de l'informatique et des lois.

❒ **c.** Commission nationale de l'informatique et des lois.

❒ **d.** Commission nationale de l'informatique et des libertés.

2. Le respect des dispositions du RGPD en France est :

❒ **a.** Facultatif pour tous.

❒ **b.** Obligatoire pour tous.

❒ **c.** Vivement recommandé pour les services publics et facultatif pour les entreprises privées.

❒ **d.** Obligatoire pour les usagers et facultatif pour les services publics et privés.

3. Quelle(s) entreprise(s) est (sont) concernée(s) par les dispositions du RGPD :

❒ **a.** Une entreprise chinoise qui propose le e-commerce pour les clients américains.

❒ **b.** Une entreprise allemande qui propose le e-commerce pour des clients asiatiques.

❒ **c.** Une entreprise algérienne qui propose le e-commerce pour des clients français.

❒ **d.** Une entreprise française qui propose le e-commerce pour des clients d'Afrique subsaharienne.

4. Que sont Firefox, Internet Explorer, Safari et Opera ?

❒ **a.** Des moteurs de recherche.

❒ **b.** Des navigateurs Web.

❒ **c.** Des systèmes d'exploitation.

❒ **d.** Des réseaux sociaux.

5. Parmi les quatre propositions, laquelle ne correspond pas à un moteur de recherche ?

❒ **a.** Qwant.

❒ **b.** Duck Duck Go.

❒ **c.** Wikipédia.

❒ **d.** Bing.

6. Que permet un navigateur ?

❐ **a.** De faire une recherche de résultats indexés sur le Web.

❐ **b.** De contacter un serveur par un protocole http://.

❐ **c.** De lire une page Web.

❐ **d.** De construire une page Web.

7. Qu'est-ce que l'hameçonnage ou *phishing* ?

❐ **a.** Le fait de publier vos données sur Internet.

❐ **b.** Une façon de réclamer une rançon.

❐ **c.** Un nouveau moyen de paiement en ligne.

❐ **d.** Une usurpation d'identité (banque, CAF) permettant de réclamer de l'argent.

8. Qu'est-ce qu'une adresse IP ?

❐ **a.** Une adresse comprenant une arobase (@).

❐ **b.** Une adresse comprenant un #hashtag.

❐ **c.** Une adresse permettant de rester anonyme.

❐ **d.** Une adresse unique qui vous identifie sur le réseau Internet.

9. Quel réseau social a fait l'objet d'une demande d'interdiction aux États-Unis de la part du président Trump ?

❐ **a.** WhatsApp.

❐ **b.** Twitter.

❐ **c.** Instagram.

❐ **d.** TikTok.

10. Qui est le fondateur et PDG de Facebook ?

❐ **a.** Bill Gates.

❐ **b.** Elon Musk.

❐ **c.** Mark Zuckerberg.

❐ **d.** Jeff Bezos.

11. Lequel de ces réseaux sociaux n'existe pas ?

❐ **a.** Twitch.

❐ **b.** Reddit.

❐ **c.** O-Zone.

❐ **d.** Vimeo.

Corrigés

1. **c.** Commission nationale de l'informatique et des libertés.
2. **b.** Obligatoire pour tous. Il s'applique à la fois pour les organismes privés et publics.
3. **b., c. et d.** Une entreprise allemande qui propose le e-commerce pour des clients asiatiques, une entreprise algérienne qui propose le e-commerce pour des clients français, une entreprise française qui propose le e-commerce pour des clients d'Afrique subsaharienne.
4. **b.** Des navigateurs de recherche. Ils permettent d'accéder au *World Wide Web*.
5. **c.** Wikipédia. Contrairement aux autres, Wikipédia est une page Web à laquelle on accède en passant par un navigateur de recherche.
6. **b. et c.** De contacter un serveur par un protocole http:// et de lire une page Web. Le navigateur est le logiciel capable de supporter le protocole Web http://. Attention, il permet d'entrer une URL ou une adresse IP afin d'afficher des ressources stockées sur un serveur distant, mais pas de fouiller le Web. Il est à tort trop souvent confondu avec un moteur de recherche.
7. **d.** Une usurpation d'identité (banque, CAF) permettant de réclamer de l'argent. Le *phishing* consiste souvent en l'usurpation d'une société ou d'une administration en vue d'extorquer des fonds à un internaute. Pour cela, les logos officiels sont utilisés à des fins d'escroquerie, mais l'arnaque est rapidement identifiable d'après la vérification de la forme de l'adresse mail et des URL fournies.
8. **d.** Une adresse unique qui vous identifie sur le réseau Internet.
9. **d.** TikTok. L'application chinoise de partage de vidéo a fait l'objet d'une demande d'interdiction d'utilisation aux États-Unis à la demande du président Trump au cours de l'été 2020. En effet, celui-ci invoquait des risques pour la sécurité nationale des États-Unis, et aurait accusé l'application d'espionner et collecter les données de ses utilisateurs au profit de la Chine.
10. **c.** Mark Zuckerberg. C'est bien Mark Zuckerberg qui a fondé et qui dirige actuellement Facebook depuis 2004. Bill Gates, lui, est le fondateur de Microsoft et Elon Musk est le PDG de SpaceX et directeur général de Tesla. Enfin, Jeff Bezos est le PDG d'Amazon.
11. **c.** O-Zone. Cette application n'existe pas, c'est le nom d'un célèbre groupe de musique moldave connu dans les années 2000 pour leur titre *Dragostea Din Tei*. En revanche, Qzone existe bel et bien, il s'agit d'un réseau social chinois qui équivaut à WhatsApp. Twitch, Reddit et Vimeo sont des réseaux sociaux relativement connus aujourd'hui.

84875 - I - OSB° - 633 - BPA - MGS
Dépôt légal : janvier 2023
Imprimerie Chirat, 42540 Saint-Just-la-Pendue

Imprimé en France